AF433562

ספר

נֶפֶשׁ הַחַיִּים

לְרַבֵּינוּ הַמְקוּבָּל רַבִּי

חַיִּים מִוואלוֹזִין

זצוקללה"ה

תַּלְמִידוֹ וְנֶאֱמַן בֵּיתוֹ שֶׁל
רַבֵּינוּ הֶחָסִיד

הַגְּרָ"א

ידוע כי אין בר בלי תבן, כך אין ספר בלי טעויות, ועוד יודע אני
כי דל ועני אני, **ואין עני אלא בדעה.** לכן מבקש אני בכל לשון
של בקשה אם יש לכל אחד שאלות, הערות, הארות, תיקונים, נא
לשלוח ל - simchatchaim@yahoo.com והשתדל לענות,
ולתקן את הצריך תיקון.

בס"ד

ירפא **ה**מאציל **ו**יושיע **ה**בורא את כל חולי בני ישראל, וישלח להם רפואה שלימה, רפואת הנפש ורפואת הגוף, בכל אבריהם ובכל גידיהם לעבודתו יתברך.

בי"ב במנחם אב תשס"ה, הובהלתי לבית החולים, הרופאים לא נתנו לי סיכוי לחיות יותר מכמה שעות בגלל מספר תסבוכות. עם כל זאת בזכות התפילות של בני ישראל הקדושים, ברחמיו הרבים, ריחם עלי הקדוש ברוך הוא, ונשארתי בחיים.

עם כל זאת, הובחנה אצלי מחלה קשה בכליות, ונאמר לי שהצטרך למכונת דיאליזה. בשבילי זה היה שוק!!! אף פעם לא הייתי אצל רופא, או בבית חולים. כך בעל כרחי התחברתי למכונת דיאליזה, ומכונה זאת הייתה קשורה בי ככלב במשך שמונים חודשים בדיוק, כמניין יסוד, במשך 10-12 שעות ביום.

בשבת פרשת ויחי יעקב י"ב טבת תשע"ב, בזכות בני ישראל, שכולם אהובים כולם ברורים כולם גיבורים כולם קדושים... וכולם פותחים את פיהם באהבה שלוש פעמים ביום, ואומרים - ברוך אתה... רופא חולי עמו ישראל, וכללותם כל האברכים, תלמידי הישיבות, רבנים וחכמים, חסידים, מקובלים עם תינוקות של בית רבן, זקנים עם נערים, בחורים וגם בתולות, בארץ הקודש ובעולם.

ומצד שני בנות ישראל היקרות מפז, שהתפללו וקבלו עליהם כל מיני קבלות, מהפרשת חלה עד צניעות וכיסוי הראש, עם הרבנים, המנהלים, המורים, המורות והתלמידות של בית יעקב דטורונטו שכל יום התפללו, וכללו בתפילתם שבקעה את כל הרקיעים אותי, ונושעתי אני הקטן. הושתלה בי כליה. והתנתקתי ממכונת הדיאליזה.

אמר המלך דוד - לולי תורתך שעשעי אז אבדתי בעניי. מה שנתן לי חיות היא התורה הקדושה, בשעות הרבות שהיתי מחובר למכונת הדיאליזה (כל 12 שעות ביום), ערכתי סדרתי, וכתבתי, פצחתי את ראשי התיבות וניקדתי [חלק מהספרים] במחשב את הקונטרסים שלמדתי במשך שנים עד עכשיו בעזרתו יתברך. וקונטרסים אלו הפכו לחיבורים, ואחרי התלבטיות ובקשות מבני גילי, החלטתי בעזרתו יתברך להדפיס קונטרסים אלו ושל החברים.

ברכה והצלחה בלימוד התורה הקדושה.
ובעיקר בפנימיות התורה, ותורת רבינו **חיים**

ורפואה שלימה לכל חולי ישראל.
היב"ש

תוכן הספר

4. רבי חיים מוולוזי'ן
7. הקדמת בן המחבר

שער א

21. פרק א
21. פרק ב
24. פרק ג
26. פרק ד
31. פרק ה
34. פרק ו
45. פרק ז
47. פרק ח
50. פרק ט
53. פרק י
54. פרק יא
56. פרק יב
60. פרק יג
64. פרק יד
67. פרק טו
70. פרק טז
74. פרק יז
75. פרק יח
78. פרק יט
81. פרק כ
85. פרק כא
87. פרק כב
91. הגהה מהרי"ץ

שער ב

113. פרק א
115. פרק ב
117. פרק ג
120. פרק ד
124. פרק ה
127. פרק ו
132. פרק ז
136. פרק ח
136. פרק ט

138. פרק י
141. פרק יא
145. פרק יב
147. פרק יג
149. פרק יד
155. פרק טו
156. פרק טז
161. פרק יז
164. פרק יח

שער ג

167. פרק א
169. פרק ב
172. פרק ג
174. פרק ד
177. פרק ה
179. פרק ו
181. פרק ז
184. פרק ח
187. פרק ט
191. פרק י
193. פרק יא
197. פרק יב
201. פרק יג
203. פרק יד

סיום שער ג

207. פרק א
208. פרק ב
210. פרק ג
212. פרק ד
215. פרק ה
218. פרק ו
219. פרק ז
221. פרק ח

שער ד

225. פרק א

פרק יט	263.		פרק ב	227.
פרק כ	265.		פרק ג	229.
פרק כא	266.		פרק ד	230.
פרק כב	269.		פרק ה	232.
פרק כג	273.		פרק ו	234.
פרק כד	276.		פרק ז	236.
פרק כה	278.		פרק ח	237.
פרק כו	280.		פרק ט	238.
פרק כז	281.		פרק י	239.
פרק כח	284.		פרק יא	241.
פרק כט	286.		פרק יב	245.
פרק ל	289.		פרק יג	248.
פרק לא	291.		פרק יד	249.
פרק לב	295.		פרק טו	251.
פרק לג	300.		פרק טז	254.
פרק לד	302.		פרק יז	256.
			פרק יח	261.

שער ספר נפש החיים דפוס ווילנא שנת תרל"ד

רבי חיים מוולוזי'ן

הרב חיים איצקוביץ' [נולד ז' בסיון תק"ט - הסתלק י"ד בסיון תקפ"א], ידוע בשם רבי חיים מוולוז'ין, בן הגאון רבי נחמן מפוהסט, היה מגדולי הדור בתקופתו, תלמידיו ונאמן ביתו של הגר"א - הגאון מווילנה, היה רב העיירה וולוז'ין, ומייסדה של ישיבת עץ חיים, המוכרת כישיבת וולוז'ין "אם הישיבות"

בצעירותו למד אצל **השאגת אריה**, שהיה רב בוולוז'ין, ולאחר מכן עבר לוילנה ונהיה לתלמידו החשוב ונאמן ביתו של הגאון מווילנה, בברכתו של הגאון מווילנה, עבר לוולוז'ין ושימש כרבה של העיירה. בראשית המאה ה-19, לאחר פטירתו של רבו, ייסד רבי חיים את **ישיבת עץ חיים בוולוז'ין** ובכך הפך לאבי הישיבות הליטאיות הגדולות.

ספרו הידוע הוא **נפש החיים** המדגיש את חשיבות לימוד התורה. רבי חיים החשיב מאוד את לימוד הבקיאות. הוא דרש ישרות בלימוד וכתב שפירוש מפולפל, גם אם נראה יפה, אם אינו לפי האמת יש להרחיקו. העריך מאוד את חשיבות החזרות בלימוד ואמר שעל ידי ריבוי חזרות יתורצו שאלות רבות. לאדם המתקשה בלימודו הציע ללמוד במתינות ומתוך שמחה, וכתב שבלימוד כזה יכול להשיג בזמן מועט מה שבלא מתינות ישיג בשעות רבות.

שלא כמקובל כיום בישיבות העדיף רבי חיים לימוד רצוף, ורק במקרה של הרגשת רפיון המליץ על לימוד מוסר.

היה מתון ביחסו לתנועת החסידות, והתיר להצטרף לתנועת החסידות **בשלושה תנאים** - שיקפיד על דקדוק הלכה, שלימוד גמרא בעיון יהיה בשבילו העיקר החשוב, שלא יבזה את הגר"א שהתנגד לחסידות.

הרב חיים יסד את ישיבת וולוז'ין, כדי לרכז כשרונות מעולים ללימוד מסודר בשיטתו של הגאון מווילנה. התקיימה בשנים תקס"ב - תרנ"ב, [1892-1802].

הישיבה הייתה תופעה חדשה בעולם הישיבות של פולין ליטא, היא הוקמה לא על ידי רבני הקהילה ופרנסיה בוולוז'ין, אלא ביוזמת רבני קהילות ובמגמה ייחודית להקים בית יוצר לגדולי תורה. להאדיר את הלמדנות למדרגה גבוהה, שתתעלה על החסידות ועל ההשכלה שפשטו, ותהווה סכר בפני התפשטותן לליטא.

הספר נפש החיים

הספר מבוסס על הזוהר, עץ החיים וספרי קבלה נוספים, הספר בא להסביר סוגיות בעולם היהדות, ונכתב כמענה לספר התניא של חסידות חב"ד, בספר זה ישנו עימות עם רעיונות חסידיים כמו - **צדיק יסוד עולם** שדרכו מתקשרים אל האלוהות, שהדבקות הרגשית ויראת השמים, הנה הדבר החשוב ביותר, בספר ארבע שערים ושמונה פרקי השלמה אחרי שער ג'.

שער א' - האדם [כב פרקים]
הרעיון המרכזי של שער א' - קובע על פי התנ"ך והקבלה, שהאדם נברא בצלם אלהי"ם, ולכן כשם ששם אלהי"ם מבטא שליטה ואדנות של האלוהו"ת על כל היקום [בעל הכוחות כולם], כך האדם כולל בתבניתו את כל הכוחות והעולמות כולם, ולכן יש בידיו כוחות היקום להשפיע לטובה או לרעה על כל היקום כולו, מרום מעלתו הנסתרת ועד לתחתיתו הגלוייה, עם כל העולמות הנגלים והנסתרים שבו, ואפילו להוסיף כוח בפמליה של מעלה ולתגבר את הגילוי האלוהי בעולם בסוד - תנו עוז לאלהי"ם ורוכב שמים בעזרך. ובדבר זה הוא עליון על המלאכים, ואין צורך לאדם במתווכים בינו לבין האלהו"ת, כמו כן מכיוון שבכל מעשה ומעשה האדם יכול להשפיע מבחינה מציאות על כל היקומים, יש להיזהר ולדקדק במעשים, כפי שהתורה שהיא נשמת העולם מדריכה עליהם.

שער ב' - התפילה [יח פרקים]
אף שיש פער לא נתפס ואינסופי בין עצמות הבורא האינסופית ולבין האדם, וזוהי עזות לפנות אליו, הוא גילה שזה רצונו.

עבודת הא"ל שבלב זו תפילה, והיא המזון הרוחני לעולמות ולאדם עצמו, ולכן היא עומדת ברומו של עולם. הברכה שאנו מברכים את האלהי"ם אינה לעצמות האינסופית של הא"ל, שהרי היא סתומה מכל ואין לנו בה שום תפיסה, אלא לעצמות אינסוף מצד כוחותיו האלהי"ם המתחברים אל העולם בהכרתנו ובהשגותינו, בזה תפילת האדם מעוררת את השפע האלה"י לרדת ולהחיות הכל, וזה עניין הברכה, השפע והריבוי החיוניות האלוהית בעולם.

כאשר האדם מתפלל, אסור לו להתפלל אל ההתגלויות של האלהו"ת, אלא אל יחידו של עולם, אל העצמות האלהי"ת בלבד. **בקוראנו אליו** - אליו ולא אל מידותיו. כוונת התפילה צריכה להיות

להוסיף כוח בעולמות העליונים.

שער ג' - האלהו"ת [יד פרקים]

האלהי"ם הוא מקומו של עולם ואין העולם מקומו, לכן הוא נקרא **המקום**, ולכן בכל רגע כל העולמות מתהווים וקיימים מרצונו, הוא נקרא בשם הוי"ה, כי הוא מתחבר ברצונו לעולמות מהווה אותם ומקיימם בכל רגע, יחס האלהו"ת לעולם הוא כיחס הנשמה לגוף, לית אתר פנוי מינא. האלהו"ת ממלאה את הכל - הלוא את השמים ואת הארץ אני מלא, ועצמותו נמצאת בכל.

סיום לשער ג' [ח פרקים]

אזהרה מיהירות בעבודת האל.

שער ד' - לימוד תורה [לד פרקים]

חשיבות רבה יש ללימוד הגמרא והמפרשים. העיקר הוא הבנת את הדברים, ולא התפעלות ודבקות רגשית, התורה היא הדיבור האלהי"י, אור כל העולמים, קיום ושורש הכל, והעולם נברא בשביל התורה שעלתה במחשבה תחילה. כל הלומד תורה דבוק בדיבור האלהי"י שברא את כל העולמות ויסד ארץ, ונעשה שותף במעשה בראשית.

שורש התורה למעלה מעולם האצילות - ישראל עלו במחשבה תחילה. כל הלומד תורה מוסיף חיוניות אלהי"ת, אור ושפע אצילי בכל העולמות כולם, שמאירים ושמחים בהתגלות הזו, עד שאותה חיות אצילית מגיע אליו לטהרו, לקדשו ולהשלימו, ולהעבירו להנהגה ניסית.

נפש החיים

הקדמת בן המחבר

מלפנים זאת. שכל מחבר חבור. מקדים הקדמה בראש
ספרו. מהם נהגו להודיע מה ראו על ככה לבוא במגילת
ספר. מהם מודיעים תכלית כוונת תועלת החבור. מהם
עקבותיהם עקב ענוה ויראת ה' הקודמת לחכמתם. להשפיל
עצמו על ד"א לבל יתרברב במחברתו. ואם לבנו ייעדנה
לקבעו בדפוס. הנה בן יכבד אב למלל גבורת אביו המחבר.
ולהשמיע תהילת החבור. איש איש, לפי מהללו.

ואנכי במה אקדם, נער אנכי לא ידעתי דבר שיוחקו מלי
בספר, ואף כי לא בי הוא לכוון לב במה אחל, אם כה אומר
להשמיע תהילות דברים שנאמרו - ביראת[1] ה' לחיים.
ותכליתם הלא דבר שפתים אך למחסור[א]. בדבר אשר עין
בעין יראו. ויהיו נדברים בין יראי ה' אשר - קרבת[2]
אלהי"ם יחפצון. וכל קוראי ספרו אשר יקראוהו באמת,
לעומתו יאמרו - ברוך[3] שחלק מחכמתו ליראיו.

הגהה[א]. ואולי יתכן פירוש הכתוב - ודבר[4] שפתים
אך למחסור. שלדבר שנראה בהשקפה שיש בו
איזה חסרון. נצרך דבר שפתים להמתיק, אבל באין
מחסור. למה זה רוב דברים.

ואם אתן אומר בשבח הראוי לכבוד מר אבא, הגאון צדיק
המפורסם נשמתו עדן, עירום אנכי מלהבין בין להעריך
דרכי תורתו וצדקתו, ולא עמדי הוא להכיר ולהכירנו
לאחרים, זקני תלמידי חכמים וגאוני גדולי רבני מדינתנו
נ"י. שלהם נודע כח מעשיו בנגלה ובנסתר, להם נאה לספר
שמו וזכרו, כי רב הוא, ועל ספרו כלם יכתבו, והאומנם

---

[1] משלי יט כג
[2] ישעיהו נח ב
[3] ברכות נח א
[4] משלי יד כג

צדק דרכיו ארץ מלאה, ומעשיו הכריזוהו.

ומי כל בשר אשר לא שמע קל משרוקיתא, שבחא דעבד בארעא, וחסנא ותוקפא איתיהיבת ליה באורייתא קשוט ועובדין טבין וקשוט דעבד, התקנת ברבו יתירא להחויא כמצבייא בחילא דאלהא דשמיא.

הוא הגבר שהקים עולה של תורה בזמנו, במדינתא במדינתא בתורת חסד, ופיהו פתח בחכמה למאות תלמידים, וזכה להגדיל תורה, לאגמורי, ולמסבר, אזן וחקר ותקן, ובנה לו בית תלמוד גדול עומד על שלשה עמודים, תורה ועבודה וגמילות חסדים.

ולא נפלאות היא שזכה וזכה את הרבים, כי מנעוריו נשא עולה של תורה בשקידה נפלאה, ובהיותו למעלה מבר ארביסר, קבע לימודו עם אחיו הגדול הגאון מורינו הרב שמחה ז"ל, והוו גרסי יממא ולילי, וזקנינו ספרו לנו, שכאשר לא הוה להון אור הנר מצוי, אור הלבנה הוה יפה להון לגירסא דלילא, וקבלו אז דרכה של תורה מרב רבנן גאון הגאונים אריה דבי עלאה, רבא אריה ליב נשמתו עדן, בעל שאגת אריה[2].

הגההה[2]. והגאון בעל שאגת אריה ז"ל, היה כמה שנים אב"ד פה קהלת קודש, והיה מודע למשפחת אבא מארי ז"ל, ובהיותו פה חבר חיבורו היקר שו"ת שאגת אריה, ובנסעו מפה להדפיסו היה מר אבא נשמתו עדן קטן בשנים, ומדי עברו דרך פה אחרי הדפיס ספרו הנ"ל, נתאכסן בבית אדוני זקני ז"ל כמה שבועות, ויחן[5] את פני העיר. וקבע הוראות פה, והיה אז אבא מארי ז"ל כבר חמיסר, ומאהבה שאהבו, ואת אחיו הגדול נשמתו עדן, קבע להם משנתם שתהא סדורה.

וכד היה כבר עשרים וחמש, הוה גמיר בכלא תלמודא, ופוסקים ראשונים ואחרונים, והיה לומד תורה עם אחיו הגאון וצדיק דמי לבר אלהי"ן מוה"ר שלמה זלמן נשמתו

עדן[6] ומה טוב ונעים היה שבת אחים גם יחד. בתורה ועבודה, ושניהם כאחד למדו תורה מהרב הדומה למלאך הוי"ה צבאות, עיר וקדיש מן שמיא רבינו הגדול רשכב"ה הגאון מרנא ורבנא אליהו החסיד זצוק"ל מקהילת קודש ווילנא, והוא ז"ל האציל מרוחו עליהם, רוח חכמה וכו', אשרי עין ראתה כל אלה, הרואים ראו ושמחו, והשומעים למשמע אוזן תאבה נפש.

הגהה[ג]. ונודע ביהודה וגדול שמו בישראל, וקצות דרכו בקדש, הנם כתובים על ספר תולדות האדם חלק א' וחלק ב' שחבר הרב המובהק הדרשן הגדול מהו"ר יחזקאל פייוויל מארי מתיבתא דקרתא רבתי ווילנא, ועוד חלק ג' אצלו בכתובים, ואבא מארי ז"ל היה גדול בשנים מאחיו הגאון מוה"ר שלמה זלמן נשמתו עדן, שבע שנים וט' ימים, ונולד שנת תק"ט יום טוב שני של חג השבועות, יום שנתנה תורה לישראל, ונתעלה מאתנו בן ע"ב ביום חנינותו י"ד סיון ה' לסדר ויהי בנוסע הארון, שנת כל הכתוב לחיים.

ויותר מלימודו היה גדול שמושו, ששמש את רבו החסיד נשמתו עדן, ובימים הרבים שעמד לפניו, אנהיר ליה שבילי דאורייתא בנגלה, ונתיבות פליאות בנסתר, הוא הוא דחזא רביא מקמיא[ד] וגליה ליה מסכתא ונהירו דחכמתא. והימים אשר למד לפניו באימה וביראה ברתת ובזיע, מן - נהר[7] דינור דהוה נגיד ונפיק מן קדמוהי. כן כאשר לימד והודיע לבניו ותלמידיו, הימים אשר עמד לפניו, אימתיה דרביה הוה עליה במורא נפלאה כאלו עומד לפניו במרום, וכאשר פתח בשמעתתא ודכיר שמיא דרביא, הוי מרתע כלא גופיה וזיווהי שנין עלוהי מאש המתלקחת בלבבו, בהגיגו דרכי צדקתו וחסידותו וטהרת קדושתו, ואור תורתו נקנית לו, באשר היה כחו יפה בהמעלות שהתורה נקנית בהם,

---

[6] תהלים קל"ג א
[7] דניאל ז י

ומאדרת אלידו התלבש ענוה ויראה.

הגהה[7]. ואולי עניין הנאמר בעירובין - ואלו[8] חזיתיה מקמיה כו' והיו עיניך ראות את מוריך. הוא כעניין הכתוב - וראיתי[9] את אחורי ופני לא יראו. על פי מדרש שמות פרק ג' - אקי"ק אשר אקי"ק, על שם מעשי אני נקרא [וסוף פרטי המעשים כלולים במחשבה הקדומה], ולזאת נקראת המחשבה פנים, שקודמת, והמעשה מאוחרת, ובמחשבה עצמה יש מחשבה קדומה וכוללת, והיא פנימית ומחשבה מאוחרת המתפשטת מהפנימית לדבור או למעשה, [והוא דעת המתפשט בפנימית המידות] והיא היא הנכרת מתוך מעשה, או דבר המאוחר בעקימת שפתיו, דהוי מעשה, אבל פנימית המחשבה הקדומה, אי אפשר להביאה בדיבור, כעניין[10] דבש וחלב תחת לשונך. [עיין חגיגה יג א] והוא דעת העליון, כעניין - לא[11] קאים איניש אדעתיה דרביה. ואינה נתפסת להתלמיד אלא בהארת פנים של רבו לתלמיד חכם, ומבין מדעתו, וכל זה הוא במחשבות שבלב איש, אבל בו יתברך שמו אשר - לא[12] מחשבותי מחשבותיכם. כתיב, כללות מחשבתו לית מחשבה תפיסא בשום אופן, אף לעליונים, ורק מחשבתו המתפשטת לקיום מעשיו נכרת ממעשיו, לכל נביא ונביא כפי מדרגתו, וזהו וראית את אחורי, **את** לרבות המחשבה המתפשטת לקיום המעשה, ונכרת על ידי כח מעשיו, ונקראת על שם המעשה, ופני לא יראו, אף על ידי כח מעשיו המאוחרים אל הקודם. [וכהוראת מלת יראו בצירי].

---

[8] עירובין יג ב

[9] שמות לג כג

[10] שיר השירים ד יא

[11] עבודה זרה ה ב

[12] ישעיהו נה ח

וגדולה ענוה של כבוד מר אבא הגאון נשמתו עדן, ונתלבש בכל דרכיו ונתיבותיו, וקצות דרכיו אספרה באשר מדרך ענוה, להיות[13] את דכא, או לרומם את דכא אתו. הן שתי אלה ראתה בו עין כל יקר, שמעודו ועד שיבה נתן נפשו להחיות רוח שפלים במאודו וצדקת פזרונו, ולהיות את נדכאים, וגם עדיו כי באו אביוני אדם, ששו ושמחו כי קרבם ימין, והרחיב לבבם בפיוסי דברים, ובדברי חן שהוצק בשפתותיו.

עוד מדרך הענוה האמיתית, שיהיו כל עניני הגוף נבזה ונמאס בעיניו באמת, עד שלאפס ותהו יחשבו, מבלי הרגיש לא ענג ולא נגע, ורק בדרכי ה' יגבהו, שיהא לבם פתוח לתורה ועבודה וקדושה, ואך בה' ישמחו כי ישיתו לבם מדור נאה לו יתברך שמו, ככתוב - ויספו[14] ענוים בה' שמחה. וכמאמר הרגיל תמיד בפינו בעמדנו בתפלה לאמרו - ולמקללי נפשי תדום, ונפשי כעפר לכל תהיה, ואחר כך פתח לבי בתורתך, ואחרי מצותיך תרדוף נפשי. הן כל מכירי כבוד מר אבא הגאון ז"ל, המה יעידו ויגידו מענוותנותו הגדולה, אשר אם היה נעלב לא העליב, והיה שפל רוח בפני כל אדם, ובתענוגי הגוף, אף למעוטא דמעוטא היה חושש, ושם דרכיו לבלי הרגיש תענוג, ואף כי הגיעו ימי הזקנה שנתייסר בייסורים של אהבה במאודו ונפשו קבלם בשמחה ובצהלת פנים, מבלי הוציא אנחה כמאמר חז"ל - קבלה[15] דיסורי שתיקותא. ודעתיה הוה בדיחא עליה, כל שני דקביל עליה יסורים, ורק על זה היה מצטער אותו צדיק על שהוכרח לכלכל גופו לפי מחלהו, ובמסתרים היו עיניו יורדים טיף טיף, ועיני ראו ולא זר, ועם כי לבו היה דווי על זה. היה שמח בייסוריו הממעטים לו הרגש התענוג, עד שלא שם לבו לא לענג ולא לנגע. וכל רואי השמש בגבורתו, המה ראו כן תמהו, שעם כל

---

[13] סוטה ה א

[14] ישעיהו כט יט

[15] ברכות סב א

כניעת גופו ונמיכת רוחו למילי דעלמא, כן נהפוך לבבו
במילי דשמיא, ללבוש עוז והדר, ועד זיבולא בתרייתא,
לבו היתה שומה לעשות מדור נאה לתורה, ועבודה,
וגמלות חסדים. ומה מאוד גבה לבו בדרכי ה' ללחום
מלחמתה של תורה, וכל מצוה שהחל ברוח חכמה וגבורה,
גמרה ברוח דעת ויראת ה' ודבר אחד מדבריו לא שב,
והוציא לאור מחשבתו הטובה לפני רבבות עם, והכל
בשובה ודברים מחוכמים אשר בנחת היו נשמעים.

עיקר הענוה, שלא להרגיש מעשיו הטובים שפעל, וערך
מעלותיו שהשיג, וכל אשר יגדלו פעולותיו ומעלותיו
ושכלו ירבה להכיר גדולתו יתברך שמו, כן רוח האלקים
תוסיף תת כח הרגש חסרונו, ותדמים הרגש עצמות
מעלותיו, וכשרואה שמתייקר בעיני אנשים לכבדו מצטמק
ורע עליו, המעשה[5] ומחשב לו חסרונותיו, להקטין עצמו
לבלתי רום לבבו. כמו שמצינו ברב כד[16] הוה הזי אמבוהא
כו'.

הגהה[5]. ודרך דרש אולי הוא כוונה שנייה במה
שאמר רבי אליעזר לתלמידיו - הזהרו[17] בכבוד
חבריכם. שצריך זהירות שלא יוגבה לבו מהכבוד
שחביריו נוהגים בו.

ומי שלא ראה דרכי כבוד אבא הגאון ז"ל בזה, לא יאומן
כי יסופר, כל תחבולותיו ועלילותיו אשר שם, שם לו בזה
רגיל על לשונו היה, שכל חידושים שמחדש. הן בגמרא
פרוש רש"י תוספות, או בשאלות ותשובות, ושיערה דעתו
דחדי לביה מפלפוליא, הוא חושש לנהנה מדברי תורה,
והיה קרוב בעיניו שהחידוש אולי אינו לאמתה של תורה,
ממאמרם ז"ל ריש פרק אלו דברים - כל[18] המתיהר חכמתו
מסתלקת הימנו. ודרך בדיחותא היה אומר, שזהו נחשב
אצלו לשוחד, שמשחד עצמו בחדותא דמסתייא. והיה

---

16 יומא פז א
17 ברכות כח ב
18 פסחים סו ב

מתייגע לסתור דברי עצמו, ולחזור לשנות דבריו, ולשקול בפלס שכלו איך להעמיד על האמת בסברה ישרה, ובשקול דעת נכונה, והרואה יראה ויבין מחכמתו שנתקיימה לו, איך היה מקטין שכלו בעיניו ודעתו היה שפלה עליו, כמאמרם ז"ל - אין[19] דברי תורה מתקיימין אלא במי שדעתו שפלה עליו.

היה אוהב תוכחת מוסר, וכל דבריו היו כאש, והוה להיט מפומיה שלהבת י"ק באהבה, ורשפי אש ביראה, וכל אזן שמעה היה נמס לבבו כהמס דונג, ונמשך אחרי מיליו דחסדאין באגדתא דהוה דריש בפרקיה, ומענותנותיה לא מלאו לבו להוכיח לברייתא, והוכיח במישור לעצמו בכל דבריו, והיה כבא ללמד ונמצא למד' ורובי מוסריו היו להשפיל גבהות הלב.

הגהה'. ואולי כן כוונת הכתוב - ה'[20] אלהים נתן לי לשון למודים וגו'. יעיר לי אוזן לשמוע כלמודים, היינו שה' יתברך שמו נתן לי לשון למודים בתוכחת מוסר לאחרינִיא, והוא יתברך שמו העיר אזנו שילמד גם הוא מוסר לעצמו, כלימודים שמלמד לאחרינִיא.

ועם כי רובי דבריו בדרשותיו היו עומדים ברומו של עולם, מיוסדים על פי זוהר וכתבי האר"י ז"ל, כאשר המבינים הבינו בדברים. הוא ז"ל מענות צדקתו, הלבישם והפשיטם וגנזם, לבל יגדיל דבריו כדורש בנסתרות, להמתיקם כדבש וחלב תחת לשונו, וכבשם תחת לבושו מלדורשן להדיא בהמון, ורבים שלא מלאו כריסם בתלמוד, להיטהר ממעשיהם ברוח נכון ביראת ה', לבל יכשלו בהבלי חבלי השוא.

ולפי הוראת השעה שהיה נראה לו להוציא איזה דברים מבלי הצפינם, היה קורא על עצמו - לא[21] המדרש עיקר

---

[19] תענית ז א
[20] ישעיהו נ ד
[21] פרקי אבות א יז

אלא המעשה. [וממילא נשמע כוונתו על סיפא דמשנה זו וכל המרבה דברים כו', לשון רבי המלך - שממלל מלין לצד העלאה להגדילם בעיני השומעים, ועיין מדרש שמואל שם.

בכל דרכיו, היה ממעט כבוד עצמו להרבות כבוד שמים, הן במילי דצבורא, בפרט בענייני הכלל, מודעת שהשליך נפשו מנגד ועסק הרבה יתר על כדי כחו, ואף כי זקן היה, היו ידיו אמונה, עד בא השמש, ואף ככלות כח רחמנא לצלן גם על משכבו בחליו, רעיונו סליקו, ועיניו היו נשואות השמיימה, לשתף שם שמים בצערא דהכלל והפרט, בגנוחי ואנחות בשיברון מתנים, ואנחותיו הרבות בזה היו שוברות כל גוף השומע, והיה רגיל להוכיח אותי על שראה על שאינני משתתף בצערא דאחרינא, וכה היה דברו אלי תמיד שזה כל האדם לא לעצמו נברא, רק להועיל לאחריני, ככל אשר ימצא בכחו לעשות. ודן והורה, אוהב[22] שלום ורודף שלום אוהב את הבריות וקרבן לתורה׳.

הגהה׳. וכגוונא שהורגלנו להציע תפלת שלמה המלך ע"ה - כי[23] האמנם ישב אלקים על הארץ. דבר משל שכמו שקרוב להאמין שאיש חסד, עם כי הוא עתיר נכסין, וגדול כבודו לאדירי, עם בחכמה וגבורה ועושר, יבחר לו מקום ליישב בשפל ולהיות את נדכאים, ארץ מליחה לא מקום זרע ומים אין לשתות, למען יוכל גמול כל מיני חסדים טובים כחפץ לבו, רק להיטיב בכל מילי דמיטב ככל החיזיון הזה אמר שלמה המלך ע"ה שם - יאמן[24] נא דבריך כו'. כי האמנם [לשון אמונת אומן] ישב אלקים על הארץ, שתמצא ידך לגמול כל חסדים טובים, אשר יחטא איש לרעהו תעשה חסד בגבורה להציל עשוק מיד עושקו, איש אשר

---

[22] פרקי אבות א יב
[23] מלכים-א ח כז
[24] מלכים-א ח כו

יסיג גבול רעהו, תשיבהו על אדמתו כי יצמאו
למים, ונתת להם מטר רעב, כי יהיה ונתת לחם
לקצירי ומריעי תעלה ארוכה, לכל נגוע לבב
תחבוש לעצבותו ומלאה הארץ, דרכי טובך להטיב
בכל מיני הטבה.

וזה היה דרך לימודו בקדש מעודו, הן בתורה, והן בדרכי
ה' הישרים שהיה מורה, הניח כבוד עצמו, ובחר לו ללמד
באשר ייטב להם לאחריני, אשר כקטן כגדול ישמעון, בכל
רובי תורותיו אשר זכה וזכה את הרבים, לא הניח ידו
מלהגיד לבני עירו אחר תפלת השחר פרשה מסדרא דשבוע
יום יום, וכל הנכנסין לבית המדרש יצאו מלא דבר כאשר
כל אחד קלט לפי דרכו, אוהבי הפשט קלטו עומק פשוטו
במקרא, ודורשי הרשומים, דרוש דרשו ממה שלקחה
אזנם, מה שנזרקה מפיו מדי דברו בקצרה, וכל השומעים
שמחו, במתק שפתיו אשר ברור מללו כקורא הפרשה לפני
תינוקות של בית רבן, וכל כך הייתה מצוה זו חביבה בעיניו
שהניח כל דבריו בקדש, והוה רהיט לבי מדרשא, בעוד
שכל הצבור מתפללין, וקטן וגדול שם הוא וחדותא
שלימתא הוה חדי מינה, באמרו בלאגמורי דבר הצריך
תלמוד, לאו כולי עלמא גמירי, וזאת התורה כל אפיין שוין
באבנתא, ומטיב לכולם, ועלץ לבו בזה, ילמדו ענוים דרכו.
ומודעת שלבו ראה הרבה חכמה, והגדיל תורה, והוסיף
עבודה, וממעשיו המרובים, אף חכמתו נתקיימה לו בכל
מדע, לחדש חידושי תורה בגמרא פרוש רש"י תוספות
המתוקים מדבש, [והנם בכתובים פסקי פסקי מה שכתבו
תלמידיו, כי לא הוה ניחא ליה לכתוב על ספר בעצמו, כל
דבר שאינו הלכה למעשה] והרבה להשיב מנעוריו ועד
שיבה, לכל גדולי רבני מדינתנו, וגאוני זמנינו, וכולם
נקבעו הלכה למעשה [ועם כי בעונתנו הרבים המון גנזי
שאלות ותשובות שגנזם, נשרפו בעונתנו הרבים באש
ששולח ממרום יום ד' י"ד אייר בשנת תקע"ה, ונשרפה
רחמנא לצלן כחצי העיר, וגם הוא היה מהם שהיו בתיו

לאכול אש, ורק על בית אולפנא דידיה. רחמי ה' מתלקחת בתוך האש שאכלה סביבו, וקצותיו והוא נשאר כאוד מוצל מאש, וגם הספרים ניצולו, ברוך שעשה נס במקום הזה, אמנם הרבה מהם נשארו ביד התלמידים שהעתיקו להם, והרבה מבדרן בעלמא, ה' יהא עוזר לאוספם ולחברם יחד]. ועם כי חזינא לדעתיה לדעתיה דמר אבא ז"ל, דיהיב דעתיה עליהון לקבצם יחד, אמנם על כולם לא נצטוויתי מאתו להדפיסם, רק על דא נצטוויתי, מפורש יוצא מפיו יום העלוות השמיימה בנוראות דברים, להתחזק בכל כחי לחזק בית אולפנא דידיה שלא תמוש תורה ח"ו, וגם על הקונטרסים הללו נתן קולו עלי מקירות לבבו, שלא אשנה מדבריו כאשר המה כתובים, ככה צוויתי להדפיסם בזירוז. וניתי ספר ונחזי ענוותנותיא, שהניח דעתו מחבורים גדולים, והמעיט עצמו למיהב דעתיא על הקונטרסים הללו המעטים ונמוכים לפי ערכו הגבוה, כי מודעת שדבר ה' הייתה אל אליהו חסידא בנשמתו עדן, ונגלו לו תעלומות חכמה, כאשר כבר יצא אור דבריו בדפוס, ועוד עשר ידות לו בנסתרות בכתובים כמו שהאריך מר אבא הגאון בנשמתו עדן, בהקדמתו לספרא דצניעותא. [ושמעתי ממר אבא הגאון ז"ל, שכל כתבי הקדש בנסתרות ממרן אליהו ז"ל, נכתבו קודם שהגיע לארבעים כי מאז בינה יתירה התוספת ליה, שלא היה הזמן מספיק להיכתב כל מה שנגלה לו] ומר אבא ז"ל קלט סולת מכל בית נכאות רבו ז"ל, להבין מדעתו ראשי פרקים פנימיות דרך עץ החיים להאר"י ז"ל, והיו חקוקים על לוח לבו, ומענותנותיה שייף ועייל מעט מזעיר בקונטרסים הללו, ופתח כמחט סדקית למי שלבו פתוח לפתוח פתח כפתחו של אולם. וברוחב בינתו חקק וחצב הדברים שקלן והמירן וצרפם לדרך התורה ועבודה ויראת ה'. להורות הדרך ילכו. והמעשה אשר יעשון. וכאשר מעודו נפשו אותה לזכות את הרבים בדבר השוה לכל נפש. כן הייתה מגמת נפשו קשורה בזה בחד קטירא בעלותה למרום.

ומי שלא ראה העוז והענוה דיליה ביום הלקחו מאתנו, לא ראה עוז וענוה, שמעת תפלת השחר עד עת צאת נשמתו למרום, כל שעה ושעה החליף כח, רגע היה משפיל גופו בדבריו כאשר הרגיש שישוב העפר אל הארץ כשהיה, ופניו שחורות כעורב, וכרגע היה מתאזר עוז בדביקות נפלא ופניו היו מאירים כאור פני מלך חיים, לקשר נפשו ברוחו שתשוב אל האלהים אשר נתנה בטהרה עד רוחו ונשמתו אליו יתברך שמו נאספו בנשיקה, והיו צרורים בצרור החיים את ה'.

וטרם - לקח[25] אותו אלהים. אותיום אזעיר גרמיה וקמיט פניו בנמיכת קול ורוח ממללא מנשמת חיים, וכה היו דבריו ז"ל, אף ברי יטריח להדפיס הקונטרסים חיש מהר, ואתה בני ידעת, שאף שללמוד לא זכיתי, זכוני מן השמים ללמד לאחריני, ולעשות קיום לתלמוד תורה כן אם שלא זכיתי ליראה את ה"ה, אולי אזכה מן השמים, שיתקבלו דברי בקונטרסים הללו, להשריש יראת ה' ותורה ועבודה זכה בלב ישרי לב המבקשים דרכי ה', אלה הדברים אשר דבר לי.

הגהה"ה. ומי שידע שמענוותנותו היה נחשב בעיניו עוד ליהיר לא נפלאות היא, מה שנדמה לו שלא הבין יראת ה', כעניין מאמר חז"ל - אטו[26] יראה מלתא זוטרתי היא וכו', אין לגבי משה מלתא זוטרתי היא, משל לאדם שמבקשים ממנו כלי גדול ויש לו דומה עליו ככלי קטן, קטן ואין לו דומה עליו ככלי גדול. והעניין שכל מי שהוא עניו יותר אינו מרגיש ענוותנותו, ואדרבה נחשב בעיניו למתייהר ואת חביריו מחשיב לענווים, ומשה רבינו ע"ה - העניו מאוד מכל האדם. ודאי היה מחזיק עצמו למתייהר, ואת כל ישראל החזיק לענווים נגדו, וזהו לגבי משה שהיה עניו ביותר

---

[25] בראשית ה כד
[26] ברכות לג ב

והחזיק את ישראל לענווים, אמר שאצלם יראה מלתא זוטרתי כי היא - עקב[27] ענוה. כמאמרם ז"ל - מה שעשתה חכמה עטרה לראשה עשתה ענוה עקב לסולייסה. ורק לגבי דידיה נחשב לו יראה לדבר גדול, מחמת שנחשב בעיניו ליהיר, עוד ואולי לזאת מביא הגמרא משל השני מכלי קטן, ואין לו למען דרוש תיבת מעמך שבקרא.

ואחרי הדברים האלה, הלא דמוע תדמע עין כל הירא את דבר ה', כאשר היכניס בליבו דברים הללו, היוצאים מן הלב - בעקב[28] ענוה ויראת ה' לחיים. ואם האדם הגדול בתורה, ועמלו היה בתורה, כל ימיו עשה נחת רוח ליוצרו, נדמה לו שאין בו יראת ה', אנן מה נעני אבתריה.

ועם כי בי הוא, שלא הזדרזתי לקיים מילי דאבוהא, להזדרז לאשר ציוני.

ונענשתי על זה, כפליים בפרי בטני על חטאת נפשי. **אחד** שלשנה האחרת י"ד סיון תקפ"ב יום פטירת מר אבא ז"ל, נולד לי בן זכר והכנסתיו לברית, ונקרא על שם נפש **החיים**, ואיננו[29] כי לקח אותו אלהים. ביום שלישי למילה. **ושנה** זו ה' כסליו יום שבת קודש, היה פרשה ויצא, יצא ממני הדר כבן שמונה יפה תואר נחמד ואהוב, וכבר היה יודע לישא וליתן בגמרא כמר שמחה נפתלי הערץ, צדיק[30] הוא ה' כי פיהו מריתי. והוא[31] רחום יכפר עון. ולא יוסיף לדאבה עוד.

אמנם לא מלבי ח"ו ברם הורעת השעה בעונותיי הרבים היא שגרמה, כי מיום שהורם העטרה, טובה בעינינו לא ראינו ונשארתי כאיש נדהם רצוץ לבב, מאשר השתרג, ומשתרג, ולא מצאתי לי עת לפטור עצמי ממלאכת שמים שצוויתי ממנו על בית אולפנא דידיה, כאשר מודעת לכל,

---

[27] משלי כב ד
[28] על פי משלי כב ד
[29] בראשית ה כד
[30] איכה א יח
[31] תהלים עח לח

ולפום שיעורא דילי שיערתי רצון מר אבא ז"ל, שאולי לא יהא ניחא ליה לדחות מעשה גדול תלמוד תורה דרבים מפני מצוה זו.

וגם דמיתי לחבר מילין דאגדתא דיליה לדרושיו על פרקי אבות, שהיה דורש שבת בשבתו במילין בסימין ושמו נאה לו רוח חיים, באשר מלאים רוח עצה ורוח בינה ודעת וחיים הם למוצאיהם.

וגם לקבץ כל השאלות ותשובות ולסדרם, לקרותם בשם **נשמת חיים**. כי בדבריו נותן נשמה ותבונה למבינים, כעניין - ונשמת[32] מי יצא ממך. וקונטרסים הללו קראתים **נפש החיים** כחתימתו של מר אבא ז"ל בתשובותיו וכל מכתביו, ברם לית אתר פנוי לזה מרובי הטרדות והעבודה המוטלת עלי, ה' ירחיב, ובגין דא לדא אשתהי עד האידנא, ואם שגיתי ה' יכפר. [וגם הוו לי דעת קדושים תרי הגאונים הגדולים אשר בקהלת קודש ווילנא יע"א, שהסכמתם שלא לאחר המוקדם בדעת כבוד מר אבא הגאון נשמתו עדן, עדי יקובצו השאלות ותשובות דאתבדרן בעלמא].

ועתה אחרי שמן השמים עוררוני לעשות רצון צדיק, כבוד מר אבא הגאון נשמתו עדן, יהא רעוא להפיק רצון יראי ה', המתאווים לתורת חיים, ויהי נועם ה' לכונן מעשי ידינו להוציא לאור, מה שהנם עוד בכתובים, ומשמיא יאמצו כח בית דין הרב המופלג, מבקש מטמוני יראת ה' כבוד שם תפארתו, מורנו הרב אברהם שמחה שיחיה, שטרח ויגע בפעולת צדיק לחיים בעסק הדפסת הקונטרסים האלו, והטיבה ה' לטובים שהטיבו מטובם לסייע, והמתעסקים בגופם כולם ישאו[33] ברכה מה'. וזכותיה דכבוד מר אבא הגאון זללה"ה יהוי בסעדא דכל החפצים לעשות רצונו הטוב, להביא עליהם ברכת טוב ומטיב.

ואתם בית ישראל, צאו וראו הדרך הישרה שידבק בה האדם, שימו לבבכם לכל הדברים שנאמרו ביראת ה'

לחיים וראיון הם למי שאמרן ולמי שנאמרו, ויהא רעוא דיתאמרו הני מילי מעליותא בין יראי ה', לאחוז קירות לבב אחינו בית ישראל לתורת חסד, ועבודה שלמה, ותפלה זכה, ופעולת צדיק לחיים שמסר נפשו בחייו על תורה ועבודה, תוסיף אומץ לכל האיש החפץ חיים, בתורה ועבודה בכל לבבם ונפשם, ולעורר אוצר הטוב בחסד ורחמין נפישין על נפשות בית ישראל, שיהיה ונפש נענה.

יצחק בן הגאון המחבר מורנו הרב חיים זלליה"ה מוולאזין.

נפש החיים

שער א

פרק א

כתיב - ויברא[1] אלקים את האדם בצלמו בצלם אלקים ברא אותו. וכן כתיב - כי[2] בצלם אלקים עשה את האדם.

הנה עומק פנימיות עניין הצלם, הוא מדברים העומדים ברומו של עולם, והוא כולל רוב סתרי פנימיות הזוהר, אמנם כאן נדבר במילת צלם בדרך הפשטניים הראשונים ז"ל, על פסוק - נעשה[3] אדם בצלמנו כדמותנו.

והוא כי מילת צלם ודמות כאן אינו כמשמעו, כי כתוב מפורש - ומה[4] דמות תערכו לו. אלא פירושו דמיון מה באיזה דבר, כמו - דמיתי[5] לקאת מדבר. כי לא נעשו לו כנפים וחרטום, ולא נשתנה צורתו לצורת הקאת, רק שנדמה אז במקרה פעולותיו שהיה נע ונד כמו הקאת מדבר, שהוא צפור בודד ומעופף ממקום למקום, כך הוא לפי הפשטניים הראשונים ז"ל.

וכן על דרך זה הוא עניין מילת צלם. כי המה דומים במשמעם בצד מה.

פרק ב

אמנם להבין עניין אומרו בצלם אלקים דיקא, ולא שם אחר, כי שם אלקים ידוע פירושו שהוא מורה שהוא יתברך שמו בעל הכחות כולם, כמו שכתוב בטור[6] אורח חיים סימן

---

[1] בראשית א כז

[2] בראשית ט ו

[3] בראשית א כו

[4] ישעיהו מ יח

[5] תהלים קב ז

[6] ויכוין בברכותיו פירוש המלות שמוציא מפיו. ובהזכירו השם, יכוין פירוש קריאתו באל"ף דל"ת, לשון אדנות, שהוא אדון הכל. ויכוין עוד פירוש כתיבתו

21

ה'.

וענייין מה שהוא יתברך נקרא בעל הכחות, כי לא כמידת בשר ודם, מידת הקדוש ברוך הוא, כי האדם כשבונה בנין דרך משל מעץ, אין הבונה בורא וממציא אז מכחו העץ, רק שלוקח עצים שכבר נבראו ומסדרם בבניין, ואחר שכבר סדרם לפי רצונו עם שכחו הוסר, ונסתלק מהם, עם כל זה הבניין קיים.

אבל הוא יתברך שמו, כמו בעת בריאת העולמות, כולם בראם והמציאם הוא יתברך יש מאין, בכחו הבלתי תכלית, כן מאז כל יום וכל רגע ממש כל כח מציאותם וסדרם וקיומם, תלוי רק במה שהוא יתברך שמו משפיע בהם ברצונו יתברך, כל רגע כח ושפעת אור חדש. ואלו היה הוא יתברך מסלק מהם כח השפעתו אף רגע אחת כרגע, היו כולם לאפס ותהו.

וכמו שיסדו אנשי כנסת הגדולה - המחדש[א] בטובו בכל יום תמיד מעשה בראשית. היינו תמיד ממש כל עת ורגע וראייתם מפורשת כאמור - לעושה אורים גדולים, שלא אמר עשה אלא עושה.

הגהה[א]. ואף שאין חידוש ניכר לעין. אמנם הארבע יסודין עלאין דאינון השרשין קדמאין ואבהן דכולא כנזכר בזוהר וארא כ"ג ע"ב. שהם שרש כל מע"ב ופנימיות כולם. והם ארבע אותיות הוי"ה ברוך הוא, התמזגותם והרכבתם כל עת ורגע בשרש שרשם אינו מושג כלל, והוא יתברך שמו מחדשם כל רגע לפי רצונו.

ועניין התמזגותם, כל רגע הם התתר"ף צרופי השם ברוך הוא, על פי השתנות נקודותיהם תתר"ף רגעי השעה, וכן משתנים עוד כל שעה לצירופיה אחרים, וגם אין מידת יום שווה למידת לילה, לא

ביו"ד ה"א, לשון הויה, שהוא היה והוה ויהיה. ובהזכירו "אלהים", יכוין שהוא **תקיף**, אמיץ, אשר לו **היכולת בעליונים ובתחתונים**; כי **אֵל** - לשון כח וחזק הוא, כמו - "ואת **אֵילי** הארץ לקח" [עזרא יז, יח].

כל יום דומה לחבירו שלפניו ואחריו כלל, זה שאומרים המחדש כו', מעשה בראשית דיקא.

וזהו שנקרא הוא יתברך שמו האלהים[3] בעל הכחות כולם, שכל כח פרטי הנמצא בכל העולמות, הכל הוא יתברך שמו הבעל כח שלהם, שמשפיע בהם הכח וגבורה כל רגע, ותלויים בידו תמיד לשנותם ולסדרם, כרצונו יתברך.

הגההב. ואף שהוא שם משותף לכל בעל כח שנמצא בעולם. וכל שרי מעלה ומטה נקראים אלקים. כמו שכתוב - אלהי העמים[7]. כי[8] כל העמים ילכו איש בשם אלהיו. ועיין זוהר ויקרא ח' ע"א, ובפרשת בלק ר"ח א', בעניין - ויבא אלקים, דכתיב - באבימלך[9]. ולבן[10], ובלעם[11], פירוש השר שלו, כי הם ממונים עליהם להנהיגם, וכן דייני מטה נקראים אלקים, ובסבא[12] צ"ו א' - ושמא חד מכל שאר שמהן וכו', עיין שם.

אמנם כולם אין הכח שלהם מעצמם, רק ממה שקבוע בהם הוא יתברך, כח וגבורה להיות מושלים וכו', לכן נקרא הוא יתברך שמו - אלקי[13] האלקים. וכן כתיב - כי[14] גדול ה' מכל האלהים. השתחוו[15] לו כל אלהים. וגם העובדי כוכבים קוראים אותו יתברך - אלהא[16] דאלהין.

ולכן נקראים - אלהים[17] אחרים. ר"ל שאין הכח שלהם מעצמם, רק מכח הגבוה ממנו, והגבוה ממנו

---

[7] תהלים צו ה

[8] מיכה ד ה

[9] בראשית כ ג

[10] בראשית לא כד

[11] במדבר כב כ

[12] זוהר פרשת משפטים, חלק סבא דמשפטים

[13] דברים י יז

[14] שמות יח יא

[15] תהלים צז ז

[16] מנחות קי א

[17] שמות כ ב

מושך גם כן כחו מהכח שעליו, עד הבעל כח
האמיתי של כולם, הוא יתברך שמו.

ולכן נאמר - והוי"ה[18] אלקים אמת. שהוא הבעל
כח האמיתי של כולם, שכולם מקבלים כחם ממנו
יתברך שמו, זה שכתוב - ויפלו[19] על פניהם ויאמרו
ה' הוא האלהים.

פרק ג

כן בדמיון זה כביכול ברא הוא יתברך את האדם, והשליטו
על רבי רבוון כחות ועולמות אין מספר, ומסרם בידו שיהא
הוא המדבר והמנהיג אותם, על פי כל פרטי תנועות,
מעשיו, ודבוריו, ומחשבותיו, וכל סדרי הנהגותיו הן לטוב
או להיפך ח"ו.[ב]

כי במעשיו ודבוריו ומחשבותיו הטובים, הוא מקיים
ונותן כח בכמה כחות ועולמות עליונים הקדושים,
ומוסיף בהם קדושה ואור כמו שכתוב - ואשים[20]
דברי בפיך גו'. לנטוע[21] שמים וליסוד ארץ. וכמאמרם ז"ל
- אל[22] תקרא בניך אלא בוניך. כי המה המסדרים עולמות
העליונים כבונה המסדר בנינו, ונותנים בהם רב כח.

ובהיפוך ח"ו על ידי מעשיו, או דבוריו, ומחשבותיו, אשר
לא טובים, הוא מהרס רחמנא לצלן כמה כחות ועולמות
עליונים הקדושים לאין ערך ושיעור, כמו שכתוב -
מהרסיך[23] ומחריביך וגו'. או מחשיך או מקטין אורם
וקדושתם ח"ו, ומוסיף כח לעומת זה במדורות הטומאה
רחמנא לצלן.

זהו - ויברא[24] אלקים את האדם בצלמו בצלם אלקים גו'.

---

[18] ירמיהו י י

[19] מלכים-א יח לט

[20] ישעיהו נא טז

[21] ישעיהו נא טז

[22] ברכות סד א

[23] ישעיהו מט יז

[24] בראשית א כז

כי[25] בצלם אלקים עשה וגו'. שכמו שהוא יתברך שמו הוא האלקים בעל הכחות, הנמצאים בכל העולמות כולם, ומסדרם ומנהיגם כל רגע כרצונו, כן השליט רצונו יתברך את האדם, שיהא הוא הפותח והסוגר של כמה אלפי רבבות כחות ועולמות, על פי כל פרטי סדרי הנהגותיו, בכל ענייניו בכל עת ורגע ממש, כפי שרשו העליון של מעשיו, ודבוריו, ומחשבותיו, כאלו הוא גם כן הבעל כח שלהם כביכול.

ואמרו ז"ל באיכה רבתי בפסוק - וילכו[26] בלא כח גו'. רבי[27] עזריה בשם רבי יהודה בן סימון אומר, בזמן שישראל עושין רצונו של מקום מוסיפין כח בגבורה של מעלה, כדאתמר - באלקים[28] נעשה חיל. ובזמן שאין ישראל עושין רצונו של מקום כביכול מתישין כח גדול של מעלה דכתיב - צור[29] ילדך תשי גו'.

ובכל מקום בזוהר הקדוש דחובי בני נשא עבדין פגימו לעילא כו', וכן להיפך כנ"ל. וזה שאמר הכתוב - תנו[30] עוז לאלקים. ובזוהר ריש פרשת בא[31] - ויהי[32] היום ויבאו גו', להתיצב על ה', כד בעאן לקיימא על אינון עובדין דישראל על ה' ודאי קיימין, דהא כד ישראל עבדין עובדין דלא כשרן כביכול מתישין חילא דקדוש ברוך הוא. וכד עבדין עובדין דכשרן יהבין תוקפא וחילא לקדוש ברוך הוא. ועל דא כתיב - תנו עז לאלקים. במה בעובדין דכשרן.

ולכן אמר לאלקים, וכן - באלקים[33] נעשה חיל. שפירושו בעל הכחות כולם וכנ"ל.

---

[25] בראשית ט ו

[26] איכה א ו

[27] איכה רבתי א לג

[28] תהלים ס יד

[29] דברים לב יח

[30] תהלים סח לה

[31] זוהר בא דף לב ע"ב

[32] איוב א ו

[33] תהלים ס יד

פרק ד

וזאת[34] תורת האדם. כל איש ישראל אל יאמר בלבו ח"ו, כי מה אני, ומה כחי לפעול, במעשי השפלים שום עניין בעולם.

אמנם יבין וידע ויקבע במחשבות לבו, שכל פרטי מעשיו ודבוריו ומחשבותיו כל עת ורגע, לא אתאבידו ח"ו. ומה רבו מעשיו ומאד גדלו ורמו. שכל אחת עולה כפי שרשה לפעול פעולתה בגבהי מרומים בעולמות, וצחצחות האורות העליונים[ג].

הגההג. וקרוב לשמוע שגם זה בכלל כוונתם ז"ל באבות - דע[35] מה למעלה ממך. ר"ל עם כי אינך רואה בעיניך העניינים הנוראים הנעשים ממעשיך, אבל תדע נאמנה, כי כל מה שנעשה למעלה בעולמות העליונים גבוהי גבוהים, הכל ממך הוא, על פי מעשיך לאן נוטים, על פיהם יצאו ויבואו.

ובאמת כי האיש החכם ויבן את זאת לאמיתו, לבו יחיל בקרבו בחיל ורעדה, בשומו על לבו על מעשיו אשר לא טובים ח"ו, עד היכן המה מגיעים לקלקל ולהרוס בחטא קל חס ושלום, הרבה יותר ממה שהחריב נבוכדנצר וטיטוס.

כי הלא נבוכדנצר וטיטוס לא עשו במעשיהם שום קלקול כלל למעלה, כי לא להם חלק ושורש בעולמות העליונים שיהיו יכולים לנגוע שם כלל במעשיהם, רק שבחטאינו נתמעט ותש כביכול כח גבורה של מעלה, את מקדש ה' טמאו כביכול המקדש העליון, ועל ידי כך היה להם כח לנבוכדנצר וטיטוס להחריב המקדש של מטה המכוון נגד המקדש של מעלה, כמו שאמרו רז"ל[36] - קמחא טחינא טחינת. הרי כי עונותינו החריבו נוה מעלה עולמות עליונים הקדושים, והמה החריבו רק נוה מטה.

---

[34] שמואל-ב ז ט
[35] פרקי אבות ב א
[36] סנהדרין צו ב

וזהו שהתפלל דוד המלך ע"ה - יודע[37] כמביא למעלה בסבך עץ קרדומות. ביקש שיחשב לו כאלו למעלה בשמי מרומים הרס, אבל באמת לא נגעו שם מעשיו כלל כנ"ל.

גם על זאת יחרד לב האדם מעם הקודש, שהוא כולל בתבניתו כל הכחות והעולמות כולם, כמו שיתבאר אם ירצה השם להלן בפרק ו' ובשער ב' פרק ה'. שהן המה הקדש והמקדש העליון, והלב של האדם אמצעיתא דגופא, הוא כללית הכל נגד הבית קודש קדשים, אמצע הישוב אבן שתיה, כולל כל שרשי מקור הקדושות, כמוהו ורמזוהו ז"ל במשנה פרק תפלת השחר - יכוין[38] את לבו כנגד בית קודש הקודשים.

ובזוהר שלח קס"א סוף ע"א - תא חזא, כד ברא קדוש ברוך הוא בני נשא בעלמא, אתקין ליה כגוונא עלאה יקירא, ויהב ליה חיליא ותוקפיא באמצעיתא דגופא דתמן שריא לבא כו'. כגון דא אתקין קודשא בריך הוא עלמא ועביד ליה חד גופא כו', ולבא שארי באמצעיתא כו', דהוא תוקפא דכלא וכלא ביה תליין כו', וההיכל לבית קודש הקודשים דתמן, שכינה, וכפורת, וכרובים, וארון, והכא הוא לבא דכל ארעא ועלמא ומהכא אתזנו כו', עיין שם באורך.

אם כן בעת אשר יתור האדם לחשוב בלבבו מחשבה אשר לא טהורה בניאוף רחמנא לצלן. הרי הוא מכניס זונה סמל הקנאה בבית קודש הקודשים העליון נורא, בעולמות העליונים הקדושים ח"ו. ומגביר רחמנא לצלן כחות הטומאה והס"א בבית קודש הקודשים העליון, הרבה יותר ויותר ממה שנגרם התגברות כח הטומאה על ידי טיטוס, בהציעו זונה בבית קודש הקודשים, במקדש מטה.

וכן כל חטא ועוון אשר כל איש ישראל, מכניס בליבו ח"ו אש זרה, בכעס או שארי תאוות רעות רחמנא לצלן, הלא

---

[37] תהלים עד ה
[38] משנה ברכות ד ה

הוא ממש כעניין הכתוב - בית[39] קדשנו ותפארתנו אשר
וגו' היה לשריפת אש. הרחמן יתברך שמו יצילנו.

וזה שאמר השם ליחזקאל - את[40] מקום כסאי גו' אשר
אשכן שם בתוך בני ישראל לעולם ולא יטמאו עוד בית
ישראל שם קדשי גו' בזנותם גו'. עתה ירחקו את זנותם גו'
ושכנתי בתוכם לעולם^ז.

הגההז. כי המשכן והמקדש היו כוללים כל הכחות
והעולמות, וכל הסדרי קדושות כולם, כל בתיו,
וגנזכיו, עליותיו, וחדריו, וכל כלי הקדש, כולם היו
בדוגמה עליונה, צלם דמות תבנית העולמות
הקדושים, וסדרי פרקי המרכבה, המה יסד דוד
ושמואל, הרואה הכל מיד ה' עליהם, השכיל כל
מלאכות התבנית.

ואמרו זיכרונם לברכה בפרק איזהו מקומן - מאי[41]
דכתיב כו' וכי מה עניין נויות אצל רמה אלא שהיו
יושבין ברמה ועוסקין בנויו של עולם כו'. זה
שכתוב בתנחומא ריש פרשת פקודי שהוא שקול
נגד בריאת העולם. ומונה שם כסדרן כלל העניינים
שהיו בבריאה, שהמה היו גם כן במשכן, ולכן אמר
הכתוב בבצלאל - ואמלא[42] אותו רוח אלקים
בחכמה ובתבונה ובדעת. כי באלו השלוש דברים
נבראו העולמות, כמו שכתוב - הוי"ה[43] בחכמה יסד
ארץ כונן שמים בתבונה. ועיין זוהר פקודי רכ"א
א', ושם רל"א ב', ובזוהר חדש תרומה ל"ה ע"ג,
עיין שם באורך. ולכן אמרו זיכרונם לברכה -
יודע[44] היה בצלאל לצרף אותיות שנבראו בהם
שמים וארץ.

---

[39] ישעיהו סד י
[40] יחזקאל מג ז
[41] זבחים נד ב
[42] שמות לא ג
[43] משלי ג יט
[44] ברכות נה א

ולכן האדם מעם הקדש שכולל גם כן כל סדרי בראשית, וסדרי המרכבה, כלל הבריאה כולה. הוא גם כן דוגמת ותבנית המשכן, והמקדש וכל כליו. מכוון בסדר התקשרות פרקי אבריו וגידיו וכל כחותיו, וכן מחלק בזוהר כלל תבנית המשכן וכליו, שהמה רמוזים כולם באדם - אחד[45] באחד יגשו. כסדר.

לזאת הרי כי ודאי עיקר ענין הקדש, והמקדש, ושריית שכינתו יתברך הוא האדם, שאם יתקדש עצמו כראוי, בקיום המצות כולן, שהם תלויין גם כן בשורשן העליון, בפרקי אברי השיעור קומה כביכול של כלל כל העולמות כולם. [ועיין זוהר תרומה קס"ב ב', ואת[46] המשכן תעשה גו'. הא הכא רזא דיחודא כו', עיין שם היטיב] אז הוא עצמו המקדש ממש, ובתוכו ה' יתברך שמו, כמו שכתוב - היכל[47] ה' היכל ה' המה. וכמאמרם זיכרונם לברכה - ושכנתי[48] בתוכם בתוכו לא נאמר אלא בתוכם כו'.

וזה שאמרו רז"ל - גדולים[49] מעשי צדיקים יותר ממעשה שמים וארץ דאלו במעשה שמים וארץ כתיב - אף[50] ידי יסדה ארץ וימיני טפחה שמים. ואלו במעשה צדיקים כתיב - מקדש[51] אדני כוננו ידיך. פתחו במעשי צדיקים וסיימו ראיתם ממקדש, כי כן באמת שהצדיקים על ידי מעשיהם הרצויים לפניו יתברך, הן הם מקדש ה' ממש. ויש לומר על דרך זה הכתוב - ועשו[52] לי מקדש

---

[45] איוב מא ח

[46] שמות כו א

[47] ירמיהו ז ד

[48] שמות כה ח

[49] כתובות ה א

[50] ישעיהו מח, יג

[51] שמות טו, יז

[52] שמות כה ח

גו'. כ**כל**[53] אשר אני מראה אותך וגו' וכן תעשו. ורז"ל דרשו - וכן[54] תעשו לדורות.

ולדרכינו, יש לומר גם כן שר"ל אל תחשבו שתכלית כוונתי הוא עשיית המקדש החיצוני, אלא תדעו שכל תכלית רצוני בתבנית המשכן וכל כליו, רק לרמז לכם שממנו תראו וכן תעשו אתם את עצמיכם, שתהיו אתם במעשיכם הרצויים כתבנית המשכן וכליו, כולם קדושים ראויים ומוכנים להשרות שכינתי בתוככם ממש. זהו[55] ועשו לי מקדש ושכנתי בתוכם. **דייקא**, שככל[56] אשר אני מראה אותך את תבנית המשכן וגו'. תכלית כוונתי שכן תעשו את עצמיכם.

וכן אמר הוא יתברך שמו לשלמה אחר גמר בנין המקדש - הבית[57] הזה אשר אתה בונה הוא רק אם תלך בחקתי גו'. ושכנתי[58] בתוך עמי ישראל. **דייקא.**

לזאת כשקלקלו פנימיות המקדש שבתוכם, אז לא הועיל המקדש החיצוני, ונהרסו יסודותיו רחמנא לצלן.

וזה שאמר השם ליחזקאל - הגד[59] את בית ישראל את הבית ויכלמו מעונותיהם גו'. ואת[60] נכלמו מכל אשר עשו צורת הבית ותכונתו ומוצאיו ומובאיו וכל צורותיו ואת כל חקותיו וכל צורותיו וכל תורתיו. הודע אותם וכתוב לעיניהם וישמרו את כל צורתו ואת כל חקותיו ועשו אותם. והוא

---

[53] שמות כה ט

[54] שבועות טו א

[55] שמות כה ח

[56] שמות כה ט

[57] מלכים-א ו יב

[58] מלכים-א ו יג

[59] יחזקאל מג י

[60] יחזקאל מג יא

מְבוֹאֵר, וְכַתַרְגוּמוֹ - וְאָם[61] יִתְכַּנְעוּן מִכָּל דַּעֲבֵדוּ בְּמֶחֱזֵיהוֹן צוּרַת בֵּיתָא וְטִקוּסֵיהּ וּמַפְקָנוֹהִי וּמַעֲלָנוֹהִי וְכָל צוּרָתֵהּ וְיַת כָּל גְּזֵירָתֵהּ וְכָל צוּרָתֵהּ וְכָל דַּחֲזֵי לֵיהּ הוֹדַע יָתְהוֹן וּכְתוֹב לְעֵינֵיהוֹן וְיִטְרוּן יַת כָּל צוּרָתֵהּ וְיַת כָּל גְּזֵירָתֵהּ וְיַעְבְּדוּן יַתְהוֹן.

וּבְזֶה יוּבַן הַכָּתוּב - וַיִּיצֶר[62] ה' אלקים את האדם עפר גו' ויפח באפיו נשמת חיים ויהי האדם לנפש חיה. וּפְשׁוּטוֹ שֶׁל מקרא ודאי הוא כתרגומו - וּבְרָא[63] יְיָ אֱלֹהִים יָת אָדָם עַפְרָא מִן אַדְמְתָא וּנְפַח בְּאַפּוֹהִי נִשְׁמְתָא דְחַיֵּי וַהֲוַת בְּאָדָם לְרוּחַ מְמַלְּלָא. וְר"ל שֶׁכַּאֲשֶׁר הָיָה הַגּוּף לְבַדּוֹ הָיָה עֲדַיִן עָפָר מַמָּשׁ, בְּלֹא שׁוּם חִיּוּת וּתְנוּעָה, וְכַאֲשֶׁר נוּפַח בּוֹ נִשְׁמַת חַיִּים, אָז נַעֲשָׂה אִישׁ חַי לְהִתְנוֹעֵעַ וְלַדַּבֵּר, וְעַיֵּין רמב"ן בְּפֵירוּשׁ הַתּוֹרָה.

אָמְנָם בַּקְּרָא וַיְהִי בָאָדָם לֹא כְתִיב, אֶלָּא וַיְהִי הָאָדָם, לָזֹאת יֵשׁ מָקוֹם לְפָרְשׁוֹ עַל פִּי שֶׁנִּתְבָּאֵר, שֶׁהָאָדָם בְּנִשְׁמַת הַחַיִּים שֶׁבְּתוֹכוֹ, הוּא נַעֲשָׂה נֶפֶשׁ חַיָּה לְרִיבּוּי עוֹלָמוֹת אֵין מִסְפָּר, שֶׁכְּמוֹ שֶׁכָּל פְּרָטֵי הַנְהָגוֹת הַגּוּף וּתְנוּעוֹתָיו הוּא עַל יְדֵי כֹחַ הַנֶּפֶשׁ שֶׁבְּקִרְבּוֹ, כֵּן הָאָדָם הוּא הַכֹּחַ וְנֶפֶשׁ הַחַיָּה שֶׁל עוֹלָמוֹת עֶלְיוֹנִים וְתַחְתּוֹנִים לְאֵין שִׁעוּר, שֶׁכּוּלָם מִתְנַהֲגִים עַל יְדוֹ כַּנַ"ל.

פרק ה

וּמַה שֶּׁעָלְתָה בִרְצוֹנוֹ יִתְבָּרֵךְ שְׁמוֹ, לְהַרְכִּיב אֶת הָאָדָם הַתַּחְתּוֹן לְרָאשֵׁי הָעוֹלָמוֹת עֶלְיוֹנִים, שֶׁיִּתְנַהֲגוּ עַל יָדָיו. כִּי יָדוּעַ בַּזוֹהַר וְכִתְבֵי הָאֲרִ"י ז"ל בְּסֵדֶר הַשְׁתַּלְשְׁלוּת וְהִתְקַשְּׁרוּת הָעוֹלָמוֹת, שֶׁכָּל עוֹלָם הוּא מִתְנַהֵג בְּסִידוּר מַצָּבוֹ, וְכָל פְּרָטֵי עִנְיָנָיו, כְּפִי נְטִיַּית כֹּחַ הָעוֹלָם שֶׁעָלָיו, שֶׁמַּנְהִיגוֹ כְּנִשְׁמָה אֶת הַגּוּף, וְכֵן הוֹלֵךְ עַל זֶה הַסֵּדֶר - גָּבוֹהַּ[64] מֵעַל גָּבוֹהַּ. עַד הוּא יִתְבָּרֵךְ שְׁמוֹ נִשְׁמַת כּוּלָּם.

---

[61] תרגום יהונתן בן עוזיאל על יחזקאל מג יא

[62] בראשית ב ז

[63] תרגום אונקלוס על בראשית ב ז

[64] קהלת ה ז

עיין זוהר בראשית כ' ע"א - וכל עלמא כו', עילא ותתא מריש רזא דנקודה עלאה עד סופא דכל דרגין כלא איהי דא לבושא לדא ודא לדא כו', דא לגו מן דא ודא לגו מן דא כו'.

ובאידרא זוטא רצ"א ב' - וכלהו נהורין אחידן נהורא דא בנהורא דא ונהורא דא בנהורא דא ונהרין דא בדא כו', נהורא דאתגליא אקרי לבושא דמלכא נהורא דלגו לגו כו', עיין שם.

ופרטות העניין מבואר בעץ חיים שער פנימיות וחיצוניות דרוש ב', ובפרי עץ חיים בהקדמת שער השבת פרק ז' ופרק ח', ובשער השבת פרק כ"ד. שהחיצוניות של כל פרצוף ועולם, מתפשט ומתלבש בהפרצוף והעולם שתחתיו, ונעשה לו לפנימיות ונשמה,

וכל העולמות נכללים ונחלקים לארבעה כידוע, שהן האופנים והחיות, וכסא כבודו, ואצילות קדשו יתברך.

ונשמת כל אחד הוא העולם שעליו, כמו שכתוב - ובהנשא[65] החיות גו', ינשאו האופנים. לעומתם[66] כי רוח החיה באופנים. בלכתם[67] ילכו ובעמדם יעמודו וגו'. והחיות גם כן מתנהגים על ידי עולם הכסא שעליהם, כמו שאמרו רז"ל - שהכסא[68] נושא את נושאיו. ובזוהר חדש יתרו מעשה מרכבה ל"ג א' - דחיות נטלין לדנטלין לון כו', כרסייא קדישא נטול לחיות.

ונשמת החיים של הכסא, הוא סוד שרש העליון של כללות נשמות ישראל יחד, שהוא יותר גבוה ומאד נעלה גם מהכסא, שהוא האדם שעל הכסא, כמו שמבואר שם - ועל[69] דמות הכסא וגו'.

הגהה. כי עיקר האדם הוא נטוע למעלה בשרי נשמתו. [ולזאת נקרא הגוף נעל, עיין בתיקונים] נגד הנשמה, כי רק בחינת עקביים, מהשורש נכנס

---

[65] יחזקאל א יט

[66] יחזקאל א כ

[67] יחזקאל א כא

[68] פרקי דרבי אליעזר פ"ד

[69] יחזקאל א כו

לתוך גוף האדם.

ובזה יובן מאמרם ז"ל בבראשית רבה פרק י"ב, ובויקרא רבה פרק ט'. שלא רצה הקדוש ברוך הוא להטיל קנאה במעשה בראשית. וביום ראשון ברא שמים וארץ. בשני רקיע. בשלישי תדשא הארץ. וכן על דרך זה ברביעי וחמישי. בששי בא לברוא את האדם, אמר אם אני בורא אותו מן העליונים אין שלום בעולם, ואם אני בורא אותו מן התחתונים כו', אלא הריני בורא אותו מן העליונים ומן התחתונים - עפר[70] מן האדמה ויפח באפיו נשמת חיים.

ולכאורה הלא עתה תתגבר הקנאה יותר, משאם היה בורא אותו מן התחתונים לבד, שעתה יש בו חלק מן העליונים, והוא כולו למטה עם החלק העליון שבו.

אך העניין הוא, שהאדם השלם כראוי עיקרו הוא נטוע למעלה בשורש נשמתו העליונה, ועובר דרך אלפי רבבות עולמות, עד שקצהו השני הוא נכנס בגוף האדם למטה. זהו - כי[71] חלק הוי"ה עמו יעקב חבל נחלתו. שעיקרו קשור ונטוע למעלה חלק הוי"ה ממש כביכול, ומשתלשל כחבל עד בואה לגוף האדם [ועיין לקמן פרק י"ז]. וכל מעשיו מגיעים לעורר שורשו העליון, כעניין החבל שאם ינענע קצהו התחתון, מתעורר ומתנועע גם ראש קצהו העליון.

[ודעת לנבון נקל, שכן הוא העניין גם בשורש הדברים למעלה בסוד האדם העליון כביכול, עיין אדרא רבא קמ"א ב' בפסוק - וייצר[72] הוי"ה אלקים את האדם גו'. על סוד האדם העליון, וסיים - וכל

---

[70] בראשית ב ז
[71] דברים לב ט
[72] בראשית ב ז

דא למה בגין לאשתלפא ולעיילא ביה סתים
דסתימא עד סופא דכל סתימין. הדא הוא דכתיב -
וייפח באפיו נשמת חיים. נשמתא דכל חיי דעילא
ותתא תליין מההוא נשמתא ומתקיימין בה, ויהי
האדם לנפש חיה לאתרקא ולעיילא בתקונין כגון
דא ולאשלפא ההיא נשמתא מדרגא לדרגא עד
סופא דכל דרגין, בגין דיהוי ההיא נשמתא
משתכחא בכלא ומתפשטא בכלא כו', עיין שם].

וזה שמבואר בזוהר יתרו ע' ע"ב בעניין הפסוק - אחור[73]
וקדם צרתני. אחור לעובדא דבראשית, וקדם לעובדא
דמרכבה. שמצד הגוף הוא אחור למעשה בראשית, ומצד
שורש העליון של הנשמת חיים שלו, הוא קדם לעובדא
דמרכבה, גם מעולם הכסא, וגם כי הנשמת חיים היא סוד
נשימת פיו יתברך שמו כביכול, כמו שיתבאר אם ירצה
השם להלן פרק ט"ו, עיין שם.

לכן העולמות מתנהגים על ידי מעשי האדם, כי כמה כפי
נטייתם מעוררים שרש נשמתו העליונה שמעליהם, שהיא
הנפש חיה שלהם בהתנועעו ינועו, ובעמדם[74] תרפינה.

זה שאמר כאשר נופח באפיו הנשמת חיים, שהיא גבוה
מהעולמות ופנימיותם, אז ויהי האדם לנפש חיה
להעולמות. וכל כתב רבי חיים ויטאל ז"ל בשער הקדושה
חלק ג' שער ב' שנשמת האדם היא הפנימי שבכולם.

פרק ו

אמנם עדיין העניין צריך ביאור, [כי הוא ז"ל דיבר בקדשו
דרך קצרה כדרכו בכל כתבי קדשו בנסתרות, כמו שכתב
בעצמו בהקדמתו שם, שהוא מגלה טפח ומכסה אלפים
אמה]. שלא כדמשמע לכאורה מדבריו ז"ל שם, שהאדם
אל העולמות הוא נפש ממש כמו הנפש הניתן ודבוק בתוך
גוף האדם, אשר איזה דבר שהנפש עושה הוא רק על ידי

---

[73] תהלים קלט ה
[74] יחזקאל א כד

כלי הגוף, שבאותו רגע ממש גם הגוף עושהו, דזה ודאי לא יתכן'.

הגהה'. וגם שלפי זה. יחויב היה שבעת אמירתינו קדושה למטה, ממילא באותו רגע ממש גם המלאכים היו מקדישים במרום איתנו כאחד, ורז"ל אמרו בפרק גיד הנשה [חולין] צ"א ב' אין[75] מלאכי השרת אומרים שירה למעלה עד שיאמרו ישראל למטה. שנאמר - ברן[76] יחד ככבי בקר והדר ויריעו כל בני אלהים. ולישנא דוהדר ויריעו טפי משמע שהמה לא יתחילו כלל להקדיש ליוצרם, עד אשר יגמרו ישראל שילוש קדושתם למטה, וכן סדרו אנשי כנסת הגדולה בברכת קדושת השם אתה קדוש וכו', ואחר כך וקדושים בכל יום יהללוך. הגם דמלישנא דהזוהר פרשת תרומה קכ"ט ריש ע"ב ושם קס"ד ריש ע"ב לכאורה משמע שהמלאכים מקדישים קדושתם אתנו, יחד כחדא ממש. היינו משום שקדושתם תכופה ממש תיכף אחר סיום אמרתינו. בחדא קרי לה.

אבל עיקרו של דבר כי הוא יתברך שמו אחר שברא כל העולמות, ברא את האדם אחור למעשה בראשית, בריאה נפלאה כח מאסף לכל המחנות, שכלל בו כל צחצחות אורות הנפלאות והעולמות והיכלין העליונים שקדמו לו, וכל תבנית הכבוד העליון בסדר פרקי המרכבה, וכל הכחות פרטים הנמצאים בכל העולמות עליונים ותחתונים, כולם נתנו כח וחלק מעצמותם בבניינו ונכללו בו, במספר פרטי כחותיו שבו, כמו שמבואר בזוהר יתרו ע"ה ב' - קודשא בריך הוא כד ברא ליה לבני נשא סדר בעשר דיוקנין דרזין עלאין דעלמא דלעילא, וכל דיוקנין דרזין תתאין דעלמא דלתתא וכלא מתחקקא בבני נשא, דאיהו קאים

---

[75] חולין צא ב
[76] איוב לח ז

בצלם אלהים כו', דכתיב - ויברא[77] אלהים את האדם בצלמו. עיין שם.

ובפרשת תזריע מ"ח א' - תאנא כיון דנברא אדם כו', ובריש פרשת במדבר - רבי אלעזר פתח - ויברא אלקים את האדם בצלמו וגו', תא חזי כו'. ובאדרא רבא קל"ה א' - כמראה אדם כו'. ושם בדף קמ"א סוף ע"א - דיוקנא דכליל כל דיוקנין כו'. ורעיא מהימנא פרשת פנחס רל"ח ב' - ויאמר אלקים נעשה אדם כו', עד והיינו נעשה אדם בצלמנו כו'. וכן אמרו זה הלשון יותר באורך בתיקוני זוהר חדש פ"ט ע"א, עיין שם. ובזוהר חדש יתרו במעשה מרכבה ל"ב ע"ג - דיוקנא דאדם דדא איהו דיוקנא דכליל כל דיוקנין כו'. ושם דף ל"ג ריש ע"א. ושם בשיר השירים נ"ח ב' - ויאמר אלקים נעשה אדם בצלמנו כו', עיין שם היטב בכל המקומות הנזכרים. ועיין בעץ חיים שער הצלם פרק א', ובלקוטי תורה פרשת תשא, ופרשת האזינו.

וזה כל האדם שכל כח פרטי שבו מסודר נגד עולם, וכח אחד פרטי מסוד השיעור קומה של כלל הכחות והעולמות, שמסודרים כביכול כתבנית קומת אדם, כמו שיתברך אם ירצה השם בשער ב' פרק ה'.

הגהה. וזה היה קודם החטא, לא היה כלול אז רק מכל העולמות וכחות הקדושה לבד, ולא מכחות הרע. אבל אחר החטא נכללו ונתערבו בו גם כחות הטומאה והרע, וממילא עירב אותם על ידי זה גם בהעולמות, מזה הטעם שהוא כלול ומשותף מכולם, והם מתעוררים ומשתנים כפי נטיית מעשיו, והוא עניין עץ הדעת טוב ורע.

והעניין כי קודם החטא, עם כי ודאי שהיה בעל בחירה גמור להטות עצמו לכל אשר יחפוץ להטיב או להיפך ח"ו, כי זה תכלית כוונת כלל הבריאה, וגם כי הרי אחר כך חטא, אמנם לא שהיה עניין בחירתו מחמת שכחות הרע היו כלולים בתוכו, כי

הוא היה אדם ישר לגמרי כלול רק מסדרי כחות
הקדושה לבד, וכל ענייניו היו כולם ישרים
קדושים ומזוככים טוב גמור, בלי שום עירוב
ונטייה לצד ההיפך כלל, וכחות הרע היו עומדים
לצד, ועניין בפני עצמו חוץ ממנו, והיה בעל בחירה
להיכנס אל כחות הרע ח"ו, כמו שהאדם הוא בעל
בחירה להיכנס אל תוך האש. לכן כשרצה הס"א
להחטיאו, הוצרך הנחש לבא מבחוץ לפתוח, לא
כמו שהוא עתה שהיצר המפתה את האדם הוא
בתוך האדם עצמו. ומתדמה להאדם שהוא עצמו
הוא הרוצה, ונמשך לעשות העוון ולא שאחר חוץ
ממנו מפתהו.

ובחטאו שנמשך אחר פיתוי הס"א, אז נתערבו
הכחות הרע בתוכו ממש, וכן בהעולמות, וזהו עץ
הדעת טוב ורע. שנתחברו ונתערבו בתוכו
ובהעולמות הטוב והרע יחד זה בתוך זה ממש, כי
דעת פירוש **התחברות** כידוע.

והעניין מבואר למבין בעץ חיים שער קליפת נוגה
פרק ב' אלא שקיצר שם בעניין, ועיין היטב
בגלגולים פרק א'. וזה שאמרו רז"ל - כשבא[78] נחש
על חוה הטיל בה זוהמא. ר"ל בתוכה ממש,
ומאז גרם על ידי זה ערבוביה גדולה במעשיו, שכל
מעשי האדם המה בערבוביה והשתנות רבות מאד,
פעם טוב ופעם רע, ומתהפך תמיד מטוב לרע ומרע
לטוב.

וגם המעשה הטוב עצמה כמעט בלתי אפשר לרוב
העולם שתהיה כולה קודש זכה ונקיה לגמרי, בלי
שום נטייה לאיזה פניה ומחשבה קלה לגרמיה, וכן
להיפך בהמעשה אשר לא טובה, גם כן מעורב בה
לפעמים איזה מחשבה לטוב לפי דמיונו.

וגם הצדיק גמור, שמימיו לא עשה שום מעשה

אשר לא טובה, ולא שח מימיו שום שיחה קלה אשר לא טובה ח"ו, עם כל זה כמעט בלתי אפשר כלל שמעשיו הטובים עצמם כל ימי חייו, יהיו כלם בשלימות האמיתי לגמרי, ולא יהיה אפילו באחת מהנה שום חסרון ופגם כלל, וזה שאמר הכתוב - כי[79] אדם אין צדיק בארץ אשר יעשה טוב ולא יחטא. ר"ל שאי אפשר שלא יהיה על כל פנים קצת חסרון במעשה הטוב עצמה שעושה, כי חטא פירושו **חסרון** כידוע.

לכן כשמכניסין האדם למשפט לפניו יתברך שמו, צריך חשבונות רבים לאין שיעור, על כל הפרטי פרטים של כל מעשיו, ודבוריו, ומחשבותיו, וכל פרטי הנהגותיו, באופני נטיתם לאן היו נוטים, וזה שאמר הכתוב שם - אשר[80] עשה אלקים את האדם ישר. כנ"ל. והמה בחטאם בקשו חשבונות רבים. ועיין זוהר אמור ק"ז סוף ע"א, והוא מבואר שם על פי דברינו.

ונמשך העניין כן עד עת מתן תורה, שאז פסקה אותה הזוהמא מתוכם כמו שאמרו רז"ל[81]. ולכן אחר כך בחטא העגל אמרו רז"ל - שבא[82] שטן וערבב כו'. היינו שבא מבחוץ, כמו בעניין חטא אדם הראשון כנ"ל, כי מתוכם נתגרש, ועל ידי חטא העגל חזרה אותה הזוהמא ונתערבה בתוכם כבתחלה, וזה שאמר הכתוב - והמה[83] כאדם עברו ברית.

וזה שאמר הוא יתברך לאדם הראשון - כי[84] ביום אכלך ממנו מות תמות. לא שהיה עניין קללה

---

[79] קהלת ז כ
[80] קהלת ז כט
[81] שבת קמו א
[82] שבת פט א
[83] הושע ו ז
[84] בראשית ב יז

וְעוֹנֶשׁ, כִּי - מִפִּי[85] עֶלְיוֹן לֹא תֵצֵא כו'. אֶלָּא פֵּירוּשׁ **שֶׁעַל יְדֵי** אֲכָלְךָ מִמֶּנּוּ תִּתְעָרֵב בְּךָ הַזֻּהֲמָא שֶׁל הָרַע, וְלֹא יִהְיֶה תִיקּוּן אַחַר לְהִפָּרֵדָה מִמְּךָ כְּדֵי לְהֵיטִיבְךָ בְּאַחֲרִיתֶךָ, אִם לֹא עַל יְדֵי הַמִּיתָה וְהָעִיכּוּל בַּקֶּבֶר.

וְזֶהוּ גַם כֵּן הָעִנְיָן מַה שֶּׁאָמַר יִתְבָּרֵךְ אַחַר כָּךְ - הֵן[86] הָאָדָם הָיָה כו', וְעַתָּה פֶּן יִשְׁלַח יָדוֹ וְלָקַח גַּם מֵעֵץ הַחַיִּים וְאָכַל וָחַי לְעוֹלָם. וַהֲלֹא חֶפְצוֹ יִתְבָּרֵךְ שְׁמוֹ לְהֵיטִיב לִבְרוּאָיו, וּמַה אִכְפַּת לֵיהּ אִם יִחְיֶה לְעוֹלָם.

אָמְנָם ר"ל שֶׁכַּאֲשֶׁר יֹאכַל מֵעֵץ הַחַיִּים וָחַי לְעוֹלָם, יִישָׁאֵר ח"ו בְּלֹא תִיקּוּן, שֶׁלֹּא יִתְפָּרֵד הָרַע מִמֶּנּוּ עַד עוֹלָם ח"ו, וְלֹא יִרְאֶה מְאוֹרוֹת וְטוֹבָה מִיָּמָיו, לָזֹאת לְטוֹבָתוֹ גֵּירְשׁוּ מִגַּן עֵדֶן, כְּדֵי שֶׁיּוּכַל לָבֹא לִידֵי תִיקּוּן גָּמוּר כְּשֶׁיִּפָּרֵד הָרַע מִמֶּנּוּ עַל יְדֵי הַמִּיתָה וְהָעִיכּוּל בַּקֶּבֶר.

וְזֶהוּ עִנְיָן - הָאַרְבָּעָה[87] שֶׁמֵּתוּ בְּעֶטְיוֹ שֶׁל נָחָשׁ. שֶׁאַף שֶׁלֹּא הָיָה לָהֶם חֵטְא עַצְמָם כְּלָל, עִם כָּל זֶה הוּצְרְכוּ לְמִיתָה מֵחֲמַת הַתְעָרוּבַת הָרִאשׁוֹן שֶׁל הָרַע, עַל יְדֵי חֵטְא אָדָם הָרִאשׁוֹן מֵעֲצַת הַנָּחָשׁ.

וְיִמָּשֵׁךְ הָעִנְיָן כֵּן עַד עֵת קֵץ הַיָּמִין - בִּלַּע[88] הַמָּוֶת לָנֶצַח. וְגַם עוֹד יִתְרוֹן שֶׁיִּתְבָּעֵר אָז הָרַע מִן הָעוֹלָם מִמְּצִיאוּתוֹ, כְּמוֹ שֶׁכָּתוּב - וְאֶת[89] רוּחַ הַטֻּמְאָה אַעֲבִיר מִן הָאָרֶץ.

וְכֵן הַמִּצְוֹת כּוּלָן, קְשׁוּרִין וּתְלוּיִין בַּמָּקוֹר שָׁרְשָׁן הָעֶלְיוֹן, בְּסִדְרֵי פִּרְקֵי הַמֶּרְכָּבָה, וְשִׁעוּר קוֹמָה שֶׁל הָעוֹלָמוֹת כּוּלָם, שֶׁכָּל מִצְוָה פְּרָטִית בְּשָׁרְשָׁהּ כּוֹלֶלֶת רִבֵּי רִבּוֹן כֹּחוֹת וְאוֹרוֹת מִסִּדְרֵי הַשִּׁעוּר קוֹמָה, כְּמוֹ שֶׁמְּבוֹאָר בַּזֹּהַר יִתְרוֹ פ"ה ב' - כָּל פִּקּוּדֵי אוֹרַיְיתָא מִתְאַחֲדָן בְּמַלְכָּא קַדִּישָׁא עִלָּאָה, מִנְּהוֹן בְּרֵישָׁא דְמַלְכָּא, וּמִנְּהוֹן בְּגוּפָא, וּמִנְּהוֹן בִּידֵי

---

[85] איכה ג לח

[86] בראשית ג כב

[87] בבא בתרא יז א

[88] ישעיהו כה ח

[89] זכריה יג ב

מלכא, ומנהון ברגלוי כו'. והעניין יותר מבואר בתקונים תיקון ע' קכ"ט ב', עיין שם.

ובזוהר תרומה קס"ה ב' - פקודי אורייתא כלהו שייפין ואברין ברזא דלעילא, וכד מתחברן כלהו כחד כדין כלהו סלקן לרזא חד, ושם בדף קס"ה ב' - בהאי שמא כלילן תרי"ג פקודי אורייתא דאינון כללא דכל רזין עלאין ותתאין כו', וכלהו פקודין כלהו שייפין ואברין לאתחזאה בהו רזא דמהימנותא, מאן דלא ישגח ולא אסתכל ברזין דפקודי אורייתא, לא ידע ולא אסתכל היך מתתקנן שייפין ברזא עלאה, שייפין דגופא כלהו מתתקנן על רזא דפקודי אורייתא, עיין שם. וכך כתב האריז"ל בשער הייחודים פרק ב'.

ובעשות האדם רצון קונו יתברך שמו, ומקיים באיזה אבר וכח שבו אחת ממצות הוי"ה. התיקון נוגע לאותו עולם, וכח העליון המקבילו, לתקנו, או להעלותו, או להוסיף אור וקדושה על קדושתו מחפץ ורצון העליון יתברך שמו, כפי ערך ואופן עשייתו, ולפי רוב ההזדככות וטהרת קדושת מחשבתו, בעת עשיית המצוה המצטרפת לטובה למעשה העיקרית, וכפי ערך מדרגת אותו העולם והכח עליון, ומשם נמשך הקדושה וחיות גם על אותו הכח של האדם שבו קיים מצות בוראו המכוונת נגדו[ח].

הגהה[ח]. וזה שתקנו נוסח ברכות המצות - אשר קדשנו במצותיו, וכן וקדשתנו במצותיך, כי מעת שעולה על רעיון האדם לעשות מצוה, תיכף נעשה רישומו למעלה, במקור שרשה העליון, וממשיך משם על עצמו אור מקיף, וקדושה עליונה חופפת עליו וסובבת אותו.

וכתוב מפורש - והתקדשתם[90] והייתם קדושים. וכמאמרם ז"ל - כל[91] המקדש עצמו מלמטה מקדשין אותו מלמעלה. ר"ל שמלמעלה נמשך

---

[90] ויקרא יא מד
[91] יומא לט א

עליו הקדושה משרשה העליון של המצוה, כמו
שמבואר בזוהר צו ל"א ריש ע"ב - כתיב
והתקדשתם והייתם קדושים מאן דמקדש גרמא
מלרע מקדשין ליה מעילא כו', מקדשין ליה
מעילא כו', דהא קדושה דמאריא שריא עליה כו',
אי עובדא דלתתא היא בקדושה אתער קדושה
לעילא ואתי ושרי עליא ואתקדש ביה כו', עיין שם.
ובפרשת קדושים פ"ו ב' - בשעתא דבני נשא אחזי
עובדא לתתא בארח מישור כו', נגיד ונפיק ושרי
עלויה רוח קדישא עלאה כו, ובההוא עובדא שריא
עליא רוח קדישא, רוח עלאה, לאתקדשא ביה,
אתא לאתקדש מקדשין ליה דכתיב והתקדשתם
כו'. ובפרשת נשא ריש ד' קכ"ח - דמשיך עליה
רוח קדישא עילאה כמא דאתאמר - עד[92] יערה
עלינו רוח ממרום. עיין שם.
ועל ידי זה הקדושה והאור המקיף, הוא דבוק
כביכול בו יתברך גם בחייו, וזה שאמר הכתוב -
ואתם[93] הדבקים בהוי"ה אלהיכם, **גם** בעודכם חיים
כולכם היום.
וזה האור מקיף הוא לו לעזר לגמור המצוה, ועל
ידי הגמר האור, מתחזקים יותר, וירים ראש עליון,
ועל זה אמרו ז"ל - הבא[94] ליטהר מסייעין אותו.
גם מושכת וגוררת את לבו מזה לסגל עוד כמה
מצות, אחר שהוא יושב עתה בגן עדן ממש חוסה
בצל כנפי הקדושה בסתר עליון, אין מקום להיצר
הרע לשלוט בו ולהסיתו ולהדיחו מעסק המצות,
זה שאמרו - שמצוה[95] גוררת מצוה.
וכאשר ישים אליו לבו בעת עשיית המצוה, יבין
וירגיש בנפשו שהוא מסובב ומלובש כעת

---

[92] ישעיהו לב טו
[93] דברים ד ד
[94] מנחות כט ב
[95] פרקי אבות ד ב

בהקדושה, ורוח[96] נכון נתחדש בקרבו. וזה שאמר הכתוב - אלה[97] המצות אשר יעשה אותם האדם וחי בהם. **בהם** היינו בתוכם ממש, שהוא מסובב אז בקדושת המצוה, ומוקף מאוירא דגן עדן.

וכן להיפך ח"ו, בעת עברו על אחת ממצות הוי"ה, אמרו גם כן במאמרם ז"ל הנ"ל - כל[98] המטמא עצמו מלמטה מטמאין אותו מלמעלה. פירוש גם כן כנ"ל שמשורש אותו העוון למעלה בכחות הטומאה, הוא ממשיך רחמנא לצלן רוח הטומאה על עצמו, וחופפת עליו וסובבתיו.

כמו שאמר במאמר פרשת צו הנ"ל - ואי איהו אסתאב לתתא אתער רוח מסאבותא לעילא ואתי ושריא עליא ואסתאב ביה, דהא לית לך טב וביש קדושה ומסאבותא דלית לה עיקרא ושרשא לעילא, ובעובדא דלתתא אתער עובדא דלעילא, עיין שם. ובפרשת קדושים הנ"ל - ובשעתא דאיהו אחזי עובדא לתתא בארחא עקימא כו', כדין נגיד ונפיק ושריא עלוי רוח אחרא כו', עיין שם.

ועל זה אמר הכתוב - ונטמתם[99] בם. היינו בתוכם ממש ח"ו, שהוא קשור ומסובב אז ברוח טומאה ואוירא דגיהנם מלפפו ומקיפו, גם בעודנו חי בעולם. כמו שאמרו רז"ל - כל[100] העובר עבירה אחת בעולם הזה מלפפתו והולכת לפניו ליום הדין. שנאמר - ילפתו[101] גו'. רבי[102] אלעזר קשורה בו וכו'. וזה שכתב דוד המלך ע"ה - עון[103] עקבי יסובני.

---

[96] על פי תהלים נא יב

[97] ויקרא יח ה

[98] יומא לט א

[99] ויקרא יא מג

[100] עבודה זרה ה א

[101] איוב ו יח

[102] סוטה ג ב

[103] תהלים מט ו

וּבָזֶה יוּבַן מַאֲמָרָם ז"ל בְּפֶרֶק יוֹם הַכִּיפּוּרִים -
גְּדוֹלָה[104] תְּשׁוּבָה שֶׁזְּדוֹנוֹת נַעֲשׂוֹת לָהֶם כִּזְכֻיּוֹת.
שֶׁנֶּאֱמַר - וּבְשׁוּב[105] רָשָׁע מֵרִשְׁעָתוֹ וְעָשָׂה מִשְׁפָּט
וּצְדָקָה עֲלֵיהֶם הוּא יִחְיֶה. וְלִכְאוֹרָה אֵין הָרְאָיָה
מוּכְרַחַת, דְּבַרְוְוחָא טְפֵי יֵשׁ לְפָרֵשׁ דַּעֲלֵיהֶם הוּא
יִחְיֶה קָאֵי עַל הַמִּשְׁפָּט וּצְדָקָה שֶׁעָשָׂה, אַחֲרֵי שׁוֹבוֹ.

וּלְפִי מַה שֶּׁמְּבוֹאָר רְאָיָתוֹ נְכוֹנָה, דְּלִישְׁנָא דִקְרָא
דַּיֵּיק הָכִי, דְּאִי קָאֵי עֲלֵיהֶם הוּא יִחְיֶה עַל הַמִּשְׁפָּט
וּצְדָקָה, הֲוָה לוֹ לוֹמַר - בָּהֶם הוּא יִחְיֶה, כְּמוֹ שֶׁכָּתוּב
- וָחַי[106] בָּהֶם. וּכְמוֹ שֶׁנִּתְבָּאֵר, וּמִדְּקָאָמַר **עֲלֵיהֶם**
וַדַּאי דְּקָאֵי עַל רִשְׁעָתוֹ וַעֲוֹנוֹתָיו הַקּוֹדְמִין. שֶׁעַל יְדֵי
תְּשׁוּבָתוֹ בַּעֲזִיבַת מַעֲשָׂיו הָרִאשׁוֹנִים, וּבַעֲשׂוֹתוֹ אַחַר
כָּךְ מִשְׁפָּט וּצְדָקָה, הֵמָּה יִתְגַּבְּרוּ עַל מַעֲשָׂיו
הָרִאשׁוֹנִים לְהֵפֶךְ גַּם אוֹתָם לִזְכֻיּוֹת וְחַיֵּי עוֹלָם.

וְכַאֲשֶׁר קִיֵּם כָּל הַמִּצְוֹת בִּשְׁלֵימוּת, בְּכָל פְּרָטֵיהֶם,
וְדִקְדּוּקֵיהֶם, בְּעִיקַר הַמַּעֲשֶׂה, וְנוֹסָף עֲלֵיהֶם הַצְטָרֵף עוֹצֶם
טָהֳרַת וּקְדוּשַּׁת הַמַּחֲשָׁבָה, הֲרֵי תִּיקֵן כָּל הָעוֹלָמוֹת וְהַסְּדָרִים
הָעֶלְיוֹנִים, וּבַעֲשֶׂה כּוּלּוֹ בְּכָל כֹּחוֹתָיו וְאֵבָרָיו מֶרְכָּבָה לָהֶם,
וּמִתְקַדְּשִׁים מִקְּדוּשָׁתָם הָעֶלְיוֹנָה. וּכְבוֹד הֲוָי"ה חוֹפֵף עָלָיו
תָּמִיד.

וְעַיֵּין זוֹהַר תְּרוּמָה קנ"ה א' - כָּל[107] הַנִּקְרָא בִּשְׁמִי וְלִכְבוֹדִי
בְּרָאתִיו כו'. וְלִכְבוֹדִי בּוֹ, אַתְיָא דִּיקָא, וְרָזָא דָּא כו', אוֹלִיפְנָא
דְּהַאי כָּבוֹד כו', כֹּלָּא אִתְתַּקַּן לְעֵילָּא מִגּוֹ תִּקּוּנָא דִּבְנֵי עָלְמָא
כַּד אִינּוּן בְּנֵי נָשָׁא זַכָּאִין וַחֲסִידִין וְיָדְעִין לְתַקְּנָא תִּיקוּנִים
כו', עַיֵּין שָׁם בָּאֲרוֹךְ. וְעַיֵּין הֵיטֵב בְּרַעְיָא מְהֵימְנָא פָּרָשָׁה
פִּנְחָס רל"ט א'. וְזֶה שֶׁאָמְרוּ רַז"ל - הָאָבוֹת[108] הֵן הֵן
הַמֶּרְכָּבָה.

וְכֵן לְהֵיפֶךְ ח"ו, בִּפְגַם אֶחָד מִכֹּחוֹתָיו וְאֵבָרָיו עַל יְדֵי חֶטְאָתוֹ

---

104 יומא פו ב
105 יחזקאל יח כז
106 ויקרא יח ה
107 ישעיהו מג ז
108 בראשית רבה פב ו

אשר חטא, גם כן הפגם מגיע לפי שרשו לאותו העולם, והכח העליון המכוון נגדו בסדרי השיעור קומה כביכול, להורסו ולהחריבו ח"ו, או להורידו או לפוגמו, או להחשיך ולהקטין צחצוח אורו, ולהתיש ולהחליש ולמעט כח טהרת קדושתו ח"ו, הכל כפי ערך החטא ואופני עשייתו, וכפי ערך וענין אותו העולם וגובה מדרגתו.

כי לא כל העולמות שוו בשיעורן בענין הפגם והקלקול, שבתחתון הוא הריסה וחורבן רחמנא לצלן. ולמעלה מניעת האור, ובעליון יותר ממנו גורם רק התמעטות שפעת אורו או הקטנתו, וביותר גבוה ונעלם גורם רק התמעטות בגודל צחצוח אורו וטהרת קדושתו הנפלאה, וכהנה רבות בחינות שונות.

וזהו הענין שקראו רז"ל בכמה מקומות לפגם העון - פגם[109] איקונין של מלך. ובזוהר יתרו פ"ה ב' - ובגין כך מאן ופשע בפקודי אורייתא כמאן דפשע בגופא דמלכא, כמה דכתיב - ויצאו[110] וראו בפגרי האנשים הפושעים בי. **בי ממש**, ווי לחייביא דעברין על פתגמי אורייתא ולא ידעין מאי קא עבדין. ובתיקונים תיקון ע' קכ"ט ב' - וכל מאן דפשע בפקודא, כאלו פשע בדיוקנא דמלכא. כנזכר לעיל שהפגם נמשך ונוגע בפרקי וסדרי הכחות והעולמות השיעור קומה, מצד שכולם נכללו בו, ונתנו חלק מעצמותם בבנינו ובריאתו[ט].

הגהה[ט]. וזהו פשטות ענין הכתוב - נעשה[111] אדם. לשון רבים, ר"ל שכולם יתנו כח וחלק בבנינו, שיהא כולל ומשותף מכולם, כמבואר פירושו באורך בתיקוני זוהר חדש פ"ט א', וברעיא מהימנא פנחס רי"ט ב', וכך כתב רח"ו ז"ל בשער הקדושה חלק ג' שער ב', ובלקוטי תורה פרשה תשא ופרשה האזינו, עיין שם.

---

[109] במדבר רבה ב ג

[110] ישעיהו סו כד

[111] בראשית א כו

וזה שמבואר בבראשית רבה פרק ח' - ויאמר[112]
אלקים נעשה אדם, במי נמלך, רבי יהושע בשם
רבי לוי אמר במלאכת השמים והארץ נמלך, רבי
שמואל בר נחמני אמר במעשה כל יום ויום נמלך.
ובקהלת רבה סימן ב' פסוק י"א - את אשר כבר
עשוהו אין כתיב כאן, עשהו אלא עשוהו, כביכול
הקדוש ברוך הוא ובית דינו נמנו על כל אבר ואבר
משלך, ומעמידך על תיקונך. ואם תאמר שתי
רשויות הן, והלא כבר נאמר - הוא[113] עשך ויכוננך.
והוא מבואר.

פרק ז

ועתה מבואר העניין הנזכר לעיל בפרק ה'. שהאדם נקרא
הנפש ונשמת החיים של רבי רבוון עולמות, לא נפש כנפש
הנתון ודבוק ממש בתוך גוף האדם, דזה לא יתכן.
אמנם היינו שכמו שכל פרטי תנועות ונטיית אברי הגוף,
הם על ידי הנשמת חיים שבו, כפי תנועות חיותו ונטייתו,
כן העניין שכל נטיית הכחות והעולמות וסדרי המרכבה,
תיקונם ובניינם והריסתם ח"ו, הוא רק כפי עניין התעוררת
מעשי האדם למטה, ומטעם שהוא כלול ומשוכלל במספר
פרטי כחותיו וסדריהם, על פי סדרי השתלשלות
והתקשרות הכחות והעולמות עליונים ותחתונים כולם,
והוא מצד שורש נשמתו העליונה, שהיא הגבוה והפנימית
מהעולמות הנבראים כולם, כנ"ל בפרק ה'. לכן הוא כולל
את כולם.

והטעם שנתבאר בפרק ה', מחמת שורש נשמתו שהיא
גבוה ופנימית מהעולמות, והטעם שנתבאר בפרק העבר
מחמת שהוא כלול מכל העולמות, הכל אחד כמו
שנתבאר. ולזאת לו לבדו נתנה משפט הבחירה, להטות
עצמו ואת העולמות לאיזה צד אשר יחפוץ, או אף אם

---

[112] בראשית רבה ח ג
[113] דברים לב ו

כבר גרם וסיבב ח"ו בחטאיו הריסת העולמות, וסדרי המרכבה וחורבנם וירידתם ח"ו, יש כח וסיפוק בידו לתקן את אשר עיוות ולבנות הנהרסות, מצד שהוא כלול ומשותף מכולם.

וזה שאמר דוד המלך ע"ה - הוי"ה[114] צלך על יד ימינך. היינו שכמו שנטיית הצל של איזה דבר הוא מכוון רק כפי תנועות אותו הדבר לאן נוטה, כן בדמיון זה כביכול הוא יתברך שמו מתחבר לנטות העולמות, כפי תנועות ונטיית מעשי האדם למטה, וכן מפורש במדרש - אמר לו הקדוש ברוך הוא למשה לך אמור להם לישראל כי שמי אקי"ק אשר אקי"ק, מהו אקי"ק אשר אקי"ק, כשם שאתה הוה עמי, כך אני הוה עמך, וכן אמר דוד - הוי"ה צלך על יד ימינך. מהו הוי"ה צלך, **כצלך**, מה צלך אם אתה משחק לו הוא משחק לך, ואם אתה בוכה הוא בוכה כנגדך, ואם אתה מראה לו פנים זעומות או מוסברות אף הוא נותן לך כך, אף הקדוש ברוך הוא, הוי"ה צלך כשם שאתה הוה עמו, הוא הוה עמך, עד כאן.

ובזוהר תצוה קפ"ד ב' - תא חזא עלמא תתאה קיימא לקבלא תדיר כו', ולעלמא עלאה לא יהיב ליה אלא כגוונא דאיהו קיימא, אי איהו קיימא בנהירו דאנפין מתתא, כדין הכי נהרין ליה מלעילא, ואי איהו קיימא בעציבו יהבין ליה, האי דינא בקבליה כגוונא דא - עבדו[115] את הוי"ה בשמחה. חדוה דבני נשא משיך לגביה חדוה אחרא עלאה, הכי נמי האי עלמא תתאה כגוונא דאיהו אתער הכי אמשיך מלעילא כו'.

והוא עניין הכרובים, שהיו מעורין - כמער[116] איש ולויות. פניהם[117] איש אל אחיו. ובכרובי שלמה כתיב - ופניהם[118] לבית. כמו שיתבאר בעזרת השם.

---

[114] תהלים קכא ה
[115] תהלים ק ב
[116] מלכים-א ז לו
[117] שמות כה כ
[118] דברי הימים-ב ג יג

פרק ח

הנה רז"ל אמרו בעניין הכרובים - כיצד[119] הן עומדין רבי יוחנן ורבי אלעזר חד אמר פניהם איש אל אחיו וחד אמר פניהם לבית ולמאן דאמר פניהם איש אל אחיו הכתיב ופניהם לבית לא קשיא כאן בזמן שישראל עושין רצונו של מקום כאן בזמן שאין ישראל עושין רצונו של מקום. ועיין רשב"ם - ולמן דאמר פניהם לבית הכתיב ופניהם איש אל אחיו דמצדדי אצדודי. ר"ל קצת לבית וקצת זה לזה. ועיין רש"י ז"ל והא ליכא לתרוצי כדלעיל כאן בזמן שישראל עושין כו'. דכיון דעיקר עשיית כרובים פניהם לבית, לא היה להם לעשותו לסימן שאין ישראל עושין רצונו של מקום. וכך כתב תוספות שם, דמסתמא העמידום תחלה לפי מה שהיו עושין רצונו של מקום, ולכאורה אכתי תקשי למה העמידום תחלה כרובי שלמה פניהם מצודדין, ולא איש אל אחיו ממש.

והעניין הוא. כמו שמבואר פרק כיצד מברכין - תנו רבנן ואספת התורה דגנך כו', לפי שנאמר לא ימוש ספר התורה הזה מפיך גו', יכול דברים ככתבן, תלמוד לומר ואספת דגנך הנהג בהן מנהג דרך ארץ דברי רבי ישמעאל, רשב"י אומר אפשר אדם חורש בשעת חרישה כו', תורה מה תהא עליה, אלא בזמן שישראל עושין רצונו של מקום מלאכתן נעשית על ידי אחרים כו', ובזמן שאין ישראל עושין רצונו של מקום מלאכתן נעשית על ידי עצמן שנאמר ואספת דגנך.

ולכאורה תמוה דמוקי לקרא דואספת דגנך, כשאין עושין רצונו של מקום, והא לעיל מינה כתיב - והיה[120] אם שמוע תשמעו אל מצותי וגו' לאהבה וגו' ולעבדו בכל לבבכם וגו'. ועלה קאמר ואספת דגנך.

אבל העניין, כי ודאי שאין דעת רבי ישמעאל שיהא הרשות נתונה לאדם לפרוש ח"ו אף זמן מועט מעסק התורה,

---

[119] בבא בתרא צט א
[120] דברים יא יג

ולעסוק בפרנסה ויהיה בטל אותו העת מעסק התורה לגמרי ח"ו. אמנם רמזו רבי ישמעאל בלשונו הקדושה, הנהג בהן מנהג דרך ארץ, ר"ל עמהן עם הדברי תורה. היינו שגם באותו העת ושעה מועטת שאתה עוסק בפרנסה, כדי הצורך וההכרח לחיות נפש, על כל פנים ברעיוני מחשבתך תהא מהרהר רק בדברי תורה.

וכן רבא אמר לתלמידיו - ביומי[121] ניסן ותשרי לא תתחזו קמאי. דיקא, שלא לבא לבית מדרשו, אבל ודאי שתלמידי רבא לא היו בטלים ח"ו לגמרי מעסק התורה, גם בביתם באלו הימים.

ואמרו שם הרבה עשו כרבי ישמעאל ועלתה בידם, והרבה עשו כרשב"י ולא עלתה בידם, היינו רבים דווקא, כי ודאי שלכלל ההמון כמעט בלתי אפשר שיתמידו כל ימיהם רק בעסק התורה, שלא לפנות אף שעה מועטת לשום עסק פרנסת מזונות כלל, ועל זה אמרו באבות - כל[122] תורה שאין עמה מלאכה וכו'. אבל יחיד לעצמו שאפשר לו להיות אך עסוק כל ימיו בתורתו ועבודתו יתברך שמו, ודאי שחובה מוטלת עליו שלא לפרוש אף זמן מועט מתורה ועבודה, לעסק פרנסה חס ושלום. וכדעת רבי שמעון בר יוחאי'.

והנה פסוק ואספת דגנך וגו', הוא מוצא מכלל פסוק והיה שכולה

נאמרה בלשון רבים, ופסוק ואספת נאמר בלשון יחיד, לכן קרי ליה אין עושה רצונו של מקום, כשמפנה עצמו אף מעט לעסק פרנסה.

הגהה'. ולכן בפרשה ראשונה של קריאת שמע כתיב - ובכל[123] מאדך. ובפסוק והיה לא כתיב ובכל מאדכם, כי פרשת שמע כולה בלשון יחיד נאמרה, ויחיד שאפשר לו, הוא צריך לקיים - לא[124] ימוש

---

[121] ברכות לה ב
[122] פרקי אבות ב ב
[123] דברים ו ה
[124] יהושע א ח

ספר התורה הזה מפיך. דברים ככתבן ממש, לכן נאמר ובכל מאדך, פירוש בכל ממונך, כמו שמבואר במשנה סוף ברכות, ר"ל שלא לעסוק בפרנסה כלל.

אבל פסוק - **והיה** שנאמרה בלשון רבים, לרבים כמעט מוכרחים להתעסק על כל פנים מעט גם ברווח ממון לחיי נפש, לכן לא כתיב בה ובכל מאדכם. [והגם שעדיין לא זו הדרך והמדרגה הגבוה שבגבוהות, לפי אמיתת רצונו יתברך שמו לדעת רשב"י, עם כל זה גם לדידיא לא מקרי ח"ו בזה אין עושין רצונו של מקום, כשמפנין עצמם מעט גם לעסק פרנסה, ובעת עסקם בפרנסה לבם נוהג בחכמה, ומהרהרים בדברי תורה ויראת הוי"ה. ולרבי ישמעאל, זו היא עיקר רצונו יתברך בהנהגת כלל ההמון, ופלוגתם מה היא עיקר רצונו יתברך, והמדרגה היותר גבוה בהנהגת כלל ההמון].

וידוע שהכרובים, האחד רמז עליו יתברך שמו, והשני על ישראל סגולתו, וכפי שיעור התקרבותם ודביקותם של ישראל אליו יתברך שמו, או להיפך ח"ו. היה ניכר הכל בעניין עמידת הכרובים דרך נס ופלא, אם פניהם ישר יחזו אליו יתברך שמו, גם הכרובים עמדו אז פניהם איש אל אחיו, או אם הפכו פניהם מעט ומצדדי אצדודי, כן היה ניכר העניין תיכף בכרובים, או אם ח"ו הפנו עורף, גם הכרובים כרגע הפנו הפכו פניהם איש מעל אחיו לגמרי ח"ו.

וכעניין שאמרו ז"ל ביומא - שהיו[125] מגללין הפרוכת לעולי רגלים ומראין להם הכרובים שהיו מעורין זה בזה ואומרים להן ראו חיבתכם לפני המקום כו'.

---

[125] יומא נד א

ובזוהר תרומה קנ"ב ב' - אימתי איהו ברחמי, אמר ליה בשעתא דכרובים מהדרן כו', ומסתכלן אנפין באנפין, כיון דאינון כרובים מסתכלין אנפין באנפין כדין כל גוונין מתתקנן כו', כמה דמסדרין ישראל תקונייהו לגבי קודשא בריך הוא, הכי קיימא כולא והכי אתסדר כו'.

ובפרשת אחרי נ"ט ריש ע"ב - שבת אחים כו', בשעתא דהוו חד בחד משגיחין אנפין באנפין כתיב - מה טוב ומה נעים וגו', וכד מהדר דכורא אנפוי מן נוקבא ווי לעלמא כו'. ובזוהר חדש סוף פרשת תרומה ל"ו א' - בכל זמנא דישראל הוו זכאין כרובים הוו דביקין בדביקו אפין באפין, כיון דהוו סרחן הוו מהדרין אפייהו דא מן דא כו', ועל דא כרובים בההוא זמנא דהוו ישראל זכאין הוו אנפין באנפין כו', ועל רזין אלין הוו ידעי אי ישראל זכאין אי לא כו', כתיב - עבדו את ה' בשמחה, חדוותא דתרין כרובין כו', כיון דשארי עלייהו אתהדר בחדוה כו', ועלמא אתהדר ברחמי כו', ועיין שם באורך.

פרק ט

והנה דור המדבר שזכו להיות מאוכלי שלחן גבוה, לחם מן השמים דבר יום ביומו, ושמלתם לא בלתה מעליהם, ולא היו צריכים לשום עסק פרנסה בעולם כלל, לדעת הכל לא מקרו עושין רצונו של מקום, אלא אם כן היו מסתכלין כלפי מעלה ביושר גמור, ומשעבדין את לבם רק לתורה ועבודה ויראתו יתברך שמו, יומם[126] ולילה לא ימוש מפיהם. דברים ככתבן ממש בלי ניטות אל הצד כלל אף שעה קלה לעסק פרנסה, וכמאמרם ז"ל - לא[127] ניתנה תורה אלא לאוכלי מן. לכן העמידו אז את הכרובים לפי מה שהיו

____

[126] לפי הפסוק - יהושע א ח
[127] מכילתא על שמות טז ד

עושין רצונו של מקום פניהם איש אל אחיו ממש, להראות
כי ישר יחזו פנימו יתברך פנים בפנים עם עם קדושו.

אמנם בימי שלמה שהיו כל המון ישראל צריכים
ומוכרחים לנטות מעט אל הצד לעסק הפרנסה, על כל פנים
כדי חיי נפש, שזה עיקר אמיתת רצונו יתברך לדעת רבי
ישמעאל, דסבר דלרבים טפי אריך למעבד הכי, וכמו
שמבואר באבות - יפה[128] תלמוד תורה עם דרך ארץ כו',
וכל תורה שאין עמה מלאכה כו'. וכל מילי דאבות מילי
דחסידות נינהו. רק שגם בעת עסקם בפרנסה, יהא לבם
נוהג בחכמה בהרהור דברי תורה, לכן העמידו אז בתחילה
את הכרובים לפי מה שיהיו עושין רצונו של מקום, פניהם
מצודדין מעט, ועם כל זה היו מעורים כמער איש ולויות
בפנים של חיבה, להראות חיבתו יתברך אצלינו, שזה עיקר
רצונו יתברך [וסובר כרבי ישמעאל. ומאן דתני שגם
בכרובי שלמה העמידום תחילה לפי מה שיהיו עושין רצונו
של מקום, פניהם איש אל אחיו ממש, סובר כרשב"י].

ולכאורה אכתי למה הוצרכו להעמיד שתי הכרובים
מצודדין, הלא הכרוב האחד שרמז עליו יתברך שמו היו
צריכים להעמידו ישר ממש.

אמנם הענין כמו שמבואר, שהתחברותו יתברך כביכול
להעולמות והכחות כולם וכל סדריהם והתקשרותם, וכן כל
סדרי הנהגתו יתברך אתנו, הוא כפי שיעור התנועה
וההתעוררות המגיע אליהם ממעשינו למטה, וכפי זה
השיעור משתלשל ונמשך גם אלינו למטה פנים שוחקות
ומוסברות, לכן גם הכרוב שרמז עליו יתברך שמו היו גם
כן צריכים להעמידו מצודד מעט, כפי שיעור הצדוד של
הכרוב שרומז עלינו, מזה הטעם[א].

הגהה[א]. ועל פי זה יובן מאמרם ז"ל בפרק ט'
דשבת - אמר[129] רבי חמא ברבי חנינא מה דכתיב -
כתפוח בעצי היער גו', למה נמשלו ישראל לתפוח

---

[128] פרקי אבות ב ב
[129] שבת פח א

כו'. והקשו תוספות שם דהא בהאי קרא לא ישראל נמשלו לתפוח, אלא הקדוש ברוך הוא. כדמסיים - כן[130] דודי בין הבנים.

ולפי מה שכתב יתיישב בעזרת השם, כי אחר שישראל השיגוהו והמשילוהו יתברך שמו בדמיון התפוח, ודאי הוא מחמת שישראל נמשלים ומתדמים במעשיהם לעניין התפוח, וכדרך שאנחנו מתראים לפניו יתברך שמו, כך הוא יתברך שמו בא ליראות אל העולמות על זה ההדרגה והשיעור ממש, לכן שואל באיזה דבר ועניין נתדמו ונמשלו ישראל במעשיהם הרצויים לתפוח, אשר על ידי זה השיגוהו יתברך שמו כעניין התפוח.

ולכן בעת קריעת ים סוף, אמר הוא יתברך למשה - מה[131] תצעק אלי דבר אל בני ישראל ויסעו. ר"ל דבדידהו תליא מלתא, שאם המה יהיו בתוקף האמונה והבטחון, וייסעו הלוך ונסוע אל הים סמוך לבם לא יירא, מעולם ביטחונם שוודאי יקרע לפניהם, אז יגרמו על ידי זה התעוררות למעלה, שיעשה להם הנס ויקרע לפניהם.

וזהו - לססתי[132] ברכבי פרעה דמיתיך רעיתי. ר"ל כמו בסוסי פרעה שהיה היפך מנהגו של עולם שהרוכב מנהיג לסוס, ובפרעה וחילו הסוס הנהיג את רוכבו כמו שאמרו רז"ל. כן דמיתיך והמשלתיך רעיתי על זה האופן ממש. שאף שאני - רוכב[133] ערבות. עם כל זה כביכול **את** מנהיג אותי על ידי מעשיך, שעניין התחברותי כביכול להעולמות הוא רק כפי עניין התעוררות מעשיך לאן נוטים, וזה שאמר הכתוב - רוכב[134] שמים בעזרך. וכן מה שאמרו רז"ל - העבודה צורך גבוה.

---

[130] שיר השירים ב ג

[131] שמות יד טו

[132] שיר השירים א ט

[133] תהלים סח ה

[134] דברים לג כו

פרק י

ועל פי זה יבואר פשר דבר בעניין שינוי דעות שבין גדולי הראשונים ז"ל. אם האדם מישראל גדול מהמלאך, או מלאך גדול ממנו, והלא אחת משני הדעות מביא ראיות מפורשות ממקראות מפורשים, ועל פי דברינו הנ"ל יתבאר אשר באמת אלו ואלו דברי אלהים חיים. רק בבחינות חלוקים.

כי מלאך גדול מהאדם, הן בעצם מהותו, הן בגודל קדושתו ונפלאות השגתו, אין ערך ודמיון ביניהם כלל.

וכמו שכתוב בזוהר חדש בראשית במדרש נעלם בפרשה - ויקרא[135] אלהים לאור יום. השגת המלאכים היא השגה גדולה, מה שאין כן למטה מהם. השגה שניה כו'. השגה שלישית היא השגת המדרגה התחתונה, אשר בעפר יסודה, והיא השגת בני אדם, ושם [**היב"ש** - בזוהר דף] ט"ז ב' - המלאכים הקרובים מקבלים כח שפע אספקלריא של מעלה תחלה, ומהם יורד לשמים וכל צבאם, ומהם אל האדם, עיין שם. ובזוהר תרומה קכ"ט ב' - מלאכי עלאי אינון קדישין יתיר מינן.

אמנם בדבר אחד יתרון גדול לאדם מהמלאכים, והוא העלאת והתקשרות העולמות והכחות והאורות אחד בחבירו, אשר זה אין בכח כלל לשום מלאך, והוא מטעם הנ"ל. כי המלאך הוא בעצם כח אחד פרטי לבד שאין בו כלולות כל העולמות יחד, וכך כתב בעץ חיים שער פנימיות וחיצוניות ריש דרוש יו"ד, שהמלאך אינו רק בחינה פרטית של אותו העולם שעומד בו, אבל נשמת האדם בכל שלוש החלקי נר"ן שלה, היא כלולה מכל העולמות, עיין שם. לכן אין בכח ויכולת המלאך כלל להעלות ולקשר ולייחד כל עולם בהעולם הנטוי על ראשיהם, כיון שאינו כלול ומשותף מהם.

וגם עליית עצמותו של המלאך עד מדרגתו להתקשר בעולם שעליו, אין תלוי בו בעצמו, לכן נקראים המלאכים

עומדים, כמו שכתוב - שרפים[136] עומדים. ונתתי[137] לך מהלכים בין העומדים האלה.

ורק האדם לבד, הוא המעלה והמקשר ומייחד את העולמות והאורות בכח מעשיו, מחמת שהוא כלול מכולם, ואז גם המלאך משיג עליה ותוספות קדושה על קדושתו, אשר בא בכח מעשה האדם, מפני שגם הוא כלול בהאדם. ועיין כעין זה בעץ חיים שער העיבורים ריש פרק ד'.

וגם השלוש בחינת נר"ן של האדם עצמו, לא ניתן להם זה הכח ההעלאה וההתקשרות של העולמות ושל עצמם, עד רדתם לזה העולם המעשי בגוף האדם, וכמו שכתוב - ויפח[138] באפיו נשמת חיים. בגוף האדם, אז ויהי האדם לנפש חיה של כל העולמות כנזכר לעיל בפרק ד'.

והוא גם כן עניין מראה הסולם של יעקב אבינו ע"ה. עיין רעיא מהימנא נשא קכ"ג ב' - ויפח באפיו נשמת חיים כו', דאתמר ביה ויחלם והנה סלם, סלם ודאי איהו נשמת חיים כו', עיין שם. וכמו שיתבאר אם ירצה השם להלן בפרק י"ט. ועל ידי זה והנה מלאכי אלהים עולים ויורדים בו, ר"ל על ידי הנשמת חיים, שהיא מוצב ארצה, מתלבשת קצה התחתון שלה בגוף האדם.

פרק יא

וזהו הטעם שהמלאכים המקדישים בשמי מרום, ממתינים מלשלש קדושתם עד אחר שאנו משלשים קדושה למטה, [כנזכר לעיל פרק ו' בהגהה] אף שקדושתם למעלה מקדושתנו, לא שהם חולקים כבוד לישראל אלא שאין בכחם ויכולתם כלל מצד עצמם, לפתוח פיהם להקדיש ליוצרם, עד עליית קול קדושת ישראל אליהם מלמטה.

כי עניין אמירת הקדושה, הוא העלאת העולמות והתקשרותם כל עולם בעולם שמעליו, להוסיף קדושתם

---

[136] ישעיהו ו ב

[137] זכריה ג ז

[138] בראשית ב ז

וצחצוח אורם.

ועיין בהיכלות דפקודי בהיכלא תנינא רמ"ז סוף ע"ב בעניין קדושת המלאכים הבא מכח אמירת קדושתינו ז"ל - ואלין דימינא אמרי שירתא וסלקי רעותא לעילא ואמרי קדוש, ואילן דשמאלא אמרי שירתא וסלקי רעותא לעילא ואמרי ברוך כו', ומתחבראן בקדושה בכל אינון דידעי לקדשא למאריהון ביחודא כו', וכלהו כלילן אלין באלין ביחודא חדא ומתקשראן דא בדא, עד דכלהו אתעבידו קשורא חדא ורוחא חד ומתקשרן באינון דלעילא למהוי כלא חד לאתכללא דא בדא.

ועיין בפרי עץ חיים בכל פרק ג' משער חזרת העמידה, מבואר שם כוונת עניין אמירת הקדושה, שהוא העלאת והתקשרות עולמות עליונים להוסיף בהם על ידי זה תוספת קדושה ואור. ואולי מזה יצא מנהגן של ישראל שנוהגים להעלות עצמן בעת אמירת הקדושה. וזה אין בכח שום מלאך ושרף לעשותו בעצמו תחילה כנזכר לעיל, לזאת לא יפתח פיו עד עלית הבל פיהם של קדושת ישראל קיבוצי מטה.

ואלו היו כל ישראל מסוף העולם ועד סופו, שותקים ח"ו מלומר קדושה, ממילא בהכרח היו גם המה נשתקים מלהקדיש קדושתם, ועיין בזוהר בלק ק"צ ע"ב. וזה שאמר הכתוב - בעמדם[139] תרפינה כנפיהם. ר"ל כשישראל למטה עומדים שותקים, ממילא תרפינה כנפיהם של המוני מעלה, כי עניין אמירת קדושתם הוא גם בכנפיהם, וכמאמרם ז"ל - כתוב[140] אחד אומר וכו', הי מינייהו אימעוט אמר רב חננאל אמר רב אותן שאומרות בהן שירה כו'. ועיין זוהר חדש בראשית י"ג ריש ע"ב - קול המולה כו', אלא ששם פירוש כנפיהם לשון **כנופיא**.

ולזאת המון צבאות מעלה כתות כתות, יש אחת אומרת קדוש והם השרפים, כמו שמבואר בהיכלות דבראשית

---

[139] יחזקאל א כד
[140] חגיגה יג ב

ופקודי בהיכלא תניינא שם מ"ב א', ושם רמ"ז סוף ע"א, וכמו שכתוב - שרפים[141] עומדים ממעל לו וגו'. וקרא[142] זה אל זה ואמר קדוש גו'. והשנית לעומתם משבחים ואומרים - ברוך[143]. והם האופנים וחיות, כמו שכתברו רז"ל ריש פרק גיד הנשה - והאיכא[144] ברוך ברוך אופנים הוא דאמרי ליה. וכמו שסדרו אנשי כנסת הגדולה בקדושת יוצר, שכל כת מקדשת כפי מקורה ושרשה בהעולמות.

אבל ישראל קיבוצי מטה אומרים שניהם, קדוש וברוך, להיותם כוללים כל המקורות והשורשים יחד. וזהו גם כן עניין אמירת פרק שירה שאמרו ז"ל - כל[145] האומר פרק שירה בכל יום כו'. שעל ידי אמירת האדם אותו, שהוא כולל כל הכחות כולם, הוא נותן כח להמלאכים, והשרים של כל אלו הבריות, שיאמרו אלו השירות, ועל ידי זה הם מושכים חיותם ושפעם להשפיע בכל התחתונים. ועיין בזה בלוקטי תורה בטעמי מצוות פרשת ואתחנן.

פרק יב

ומה שהנר"ן של האדם אין ביכולתם לקשר העולמות עד רדתם למטה בגוף האדם כנזכר לעיל, כי לתקן עולם העשיה הוצרכו בהכרח להתלבש בגוף, בעולם המעשה, וכן מצינו כמה מקראות המדברים באלו השלושה בחינות הנ"ל. בעניין התעוררות שלמעלה על ידי בחינת המעשה, אמר דוד המלך ע"ה - היוצר[146] יחד לבם המבין אל כל מעשיהם. ולפי פשוטו היה ראוי לומר המבין כל מעשיהם, ואמר אל כל מעשיהם, ר"ל הנוגע למעשיהם והיינו שהוא היוצרם, יתברך שמו היודע ומבין עד היכן מעשיהם מגיעים, ונוגעים בתיקוני העולמות או להיפך ח"ו.

---

141 ישעיהו ו ב
142 ישעיהו ו ג
143 יחזקאל ג יב
144 חולין צא ב
145 ריש פרק שירה
146 תהלים לג טו

וכן קהלת אמר - כי[147] את כל מעשה האלקים יביא במשפט על כל נעלם גו'. ולא אמר כי האלקים יביא במשפט את **כל מעשה** וגו'. והיינו כי אלקים פירוש בעל הכחות כולם, ובעת עמוד האדם למשפט לפניו יתברך שמו, לא ידונו את המעשה לבדה כפי שהיא, אך יחשבו גם כל מה שגרם וסיבב על ידי מעשיו, אם טוב ואם רע, בכל הכחות והעולמות, זהו אמרו מעשה האלקים.

ואמר כי את כל מעשה. ולא כי על כל מעשה העניין כמו שכתוב - כי[148] פועל אדם ישלם לו. והוא כמו שנתבאר למעלה [בפרק ו' בהגהה] שמעת שעולה על טוהר מחשבת האדם לעשות מצוה, תיכף נעשה רישומו למעלה בשרשו העליון, לבנות ולנטוע כמה עולמות וכחות עליונים, כמו שכתוב - ואשים[149] דברי בפיך וגו' לנטוע שמים גו'. וכמאמרם ז"ל - אל[150] תאמר בניך אלא בוניך כמו שמבואר לעיל.

וממילא מתעורר וממשיך גם עליו אור מקיף מהקדושה העליונה, והוא המסייעו לגומרה, ואחר גומרו המצוה, הקדושה והאור מסתלק לשרשו, וזהו עניין שכר העולם הבא שהוא מעשי ידי האדם עצמו שאחר פרידת נפשו מהגוף, הוא העולה להתעדן ולהשביע נפשו בצחצחות האורות, והכחות והעולמות הקדושים, שנתוספו ונתרבו ממעשיו הטובים.

וזה שאמרו רז"ל - כל[151] ישראל יש להם חלק לעולם הבא. ולא אמרו בעולם הבא, שמשמעו היה שהעולם הבא הוא מוכן מעת הבריאה, עניין ודבר לעצמו, ואם יצדק האדם יתנו לו בשכרו חלק ממנו, אבל האמת שהעולם הבא הוא הוא מעשה ידי האדם עצמו, שהרחיב והוסיף והתקין חלק לעצמו במעשיו לכל אחד, שכל ישראל יש להם לכל אחד

---

[147] קהלת יב יד

[148] איוב לד יא

[149] ישעיהו נא טז

[150] ברכות סד א

[151] משנה סנהדרין י א

חלק הקדושה, והאורות וההצחצחות, שהתקין והוסיף
לעולם הבא ממעשיו הטובים.

וכן עונש הגיהנם ענינו גם כן, שהחטא עצמו הוא עונשו,
כמו שכתוב - עונותיו[152] ילכדונו את הרשע ובחבלי חטאתו
יתמך. תיסרך[153] רעתך גו'. כמו שנתבאר שכאשר האדם
עושה אחת ממצות ה' אשר לא תעשנה, הפגם והחורבן
נרשם ח"ו תיכף למעלה בשרשו.

ולעומת זה אמלאה החריבה הוא מקים, ומגביר כחות
וחיילי הטומאה והקליפות, הרחמן יתברך שמו יצילנו.

ומשם ממשיך גם על עצמו רוח הטומאה, שמלפפתו בעת
עשיית העוון, ואחר עשותו, הרוח טומאה מסתלק למקומו
והוא בחייו בגיהנם ממש, המקיפו בעת עשיית החטא, רק
שאינו מרגיש עדיין עד אחר פטירתו שנלכד אז ברשת
אשר הכין, הן כחות הטומאה והמזיקין שנבראו ממעשיו[ב].
הגהה[ב]. אמנם - מרובה[154] מידה טובה כו'. בהפרש
ויתרון רב כי הצחצחות ותוספת קדושה שנתוספו
ממעשיו הטובים, הם נצחים וקיימים לעולם,
ונפשו מתעדן בהם תענוג נצחי. אבל הכחות
הטומאה והמזיקין שנבראו ונתרבו מחטאיו, אחר
קיבול כל העונש הנקצב לו, הם מתים וכלים
מאליהם.

כי עצמות חיותן הוא רק מפגם החטא וההריסה,
שגרם בכחות והעולמות הקדושים, שמזה נמשך
להם שפע חיות וניצוצי אור מועט, דרך צינורות
אורחות עקלקלות, כעניין אמלאה החרבה וכיון
שקיבל דינו על ידיהם - חיל[155] בלע ויקיאנו. ונפסק
חיותם ממילא וכלים מאליהם, וזהו העניין
שהגיהנם נקרא עלוקה, שהעלוקה מוצצה הדמים
הרעים, ומזה היא מתה תיכף, כן הוא עניין הגיהנם

---

[152] משלי ה כב

[153] ירמיהו ב יט

[154] יומא עו א

[155] איוב כ טו

כנזכר לעיל.

וזה שאמרו רז"ל - רשעים[156] מעמיקים להם גיהנם. ר"ל שהן עצמם המעמיקים לעצמם הגיהנם, ומרחיבין אותו, ומבעירין אותו בחטאים, וכמו שכתוב - הן[157] כלכם קודחי אש וגו', לכו באור אשכם ובזקות בערתם מידי הייתה זאת לכם וגו'. לכן כשתפסו אנשי כנסת הגדולה להיצר הרע נכבה, אז גם הגיהנם מעצמו, כמו שכתב בזוהר תרומה ק"ט ריש ע"ב - כגוונא דחייביא מתחממן בנורא דיצר הרע כו', בכל חמומא וחמומא כו', הכי אתוקד נורא דגיהנם זמנא חדא לא אשתכח יצר הרע בעלמא כו', וכל ההוא זמנא כבה נורא דגיהנם, ולא אתוקד כלל אהדר יצר הרע לאתריה, שארו חייבי עלמא לאתחממא ביה, שארי נורא דגיהנם לאתוקדא דהא גיהנם, לא אתוקד אלא בחמימו דתוקפא דיצר הרע דחייביא.

זה שאמר הכתוב - כי[158] פועל אדם ישלם לו. שהפעולה עצמה הטובה היא אם רעה ח"ו, היא היא עצמה התשלומין שלו כנזכר לעיל. ועיין זוהר קרח קע"ז א'. וזה שכתוב באבות - ששכר[159] מצוה מצוה ושכר עבירה עבירה. זה שכתוב - כי[160] את כל מעשה וגו', ר"ל המעשה עצמה העומידת ונרשמת כמות שהיא, כמו שמבואר לעיל.

ולכן אמרו רז"ל - כל[161] האומר הקדוש ברוך הוא וותרן הוא יותרו חייו כו'. וכן הוא בירושלמי פרק ה' דשקלים, ובבראשית רבה פרק ס"ז, ובתנחומא פרשת תשא, ובשוחר טוב תהלים. ולכאורה ייפלא, הלא אפילו אדם איש חסד, מתנהג במידת ותרנות.

אמנם הוא כמו שמבואר לעיל שאינו על דרך העונש ונקימה ח"ו. רק חטאים תירדף רעה, שההחטא עצמו הוא

---

[156] עירובין יט א

[157] ישעיהו נ יא

[158] איוב לד יא

[159] פרקי אבות ד ב

[160] קהלת יב יד

[161] בבא קמא נ א

עונשו, כי מעת הבריאה קבע הוא יתברך שמו כל סדרי הנהגת העולמות, שיהיו תלויים כפי התעוררות מעשה האדם הטובים ואם רעים ח"ו. שכל מעשיו ועניניו נרשמים מאליהם, כל אחד במקורו ושרשו.

והוא מוכרח לקבל דינו על ידי אותן כחות הטומאה, שהגביר במעשיו, כפי ערך וענין הפגם ובזה, ממילא יתוקן הפגם של העולמות ושל נפשו.

או על ידי כח התשובה, שמגעת עד שורשה העליון עולם התשובה, עלמא דחירו ונהירו דכלא, ומשם מתאצל ונשפע תוספת קדושה עליונה, ואור מבהיק להתם ולכלות כל טומאה, ולתקן העולמות כמקדם, וביתרון אור חדש מעולם התשובה המופיע עליהם.

לזאת אין שייך ותרנות בזה, וזה שכתב באבות - וכל[162] מעשיך בספר נכתבים. היינו **שמעצמן** נכתבים ונרשמים למעלה.

<u>**פרק יג**</u>

וכן בעניין ההתעוררות שלמעלה על ידי בחינת הדבור, אמר עמוס הנביא ע"ה - כי[163] הנה יוצר הרים ובורא רוח ומגיד לאדם מה שחו. כי אמרו בזוהר לך לך פ"ו ב', ויחי רל"ד ב', ורמ"ט א', יתרו פ' ע"א, תזריע נ' ע"ב, שלח קס"א א'. ובאדרא זוטא ריש דף רצ"ג, ובזוהר חדש שיר השירים נ"ה ע"ד, שלשון הגדה שייך על רזא דמילתא.

הזהיר כאן את האדם מחמת היותו עתה בזה העולם השפל, שאינו רואה ומשיג הבנין או ההריסה חס ושלום, הנעשה למעלה בהעולמות מכל דבור ודבור שלו, ויכול להעלות על דעתו ח"ו לומר במה נחשב דבור, ושיחה קלה שתפעול שום פעולה, וענין בעולם. אבל ידע נאמנה שכל דבור ושיחה קלה שלו, לכל אשר יבטא בשפתיו, לא אתאביד ואינו הולך לבטלה ח"ו.

---

[162] פרקי אבות ב א
[163] עמוס ד יג

הגהה י"ג. ולפי סדר הארבע עולמות אבי"ע היה ראוי לומר תחלה לשון בריאה ואחר כך יצירה. אמנם הענין, כי לשון יצירה, פירושו הצטיירות דבר **יש מיש**. ולשון בריאה, פירושו דבר מחודש **יש מאין**. כמו שהסכימו כל הפשטניים. וכן אמרו בזוהר חדש בראשית במדרש הנעלם י"ז ריש ע"א. זה שמבואר אף על פי שנראה לנו שעתה אחר הבריאה הוא רק יוצר הרים **יש מיש**, כי ההתחדשות יש מאין כבר היה בששת ימי קדם. אבל האמת כמאז כן גם עתה, בכל עת ורגע הוא בורא אותם ומחדשם יש מאין, על ידי חיות הרוח שמשפיע בהם מחדש ברצונו יתברך כל רגע, וכן אמרו באבות - הוא[164] היוצר הוא הבורא. והוא כנזכר לעיל. וממוצא דבר ישכיל המעיין על פי פשוט ענין הארבע עולמות שנקראו - אצילות, בריאה, יצירה, עשיה.

כי מודעת שהעולמות השתלשלו בהדרגה ממדרגה למדרגה, וכל שנשתלשל וירד יותר למטה נתעבה יותר, וכללות העולמות הם נחלקים לארבע חלוקות שונים בערך מעלתם, לבד הצחצחות העליונים שאין לכנותם אפילו בשם אצילות.

ועולם הראשון מהארבע שהאציל הוא יתברך שמו, אשר אנו יכולין לכנותו בשם, נקרא אצילות. ואצילות פי שנים לו, לשון חבור כמו אצלו, ולשון התפשטות רוחני כמו ויאצל[165] מן הרוח. וכמו אצילי ידיו שהם מחוברים בגוף תמיד, וגם התחלת התפשטות ידיו, כי עולם האצילות הוא הכל אלקות גמור, כמו שמבואר בהקדמת התיקונים באצילות איהו וגרמוהי חד כו', ובעץ חיים שער דרושי אבי"ע פרק ז', ובריש שער ציור עולמות אבי"ע,

---

[164] אבות ד כב
[165] במדבר יא כה

בהקדמת הרח"ו. ובשער השתלשלות העשר
ספירות פרק ג', ובשער הצלם פרק א', ובשער
השמות פרק א'. ובשער סדר אבי"ע פרק ב', וריש
פרק ג', עיין שם. ונקרא אין דלית מחשבה תפיסא,
מהות ההתאצלות והחבור, דאיהו וחיוהי וגרמוהי
חד.

ועולם השני נשתלשל וירד מדרגה יותר מהראשון
שמושג על כל פנים קצת מציאותו שיוכל להיקרא
יש. והוא היש מאין לכן נקרא בשם בריאה, וכמו
שנתבאר לעיל.

ועולם השלישי נשתלשל בסדר המדרגות מהעולם
השני, ונתעבה יותר שמציאותו, מושג יותר, והוא
היש מיש. ולכן מתואר בשם יצירה. כמו יוצר
חומר שהוא יש מיש.

ועולם הרביעי הוא גמר מלאכת כל העולמות
שיקדמוהו, ותיקונם על תכלית הטוב האמתי,
שכיון הוא יתברך שמו בעניין כלל הבריאה כולה,
והוא זה העולם התחתון שבו דירת האדם המנהיג
העולמות בכח מעשיו, וכמו שכתוב - וירא[166]
אלהים את כל אשר עשה והנה טוב מאוד. ואמרו
בבראשית רבה פרק ח' - והנה טוב מאוד והנה טוב
אדם. וכך הוא שם בפרק ט'. ובפרק ג' שם - אמר
רבי שמעון בר אמי מתחילת ברייתו של עולם
נתאווה הקדוש ברוך הוא לעשות שותפות
בתחתונים, וכך הוא בתנחומא בפרשת בחקותי,
ופרשת נשא, עיין שם.

לכן נקרא עשיה, המורה על תיקון הדבר, מלשון -
ויתן[167] אל הנער וימהר לעשות אותו. והרבה
כיוצא, וכן אמרו בזוהר חדש שם עשיה הוא תיקון
הדבר בגודל   ומעלה מכמות שהיה, כמה דאתאמר

---

[166] בראשית א לא
[167] בראשית יח ז

- ויעש[168] דוד שם. עד כאן.

וכמו שכתב בסבא[169] ק' ע"ב - אפילו הבל דפומא אתר ודוכתא אית ליה וקודשא בריך הוא עביד מיניא מה דעביד, ואפילו מילה דבני נשא, ואפילו קלא, לא הוי בריקנייא ואתר ודוכתא אית להו לכלא, ובפרשת מצורע נ"ה א' - כל מילה ומילה דאפיק בר נש מפומיא סלקא לעילא ובקעא רקיעין ועאלת לאתר דעאלת, ובריש פרשת נשא - דההוא מילה דאפיק בר נש מפומיה סלקא ובקע רקיעין, וקיימא באתר דקיימא.

שכל היוצא מפיו יעשה למעלה ומעורר כח עליון, הן בדבור טוב מוסיף כח בכחות הקדושים, כמו שכתוב - ואשים[170] דברי בפיך גו' לנטוע שמים גו'.

ובזוהר אמור ק"ה א' - דלית לך מילה ומילה כו', ומאן דאפיק מילה קדישא מפומיה, מילה דאורייתא, אתעביד מניה קלא וסליק לעילא ואתערו קדושי מלכא עלאה, ומתעטרן ברישיא וכדין אשתכח חדותא לעילא ותתא.

ועיין באורך בפרשת ויקהל רי"ז א' נוראות נפלאות ענייז הדיבור, של - מילין קדישין דאורייתא, שכל עלמין נהירין מחדוותא, ושמחות, וגיל תבאנאה בהיכלין קדישין עלאין, ומעטרן להו בעטרין קדישין, ועיין בפרשת קדושים פ"ה סוף ע"א.

וכן מבואר במקומות רבות בתיקונים - ומכל דבור וקול והבל דאורייתא או דצלותא נבראים כמה מלאכים קדושים.

ובהיפך בדבור אשר לא טוב ח"ו, הוא בונה רקיעים ועולמות של שווא לס"מ, ר"ל וגורם ח"ו הריסת וחורבן העולמות סדרי המרכבה הקדושה, הנוגעים לשורש הדבור.

ועיין זוהר צו ל"א ב' - דהא לית לך טב וביש כו', ואוי להם לבריות שרואות ואינן יודעות מה הם רואות, כי אין לך

168 שמואל-ב ח יג
169 זוהר משפטים
170 ישעיהו נא טז

דבור שאין לו מקום - כי[171] עוף השמים יוליך את הקול.
וכמה אלפי מארי דגדפי דאחדין לה, וסלקין לה למארי
דמדין, ודייינין לה הן הן לטוב או להיפך ח"ו. כמו שמבואר
בזוהר לך לך צ"ב א', ובפרשת קדושים הנ"ל - ולית לך
מלה ומלה וכו', וכמה קסטורין מתחברין עמיה דההוא
קלא, עד דסלקא ואתער אתר דתרי רובא כו', וכמה מתערין
עליא דההוא בר נש, ווי למאן דאפיק מילה בישא בפומיא,
עיין שם.

וכתיב - למה[172] יקצוף האלהים על קולך וחבל את מעשי
ידיך. ואמרו - גדול[173] האומר בפיו מן העושה מעשה כו'.
ואמרו ז"ל - כל[174] המחליף בדבורו כאלו עובד עבודת
כוכבים. זה שכתוב - ומגיד[175] לאדם מה שיחו. ר"ל שבעת
עמוד האדם לתת דין וחשבון לפניו יתברך, אז הוא יתברך
מגיד לו הסוד רזא דמילתא, מה שגרם שחו למעלה
בעולמות העליונים, כמו שמבואר לקמן שלשון הגדה
פירוש רזא דמלתא.

פרק יד

וכן על התעוררות שלמעלה, על ידי בחינת המחשבה, אמר
דוד המלך ע"ה - היוצר[176] יחד לבם המבין גו'. והיה צריך
לומר, המבין כל מעשיהם, למעלה בפרק י"ב פירשנו על
בחינת המעשה, ויש לפרשו גם כן על בחינת המחשבה.
והוא כי יתכן ששני אנשים עושין עבירה אחת, ועם כל זה
אין עונשן שווה, או מפני שהאחד שכלו והשגתו יותר
גדולה מחבירו, מצד ששורש נשמתו ממקום גבוה ועליון
משל חבירו, והעונש הוא כפי עניין הפגם שגרם למעלה,
והפגם של כל אחד מגיע עד שורש נשמתו.

---

[171] קהלת י כ
[172] ערכין טו א
[173] קהלת ה ה
[174] סנהדרין צב א
[175] עמוס ד יג
[176] תהלים לג טו

כמו שמבואר בתיקונים סוף תיקון מ"ג - מאן דפגם לתתא פגים לעילא, לאתר דאתגזר נשמתיה, ושם בתיקון ע' קכ"ג א' - וכד בר נש עביד חובין כפום ההוא בר נש הכי סליק חוביא לאתר דאתגזר נשמתיא כו', ועונשיא איהו סגי כפום דרגין, וכך כתב האר"י ז"ל בשער הייחודים ריש תיקון עונות. ובפרי עץ חיים בהקדמת שער השבת פרק א', ובגלגולים - ואינו דומה המטנף חצר המלך למטנף פלטין של מלך, וכמו שמבואר הכסא או בגדי תפארתו, וכל שכן הכתר.

ואף שכל עולם שהוא יותר גבוה ונעלה, אין בכח העוון לפעול בו פגם ורושם גדול כל כך, עם כל זה עונשו גדול יותר, כי מי שהוא ממונה לטהר ולצחצח כתרו של מלך, אם השאיר עליו אפילו אבק מועט לבד, אין ערוך ודמיון לעונשו לעונש הממונה לנקות חצר המלך, אף אם השאיר או הניח בתוכו הרבה רפש וטיט, ולכן רבו משפטי הוי"ה אמת, בשינוי חילוקי העונשים לאין קץ, לכל אחד כפי מדרגת הפגם בשורש נשמתו, מאיזה עולם חוצבה.

גם לא יהיה שווה עונש שני האנשים, מטעם שלא הייתה מחשבת שניהם שווה בעת עשיית העוון והפגם נמשך בהעולמות, גם לפי עניין המחשבה בשעת העשייה, ואם האחד הדביק יותר מחשבתו להעבירה, ודאי שהוא ראוי לעונש יותר גדול, כי אז הפגם מגיע ח"ו לעולמות יותר עליונים, ומטעם זה השוגג עונשו יותר קל מהמזיד. ולכן אמרו - שהרהורי[177] עבירה קשין מעבירה.

זה שכתוב - היוצר[178] יחד לבם. [היינו שרואה יחד מחשבות לבם, כמו שפירשו רז"ל במסכת ראש השנה יח א] המבין אל כל מעשידם. ר"ל שהיוצר עליון יתברך שמו, רואה ומבין מחשבות לבם המצטרף אל מעשיהם, ודן את כל אחד כפי עניין מחשבת לבו, שהיה בעת עשיית העוון.

---

[177] יומא כט א
[178] תהלים לג טו

וכן אמר שלמה המלך ע"ה - כי[179] את כל מעשה האלהים יביא במשפט על כל נעלם גו'. ר"ל שמלבד העונש על מעשה העון בפועל. עוד יביא האלהים יתברך שמו במשפט את כל מעשה לגלגל עליה לדונה גם על המחשבה הנעלמה. איך ובאיזה אופן הייתה בעת העשיה.

וכן אמר - הוי"ה[180] בחכמה יסד ארץ כונן שמים בתבונה. בדעתו[181] תהומות נבקעו. כלל כאן, דרך כלל את כל העולמות ארץ הוא עולם האמצעי, שמים הם כלל העולמות העליונים, ותהומות הם כלל התחתונים.

ואמר אחר זה - בני[182] אל יליזו מעיניך. ולשון עין מצינו כמה פעמים במקרא נאמר על עניין המחשבה, כמו שכתוב - ולבי[183] ראה גו'. החכם[184] עיניו בראשו. ויליזו מצינו במשנה, שהוא לשון עקמומית כמו נילוז - הוא[185] ומליז את אביו שבשמים עליו. זה שמבואר בני חוס נא וחמול על עולמות היקרים, שנבראו בחכמה ובתבונה ובדעת. והזהר שלא תגרום ח"ו עיקום וקלקול לכולם, במחשבה אחת אשר לא טובה ח"ו.

ואלו השלוש בחינות - מעשה דבור מחשבה, הן כלל הבחינות פנימיות של האדם שהם השלוש בחינות נר"ן, כי המעשה הוא מבחינת הנפש, כמו שכתוב - והנפש[186] אשר תעשה. הנפשות[187] העושות. והרבה כיוצא - כי[188] הדם הוא הנפש. שהנפש שורה ומתלבש בדם האדם, ולכן עיקר משכנה בכבד שהוא כולו דם, ומרוצת הדם בכל פרטי חלקי האברים, כלי המעשה הוא הנותן להם חיות התנועה,

<hr>

[179] קהלת יב יד

[180] משלי ג יט

[181] משלי ג כ

[182] משלי ג כא

[183] קהלת א טז

[184] קהלת ב יד

[185] משנה כלאים ט ח

[186] במדבר טו ל

[187] ויקרא יח כט

[188] דברים יב כג

והתעוררות שיוכלו לפעול ולעשות את אשר בכחם, ואם ימנע מרוצת הדם מאבר אחד אותו האבר מתייבש, ואין בו שום תנועה לעשות שום דבר והוא אבר מת.

והדבור הוא מבחינת הרוח, כמו שכתוב - רוח[189] הוי"ה דבר בי. וברוח[190] שפתיו. וכמו שתרגם אונקולוס על פסוק - ויהי[191] האדם לנפש חיה. **לרוח ממללא**. וכן נראה לעין שבכל דבור שהאדם מוציא מפיו, יוצא רוח והבל מהפה. ומשכן הרוח עיקרו הוא בלב, כי רוח והבל הדבור עיקרו וראשיתו הוא עולה מהלב.

ומחשבה היא בחינת הנשמה, שהיא המלמדת לאדם ידיעה ובינה בתורה הקדושה, לכן עיקר משכנה הוא במוח כלי המחשבה, והיא הבחינה העליונה שבהם. וכן אמרו בבראשית רבה פרק י"ד ט - חמשה שמות נקראו לה כו', נפש זה הדם כו', רוח כו', נשמה זו האופיא דברייתא. ר"ל דעתו ומחשבתו, כמו שפירש הערוך ורש"י ז"ל.

פרק טז

וכי[192] יפלא. הלא שם נשמה פירושו הוא **נשימה**, והרי נראה לעין שנשימת האדם הוא ההבל העולה מהלב ממטה למעלה, וגם כי הרי הוא בחינת אור חוזר, ואינו בחינה עליונה.

אמנם הענין שנקראת בלשון נשימה, אין הכוונה בחינת נשימת האדם, אלא כביכול נשימת פיו יתברך שמו. כמו שכתוב - ויפח[193] באפיו נשמת חיים.

וכבר המשילו רז"ל ענין השתלשלות הרוח חיים באדם - לעשית[194] כלי זכוכית לעניין תחיית המתים ואמרו קל וחומר מכלי זכוכית שעמלן ברוח בשר ודם כו' בשר ודם,

---

[189] שמואל-ב כג ב

[190] ישעיהו יא ד

[191] בראשית ב ז

[192] דברים יז ח

[193] בראשית ב ז

[194] סנהדרין צא א

שברוחו של הקדוש ברוך הוא על אחת כמה וכמה. וכך
הוא בשוחר[195] טוב תהלים מזמור ב', עיין שם.

כי הנדון דומה לראיה שכשנבחין בנשימת פי האומן בכלי
הזכוכית, בעת עשייתו נמצא בו שלוש בחינות. בחינה
הראשונה הוא כשנשימת ההבל הוא עדיין תוך פיו, קודם
באו לתוך חלל השפופרת החלולה, אין לקרותה אז אלא
בשם נשימה. והבחינה השנית כשנכנס ההבל ובא לתוך
השפופרת, ונמשכת כמו קו אז נקרא רוח. והבחינה
השלישית התחתונה, הוא כשיוצא הרוח מהשפופרת לתוך
הזכוכית, ומתפשטת בתוכה עד שנעשית כלי כפי רצון
המזגג, אז מכליא רוחו, ונקרא אז נפש, לשון שביתה
ומנוחה.

כן בדמיון זה, הוא עניין השלוש בחינות נר"ן, שמושפעים
כביכול מנשימת פיו יתברך שמו, שבחינת הנפש היא
הבחינה התחתונה, שהיא כולה בתוך גוף האדם.

ובחינת הרוח הוא בא דרך עירוי מלמעלה, שחלק וקצה
העליון שלו קשור ונאחז למעלה, בבחינה התחתונה של
הנשמה, ומשתלשלת ונכנסת גם בתוך גוף האדם,
ומתקשרת שם בבחינה העליונה של הנפש, כמו שכתוב -
עד[196] יערה עלינו רוח ממרום. אשפוך[197] את רוחי וגו'.
שהוא מושפע באדם דרך שפיכה וערוי כנ"ל, וכמו
שיתבאר עוד להלן אם ירצה השם, עניין התקשרותם
באורך.

אמנם בחינת הנשמה, היא הנשימה עצמה שפנימיות
עצמותה מסתתרת בהעלם, ומקורה ברוך כביכול בתוך
נשימת פיו יתברך שמו, שאין עצמות מהותה נכנסת כלל

---

[195] מדרש שוחר טוב ב יא - אמר ליה השמיע לאזניך מה שאתה מוציא מפיך, ומה
כלי זכוכית על ידי שנעשה בנפיחה מרוח בשר ודם, ואם נשבר יש לו רפואה, אדם
שהוא עשוי בנפיחה של הקדוש ברוך הוא, שנאמר - ויפח באפיו נשמת חיים. על
אחת כמה וכמה. אמר רבי יצחק - כלי יוצר אין כתיב כאן אלא כלי יוצר. עד
שלא הוסק יכולין הן לחזור.
[196] ישעיהו לב טו
[197] יואל ג א

בתוך גוף האדם, ואדם הראשון קודם החטא זכה
לעצמותה, ובסיבת החטא נסתלקה מתוכו, ונשארה רק
חופפת עליו.

לבד משה רבינו עליו השלום, שזכה לעצמותה תוך גופו,
ולכן נקרא איש האלקים כידוע, שכל שלוש עולמות בי"ע,
מבחינת הנשמה דלהון, ולמעלה הוא אלקות גמור. כמו
שכתוב בעץ חיים שער הצלם פרק א', ובריש שער ציור,
עולמות אבי"ע, בהקדמת הרח"ו ז"ל, ובשער השמות פ"א.
וזולתו לא זכה אליה שום אדם, רק בהירות נצוצי אור
מתנוצצים ממנה על ראש האדם הזוכה אליה, כל אחד לפי
מדרגתו ולפום שיעורא דיליה.

ועיין רעיא מהימנא נשא קכ"ג ב' - ויפח באפיו נשמת חיים,
דא איהי דיוקנא דעל בני נשא כו', ובזוהר חדש רות ס"ד
ע"ג - ואי זכי כו', כדין נחתא עליא רבו יתיר מלעילא כו',
אתער עליא מלעילא אתערו קדישא ושריא עליא דבני
נשא, וסחרא ליה מכל סטרין, וההוא אתערו דשריא עליא
מאתר עלאה הוא ומאי שמיה, נשמה שמיה, עיין שם.

והיא הנותנת להאדם בינה יתירה, להשכיל השכליות
הפנימים הגנוזים בתורה הקדושה, וכמו שכתו בסתרי
תורה לך לך ע"ט ב' - נשמה אתערת לאינש בבינה, ובזוהר
חדש רות ס"ד א' - ואתער ביה בחכמתא עלאה כו', ועיין
בעץ חיים שער מוחין דקטנות פרק ג' ז"ל - אמנם לא כל
אדם זוכה לזה, ודע כי מי שיש בידו כח במעשיו כו', אז
יהיה לו זכירה נפלאה בתורה ויבין כל רזי התורה כו',
ויתגלו לו רזי התורה כתיקונן, עד כאן. ועיין להלן העניין
בשורשו העליון, ותבין.

וזה שאמר הכתוב - אכן[198] רוח היא באנוש ונשמת שדי
תבינם. ר"ל שבחינת הרוח הוא משתלשל ומושפע ונכנס
בתוך האדם, אבל הנשמה שהיא נשמת שדי, ר"ל נשימת
פיו יתברך, אין עצמותה מושפע ומתגלה בתוך האדם, כי
היא מרומים תשכון בתוך פיו יתברך כביכול, רק שהיא

---

[198] איוב לב ח

הנותנת לו בינתיים בנצוצי אורה עליו, להשכילו בעמקי
מצפוני התורה הקדושה.

ומה שמבואר בזוהר והמקובלים ז"ל, שבחינת הנשמה
משכנה במוח האדם, כוונתם ז"ל על הנצוצי זיו אורה
המשכלת מוחו ושכלו, לא עצמותה ממש.

ועיקר כוונתם ז"ל על בחינת שלוש ראשונות של הרוח,
סוד המוחין, שהן פעמים מתנוצצים פעמים מסתלקין,
ובאים בסוד תוספת, למי שזוכה לזה כידוע, לא על
בחינת הנשמה העיקרית. וכך כתב רבינו הגדול הגאון
החסיד מורי הרב אליהו ז"ל בביאורו על ההיכלות בהיכלא
תניינא. והכל אחד שבחינה התחתונה של הנשמה,
המתנוצצת בדעתו ושכלו להשכילו, היא היא השלוש
ראשונות של הרוח, במוחין שלו, כמו שנבאר לפנינו, אם
ירצה השם.

פרק טז

והמשכילים יבינו, שכן הוא העניין גם בשרשו העליון,
שרק בחינה התחתונה של אם הבנים סוד נשמת חיים
עלאה, היא נכנסת ומתפשטת בפנימיות האדם העליון,
בסוד תוספת אחר התיקון על ידי מעשי התחתונים
הרצויים.

והוא סוד המוחין קדישין ג"ר דיליה, שעיקרו הוא ו"ה
כידוע. כמבואר למבין בעץ חיים שער או"א פרק ח',
ובשער פרטי עי"מ, ובשער הזיווגים ריש פרק ד', ובסוף
שער מוחין דצלם, ובשער דרושי הצלם דרוש ב', עיין שם
היטב בכל הדרוש, ובדרוש ח' שם, ובפרי עץ חיים פרק ג'
משער התפילין, ובשער הייחודים פרק ה' מתיקון עונות.

והוא שאמרו שהנשמה שורה במוח, כמו שמבואר שם
בשער אנ"ך פרק ו', ובשער המוחין בכל פרק ז', ובפרק
ח', ובפרק י"ב, ובשער דרושי הצלם ריש דרוש ב', וייותר
מבואר העניין שם בהגהת הרח"ו ז"ל, ובשער הפרצופים
ריש פרק א', ובשער פנימיות וחיצוניות דרוש ד', ודרוש

ט', ובשער קליפת נגה ריש פרק א', והוא מבואר למדקדק היטב בכל דרושי הצלם.

וקצתה חופף ומקיף ומאיר על ראשו בקירוב מקום, סוד - בעטרה[199] שעטרה לו אימו. בסוד הנשימה וההבל היוצא מפה אימא לאור מקיף אליו, כמו שמבואר בעץ חיים שער הכללים סוף פרק י"א, ובליקוטי תנ"ך, בתהלים בפסוק הכל סג גו', כמו שמבואר לקמן שבחינת הנשמה, היא נשימת הפה העליון, אבל עיקרה היא כולה למעלה גנוזה ונעלמה במקורה העליון בתוך הפה, ומאיר בריחוק מקום.

ובזה יובן כוונתם ז"ל בשמות רבה פרק מ"א, על פסוק - כי[200] הוי"ה יתן חכמה מפיו דעת ותבונה. שאמרו למידת הדין למלך שהיה לו בן, בא בנו מבית הספר מצא תמחוי לפני אביו, נטל אביו חתיכה אחת ונתנה לו כו', אמר לו איני מבקש אלא ממה שבתוך פיך, מה עשה נתנו לו כו', היינו שבקשת הבן יקיר להשיג שיושפע בו מניצוצי אור בחינת הנשמה, אשר מקורה נעלמה בנשימת פיו יתברך שמו.

ורמזו עוד בלשונם הקדושה, שהמשילו לתינוק הבא מבית הספר דוקא, הודיעו נאמנה שאין מבוא בעולם להשיג בחינת ניצוצי אור הנשמה, אם לא על ידי העסק והעיון והתבוננות בתורה הקדושה בקדושה, כי שניהם ממקור אחד באים כידוע למבין[ד].

הגהה[ד]. ועל פי זה ישכיל המעיין להבין על פי פשוט עניין הנזכר בזוהר פרשת אחרי ע"ג א' - שקודשא בריך הוא ואורייתא וישראל מתקשרין דא בדא. ודאי עומק כוונתו לסודות עמוקים. עם כל זה יש להסביר העניין גם בפשטות על פי זה. והעניין כי קודשא בריך הוא סתים וגליא. כי עצמות אדון כל כל - **א"ס** ברוך הוא אינו מושג, ולית מחשבה תפיסא ביה כלל, ומה שמושג לנו מעט מן

---

[199] שיר השירים ג יא
[200] משלי ב ו

המעט, הוא רק מצד התחברותו להעולמות מעת שבראם וחידשם, להחיותם ולקיימם כל רגע, ולהנהיגם כמו שכתוב - ואתה[201] מחיה את כולם.

ולכן נשבחו יתברך בתפלתינו שהוא חי העולמים, כי כל כוונת לבנו בכל התפלות והבקשות, אסור להיות רק לייחודו של עולם הוא א"ס ברוך הוא, אמנם לא מצד עצמותו יתברך, לבד בבחינת היותו מופרש מהעולמות, אלא מצד התחברותו יתברך ברצונו הפשוט להעולמות, והסותרו בהם להחיותם. וזהו כלל שורש עניין העבודה והמצות כולם, וזה לבד כל השגתינו, ועיין לקמן בשער ב' פרק ד' ופרק ה' העניין באורך, וכל חיותם וקיומם של העולמות כולם, הוא רק על ידי התורה הקדושה כשישראל עוסקים בה, שהיא נהירו דכל עלמין ונשמתא וחיותא דכלהון, ואלו היה העולם מקציהו ועד קציהו פנוי אף רגע אחד מעסק והתבוננות בתורה הקדושה, היו חוזרים כל העולמות לתהו ובהו כמו שאמרו ז"ל - בשביל[202] התורה וכו'. כמו שכתוב - וחיי[203] עולם נטע בתוכנו. כי מקור שורשה העליון היא למעלה מכל העולמות, לכן בה תלוי החיות של כולם. ואמרו גם כן - בשביל[204] ישראל כו', כמו שנתבאר שעל ידי עסק האדם והגיונו בתורה הקדושה, הוא משיג להתנוצצות אור בחינת הנשמה בו להשכילו בעמקי רזין קדישין דילה, שאז מכונה בשם ישראל כידוע בזוהר, ועל[205] כל מוצא פי הוי"ה. הוא בחינת נשמת האדם נשימת פיו יתברך, יחיו ויתקיימו גם

---

201 נחמיה ט ו

202 בראשית רבה א ד

203 קדושא דבא לציון גואל

204 רש"י על בראשית א א

205 דברים ח ג

כן כל הכוחות והעולמות, שהיא גם כן הגבוה
והפנימית מכל העולמות, וזהו - קודשא[206] בריך
הוא ואורייתא וישראל מתקשרן דא בדא. וזה
שאמרו - בראשית[207] בשביל התורה שנקראת
ראשית ובשביל ישראל שנקראו ראשית.

וזה שאמרו שם - בשעה[208] שעמדו ישראל על הר סיני
לקבל את התורה היו מבקשים לשמוע הדברות מפי הקדוש
ברוך הוא. וכמו שכתוב - ישקני[209] מנשיקות פיהו.

שבעת המעמד המקודש, זכו כולם שהיה חופף ומאיר
עליהם זיו ניצוצו זהר, בחינת הנשמה מנשמת פיו יתברך
כביכול, והוא סוד הכתרים שזכו בסיני, ושמחת עולם על
ראשם.

ועל ידי כך זכו להשיג סתרי פנימיות נשמת התורה
הקדושה, כמו שבואר בזוהר בהעלותך קנ"ב א' - אורייתא
אית לה גופא כו', חכימין עבדי דמלכא עלאה אינון דקיימו
בטורא דסיני לא מסתכלי אלא בנשמתא, דאיהו עקרא
דכלא אורייתא ממש.

והוא שאמר בכל מקום במדרש רבה - זיין[210] היה להם
בסיני ושם המפורש חקוק עליו. שהוא ההשגה עליונה,
בנשמתא וסתרין דאורייתא שמא מפרש, כי כן היה העניין
אז למעלה בשרשו העליון, כנזכר לעיל בפסוק העבר סוד
- בעטרה[211] שעטרה לו אמו. ודרשו על זה בחזית - ביום[212]
חתונתו זה סיני, וביום שמחת לבו אלו דברי תורה. וזהו
בעטרה כו', הם הכתרים הנ"ל שהיו בסיני, חיי המלך, ועיין
בעץ חיים שער הכללים סוף פרק ה'.

[206] זוהר יתרו צ ב

[207] רמב"ן על בראשית א א

[208] שמות רבה מא ג

[209] שיר השירים א ב

[210] שיר השירים רבה ח ה

[211] שיר השירים ג יא

[212] משנה תענית ד ח

פרק יז

ונבאר עניין התקשרות השלוש בחינות נר"ן אחד בחבירו, והוא יסוד ועיקר עניין התשובה, וזה כל פרי הסר החטאות מנפש החוטאת, ולטהרה מחלאת טומאתה.

ויתבונן האדם, כמה הוא צריך להשגיח ולהתבונן על כל פרטי עניני עבודתו לבוראו יתברך שמו, שתהא עבודתו תמה ושלימה קדושה וטהורה, ויראה לפשפש ולמשמש תמיד בכל מעשיו ודבוריו ומחשבותיו שהם השלוש בחינות הנ"ל, אולי לא השלים עדיין חפצו ורצונו יתברך לפי שורש נשמתו בהשגה. וכל ימיו יוסיף אומץ בתורה ומצות, להשלים נפשו ורוחו ונשמתו מטוהרים כאשר נתנם, אחר שיראה בעין שכלו איך שחפץ הוא יתברך בחסדו הגדול להטיב אחריתו, ושוקד על תקנת הנפש החוטאת, שגם אם כבר נטבעה בעומק מצולת הרע, עם כל זה תחזור כל דבר למקומו ומקורו - בלתי[213] ידח ממנו נדח.

והעניין כי ידוע בסדר השתלשלות העולמות, שהבחינה העליונה שבכל עולם מתקשר עם הבחינה התחתונה של העולם שעליו, ועיין זוהר ויקרא י' ע"ב - דכלהו עלמין מתקשרן דא בדא ודא בדא כהאי שלשלת דאתקשר דא בדא, וכידוע בכתבי האר"י ז"ל שחיצונית מלכות של כל עולם ופרצוף, נעשה פנימיות כתר להעולם או הפרצוף שתחתיו, [היינו שבקבלת האדם עול מלכותו יתברך, להעלות כל מעשיו ודבוריו ומחשבותיו בתורה ומצות למדרגה יותר גבוה, מזה נעשה לו רצון פנימי לשעבד מוחו ודבורו ומעשיו בתורה ומצוות] בסוד כתר מלכות.

וכך הוא העניין בשלוש הבחינות נר"ן של האדם, כי כל בחינה מדבר שבקדושה כלול מעשר בחינות פרטים, שהם העשר ספירות שלו, והבחינה העליונה של הנפש, נאחזת ומתקשרת עם הבחינה התחתונה העשירית של בחינת הרוח, ובחינה העליונה של הרוח, מתקשרת עם בחינה התחתונה של הנשמה, והנשמה גם כן מתקשרת ומתדבקת

---

[213] שמואל-ב ב יד יד

בבחינת שורש הנשמה, סוד **כנסת ישראל**, שהיא שורש הכנסייה של כל נשמות כלל ישראל יחד. וכן על זה הדרך גם בבחינת שרש הנשמה גם כן מתקשרת למעלה ממדרגה למדרגה, עד עצמות א"ס ברוך הוא.

וזה שאמרה אביגיל לדוד - והיתה[214] נפש אדוני צרורה בצרור החיים את ה' אלקיך. ר"ל שגם בחינת נפשו תתדבק כביכול בו יתברך שמו.

וכמו שמבואר בזוהר תרומה קמ"ב ב' - כד ההיא רוח סלקא לאתעטרא כו', ההיא נפש מתקשרא בההיא רוח ואתנהירת מניה כו', ורוח מתקשרא גו ההיא נשמתא, וההוא נשמתא מתקשרא גו סוף מחשבה דאיהי רזא, וההיא נפש אתקשרת גו ההוא רוח עלאה, וההוא רוח אתקשר גו ההיא נשמה עלאה, וההיא נשמה אתקשרת בא"ס, וכדין איהו נייחא דכלא וקישורא דכלא עילא ותתא כלא ברזא חדא כו', וכדין דא איהו נייחא דנפש דלתתא, ועל דא כתיב - והייתה נפש אדוני צרורה בצרור החיים את ה' אלקיך.

ובפרשת אחרי ע"א ב' - תאנא כתיב והייתה, נפש אדוני צרורה גו', נשמת אדוני מבעי ליה, אלא כמה דאמרן דזכאה חולקיהון דצדיקייא דכלא אתקשר דא בדא, נפש ברוח, ורוח בנשמה, ונשמה בקודשא בריך הוא, אשתכח דנפש צרורה בצרור החיים כו'. ועיין עוד בפרשת ויקרא ריש דף כ"ה.

וזהו עניין כי - חלק[215] ה' עמו יעקב חבל נחלתו. כי הם כחלק ה' מדובקים כביכול בו יתברך שמו, על ידי התקשרות השלוש בחינות הנ"ל, כחבל הקשור למעלה ומשתלשל ויורד עד למטה.

פרק יח

וכל זה מרוב טובו וחסדו הגדול יתברך שמו, אשר חפץ להצדיקנו להטיב אחריתנו, לזאת הפליא עצה וקבעם

---

[214] שמואל-א כה כט
[215] דברים לב ט

בעניין זה שכל בחינה מהשלוש אלו תתקשר בהבחינה
שעליה, כדי שעל ידי זה יוכל האדם לעלות ולהתקשר
ממטה למעלה מעט מעט, לפי רוב עסקו בתורתו ועבודתו
יתברך שמו, וטהרת לבו, ואהבתו ויראתו, עד שיעלה
ויתדבק בצרור החיים כביכול, את ה' אלקיו יתברך שמו,
לפי שרשו ומדרגתו.

זאת ועוד אחרת, כי יש כמה עונות שהנפש החוטאת באחת
מהנה, נתחייבה כרת או אבדון ח"ו. ועניין הכרת הוא,
שבחינת הנפש נפסק ונכרת משורשו, וינתק החבל שהיה
קשור ומדובק בו, עד הנה על ידי התקשרות הנ"ל.

וכמו שמבואר בזוהר תרומה הנ"ל - ואית נפשא כו'. דכתיב
בה - ונכרתה[216] הנפש ההיא מלפני אני ה'. מאי מלפני, דלא
שריא עלה רוחא, וכד רוחא לא שריא עלה לית לה שותפו
כלל במה דלעילא כו', ועיין שם. ועיין בליקוטי תורה
פרשה בא. ובמכילתא פרשה בא, ובסוף פרשת תשא.
ובספרי פרשת בהעלותך, ופרשת שלח. **ונכרתה** אין
הכרתה, אלא הפסקה.

וזה שכתוב - כי[217] אם עונותיכם היו מבדילים ביניכם לבין
אלקיכם. היינו לבין אלקיכם ממש כנ"ל. ואז נטבעת
בעמקי הטומאה והקליפות רחמא לצלן.

עיין בעץ חיים שער כללות אבי"ע ריש פרק א'. ובשער
הייחודים סוף פרק ד', ושם פרק א' מתיקוני עונות.
ובליקוטי תנ"ך בישעיה בפסוק - כי[218] רוח מלפני יעטוף.
ובגלגולים סוף פרק ל"ה. וכך כתוב בכתבי קדשו של רבינו
הגדול מורינו הרב[219] אליהו ז"ל בפירושו על ההיכלות,
בהיכלא תניינא.

ולבל[220] ידח ממנו נדח. גזרה רצונו יתברך שלא יוכרתו ח"ו
לגמרי כל העשר חלקי בחינת הנפש, רק התשעה בחינות

---

[216] ויקרא כב ג

[217] ישעיהו נט ב

[218] ישעיהו נז טז

[219] הגאון מוילנא – הגר"א

[220] שמואל-ב יד יד

התחתונים מחכמה דילה ולמטה הם הנכרתים. אבל בחינה העליונה, סוד הכתר דילה[טו] אינה נכרתת. שמצד דביקותה והתקשרותה עם בחינת הרוח כנ"ל[טז], נדונית כבחינת הרוח שאין בו כרת, כמו שמבואר להלן. והוא מחסד העליון ברוך הוא, שעל ידי בחינת הרוח, היינו על ידי וידוי דברים מלב שהוא בחינת רוח כנ"ל. יתעלו גם התשעה בחינות הנפש, להתקשר כולם בבחינת הרוח כמקדם.

הגהה[טו]. היינו שאף אם נפשות ישראל משוקעים ח"ו בתאוות רעות רחמנא לצלן, עם כל זה יסד רצונו יתברך שמו להעלות נפשם על ידי בחינת רוחו יתברך שמו, כעניין הכתוב - ואני[221] זאת בריתי אתם אמר ה'.... רוחי אשר עליך וגו'.... לא ימושו וגו'. וכעניין יציאת מצרים, וזהו - אנכי[222] ה' אלהיך אשר הוצאתיך מארץ מצרים. וידוע בזוהר שאנכי הוא בחינת כתר. וזהו דרשתם ז"ל - אנכי[223] אנא נפשי כתבית יהבית.... ואמירה נעימה וכו'. והם שני הבחינות נפש ורוח. והמשכיל יבין.

הגהה[טז]. היינו רצון הפנימי המכתיר נפש מישראל מצד היראה, אינה נפסקת לעולם. ועיין רמב"ם סוף פרק ב' מהלכות גירושין בדין גט מעושה, עד שיאמר רוצה אני שהגט כשר, אם הדין נותן שכופין אותו לגרש, ופירש שם הטעם דלא מקרי אנוס. כיון שאמר יתברך רצונו לעשות כל המצות, אלא שיצרו הוא שתקפו וכיון שהוכה עד שתשש יצרו, ואמר רוצה אני כבר גירש לרצונו עיין שם לשונו הקדוש.

וכן אם פגם וקלקל ח"ו בחינת הדבור שלו, על ידי עונות התלויים בדבור בלשון הרע וכיוצא, או שארי עונות התלויים בשרשם בבחינת הרוח. ונתקלקל בזה בחינת

---

[221] ישעיהו נט כא
[222] שמות כ ב
[223] שבת קה א

הרוח, [והגם שאין בחינת הרוח נכרת כלל, כי לא מצינו בתורה עניין הכרת רק אצל בחינת הנפש לבד, ונכרתה[224] הנפש ההיא. ונכרתו[225] הנפשות העושות. וכיוצא הרבה, וכך כתב בלקוטי תורה פרשת **בא** שם, ובפרק ו' מהגלגולים ובסופו שם, עם כל זה על ידי העונות התלויים בשרשם בבחינת הרוח. הוא מקלקלו ופוגמו. ומגביר לעומת זה כח רוח הטומאה רחמנא לצלן]. מצד שהבחינה העליונה סוד כתר שלו, קשור ודבוק לעולם בבחינה התחתונה של הנשמה כנ"ל, יוכל הוא להתקן על ידי בחינת הנשמה בהרהורי תשובה, במחשבת הלב, שהוא בחינת הנשמה.

אבל בחינת הנשמה, אינה נפגמת כלל לעולם, כי מקור שרשה הוא מעולם המשומר ממגע זרים, ודבוקה לעולם בשורש הנשמה, כידוע שהם - רעין דלא מתפרשין לעלמין. ואין מעשי האדם מגיעים עדיה כלל לקלקל ח"ו, ואם האדם חוטא במחשבה אשר לא טובה ח"ו, הוא גורם רעה לעצמו לבד, שיסתלק ויתעלם ממנו ניצוצי אור הנשמה, אבל לא שהיא נפגמת ח"ו.

פרק יט

וזהו עניין הכתוב - רוח[226] איש יכלכל מחלהו ורוח נכאה מי ישאנה. ר"ל המחלה וחלאת העוון של בחינת הנפש [שסתם רוב העונות מצויות בבחינת הנפש, שהיא התחתונה הקרובה אל הס"א, רגליה[227] יורדות מות. וכמו שכתוב - ונפש[228] כי תחטא. החטאים האלה בנפשותם והרבה כיוצא. ועיין עץ חיים שער העקודים סוף פרק ה', ופרי עץ חיים שער קריאת שמע שעל המטה פרק ח']. יכולה היא להתקן וגם לעלות על ידי בחינת הרוח כנ"ל.

---

[224] ויקרא כב ג
[225] ויקרא יח כט
[226] משלי יח יד
[227] משלי ה ה
[228] ויקרא ד ב

ואם הרוח נכאה שפגם וקלקל בחינת רוחו על ידי עונות התלויים בבחינת הרוח, אז מי ישאנה, תיקונו הוא על ידי בחינת הנשמה, שנקראת **מ"י** כידוע בזוהר.

ואיש תבונות יבין שכלל הדברים הנ"ל, בעניין השלוש בחינות נר"ן של האדם, הם גם כן על זה הדרך גם בשורשם העליון של אלו השלוש בחינות. שהם - קודשא בריך הוא ושכינתיא ואם הבנים. שעונות התחתונים גורמים לשכינת עוזינו רזא דנפש דלעילאה. שנודדת מהתקשרות העליון בסוד גלות [היינו כשנפשות ישראל משוקעים בתאוות רעות ח"ו].

ועיין עץ חיים שער מיעוט הירח פרק ב', ובשער סדר אבי"ע פרק ב', ובשער הקליפות כל פרק ג'. ובהקדמת פרי עץ חיים בכללי ז"א ונוקבא, ובשער הייחודים פרק א' מתיקוני עונות.

אמנם לא כל עשר בחינותיה רק התשעה בחינותיה, מחכמה ולמטה כנ"ל בעניין האדם. אבל בחינה העליונה סוד כתרה, שהיא נקודה השורשית דילה, היא קשורה ודבוקה לעולם בטהרת יסוד בחינת הרוח, ואינה נפרדת משם לעולם [ולכן נקראת עטרה, שהוא כתרה].

ועיין בהקדמת פרי עץ חיים הנ"ל, ובשער העמידה שם בעניין ברכת המינים, וכך כתב רבינו הגדול ז"ל בפירושו על ההיכלות, בהיכלא תניינא שם. [ועיין בעץ חיים שער המלכים פרק ז', ובשער מיעוט הירח, ובשער הקליפות, ותבין במה שכתב בפרי עץ חיים, באלו שני המקומות הנ"ל, ועיין עוד בפרי עץ חיים שער ראש השנה פרק ב', ותבין כל הנ"ל].

אבל בחינת הרוח עילאה אינו נפרד ח"ו ממקומו על ידי עונות התחתונים, אלא שגורמים בו פגם וקלקול ח"ו בו"ק שלו כידוע.

אמנם בבחינת הנשמה, שהוא סוד המוחין, ג"ר דיליה כנ"ל בפרק ט"ו, שם אין מעשה התחתונים מגיעים כלל לקלקלם או לפוגמם ח"ו, אלא שיכולים לגרום במעשיהם

הסתלקותם הימנו ח"ו, כידוע בעץ חיים שהם באים בסוד תוספת לבד, ותלויים במעשי התחתונים, כי הם באים מהתפשטות בחינה התחתונה של אם הבנים בו כידוע. וכמו שאמר הכתוב - כונן[229] שמים בתבונה. והוא עולם המשומר ממגע זרים כידוע.

והוא עניין מראה הסלם[230] מוצב ארצה גו'. ולא אמר מוצב בארץ, אלא ארצה, שפירוש לארץ ומשמעו שראש עיקר שרשו בשמים ממעל, ומשם הוא משתלשל ויורד עד לארץ יגיע, והוא הנשמת חיים של האדם שמתאצלת כביכול מנשימת פיו יתברך שמו, ומשם משתלשלת כסולם, ושלשלת ומתקשרת עם הרוח, והרוח בנפש, עד רדתה לזה העולם בגוף האדם.

וכן מפורש ברעיא מהימנא נשא קכ"ג ב' - ויפח[231] באפיו נשמת חיים גו', דאתמר ביה ויחלום והנה סולם, סלם ודאי איהי נשמת חיים כו', עיין שם. והנה[232] מלאכי אלקים עולים ויורדים בו. כמו שמבואר לקמן באורך, שהיא הנפש חיה של העולמות והכחות ומלאכי עליון, שכל עלייתם וירידתם וכל סדרי הנהגתם כל רגע, תלוי רק כפי נטיית מעשיה ודיבורה ומחשבתה בגוף האדם, כל רגע. [ומה שמבואר עולים תחלה, ואחר כך יורדים, כי כל עיקר תורת האדם להעלות תחלה כל עולם ממטה למעלה, ואחר כך נמשכים אורות מלמעלה למטה] עד שאחר כך והנה הוי"ה ברוך הוא נצב[233] עליו כנ"ל.

ומה נעמו אמרי רז"ל בירושלמי תענית פרק ב' [ו'] - ריש לקיש בשם רבי ינאי אמר שיתף הקדוש ברוך הוא שמו בישראל משל למלך שהיה לו מפתח של פלטרין קטנה אמר אם אני מניחה כמות שהיא הרי היא אבודה אלא הריני קובע בה שלשלת שאם אבדה תהא שלשלת מונחת עליה

---

[229] משלי ג יט
[230] בראשית כח יב
[231] בראשית ב ז
[232] בראשית כח יב
[233] בראשית כח יג

כך אמר הקדוש ברוך הוא אם אני מניח את ישראל כמו שהן הן נבלעין כו' אלא הריני משתף את שמי הגדול בהם. והם זיכרונם לברכה דברו לעניין כלל האומה יחידה.

אמנם עיניהם ז"ל מטייפן כדרכם בקדש ורמזו גם על האדם יחידי, ושיחתם ז"ל צריכה תלמוד שהמשילו העניין למפתח ושלשלת, כמו שיבואר לקמן שהאדם הוא הפותח והסוגר של הכחות והעולמות פלטרין של מעלה ופלטרין של מטה, שכולם מתנהגים על ידי כח מעשיו בחינת נפש, שהוא עיקרא ושרשא דבחינת נפש כל עלמין.

ואדון כל ברוך הוא, בטובו הגדול להטיב לברואיו, שקד על תקנתינו ואמר - אם אני מניחה כמות שהיא, שלא יהיה התקשרות בין השלוש בחינת נר"ן, אלו האחד שיפול בחינת נפש התחתונה לעמקי מצולות הרע ח"ו, אין שני להקימו, והרי היא אבודה שם לעולם ח"ו, כעניין הכתוב - והאבדתי[234] את הנפש ההיא. ונפש החטאת במה תתכפר.

לזאת הפליא עצה יתברך שמו, וקבע השלוש מדרגות נר"ן, שכל אחד מהם תתקשר בחינת הראשונה שלה העליונה, בבחינה התחתונה של המדרגה שעליה, כעניין השלשלת שכל טבעת ממנה קצה העליון שלה נאחזת ונכנסת תוך קצה התחתון של הטבעת שעליה, ועל ידי כן גם אם יכרת הנפש, ותיפול לעמקי כחות הטומאה ח"ו, יכולה היא לתקן ולעלות על ידי התקשרות בחינות עליונות שלה שבבחינת הרוח, וכן על דרך זה בקלקול ופגם הרוח כנ"ל.

וזה שמבואר שם, אלא הריני משתף את שמי הגדול בהם, שהשלוש דרגין נר"ן ושרש הנשמה, מקור שרשם הוא מהארבע אותיות השם הגדול יתברך שמו.

פרק ב

וביאור פרטות סדר תיקונם והתקשרותם על ידי התשובה, שכאשר פגם האדם בחינת נפשו, או אף גרם ח"ו שנפסקו ונכרתו כל התשעה ספרותיים מחכמה ולמטה

---

[234] ויקרא כג ל

מהתקשרותה הנ"ל, ותרד פלאים לעמקי מצולות הקליפות ח"ו. אז על ידי וידוי דברים באמת מעומקא דלבא, בעקימת שפתיו בחינת נפש דרוח, מעורר בקול דברים שלו עד לעילא ולעילא, וגורם שיתאצל תוספת קדושה ממנו יתברך שמו, עד שורש הנשמה תחילה, ומשם לנשמתו ורוחו, והרוח מבהיק אורו הגדול הנשפע עליו, גם על בחינת הנפש מצד ההתקשרות שנשאר עדיין ביניהם כנ"ל. לכלות ולהתם הכחות הרע, ומדרגות הטומאה, ולהוציא[235] ממסגר אסיר. כל בחינותיה ולחזור ולקשרם כבראשונה עם בחינת הרוח.

וכן אם פגם וקלקל בחינת רוחו ח"ו, בדבורים אשר לא טובים, או בשאר עונות התלויים בבחינת הרוח, וביטול תורה כנגד כולם, והגביר לעומת זה כח רוח הטומאה ר"ל. ואז גם נפשו אינה שלימה כמקודם, כי היא מקבלת שפע חיותה ואורה על ידי הרוח כידוע, הנה על ידי החרטה אמיתית בלב ומתמרמר, על גודל חטאו, כעניין - צעק[236] לבם אל ה'. ומהרהר הרהורי תשובה במחשבה, שהיא משכן ניצוצי אור הנשמה [והוא מלכות דתבונה], מעורר גם כן עד לעילא להשפיע תחלה תוספת קדושה ואור על שורש הנשמה, ומשם לנשמתו והיא מבהקת זיו אורה שנשפע עליה, גם על בחינת הרוח - וזבחי[237] אלקים רוח נשברה. ושובר כח רוח הטומאה שהגביר בעונו, ומטהר בחינת רומו הקדוש להתקשר בבחינת הנשמה כבתחילה. ומשם ממילא יושפע גם על נפשו להשלימם בשלימותם הראשון.

וכן אם חטא ח"ו במחשבה אשר לא טהורה, וגרם בזה שיסתלקו מעליו ניצוצי זוהר נשמתו שהיתה עד הנה - בהלה[238] נרה עלי ראשו. אז על ידי עסק התורה בבינה יתירה, בעומק תבונתו, מעורר שתאצל תוספת קדושה על

<hr>

235 ישעיהו מב ז
236 איכה ב יח
237 תהלים נא יט
238 על פי איוב כט ג

שורש נשמתו, ומשם לנשמתו להחזירה שתשאיר עליו אורה, להשכילו בתורה הקדושה בבינה יתירה, בסתרי טהוריה, ומאותו הקדושה והאור משתלשל ונשפע על רוחו ונפשו, להשלימם בשלימותם.

ולכן אמרו ז"ל - כל[239] העונה אמן יהא שמיה רבא מברך בכל כחו קורעים לו גזר דינו. ואפילו יש בו שמץ של עבודת כוכבים ומזלות מוחלים לו.

כי עיקר כוונת זה השבח הוא, שיתאצל ויושפע תוספת ברכה ושפעת אור עליון לכל הארבע עולמות אבי"ע"י. וזהו יהא שמיא רבה מברך, היינו שיתאצל ברכה ותוספת קדושה ממנו יתברך שמו, עד **לעלם** הוא עולם האצילות, ומשם גם **לעלמי** הם שתי עולמות בריאה יצירה. **עלמיא** הוא עולם העשיה. והם שורש הארבעה דרגין של האדם, שרש הנשמה ונר"ן.

וכשמכוון האדם בקדושת מחשבתו באמירת זה השבח, לעורר ולהשפיע על ידו תוספת קדושה וברכה על שרש נשמתו, ומשם על נשמתו ורוחו ונפשו, גורם בזה להתם ולכלה כל עוון וחטא אשר חטא באיזה בחינה מאלו השלוש, והיו כלא היו, וזה כל עיקר עניין התשובה האמיתית כנ"ל, לכן מוחלין לו על כל עונותיו.

הגהה". ואמרם ז"ל בכל כחו. סובל שתי פירושים, או בכל כחו של העונה. או שיתברך השם י"ה בכל כחותיו, כעניין - ועתה[240] יגדל נא כח אדני.

אמנם שתי הפרושים המה בחדא מחתא, ששורש מקור שפע קדושה והברכות, הוא בשם **י"ה** וממנו משתלשל, ומתמלא עולם הבריאה הוא עולם המחשבה, ממילוי ה**ה"י** שלשם י"ה ביו"ד. ומעולם הבריאה מתמלא עולם היצירה, הוא שרש התחלת הדבור והגיון הלב, ממילוי ה**ה"א** באל"ף. ומעולם היצירה מתמלא עולם העשיה הוא עולם

---

[239] שבת קיט ב
[240] במדבר יד יז

המעשה. ממילוי אות **ה'** שבשם י"ה באות **ה'**.

והן המה שורש הנר"ן של אדם, שהם כל כחותיו של העונה, וכל כחותיו של השם י"ה היינו כל מילואיו. וזהו **י' ה"א** שם **י"ה** רבא מברך וכו', ועיין תוספות ברכות ג' ע"א ד"ה ועונין וכו'.

וזה גם כן עניין מאמרם ז"ל - שור[241] שהקריב אדם הראשון קרנותיו קודמות לפרסותיו היו. שכיון בהקרבתו לתקן אשר עיוות, לבנות הנהרסות, לקרב אשר הרחיק, ולייחד אשר הפריד, והעלה טוהר קדושת מחשבתו וכוונתו, להאציל תחילה שפעת אור וקדושה על הבחינות ומדרגות העליונות שבו, דמיון הקרניים. הם שרש נשמתו ונשמתו. ומשם המשיך אחר זה על רוחו ונפשו, לטהר כל אבריו מראשו ועד רגליו, על דרך - והיה[242] עקב תשמעון וגו'. מצות[243] שאדם דש בעקביו, והוא הפרסות של נפש הבהמית, וזה שכתוב[244] - שתפוח עקבו היה מכהה וכו'[י"ח].

הגהה[י"ח]. וזה שאמר דוד המלך ע"ה. תורת[245] ה' תמימה משיבת נפש. שעל ידי עסק האדם בתורת ה', והיא תמימה אצלו כראוי, היא משיבת נפש האדם לשורשה בשלימותה, וסיים שם - גם[246] עבדך נזהר בהם בשמרם עקב רב. ונזהר מלשון יזהירו וכו', היינו שעל ידי ששמר כל המצות המכוונים נגד כל אברי האדם, בזדכך נפשו וגופו, עד שגם בעקבו היה אור וזוהר רב, בעניין תפוח עקבו של אדם הראשון היה מכהה וכו'.

ופנימיות העניין, גם עבדך נזהר וגו' עקב רב, כי תכלית עלייתה של מידת דוד המלך ע"ה בשורש שורשה העליון, הוא ברדל"א, שהוא מלכות דאדם

---

241 חולין ס א

242 דברים ז יב

243 רש"י על דברים ז יב - והיה עקב תשמעון, אם המצות קלות שאדם דש בעקביו.

244 קהלת רבה ח א

245 תהלים יט ח

246 תהלים יט יב

קדמאה, שורש נשמת אדם הראשון, וכעניין הכתוב - מי[247] אני ה' גו' כי הביאתני עד הלם [ואין הלם אלא מלכות], ותקטן[248] זא"ת בעיניך אלהי"ם ותדבר על בית עבדך למרחוק וראיתני כתור האדם המעלה ה' אלקים. ותור הוא גילופין דאדנ"י, והמשכיל יבין. ולכן השאיר אדם הראשון לדוד שבעים שנותיו האחרונים. שבע תחתונות דמלכות דא"ק, וראוי היה לחיות עוד שלוש שנה. להשלים ג"ר דילה. כעניין - נאם[249] הגבר הקם ע"ל. והוא גם כן שורש נשמת משיח, שכתוב עליו - ירום[250] ונשא וגבה מאד. ודרשו ז"ל על זה - מאברהם[251] וממשה וממאדם הראשון [ר"ל אחר החטא]. וזהו - נאם[252] הגבר הקם על משיח אלקי יעקב. שאז תתגדל ותתעלה כבוד מלכותו יתברך במקום שרשה הראשון.

פרק כא

וזאת[253] תורת האדם. שבעת עסקו בתורה לשמה, לשמור ולקיים ככל הכתוב בה, מטהר את גופו מראשו ועד רגליו, כמדרשם ז"ל - למה[254] נסמכו אהלים לנחלים כו', מה נחלים מעלין את האדם מטומאה לטהרה, אף אהלים מעלין את האדם מכולו חייב לכולו זכאי. וכעניין שדרשו ז"ל גבי טהרת הטמאים במקוה - כל[255] בשרו במים מים שכל גופו עולה בהם. כך בדברי תורה כל גופו של אדם עולה בהם. [ושיערו חכמים אמה על אמה ברום שלש אמות. הן

---

[247] דברי הימים-א יז טז

[248] שמואל-ב ז יט

[249] שמואל-ב כג א

[250] ישעיהו נב יג

[251] תנחומא תולדות יד

[252] שמואל-ב כג א

[253] במדבר יט יד

[254] ברכות טז א

[255] עירובין יד א

השלוש עולמות, ונר"ן. מעשה דבור מחשבה בתורה].

וכשם שכל גופו של אדם עולה ומזדכך על ידי עסק התורה והמצות, כך העולמות כולם אשר הן המה שיעור קומת אדם, כמו שמבואר לעיל פרק ו'. הם מזדככים ומטהרים ומתעלים.

והאדם הישר העובד אמיתי לא יפנה דעתו ומחשבתו בעת עבודתו לו יתברך שמו, אפילו כדי לעלות ולטהר גופו ונפשו, אלא שיעלה טוהר מחשבתו וכוונתו ופנה למעלה, לתיקון וטהרת העולמות הקדושים.

וזו הייתה גם כל עניין עבודתם של האבות, וכל הצדיקים הראשונים, שקיימו את התורה קודם נתינתה, כמו שדרשו רז"ל על פסוק - מן[256] הבהמה הטהורה גו'. ואמרו - מכאן[257] שלמד נח תורה. ואמרו - קיים[258] אברהם אבינו את כל התורה. [וכל אמרו בבראשית רבה פרק פ"ב, ובבמדבר רבה פרק י"ד, ובתנחומא בהר, ובמדרש תהלים מזמור א']. לא שהיו מצווים ועושים כך מצד הדין. דאם כן לא היו מעמידים ח"ו על דעתם והשגתם, אף שהשיגו שלפי עניין שרש בנשמתם ההכרח להם לעבור ולשנות אף מקצת מאחת מכל מצות ה', ולא היה יעקב אבינו ע"ה נושא שני אחיות, ולא היה עמרם נושא דודתו ח"ו.

רק מצד השגתם בטהר שכלם, התיקונים הנוראים הנעשים בכל מצוה, בהעולמות וכחות העליונים ותחתונים, והפגמים הגדולים והחורבן והריסה ח"ו שיגרמו בהם אם לא יקיימום. וכן נח הקריב דווקא מן הבהמה הטהורה, כי ראה והשיג הכח והשורש העליון של כל בהמה וחיה, איזה מהם כח שרשו מצד הקדושה והקריבה, ואיזה מהם כח נפשה מצד הטומאה והס"א, ולא בחר בה להקריבה לפניו יתברך, כי לא ירצה.

---

[256] בראשית ז ח
[257] רש"י על בראשית ז ח
[258] יומא כח ב

וזהו - ויתהלך[259] חנוך את האלקים. את[260] האלקים התהלך נח. האלקים[261] אשר התהלכו אבותי לפניו. שפירוש אלקים, בעל הכחות כולם. היינו שהשיגו עניני הכחות העליונים ותחתונים, וחקות שמים וארץ, ומשטרם, וסדרי הנהגתם והתקשרותם והרכבתם על ידי כל עניני מעשי האדם. ועל פי סדר ועניין זה היה כל אחד מהם מתהלך ומתנהג בכל עניניו. כפי שראה והשיג התיקונים העליונים לפי שורש נשמתו.

לכן כשהשיג יעקב אבינו ע"ה, שלפי שורש נשמתו יגרום תיקונים גדולים בכחות ועולמות העליונים, אם יישא השתי אחיות אלו רחל ולאה, והמה יבנו שתיהן את בית ישראל, יגע כמה יגיעות ועבודות להשיגם שיינשאו לו. וכן העניין בעמרם שנשא יוכבד דודתו, שיצאו ממנה משה אהרן ומרים.

וזה גם כן אחד מהטעמים, שלא ניתנה התורה לנח והאבות הקדושים, שאם הייתה ניתנת להם לא היה יעקב רשאי לישא שני אחיות, ולא עמרם דודתו, אף אם היו משיגים שכן ראוי להם לפי שרש נשמתם, ובאמת זה היה כל בניית בית ישראל עם סגולה, ותיקון כל העולמות עליונים ותחתונים, כעניין מאמרם ז"ל - וא"ת[262] - קין נשא אחותו. עולם[263] חסד יבנה.

פרק כב

ומשבא[264] משה והורידה לארץ. לא[265] בשמים היא. ולבל יתחכם האדם הגדול שהשגתו מרובה, לומר אנכי הרואה סוד וטעמי המצות בכחות ועולמות העליונים, שראוי לי

---

[259] בראשית ה כד
[260] בראשית ו ט
[261] בראשית מח טו
[262] סנהדרין נח ב
[263] תהלים פט ג
[264] בראשית רבה יט ז
[265] דברים ל יב

לפי שורש נשמתי, או למי ומי לפי שורשו לעבור ח"ו על איזה מצוה, או לדחות שום פרט מפרטי המעשה לעשותה במגרעת, אף דקדוק אחד מדברי סופרים, או לשנות זמנה ח"ו. ולזה סיימה התורה - ולא[266] קם נביא כמשה. וכמו שלמדו ז"ל - אלה[267] המצות שאין נביא רשאי לחדש דבר מעתה. וכמו שסמכה התורה - את[268] כל הדבר אשר אנכי מצוה גו' לא תוסף עליו ולא תגרע ממנו וגו'. שגם - כי[269] יקום בקרבך נביא וגו'. ר"ל להוסיף או לגרוע ח"ו, לא[270] תשמע אל דברי הנביא ההוא. אחרי[271] ה' אלקיכם תלכו וגו'.

והרי חזקיהו המלך - שראה[272] ברוח הקודש דנפקין מיניא בנין דלא מעלי ולכן לא נסיב לא איתתא. וכוונתו לשם שמים שלא להרבות רשעי עולם, עם כל זה בא אליו ישעיהו בדבר ה' ואמר לו[273] כי מת אתה וגו'. ולא[274] תחיה לעולם הבא. משום דלא עסקת בפריה ורביה. ולא הועיל לו כל עוצם צדקותיו הנוראים להביאו לחיי עולם הבא בשביל שסבר להפטר ממנו אחת מתורת משה, אף שכן ראה בהשגת רוח קדשו דיפקון מיניא בנין דלא מעלו, וגם שהיה בשב ואל תעשה.

כי טעמי מצות עד תכליתם לא נתגלו עדיין לשום אדם בעולם אף למשה רבינו ע"ה, רק לאדם הראשון קודם החטא, והוא היין המשומר בענביו משת ימי בראשית, והאור[275] ששימש ביום ראשון שהיה אדם הראשון צופה ומביט בו מסוף העולם וכו'.

---

[266] דברים לד י

[267] ספרא על ויקרא כז לד

[268] דברים יג א

[269] דברים יג ב

[270] דברים יג ד

[271] דברים יג ה

[272] ברכות י א

[273] מלכים-ב כ א

[274] ברכות י א

[275] חגיגה יב ב א

כי התורה הקדושה אצולה מלמעלה, ראש מעל כל ההשגות, ואיך אפשר שיהא הדבר מסור להשגת האדם לשנות מהלכתם, וסדר זמנם על פי רוחב דעתו והשגתו, וכמו שהשיבו ישעיהו לחזקיה - בהדי[276] כבשי דרחמנא למה לך מאי דמפקדת אבעי לך למעבד ומאי דניחא קמיה קדוש ברוך הוא לעביד.

ועדיין כשהייתה נבואה בישראל, היה נביא רשאי לחדש דבר להוראת שעה לבד, ואף גם לעבור על אחת ממצות ה', כגון אליהו בהר הכרמל וכיוצא.

אמנם זה עצמו הוא מאשר נצטווינו בתורת משה - אליו[277] תשמעון. שהוא ציווי ואזהרה לשמוע אל דברי הנביא, גם כשיתנבא בשמו יתברך, לעבור על איזה מצוה בשעה הצריכה לכך, כמו שדרשו רז"ל לבד מעובדי כוכבים ומזלות.

אבל לא חלילה לחדש דבר לקבעו לדורות, שהרי אסתר שהייתה אחת משבע נביאות, עם כל זה כששלחה לחכמים - כתבוני[278] לדורות. השיבוה - הלא[279] כתבתי לך שלשים. עד שמצאו לה אחר כך סמך מן המקרא, וכן נר חנוכה ודאי שמצאו להם גם כן סמך מהמקרא, ועיין במדרש שהביאו הרמב"ן ז"ל בפרשה בהעלתך, משם רבינו ניסים גאון ז"ל.

ומעת שבעונינו פסקה נבואה מישראל, אף אם יתאספו כל חכמי ישראל' אשר נמסר להם מעשה בראשית ומעשה מרכבה, ויעמיקו השגתם וטוהר שכלם לשנות אף איזה פרט מאיזה מצוה, או להקדים ולאחר זמנה ח"ו, לא נאבה ולא נשמע אליהם, ואף בבת[280] קול אמרו - לא[281] בשמים היא.

ועדיין בימי חכמי התלמוד, היו רשאים לחדש מצות דרבנן,

<hr>

[276] ברכות י א
[277] דברים יח טו
[278] מגילה ז א
[279] משלי כב כ
[280] בבא מציעא נט ב
[281] דברים ל יב

כשמצאו סמך מהתורה, כגון נר חנוכה וכיוצא כנ"ל, וכן לגזור גזירות כמו ידי חובה דבר וכיוצא, וכאשר נחתם התלמוד הקדוש, אנו אין לנו אלא לשמור ולעשות ככל הכתוב בתורה הקדושה שבכתב ובעל פה, ככל משפטם, וחוקתם, ובזמנם, ופרטיהם, ודקדוקיהם, בלי נטיות מהם כל דהו.

וכשיקיימם איש ישראל כראוי, אף אם לא יכווין, וגם לא ידע כלל טעמי המצות, וסודות כוונתם, עם כל זה נתקיימו המצות ויתוקנו על ידיהם העולמות, ויתרבה בהם קדושה ואור בכל מצוה לפי שעתה, ומקורה, וענינה, ויותן[282] עז לאלקים יתברך שמו, שכן קבע הבורא יתברך שמו טבעם של העולמות שיתנהגו על ידי מעשי האדם, וכל מצוה היא העולה מעצמה לפעול פעולתה המיוחד לה.

ומי שזיכהו יתברך שמו, להשיג נסתרות תורה הקדושה, אשר השאירו לנו ברכה קדישי עליונין, חכמי התלמוד כגון רשב"י וחביריו ותלמידיו, וששותין מימיו בדורות האחרונים, כמו הרב הקדוש איש אלקים נורא האר"י ז"ל. אשר האירו עינינו בקצת טעמי וכונות המצות, הוא רק כדי שיתבונן כל אחד לפי שכלו והשגתו, עד היכן מגיעים כל פרטי מעשיו, ודבוריו, ומחשבותיו, וכל עניניו בהעולמות והכחות עליונים ותחתונים, ויתפעל ויתעורר מזה לעשות ולקיים כל מצוה, וכל עניני עבודתו לבוראו יתברך שמו, בתכלית הדקדוק ובאימה, ויראה, ואהבה עצומה, ובקדושה וטהרת הלב, ועל ידי זה יגרום תיקונים יותר גדולים בהעולמות. מאם היה מקיים המצווה בלא קדושת וטהרת הכוונה, אמנם העיקר בכל המצות לעיכובא, הוא פרטי המעשה שבהם.

---

[282] על פי תהלים סח לה

הגהה מהרי"ץ

עניין הצלם שחילקם האר"י ז"ל לשלוש בחינות - **צ'**, ו**ל'**, ו**מ'**,

הוא כידוע דשרשין הקדמאין דכולא הוא שורש הארבע יסודות אש רוח מים עפר. ועיקר הפועלים הם השלוש יסודות **א' מ' ר'**. נקראים בספר יצירה שלוש אמות **אמ"ש**, שהם אמות דכלא, ופעולתם של אלו השלוש הוא על ידי יסוד העפר, שהוא מתפעל ומקבל מהם.

והם שלוש אותיות **יה"ו** של השם ב"ה, ו**ה'** אחרונה כפולה.

והם **מ'** דצלם כל אחד בכתר עליון, והפועלים הם שלוש **ל'** דצלם. ועדיין הם בבחינת השכל והמוחין השלישי, ובהתפשטותם אחר זה בלב ובמעשה הם שלוש פעמים שלוש, והוא שורש המידות במלכות דתבונה המתפשטת בז"א, ועצם המידות חכמה גבורה תפארת, ואחר כך המידות במעשה ממש והם נצח הוד יסוד והוא **צ'** דצלם. ועיין בזוהר וארא כ"ג ע"ב - דהא קודשא בריך הוא כד ברא עלמא עביד ליה לבני נשא בדיוקנא דיליה ואתקין ליה בתקונוי וכו'. אמר רבי שמעון תא חזי ארבע אינון קדמאי רזא דהימנותא ואינון אבהן דכלהו עלמין ורזא דרתיכא עלאה קדישא, ואינון אש רוח מים עפר, אלין אינון רזא עלאה, ואלין אינון אבהן דכלהו עלמין וכו', [זוהר וארא כ"ד ע"א] תא חזי ארמ"ע[283] אלין קדמאין ושרשין דלעילא ותתאין ועלאין עלייהו קיימין ואלין אינון ארבע לארבע סטרי עלמא וכו'. עפר איהו קר ויבש ועל דא מקבל עליה כלהו. וכלהו עבדיא ביה עבדתייא ומקבלא מכלהו לאפקא בחיליהון.

והוא כנזכר לעייל שעיקר הפועלים בעולם ובנפש, הם השלוש יסודות אש רוח מים, ועל ידי יסוד העפר נגלה כח פעולות, השלוש יסודין בעולם. וכן בנפש נגלה על ידי גוף האדם שיסודו מעפר, פעולת כח השלוש יסודות אש רוח

---

[283] ארמ"ע - אש רוח מים עפר

מים שבנפש, כמבואר בזוהר הנזכר לעיל, וכלהו עבדי ביה
עבידתייא וכו', לאפקא בחילהון.

וכנראה בחוש שהארץ מוציאה צמחים, מהם תולדות אש,
כעניין - ממגד[284] תבואות שמש.

ומהם תולדות המים לחים וקרים, כעניין - וממגד[285] גרש
ירחים. ומהם תולדות הרוח, כעניין - מאוירא[286] קא רבו.
זיקא[287] דבתר מטרא כמטרא שמשא דבתר מטרא כתרי
מטרי. כידוע שטבע האש והרוח להגביה עוף, ומים יורדין
למקום נמוך לעפר, ואם גם יסוד רוח ואש מתקשרים
ביסוד המים, וגם המה נותנים שפעם ונמשכים לארץ, אז
מתגלה על ידי יסוד העפר, כל הצמחים בהתמזגות כל
השלוש יסודות כראוי.

וכל שינוי טבעי כל הנמצאים שבעולם מתהום ארעא עד
שמי רום, הכל הוא משנוי התמזגות הארבע יסודין, שהן
השרשין קדמאין, והתמזגותם הן פנימיות נפש כל דבר,
ומאיכות התמזגותם בפנימיותם נמשך הבדלי הפרטים
רבים בכל דבר, בתמונת ממשו, וגוון מראיתו בדוממים וכן
שנוי הצמחים בטעמם, ותמונתם וגוונם. וכן שנוי טבעי כל
הבעלי חיים. תמונת איבריהם מראיתם וצורתם ופעולתם,
משתנות לפי התמזגות נפשם ודמם מארבע מידות, דאינון
הארבע יסודין.

וכל התמזגות הארבע יסודות נמשך משליטת הכוכבים
המסודרים במשמרותיהם ברקיע, כמו שאמרו רז"ל -
אין[288] לך כל עשב בארץ שאין לו מזל ברקיע שמכה ואומר
לו גדל. והכוכבים בממשלותם מקבלים על ידי מלאכים
בשליחותם מארבע חיות המרכבה, והכל נמשך משם הוי"ה
ברוך הוא, כמבואר בעץ חיים באריכות. היינו שכל הארבע
שרשין קדמאין הן הוי"ה אחת, שרצון הוי"ה יתברך שמו

---

[284] דברים לג יד
[285] דברים לג יד
[286] ברכות מ ב
[287] תענית ג ב
[288] בראשית רבה י ו

היה לברוא כל העולם בהתהוות הוי' כזו שבכל המציאות ימצאו כח הארבע שרשין.

גם כל כחות האדם, בטבעו ונטיית שכלו ונטיית רצונו, משתנים לפי השתנות מזג ארבע שרשין דיליה. וכמבואר ברעיא מהימנא פנחס דף רל"ד ע"ב - אית חיון טבעיות ממנן על גופין דאינון מארבע יסודין ואינון דכיין ולקבלייהו ארבע חיון דורסין מסאבין על ארבע מרירן, מרה חיורא, מרה סומקא, מרה ירוקא, מרה אוכמא, ואית חיון שכליות דסחרין לכורסיא, ואית לעילא מנייהו, וגבוהים עליהם.

והארבע שרשין דאדם שלעילא הן המה הצלם, שמהם נמצאים כל צורות הכחות באדם, כמבואר בזוהר חדש מדרש הנעלם בראשית ד' ט' ע"א, וז"ל - שהבורא יתברך שמו ברא את האדם וברא אותו בצלם ובצורה והכינו מארבעה דברים מובדלים זה מזה, מאש מרוח ממים ומעפר וכו'.

וכמבואר בתיקוני זוהר תיקון ל"ח דף ל"ד ע"ב - סליק באשא ורוחא, ונחית במיא ועפרא, ורזא דמילה - והנה[289] מלאכי אלקים עולים ויורדים בו. עולים תרי, ויורדים תרי וכו', עפר מנא דכלא.

והוא שלפי פנימיות מזג האש והרוח שבנפש האדם, דסליקין לעילא בטבעם, ככה נמשך פנימיות פרטי כחות האדם למעלה, ולפי פנימיות מזג יסוד המים והעפר שבנפש, האדם ככה נמשכים פרטי כחותיו למטה.

ואם כי אופן התמזגות פנימיות היסודות שבנפש האדם אינם מושגים לחוש איך ומה, אמנם בהאיר אור התמזגות במנא דלהון יסוד העפר שורש הגוף, אזי הגוף מפיק לבר, חילהון דשלוש אמות **אמ"ש** על פי פעלו, כמבואר בזוהר ואראֵ הנזכר לעיל, וכח התמזגות שרשין דשלוש יסודי **אר"מ** הן המה שרשים שמהם נמשכים כל פעולות הגוף, אך המה נסתרים ואינם מושגים.

---

[289] בראשית כח יב

ואף גם כאשר רואים אנחנו פעולות הגוף הנמשך
מהתמזגות הד' מרות, הנה אין היסודות נגלות לנו לחוש,
רק מהפעולות הנגלות לנו, נוכל לתפוס ערך התמזגותם
ברוחניות כמבואר בזוהר יתרו בפסוק - ואתה[290] תחזה.
ותיקוני זוהר, וזוהר חדש, ולזאת אמרו בזוהר וכתבי
האר"י ז"ל ש**צלם** מבחינת עלמין סתימין, ו**דמות** מבחינת
עלמין דאתגליין. גם מאמרם שצלם **דוכרא**, ודמות **נוקבא**,
והוא כח פועל ונפעל.

וזהו - בצלמינו[291] כדמותינו. כמו שהקדוש ברוך הוא נסתר
מצד עצמותו ולית מחשבה תפיסא ביה, רק מצד פעולותיו
הטובות נגלה לנו טובו בכל מילי דמיטב, כן הנפש רוח
ונשמה שבאדם אינה מושגת למחשבה רק על פי פעולותיה
על ידי הגוף, ואף גם זאת אין רואים אותה רק מושגת
מציאותה, כמו שאמרו רז"ל -הני[292] חמשה ברכי נפשי וכו',
מה הקדוש ברוך הוא רואה ואינו נראה אף הנשמה רואה
ואינה נראית. ועיין תומר דבורה שעל זה סובב כל דברי
קדוש ה' הרמ"ק ז"ל, כמו שכתב פרק א' בהתחלתו וז"ל -
האדם ראוי שידמה לקונו ואז יהיה בסוד הצורה העליונה
צלם ודמות שאלו ידומה בגופו ולא בפעולותיו הרי הוא
מכזיב הצורה, עד כאן לשונו.

וזהו מה שכתוב בעץ חיים, שעיקר ירידת הנשמה להגוף
הוא לברר בחינת הצלם.

והענין הוא כמו שצלם פירושו דפוס [עיין פירוש רש"י
על פסוק בצלמנו כדמותנו], כמו דרך משל מי שמצייר
במחשבתו איזה דמות פרטי, לעשות סוף המעשה
שבמחשבתו, תחילה מעורר שכלו להמציא צלם ודפוס,
באופן שיוכל להיעשות על ידי הצלם הדמות פרטי שרוצה.
וממציא דפוס פנימי, שעל ידי תעשה פנימית הכלי, כפי
הבית קבול שרוצה, וגם דפוס חיצוני המקיף דופני הכלי,

---

290 שמות יח כא
291 בראשית א כו
292 ברכות י א

להגביל הדפנות בעוביים ומידתם כפי רצונו, ושניהם כאחד המה צלם ודפוס אחד. אך זה נכנס לפנימית הכלי לעשות חללה כפי המידה. וזה סובב ומקיף להעמיד דפנותיה כפי המידה''ט. ככה דבר משל, כשרצה הבורא יתברך שמו לברוא אדם מעפר, שהוא הכלי להשתמש לפי רצונו יתברך שמו, הזמין תחילה צלם ודפוס שתוכל להיעשות דמות האדם בגוף ואברים, שעל ידיו יוכל לפעול פעולות פרטים כפי רצון השם יתברך, וברא ארבע שרשין, שמהם המציאו צלם פנימי ומקיף רוחניים.

הגהה''ט. וכמו - דמיתי[293] לקאת מדבר וגו'. פירש שכאשר שפעולות הקאת להתרחק מישוב ולזעוק יום ולילה בקול נהי, כן התרחק הוא ממקומו, והיה צועק ונאנח יום ולילה, והתגברות מזג המרה שחורה של הקאת גורם לה עצבות לזעוק, ועצלות ליישב במקומה במדבר, כן מרובי צרותיו גברה עליו המרה שחורה, לברוח מחברת בני אדם, ולזעוק נהי כמו שאמר שם - כי[294] אפר כלחם אכלתי ושקווי בבכי מסכתי. כטבע חולי מרה שחורה, שיש לו תאוה לאכול פחמים וגחלים ולבכות תמיד, ואף שלא נראה בדמות פעולותיו אלא התבודדות ובכי, ואכילת עפר, ומהות פנימיות מזגו והתגברות מרה אוכמא לא נראה בחוש, ועם כל זה בשכל מושג, שפנימיות המרה שחורה מדאגה שנכנס בו, כבר וצרות הדאגות שסבבוהו והקיפוהו עוד מבחוץ, הן המה הצלם והדפוס רוחני, שעל ידיו היו פעולותיו בדמות פרטי כזה, לבכות ולזעוק ולהתבודד. עד כאן.

ועתה נבחין בבחינת צלם ודמות הכללי ברוחניות, שכאשר רצה הבורא יתברך שמו ברצונו הפשוט לברוא העולם, שיגלה דמות כל פרטי העולם כמו שהן, האציל כח אחד,

---

[293] תהלים קב ז
[294] תהלים קב י

שהפלוסופים קוראים אותו היולי, ואנחנו נקראהו - או **כח**, או **אור**, או **רצון**. היינו שכך רצה שיתגלה רצונו על ידי שני כחות, אחד - שיומשך למעלה דרך משל, והשני יומשך למטה דרך משל, ולמען לא יתפרדו המציא אמצעים ביניהם, כמו עניין האש שסליק לעילא, ועפר היורד למטה. אך הנה אויר הוא קרוב לטבע האש לעלות למעלה, וגם יוכל לירד למטה. ומים אף שנמשכים לאויר, כמו שאמרו רז"ל - תלתא[295] פרסי מידלא עיבא. עם כל זה מניחים מקום גבוה שלהם באויר, ויורדים למקום נמוך לעפר.

ואף כי ברוחניים אין לומר מעלה ומטה, ובפרט בכח העליון הנאצל, אמנם עניין מעלה ומטה נאמר גם לא על שנוי מקום, כמו - והיית[296] רק למעלה ולא תהיה למטה. שפירושו שיהיו עליונים במעלות רוחניות ולא ירדו למטה ממדריגתם[כ]. כעניין - מעלין[297] בקודש ולא מורידין. כמו כן עניין - כחות[298] דסלקין לעילא. פירוש שנמשך לרוחניות למדרגה העליונה שבעליונות ודנחתין לתתא פי' למדרגות תחתונות[כא].

הגהה[כב]. ויתכן לומר דרך דרש שוהיית רק למעלה, הוא תנאי וצווי היינו שהוא יתברך שמו מבטיח לנו כל הברכות האמורות למעלה באופן שכשנהיה רק למעלה בקודש, ולא נרד למטה למדרגת עמי הארץ. ומבאר אחר כך מהו המעלים בקדש - כי[299] תשמע אל מצות הוי"ה אלקים גו' לשמור ולעשות. זהו המדרגה העליונה שבעליונים, ולא[300] תסור מכל הדברים גו'. כי בסור מכל הדברים, אף לימין ירד מטה מטה ח"ו, ללכת[301] אחרי אלהים אחרים.

---

[295] שבת צד א
[296] דברים כח יג
[297] מגילה כא ב
[298] זוהר ויקהל ריא א
[299] דברים כח יג
[300] דברים כח יד
[301] דברים יא כח

הגהה[כא]. גם הנאמר בזוהר - אורייתא[302] בלא דחילו ורחימא לא פרחא לעילא. פירוש, שמי שאין לו תשוקה ואהבה לדברי תורה כראוי, וגם אינו ירא מלפרוש הימנה כפורש מן החיים, אף שלומד לפרקים אי אפשר שתתקיים תלמודו, בידו במדרגה עליונה כראוי.

גם דרך דרש נוכל לומר, שמה שהמשילו אהבה ויראה לתרין גדפין כמו עוף שנשברו אגפיו, עם כל זה היא בעצמותה כשרה ורק שלא תנקב הריאה, שיוכל קול התורה להישמע לקיים - והגית[303] בו יומם ולילה. על כאן.

כי אף בעולם האצילות ולמעלה כל בחינת מתדבק בפנימיותו למדרגה שעליה, וגם משתלשלת להשפיע קיום למדרגה שלמטה הימנה, וכמו דרך משל טבע האש לכלות כל גשמיות לרוחניות, כידוע עניין הקורבנות ועם כל זה מוליד רוח, וטבע תנועת הרוח להוליד אש, ועם כל זה נכנס בגשם ומקיימו, וטבע המים להמשך אחרי הרוח בתנועה כל דהו, ועם כל זה יורד למקום נמוך לעפר ומצמיח כל מיני גשמים.

כן היה רצון השם יתברך שימציא כח שישתוקק תמיד להתדבק בשורש, שרשו ושישפיע שפע גם לקיום מדרגות שלמטה, והן הנה השמים וצבאיה והארץ וצבאיה [ועיין רמב"ן בפירוש על החומש בזה], כי אף שתשוקת צבא השמים רוחניים להדבק במדרגות עליונים, כעניין שנאמר - השמים[304] מספרים כבוד אל. עם כל זה בכל הארץ יצא קום ובקצה תבל מליהם, היינו השפעתם בארץ, לשמש שם אהל בהם לשון - בהלו[305] נרו. שדרך השמש נקבצים אורות רוחניות השמים, ליתן הארה בתוך הארץ ממדרגה למדרגה. ועיין בזוהר תרומה קל"ו ע"ב וקל"ז ע"א.

---

[302] תיקוני זוהר תיקון י דף כה ב

[303] יהושע א ח

[304] תהלים יט ב

[305] איוב כט ג

ומהכח או הרצון ההוא נשתלשלו ונגלמו כחות היסודות ממדרגת למדרגה, עד שמשפיעים שפעם גם בכל המציאות התחתונה הלזו, ומתראים על פי דמות פרטים משונים כפי רצון הקדוש ברוך הוא, שימצא בריאת האדם בגוף מעפר, ושעל ידי שלוש היסודות **אמ"ש** שהן הצלם ודפוס רוחני, ימצאו כל כלי גופו באופן שיוכל האדם לפעול על ידיהן פעולות פרטים, כפי רצונו יתברך שמו.

ועל ידי פרטי מעשי המצות שיעשה האדם בארץ הלזו, הנשמה יתנשאו היסודות שלו לשרשין הקדמאין דלעילא, כפי רצונו יתברך שמו, והגוף הוא מנא לאפקא חיליהון דהנך שרשין שעל ידי פעולותיו בתורה ומצות, יגלה שתשוקת היסודות שבנפשו הוא להתנשא לראש, כעניין שאמר דוד המלך ע"ה - לך[306] ה' הגדולה וגו' כי כל בשמים ובארץ לך ה' הממלכה והמתנשא לכל לראש לא אמר ממך ה' הגדולה אלא לך ה'. היינו שאף כל הכחות הנמצאים בארץ מתחת המה נמשכות לך ה', ועם כי מנהון נחתין לתתא לארץ, היינו כי כל דאחיד בשמיא. ובארעא, הנה לך ה' הממלכה, ומתנשא לכל לראש, אף בארץ.

והנה רצון הקדוש ברוך הוא היה להמציא על ידי השלוש אמות **אמ"ש** שימצאו כלים נמצאים מדרגות מדרגות, ושבכל מדרגה יתמזגו היסודות באופנים שונים, ושעל ידי כל כלי וכלי לפי בחינתה, יוכר בבחינות שונות שתשוקתן להמשך למעלה, וגם להשפיע למטה להכלי שלמטה הימנה, בכדי שגם בכלי התחתונה שבתחתונות, ימצאו הכוונה הראשונה שהיא מתנשא לראש.

לזאת נמצא התמזגותם באדם בשלשה כלים - במוח, בלב, ובכבד, והן המה כלי הנפש, רוח, ונשמה שבאדם, ובכל כלי מהשלוש כלים מתגלמים השלוש אמות **אמ"ש** להתראות כאן בגילוים שונים, היינו בכלי המוח ניכר התמזגות השרשין, על פי המחשבה. והוא שמודעת בזוהר שלפי התמזגות ארבעה יסודין שבכלי המוח, ככה תהא גלוי

---

[306] דברי הימים-א כט יא

השכל בו.

והיותר מוכשר לקבל ולתפוס שכל עמוק הוא מי שטבעו התגברות המרה ירוקה ומרה שחורה, כי מרה ירוקה הוא מיסוד האש, דסליק לעילא לעומק רוחניות השכל, ועל ידי אוירא שבמוחא מתגלם להצטייר ציורא במיא שבמוחא, ונשרשים הציורים השכליות במנא דיסוד העפר שבמוחו, ונקבע קביעות חזק בדעתו, כעניין הדעת לחבר היטב כל הכחות מן הקצה אל הקצה, שיהא כל כלי מוחו ממולאים במחשבת תורה, להשיג כל רצונות השם יתברך, ומחשבת עבודתו יתברך שמו, וגדולתו ואהבה ויראה, ועל ידי זה יומשך בשכלו לרצונו יתברך שמו, שיהיו כל מחשבותיו בלתי לה' לבדו, בתורה ועבודה עד שלא יעלה שום מחשבת פיגול אשר לא ירצה.

ועוד משתלשלים מזג היסודות לכלי הלב, ואף שבלב אינם בדקות כל כך כמו במוח, כי תנועתם בלב המה מורגשים יותר, כי מוחא שקיט ונייח, ובלב פועלים היסודות בכח יותר חזק.

אמנם כך היה רצון השם יתברך, שיהיה מזגם מתגלה יותר בכלי הלב, כי שם הוא מקור חיות כל האברים, ושיהיה פעולות האברים נמשכים אחר ציור הלב נתמזגו היסודות בכח יותר חזק, שיוכל לעורר בכח חזק את האברים היותר מגושמים לציורם הרוחני.

ובלב מתגבר יסוד האש יותר, להגביה לבו בדרכי ה', ולהמשיך כל כחות הגוף מגשמיות העולם להשתמש בקודש, בתורה ועבודה ואהבה ויראה, כטבע האש להפוך כל גשמיות לאעלא לון לעילא.

וכח האש שבלבבו מעורר יסוד הרוח, להוציא כל רוח ממללא דיליה בתורה ותפלה, כפי שהבין במוחו, והוא קלא דכליל מאש ורוחא ומיא. כמו שמבואר ברעיא מהימנא פרשת פנחס דף רכ"ז ע"ב - קול ה' על המים, מסטרא דמיא דאיהו מוחא, דתמן סליק בכנפי ריאה, קול ה' חוצב להבות אש, מסטרא דלבא כד נפיק מפומא אתקרי דבור, ונמצא

כל דבורו בתורה ותפלה.

וכלי הלב וחמישה מוצאי הפה, המה מאנא לאפקא חיליהון דשלש אמות **אמ"ש** לפי מזגם שיהא בלתי לה' לבדו, ודבורו בם ולא בדברים בטלים.

ומן הלב נמשכים התמזגותם לכל כלי המעשה, לקיים בפועל ממש כל מצות ה', באהבה ויראה מסטרא דמיא, ובשמחה של מצוה מסטרא דאשא, ובזריזות נפלאה מסטרא דרוח, עד שכל תנועות אברי גופו יהא ניכר שהמה נמשכים בלתי לה' לבדו, וכל כלי הגוף שמיסוד העפר הוא מנא לאפקא חיליהון דשרשין עילאין שלש אמות **אמ"ש** במעשה.

וכל אשר ירבו השלש יסודות **אמ"ש** להתקשר בשרשין דלהון כנזכר לעיל, יתרבה אורן בפנימיותן ובהקיפן, ויזדככו כל הגוף שמעפר שלא יהא שום עצלות וכבדות באברי הגוף, ויהיה רץ כצבי וקל כנשר לעשות רצון הקדוש ברוך הוא. כעניין שכתוב בזוהר פנחס רכ"ה א' - לב איהו זכיך מכלא, מינה כל טב וכל בריאותה דשייפין כלהו, וכל תוקפא וכל חדוה וכל שלימו דאיצטריך לכל שייפין. ובזוהר ויקהל קנ"ח ב' - תא חזא בשעתא דבר נש שוי רעותיה לגבי פולחנא דמאריה, ההוא רעותא סליק בקמייתא על לבא, דאיהו קיומא ויסודא דכל גופא, ולבתר סליק ההוא רעותא על כל שייפי גופא, ורעותא דכל שייפי גופא ורעותא דלבא מתחבראן כחדא, ואינון משכין עלייהו זיהרא דשכינתא לדיירא עמהון, וההוא בר נש איהו חולקא דקדוש ברוך הוא.

ולפי מה שקדם, הארבע שרשין עלאין הן המה הצלם והדפוס רוחני, שעל ידן ימצאו דפוס פרטי אברי האדם, על תמונת שלשה הכלים מוח לב וכבד, שהמה נר"ן, ושיתראה על ידן פעולות המחשבה דבור מעשה כפי רצון העליון, והם נמשכים מארבע אותיות הוי"ה ברוך הוא.

והיות כי אור השרשין עלאין בשרשו רב מאוד, המה רק עומדין ומקיפין על האדם, שכל מה שיזדכך פנימיות כלי

גופו, יוכל אורן להשתלשל ולהיכנס יותר בפנימיות.

והוא **מ"ם** דצלם, הוא הארבע שרשין עלאין, וכל שורש נחלק לעשר לבחינות כנודע, וה**למ"ד** דצלם הוא מקיף דשלוש אמות, דעבדי עבידתיהון לפי התמזגותן במוחא, וה**צד"י** הוא מוחין פנימיים, לפי השלוש אמות שנכנסין בגוף, בשלשה כלים - מוח ולב וכבד, וזהו מה שמבואר בעץ חיים ש**צד"י** מתפשט בכל גוף ז"א בתשע פרקין, ו**למ"ד** בחצי ז"א.

ומה שקדם ה**צ'** תחלה, ואחר כך ה**למ"ד**, ואחר כך ה**מ"ם**, הנה אם היה רצון הקדוש ברוך הוא שהשרשין עלאין יפעלו פעולתן כסדרן במנא דלהון בגופו של אדם מיום היולדו, היה נקל לו לאדם לזכות למוחין דצלם כנזכר לעיל, אמנם רצון הקדוש ברוך הוא הוא שיהיו כל פעולות השרשין עלאין בנר"ן, מוסתרים בתחילה בעצמותן, ולא יפעלו תיכף בכלי הגוף מיום היולדו עד יגדל הנער[כב] וכנראה בחוש, שכל מה שנגדל הולד בכלי הגוף, כן נגדל שכלו ודבורו, ומעשיו.

הגהה[כב]. וכידוע בעץ חיים שער מוחין דקטנות - שלכן נקרא ז"א שאף שיש לו כל כלי המוחין, אמנם פעולת המוחין דכלי הצלם אינם פועלים פעולתם ומוסתרים בעצמותם, וכעניין לשון הנאמר בזוהר בלק קפ"ה א' - איהו קדישא ורב ועלאה על כל עלמין, אזעיר נהוריה וקמיט קדושתיה לגבי דבר נש, עד כאן.

ואמנם בעוד יסודות הטובים שלו שבפנימיותו מוסתרים, ושרשין עלאין מקיפין, ולא שלחו הארתן לפנימיות, יש מקום שישלטו עליו כחות הרע ח"ו, [כנודע בעץ חיים שבמקום שורש שליטת הס"א הוא בין פנימים למקיפין] ועיר[307] פרא אדם יולד. מסטרא דארבע חיון דורסין מסאבן על ארבע מרירן - מרה חיורא, מרה סומקא, מרה ירוקא, מרה אוכמא. דאינון לקבלייהו דיסודין דכיין, כנזכר לעיל

---

[307] איוב יא יב

ברעיא מהימנא פנחס דף רל"ד ב'.

ואף כי אית חיון שכליות דסחרין לכורסייא, ואית לעילא מינייהו וגבוהים עליהם, אמנם הלא השרשין המה בשרשם בבחינת מקיפין ולא נכנסו עדן, וזהו וגבוהים עליהם.

ומשליטת סטרא דמסאבא, נמשכים המידות רעות מהארבע יסודין דבעירין, מיסוד האש - מתעורר גאוה וכעס[כ], מיסוד הרוח - דבורים רעים, מיסוד המים - נצמח תאוות רעות, ומיסוד העפר - מנא לאפקא חיליהון במחשבה דבור מעשה בגוף למעשים רעים, ולמעשים טובים, הגוף עצל וכבד ועצב בטבעו, כמו שהאריך הרב חיים ויטאל בשער הקדושה.

וכשרצה[308] הקדוש ברוך הוא לזכות את ישראל לפיכך הרבה להם תורה ומצות. שעל ידיו יוכלו לאכפייא לס"א, ולעורר השרשין עלאין הנמשכים משם הוי"ה ברוך הוא, לזכך כל גופו, שיהיו כל כלי מוחו ממולאים במחשבת תורה, ובכל לבבו יהגה יומם ולילה בדברי תורה, ובכל גופו יעסוק במצות מעשיות, שהיא שורש כל השרשין עלאין שקדמה לבריאת עולם.

הגהה[כג]. וזהו המבואר בזוהר - דינא דחייביא בגהינם הא אוליפנא דאיהו למידן תמן חייבי עלמא, וגהינם איהו נור דליק יממא ולילייא, כגוונא דחייביא מתחממין בהיצר הרע, הכי איתוקד גהינם, דכתיב, - אש[309] היא עד אבדון. תאכל כי מהאש יצאו והאש תאכלם.

כי עיקר משכן היצר הרע הוא בלב, ולבא אשא, וכאשר בוער בלב האדם אש זרה אשר לא צווה ה', בגאווה וגבהות הלב תועבת ה', אזי מאש הגאוה הוא צמא לכל מיני התאווה רחמנא לצלן. וכדרך הצמאים לרוות צימאונם במים, כן ממציא לו לרוות צימאון, התאוות ביסוד המים שבמוח

---

[308] משנה מכות ג טז
[309] איוב לא יב

להמציא לו מחשבות איך להוציא תאוות לבו מכח
אל הפועל, כעניין שכתוב - כי[310] השקט לא יוכל
ויגרשו מימיו רפש וטיט. והן המים מטונפים
וסרוחים שמוריד לו ממוחא מחשבותיו והרהוריו
הרעים, ומעורר לו יסוד הרוח, מכנפי ריאה
דנשבין על לבא להוציא דברים - לשון הרע,
רכילות, ליצנות, וכדומה. ויסוד העפר מנא לאפקא
חיליהון דשלוש יסודין, ועל ידיו נגלו פעולות
מחנה אר"ם. ולאשר - אין[311] אדם מת וחצי תאוותו
בידו. לזאת מתעצב אל לבו כטבע העפר.

וכאשר האדם מגביר שרשין דיליה שבקדושה,
הנה יסוד האש שבליבו מגביה לבו בדרכי ה',
להתדבק בשרשו, ובוער ברשפי אש שלהבת יה,
וצמא לתורה ועבודה, כעניין שנאמר - צמאה[312] לך
נפשי. וכתיב. והוי[313] - כל צמא לכו למים. ומתעורר
יסוד המים שבמוחו, ומצמיח לו שכל טוב בתורה
ועבודה, ולהתענג על ה' במצותיו, וכמבואר ברעיא
מהימנא פנחס רכ"ז ב' - קול ה' על המים מסטרא
דמיא, דאיהו מוחא דתמן סליק בכנפי ריאה, קול
ה' חוצב להבות אש, מסטרא דלבא, ומתחבר עמהם
יסוד הרוח שבכנפי הריאה, דנשיב על לבא,
ששואבת כל מיני משקין שבמוחא, וזהו קלא
דכליל מאשא רוח ומיא, לקיים - והגית[314] בו יומם
ולילה. ויסוד העפר הוא מנא לאפקא חיליהון
דשרשין קדישין, בדבור ומעשה, וניכר בו עצלות
וכבדות שלא לעבור ח"ו על רצון השם יתברך, אף
באיסור קל, ועצבות על עונותיו.

---

[310] ישעיהו נז כ
[311] קהלת רבה א יג
[312] תהלים סג ב
[313] ישעיהו נה א
[314] יהושע א ח

בכל עצב כגוונא דא יהיה מותר שמאשא טבא
דבלבא, מתעורר בינה דבמוחא, דמינה מתערין
דינין, להבין דבר מתוך דבר, כמה קלקולים גרם
במחשבה, דבור, ומעשה, ואיך הוא רחוק מה',
ורבה העזובה, וכל מה שמרבה לחפש דרכיו
ולחקור מתעוררים גבורות קדושות, ומתמרמר
במרירות על נפשו על שנתלבשה בלבוש -
מחשבה, דבור, ומעשה, אשר לא טובים ומתעורר
מיא שבמוחא להוציא דמעה על זה. ומתמתקות
הגבורות בחסד ה' כשנפתחים שערי דמעה, שהמה
אות **יו"ד** משם הוי"ה ברוך הוא, נמתקים הקי"ט
דינין שמק"כ צרופי אלקים שכמניין **דמעה**,
ושורש הראשון שלו נמתק בשרשו בעינא פקיחא,
כמו שכתוב - עיני[315] נגרה ולא תדמה. עד ישקיף
וירא ה' משמים, עד כאן.

והן הן עצם רצון הקדוש ברוך הוא, להמציא הארבע
שרשין עלאין, כדרשתם ז"ל - בראשית[316] בשביל התורה
שנקראת ראשית, ובשביל ישראל שנקרא ראשית.
וכשמקיים תורה ומצות במחשבה דבור ומעשה, לשם
הוי"ה ברוך הוא הרי ממשיך עליו שם ה', דהא ישראל
מתקשראן באורייתא, ואורייתא בקדוש ברוך הוא.

ובזוהר פרשה שמיני ל"ה ב' - רבי חייא אמר תורה שבכתב
ותורה שבעל פי אוקמוהו ליה לבר נש בעלמא, הדא הוא
דכתיב - נעשה[317] אדם בצלמנו כדמותנו. הרי שהתורה
נקראת **צלם ודמות**, לפי שבארנו עניין צלם עלמין סתימין,
ודמות עלמין דאתגליין.

כך התורה כלולה מראש עד סוף והוא מה שנאמר בזוהר
פרשה אמור **צ"ח** ע"ב - אורייתא כלא סתים וגליא, כמה
דשמא קדישא סתים וגליא, בגין דאורייתא כלא שמא

---

[315] איכה ג מט
[316] רמב"ן על בראשית א א
[317] בראשית א כו

קדישא היא ועל דא איהי סתים וגליא.

פירוש, כמו שהוא יתברך שמו נקרא אל מסתתר, שאף שנבראו העולמות במדרגות רבות, לגביו אין שום שנוי, ורק לגבי דידן הוא מסתתר, שיתראו לעינינו פעולותיו במדרגות שונות, ושנשיג אחדותו יתברך שמו, בסתר המדרגה התחתונה.

וכל הסתתרו הוא כדי שרק על ידי זה יגלה כבוד אחדותו אלינו, בזה האופן דווקא, כאשר יבא בשערים הבאים, כנודע שהעלם אור בהיר הוא **תועלת** שיוכל להגלות על ידי נרתיקו, כמבואר בזוהר בראשית ט"ו ע"א - דאתחפיא לגו וכו', דאיהו תושבחתא דיליה ותועלתא דכלהו, עיין שם. וזהו סתים ועל ידה זה הוא גליא.

כן תורה הקדושה, עם שגנוז בה כל הצחצחות עליונות שבעליונים, נמצאו בה מדרגות שהמה שרשים לכלי המעשה, דבור, מחשבה, נגד נר"ן של אדם. ומוסתרים בתוכה סתרי סתרין, ונגלים לנו על ידי הנגלות תלמוד, שמביא לידי מעשה המצות, כדי שעל ידי התורה והמצות, תורה שבכתב ושבעל פה, נוכל להמשיך   עלינו ובתוכנו **צלם** מעלמין סתימין **ודמות** פעולות גופינו מעלמין דאתגליין, לכך אמר גם היא סתים, ועל ידי זה היא גליא, כרצונו יתברך שמו שנשיג הסתום על ידי הגלוי. וזה רק מצדינו כדי לאכפייא ס"א במעשי המצות, וממילא המאור שבה מאיר לנו השרשין עלאין.

וזהו דרשתם ז"ל חגיגה י"ב ע"א, ומדרש רבה בראשית פרק י"א - אור שברא הקדוש ברוך הוא ביום ראשון אדם מביט בו מסוף העולם ועד סופו וכו', וגנזה לצדיקים לעתיד לבא. פירוש מסוף העולם ועד סופו, הוא כל המציאות מריש העולמות עד סוף עולם המעשה[ד] היה מאיר ובא כאחד.

כעין דרשתם ז"ל שם[318] - שאדם הראשון היה גבוה מהארץ

עד לרקיע וחד אמר מסוף העולם ועד סופו. וכמאמרם ז"ל דאידי ואידי חד שיעורא הוא [וכמבואר בעץ חיים דאדם קדמון עובר בכל העולמות] ומבואר בזוהר שהאור שהגנז באורייתא.

הגההכ״ד. וכעניין מן העולם ועד העולם שהתקינו [ברכות נ"ד א' ועיין רש"י שם וס"ג א' דבר המתחיל - ויברכו את שם] ואמרו בזוהר ויצא קנ"ח ב' - כל ברכאן דתרין עלמין באתגליא ובאתכסיא, ועם כל דא כלא חד כו', דכתיב - ברוך[319] הוי"ה אלקי ישראל מן העולם ועד העולם. וזהו מסוף העולמות רוחני עד סוף עולם הגשמי, כי כחדא נחשבין באמת.

ולכך במקדש ראשון שהייתה השראת שכינה בשלימות, ועלמין סתימין היו מתחברין עם הנגלות, וראו כולם שהמלכותו כחדא, היו אומרים רק עד העולם, ובבית שני שחסר החמשה דברים, ולאו כולי עלמא השיגו האחדות, וקלקלו המקלקלין, התקינו לומר מן העולם ועד העולם, להורות על כל פנים שלא זה העולם הוא עיקר אלא טפל.

ובלשון חכמים הורו עוד למשיגים שעלמא דאתכסיא, הוא חדא עם עלמא דאתגליא, לפיכך לא אמרו מן עולם ועד עולם, אלא מן העולם ועד העולם, כי כחדא נחשבין באמת.

וכן קומת אדם הראשון היה מסוף העולם ועד סופו, ולפי המבואר עלמא דאתכסיא **הצלם** ועלמא דאתגליא **הדמות**, היו מאירים ובאים לו כחדא ובקשר אמיץ, וזהו - אחור[320] וקדם צרתני. לשון וצרת הכסף, שהיו מקושרים מוחין הפנימין בהמקיפין, והמקיפין במקיפין שעליהם, וזהו - מן

---

[319] תהלים קו מח
[320] תהלים קלט ה

הארץ עד לרקיע, כידוע שהשמים המה מקיפין, ורבי אעזר לא הזכיר המקיפין אלא דרך כלל, ורבי יהודה אמר רב הזכיר גם המקיפין העליונים, והוא **מ"ם** דצלם השרשין עלאין. וזהו דרשתו - ולמקצה השמים ועד קצה השמים. כי רבי אלעזר אמר סתם עד לרקיע מקיף הנגלה, והוא הוסיף עוד שגם מקצה הרקיע שנקרא אחר כך שמים, עד קצה שמי השמים העליונים, [ועיין פירוש רמב"ן על החומש על פסוק - ויקרא[321] אלהים לרקיע שמים. ומה שכתב שם - אבל[322] יותר נכון וכו'] ועל זה אמרו בגמרא - אידי[323] ואידי חד שיעורא הוא. ועיין תוספות שם.

וכיון שסרח והוסר ממנו הצלם המקיפין, נתמעט קומתו על מאה אמה. [עיין בעין יעקב חגיגה שם. ובמהרש"א ח"א שם] הוא עניין שלושה כלי הצלם הפנימית, וכל חד כלול משלוש יסודין הפועלים, וגופו המשלמת בדמותו כל הבחינה משלים לעשר, וידוע שכמו שלעשיריות אין שיעור, כן כל אחד כלול מעשר הוא מאה. ועם כי בתחילה היו המקיפין כחדא עם הפנימים, ולפי המבואר שמקום שליטת היצר הרע הוא בין פנימיים למקיפין, על כן נכשל בעץ הדעת טוב ורע, קליפת נוגה, והדברים ארוכים, ואפס מקום לבארם פה, עד כאן.

ועיין זוהר ל"א ב' - שהאור נגנז לצדיקים, ומסיים שם והוא טמיר לצדקייא, לצדיקיא דייקא. פירוש צדיק בכל מקום הוא במעשה, כי דוקא על ידי מעשה המצות בפועל

---

[321] בראשית א ח

[322] אבל יותר נכון לפי פשט הכתובים שנאמר כי הַשָּׁמַיִם הנזכרים בפסוק הראשון הם הַשָּׁמַיִם העליונים, אינם מכלל הגלגלים אבל הם למעלה מן המרכבה, כעניין - וּדְמוּת עַל רָאשֵׁי הַחַיָּה רָקִיעַ כְּעֵין הַקֶּרַח הַנּוֹרָא נָטוּי עַל רָאשֵׁיהֶם מִלְמָעְלָה, ומהם נקרא הקדוש ברוך הוא **רוֹכֵב שָׁמַיִם**, ולא סיפר הכתוב בבריאתם, דבר כאשר לא הזכיר המלאכים וחיות המרכבה וכל דבר נפרד שאינו בעל גוף, רק הזכיר בשמים שהם נבראים כלומר שקדמותם אפס.

[323] חגיגה יב א

ממש, מעוררים אור העליון הגנוז בתורה, ושם הן השרשין עלאין שבצלם. לזה אמרו ז"ל - כל[324] שמעשיו מרובין מחכמתו חכמתו מתקיימת כו'[כה]. כי העיקר הוא לנצח תחלה לכוף את יצרו להשתעבד למעשי המצות, אף שאין לו עדיין מוחין דלמ"ד דצלם.

הגהה[כה]. ולפי המבואר לעיל כמו שצלם הוא מעלמין סתימין, ודמות הוא מעלמין דאתגלייין, ככה הוא חכמתו ושכלו של האדם, הצלם הסתום בתוכו להוציא דמות כלי המעשה בפועל ממש במעשי המצות, וכמו שבתחילת בריאת העולם דמות כלי המעשה, במצות שעלה במחשבה תחלה עוררה להמציא כלי הצלם, כן גם עתה מעשי המצות שהאדם מקיים בפועל ממש, מעורר להמשיך עליו הצלם משרשין קדמאין.

ולזאת בבריאת האדם כתיב - נעשה[325] אדם בצלמנו כדמותנו. והאדם בהולידו את שת, כתיב - ויולד[326] בדמותו כצלמו. שבעת בריאת האדם, ברא הקדוש ברוך הוא כחות השרשין, שהן הצלם, שיוכל האדם לפעול מעשי המצות, כדכתיב - לעבדה[327] ולשמרה. ודרשו רז"ל - זו מצות עשה ומצות לא תעשה.

אבל הבחירה היה בידו, והיה עדיין הדמות בכח ולא בפועל, לזאת כתיב - נעשה[328] אדם בצלמנו כדמותנו. בכ"ף הדמיון, ולכך כתיב אחר כך - ויברא[329] אלקים את האדם בצלמו בצלם אלקים ברא אותו. ולא נזכר דמותנו.

---

[324] פרקי אבות ג ט

[325] בראשית א כו

[326] בראשית ה ג

[327] בראשית ב טו

[328] בראשית א כו

[329] בראשית א כז

וגבי אדם בהולידו את שת - ויולד[330] בדמותו
כצלמו. הזכיר הצלם בכף הדמיון. שאחר שהוסר
הצלם ממנו ונתמעט רק על מאה אמה כנזכר לעיל
בהגהה. לא נשאר רק הדמות, ובדמות פעולתו
עורר להמשיך צלם, וגם שת היה יכול על ידי דמות
פרטי מעשיו לטובה להשלים צלמו, על פי בחירתו
וקבלתו מלכות שמים

וקבלת מה שאמרנו במעשה הוא עיקר נקודה
הפנימית, שגרמה לו כביכול לצמצם בריאת כל
העולמים, שיוכל להבראות האדם בעולם העשיה,
וכן נאמר בזוהר על מידת מלכותו יתברך שמו -
שאידי שלימו דכל ספיראן ומשלמת התשע
בחינות. וזה עשר ולא תשע, וכמבואר בעץ חיים
שעיקר מידת מלכותו יתברך שמו שתהיה נגדלת
להיות בעלת עשר בבחינת פרצוף, עד כאן.

[גם הוראת פירוש האותיות הוא תחילה **צד"י** במעשה,
ואחר כך **למ"ד** הוא בחינת השכל המקיפין במוחין, ואחר
כך **המ"ם** הוא בחינת נהי"מ דבינה, כי[331] אם לבינה תקרא.
והוא עניין - בן[332] ארבעים לבינה. וארבעים[333] יום של
יצירת הולד. והמ"ם סתומה בסוף תיבת אם כידוע
שבעיבור היא סתומה. עד כאן].

וזה מאמרם ז"ל - שזיווג[334] ראשון אינו לפי מעשיו של
אדם, וזיווג שני הוא לפי מעשיו. כידוע בזוהר - שבעת[335]
זיווג דכרא ונוקבא קאים עליאה חד צולמא. והוא עניין
השלוש בחינות דצלם הנזכר לעיל. כי התמזגות הארבע
יסודין ושרשין קדמאין, אינו שווה בכל נר"ן. שהלבוש
מארבע יסודין, והמוחין מארבע שרשין נמשכין לפי עניין

---

[330] בראשית ה ג

[331] משלי ב ג

[332] פרקי אבות ה כא

[333] סוטה ב א

[334] סוטה ב א

[335] אמור דף קד א

קדושת האב ואם בעת הזיווג, ואינו תלוי אז עדיין לפי מעשה הולד שיהיה.

ואז סדר המשכתן והזדווגות מזגם הוא ה**מ"ם** תחלה הארבע שרשין עלאין, ואחר כך ה**למ"ד** המשכת פעולתן שהוא השלוש יסודין **אר"מ** לבד מיסוד העפר, והכל עדיין בבחינת השכלה ומקיף המוחין לבד, ואחר זה מתפשטין במידות ובמעשה, שלוש פעמים שלוש, והוא **צ'** כנזכר לעיל, וזהו זיווג הראשון שתלוי רק לפי קדושת אבא ואימא.

ומאז והלאה כל התיקונים, והמשכת המוחין להזדווג, להוציא פעולתם בעולם הוא זיווג השני, תלוי לפי מעשיו, וסדרם אז הוא **צ' ל' ם'**. ומזה תבין העניין בשרשו בעולמות עליונים.

ולכן כל תיקוני העולמות, נקרא בזוהר וכתבי האר"י ז"ל בשם זיווגים, ולכאורה ייפלא שהיא מודעת שהוא רק משל על חבור עניינים רוחניים, כעניין אדם המחבר תחלה בשכלו שתי סברות בשכל, ומחבור שתי הסברות נולד לו סברה חדשה, על פי הקדמת שני הסברות הראשונות, ומה הביאם לקדושי עליון להמשיל דבר רוחני במשל גשמי כזה.

אך העניין הוא לסכור פי הדוברים ומרחיבים פה ולשון, וממלאים פיהם שחוק על שלומי אמוני ישראל, שאומרים שכל מעשי המצות, שעושה האדם למטה גורמים תיקונים גדולים בעולמות עליונים.

ולכן הראו דוגמא, שכמו שלא נוכל להשכיל ולהבין, איך שממעשה שפלה כעניין זיווג, נוצר מטיפה סרוחה בריה נפלאה, וקומה שלימה מלא שכל רוחני, להשיג עניינים נפלאים רוחניים וקדושים, כן לא נוכל להבין שורש אמיתת תיקוני העולמות והכחות עליונים המשתלבים באורות רוחניים על ידי מעשי המצות שהאדם עושה למטה בזה העולם השפל, כפי שציונו ה' יתברך שמוֹ. ועיין כוזרי מאמר ג' סימן כ"ג.

הגהה[ב]. וידוע שאף זיווג הנשיקין אתדבקות רוחא ברוחא אינם מולידים רק נשמות מלאכים, שכליים נבדלים. ומזיווג זו"נ נולדים נשמות בני אדם, הנמשכים מגבוה שבגבוה, לפעול פעולתו בארץ מכוחם העליון. ויתכן להסמיך העניין בכתוב - כאשר[336] אינך יודע גו', כעצמים בבטן המלאה ככה לא תדע את מעשה האלקים אשר יעשה את הכל. פירוש, מעשי אלקים הוא המעשה אשר צוה האלקים - אשר[337] יעשה אותם האדם וחי בהם. שהמעשה יעשה את הכל ויעשה לשון תיקון, הדבר כמו - וימהר[338] לעשות אתו. וכמו - ולא[339] עשה שפמו. עד כאן.

וכל עת מודים שכחות המזלות העליונים, מתעוררים ליתן חלק באדם, כמאמר רז"ל - האי[340] מאן דבכוכב יהא גבר נהיר וחכים וכו', האי מאן דבצדק יהא גבר צדקן וכו'. ועם כל זה אינם נותנים חלק מכחם, אלא בהתעוררות מעשה הזיווג בפועל, כן הכחות מעולמות עליונים אין נותנים חלקם בחיים, אלא לעומת מעשה האדם בפועל ממש, במצות ובתלמוד תורה, המביא לידי מעשה.

אז מתעוררים להשפיע מאורם העליון, גם למטה בהתמזגות הארבע שרשין עלאין בנשמתא בשכל, וכן בלב, במידות. ובמעשה.

ועם כי הדברים ארוכים בפרטי בחינת הצל"ם, לפי כתבי האר"י ז"ל, אמנם דרך כלל די בזה.

ותן לחכם ויחכם עוד.

---

[336] קהלת יא ה

[337] יחזקאל כ יא

[338] בראשית יח ז

[339] שמואל-ב יט כה

[340] שבת קנו א

נפש החיים

שער ב

פרק א

כתיב[1] - לאהבה את ה' אלקיכם ולעבדו בכל לבבכם ובכל נפשכם. ואמרו רז"ל בפרק קמא דתענית ובספרי - איזוהי[2] עבודה שבלב הוי אומר זו תפלה.

הנה האהבה שאמר שצריכה להיות בכל לב, הוא פשוט, כי היא ממצות התלויות בלב, וכן עניין האהבה בכל נפש שאמר, היינו אף גם למסור נפשו עליו יתברך שמו מעוצם נפלאות האהבה לו יתברך, וכמו שכתוב בפרשה ראשונה - ואהבת[3] את ה' אלקיך בכל לבבך ובכל נפשך גו'.

אמנם בפרשה זו חידוש הוא שחידשה, שגם העבודה היא התפלה צריכה להיות בכל לב ובכל נפש.

[ולהכי נמי לא כתיב ובכל מאדכם בפרשה זו כמו בפרשה ראשונה דכתיב בה נמי ובכל מאדך. כי פרשה ראשונה מיירי מעניין מצות האהבה לחוד, שייך לומר שתהיה האהבה גם בכל מאד, זה הממון, כמו שאמרו רז"ל - אם[4] יש לך אדם שממונו חביב עליו מגופו לכן נאמר **ובכל מאדך**. אבל בפרשה זו דכתיב בה נמי עבודה היא תפלה, לא שייך עליה כל כך ובעל מאד].

והנה מה שכתוב בכל לבבכם על עניין התפלה, הוא פשוט ומבואר כוונת הכתוב לשתי עניינים.

האחד היינו לפנות לבו מטרדת המחשבות, ולהטותה אל הכוונה השלימה לתיבות התפלה בלבב שלם ועומקא

---

[1] דברים יא י
[2] תענית ב א
[3] דברים ו ה
[4] ברכות סא ב

דלבא, כמאמרם ז"ל בברייתא ריש פרק אין עומדין -
המתפלל[5] צריך שיכווין את לבו לשמים, שנאמר תכין[6] לבם
גו'. וכדמשמע להו נמי התם מקראי דחנה - והנה[7] היא
מדברת על לבה. מכאן[8] למתפלל צריך שיכוין לבו. וכמו
שכתב דוד המלך ע"ה - בכל[9] לבי דרשתיך.

ובזוהר בשלח ס"ג ב' - כל מאן דמצלי צלותא קמי מלכא
קדישא, בעי למבעי בעותיא ולצלאה מעומקא דלבא, בגין
דישתכח לביה שלים בקדוש ברוך הוא, ויכוין לבא
ורעותא.

ולכן אמרו ז"ל שם סוף פרק תפלת השחר - שהמתפלל[10]
צריך לשהות וכו'. כדי שתתחונן דעתו עליו, והיינו בכל
לבבכם שתתמלא כל הלב רק בכוונת תיבות התפלה, שאם
יעלה בליבו איזה מחשבה אחרת הרי הלב חלוקה בשתי
מחשבות.

והשני היינו גם לשרש מליבו בעבודת התפלה תענוגי
העולם והנאותיו מכל וכל, ואיך להסתכל כלפי מעלה
ברוממות הבורא יתברך, כמו שאמרו - המתפלל[11] צריך
שייתן לבו למעלה. עד שיהא כל כח לבו משוכה רק למעלה
להתענג על ה', לבד בתיבות התפלה, וכעניין - החסידים[12]
הראשונים שהיו שוהים שעה אחת כדי שיכוונו לבם
למקום. וכעניין שפירש רבינו יונה ז"ל שם עניינה, עיין שם
וליבך תשית. וכמו שאמרו בשמות רבה פרק כ"ב [ג] -
אדם צריך שיטהר לבו קודם שיתפלל.

[אמנם כל עיקר עניין טהרת הלב, היא רק למצוה ולא
לעכובא, גם לעניין התפלה אף שנקראת עבודה שבלב, כמו
שנתבאר קצת לעיל סוף שער א', שהעיקר בכל המצות היא

---

[5] ברכות ל ב
[6] תהלים י יז
[7] שמואל-א א יג
[8] ברכות לא א
[9] תהלים קיט י
[10] ברכות לב ב
[11] יבמות קה ב
[12] משנה ברכות ה א

המעשה, עיין שם].

ולהבין עניין מה שאמר הכתוב - ובכל[13] נפשכם. על עבודת התפלה, צריך לבאר תחלה פירוש ועניין הברכה כביכול לו יתברך שמו, שמציינו כמה פעמים במקרא - וברכת[14] את ה' אלקיך. ברוך[15] ה' לעולם גו'. והרבה כיוצא, וכן בדברי רז"ל מצינו שאמר כביכול לרבי ישמעאל - ישמעאל[16] בני ברכני. וכן כל נוסח מטבע תפלות והברכות כולם שיסדו אנשי כנסת הגדולה, הם פותחים ומסיימים בברוך.

פרק ב

והעניין כי מלת ברוך, אינו לשון תהילה ושבח כמו ששומה בפי ההמון, שהרי כשאמר לרבי ישמעאל בני ברכני, לא אמר שם שום שבח בברכתו, אלא תפלה ובקשת רחמים, וכן בבא מציעא - אמרינן[17] וברכך יצא הקדש שאין צריך ברכה. ופריך הש"ס ולא והא כתיב - ואכלת[18] ושבעת וברכת את ה' כו'.

אבל האמת, כי ברוך פירושו לשון תוספת וריבוי, וכעניין - קח[19] נא את ברכתי גו'. וברך[20] את לחמך. וברך[21] פרי בטנך וגו'. והרבה כיוצא במקרא, שאי אפשר לפרשם לשון תהילה ושבח, אלא לשון תוספת וריבוי.

ובזוהר אמר בכל מקום לאמשכא ברכאן כו', לארקא ברכאן לאוסופי ברכאן, תוספת רבויא דברכאן כו, ועיין ברעיא מהימנא ריש פרשת עקב ע"א וע"ב - שברוך אתה הוי"ה, פירוש כמשמעו לאמשכא ולארקא חיין ממקורא

---

13 דברים יא יג

14 דברים ח י

15 תהלים פט נג

16 ברכות ז א

17 בבא מציעא קיד א

18 דברים ח י

19 בראשית לג יא

20 שמות כג כה

21 דברים ז יג

דחיי לשמיא דקדוש ברוך הוא קדישא כו'. וכתיב - ואכלת[22] ושבעת וברכת את ה' אלהיך. ואינון ברכאן אריק בני נשא באינון מלין כו'. עיין שם באורך.

וכך כתוב בפרי עץ חיים שער הקדישים פרק א' ז"ל - סוד ברוך בכל מיני רבויין. וכן הוא שם סוף שער הבריאה וסוף פרק ב', משער העמידה ובריש פרק ג' שם, ובשער השבת ריש פרק י"ב, ובשער תפלת ראש השנה פרק ג', עיין שם. וכך כתב הרשב"א[23] ז"ל בעניין ישמעאל בני ברכני, עיין שם.

אמנם עניין הברכה לו יתברך שמו, אין הכוונה לעצמות אדון יחיד ברוך הוא כביכול, חלילה וחלילה, כי הוא מרומם מעל כל ברכה, אבל העניין כמו שמבואר בזוהר - דקדוש ברוך הוא סתים וגליא. כי עצמות א"ס ברוך הוא סתים מכל סתימין, ואין לכנותו ח"ו בשום שם כלל, אפילו בשם הוי"ה ברוך הוא, ואפילו בקוצו של יו"ד דביה.

[ואף גם מה שבזוהר הקדוש מכנהו יתברך בשם **אין סוף**, איננו כנוי עליו יתברך שמו, אלא הכוונה על השגתנו אותו מצד כחות הנשפעים מאתו בהתחברותו ברצונו להעולמות, ולזאת כנוהו אין סוף ולא אין ראשית. כי באמת מצד עצמותו יתברך שמו אין לו לא סוף ולא ראשית, רק מצד השגתינו כחותיו יתברך, הלא כל השגתינו הוא רק ראשית, אבל אין סוף להגיע בהשגה להשיג את כחותיו יתברך הנשפעים].

ומה שמושג אצלינו קצת ואנו מכנים ומתארים כמה תארים ושמות וכינויים ומידות, כמו שמצאינום בתורה ובכל מטבע התפלה, כולם הם רק מצד התחברותו יתברך אל העולמות והכחות מעת הבריאה, להעמידם ולהחיותם ולהנהיגם כרצונו יתברך שמו, [והם אשר קראום בשם השתלשלות הספירות].

ולפי כל שינויי פרטי סדרי ההנהגה, שמשתלשל ונמשך

---

22 דברים ח י
23 רבי שלמה בן אברהם אבן אדרת

לזה העולם אם לדין, אם לחסד, אם לרחמים, על ידי כחות העליונים והתמזגותם, משתנים השמות והכינויים והתארים, שלכל עניין פרטי מסדרי ההנהגה מיוחד לו כנוי ושם פרטי שכן מורים פירושם של כל התארים, שהם מצד הכחות הברואים כמו רחום וחנון, פירוש רחמנות וחנינה על הברואים.

ואפילו השם העצם המיוחד, **הוי''ה** ברוך הוא, לא על עצמותו יתברך לבד אנו מייחדים לו, אלא מצד התחברותו יתברך עם העולמות, כפירושו **היה והוה ויהיה** ומהוה הכל. ר"ל הוא יתברך מתחבר ברצונו להעולמות להוום ולקיימם כל רגע*, וזה שמבאר האר"י ז"ל בלשונו הקדושה הובא בהקדמת פרי עץ חיים, שכל הכינויים והשמות הם שמות העצמו המתפשטים בספירות, ועיין שם.

הגהה. ומה שאמר בפרקי רבי אליעזר שקודם שברא הקדוש ברוך הוא את העולם היה **הוא ושמו לבד**, קודם שברא דיקא, ר"ל עולם הבריאה, היה הוא ועצמותו יתברך ושמו היינו עולם אצילות לבד, אבל אילולי האציל יתברך שמו מאתו עולם האצילות, לא היה שייך על עצמותו יתברך **היה והוה ויהיה**.

פרק ג

והוא מאמרם ז"ל בשמות רבה פרק ג', אלקי אבותיכם שלחני אליכם, אותה שעה נתברר משה על עסקיו כו', באותה שעה היה מבקש משה שיודיענו הקדוש ברוך הוא את השם הגדול כו', אמר לו הקדוש ברוך הוא למשה, שמי אתה מבקש לידע, לפי מעשי אני נקרא, פעמים אני נקרא בא"ל שד"י, בצבאו"ת או באלהי"ם, בהוי"ה. כשאני דן את הבריות אני נקרא אלהי"ם. וכשאני עושה מלחמה ברשעים, אני נקרא צבאו"ת. וכשאני תולה חטאיו של אדם, אני נקרא א"ל שד"י. וכשאני מרחם על עולמי, אני

נקרא הוי"ה כו'. הוי אהי"ה אשר אהי"ה, אני נקרא לפי מעשי.

וברעיא מהימנא פרשת בא דף מ"ב ב' - כיי[24] לא ראיתם כל תמונה גו'. דהא כתיב - ותמונת[25] ה' יביט גו'. דאפילו האי תמונה לית ליה באתריא אלא כד נחית לאמלכא עלייהו, ויתפשט על ברייין כו', דהא קדם דברא דיוקנא בעלמא וצייר צורה, הוה הוא יחידאי בלא צורה ודמיון, ומאן דאשתמודע ליה קדם בריאה, דאיהו לבר מדיוקנא אסור למעבד ליה צורה ודיוקנא בעלמא וכו', ואפילו בשמא קדישא, ולא בשום אות ונקודה בעלמא, והאי איהו כי לא ראיתם כל תמונה גו', אבל בתר דעביד הא דיוקנא דמרכבה דאדם עלאה נחית תמן ואתקרי בההוא דיוקנא הוי"ה, בגין דאשתמודעון ליה בדמות דיליה כו', א"ל אלהי"ם שד"י צבאו"ת אהי"ה, בגין דישתמודעין ליה בכל מידה ומידה, איך יתנהג עלמא בחסד ובדינא כו', ווי ליה למאן דישוי ליה בשום מידה כו', אלא דמיונא דיליה כפום שלטנותיה על ההוא מידה, ואפלו על כל ברייין כו', כד אסתליק מנה לית ליה מידה ולא דמיון, עיין שם.

ובפרשת פנחס רכ"ה א' - ואיהו לא אתקרי הוי"ה ובכל שמהן, אלא באתפשטות נהוריה עלייהו, וכד אסתלק מנייהו לית ליה מגרמיה שם כלל כו', עיין שם.

ובתיקונים, תיקון ע' קכ"א ב' האריך בעניין פרקי אברי השיעור קומה כביכול, אמר אחר זה שכל העניין הוא לאחזאה בכל אבר ואבר דגופיה שלטנותיה לאשתמודעא לבני נשא, איך אתנהיג עלמא וינדע למקרי ליה בכל אבר כדקא יאות, ואיך אשתני שמיה לפום ההוא אבר, ואית אבר דאתקרי ביה הוי"ה רחמי, ואית אבר דאתקרי ביה אלהי"ם, ואית אבר דאתקרי ביה כו', אהי"ה אחזי על עלת העלות כו', דעלת על כל העלות איהו חד בכל שמהן, ולא אשתני בכלהו, דשנויין בשמהן אינון ולאו ביה כו', עיין שם. ועיין

---

[24] דברים ד טו
[25] במדבר יב ח

עוד ברעיא מהימנא פנחס רנ"ז ב' ורנ"ח א'. ועיין בעץ
חיים ריש שער עיגולים ויושר, ושם בסוף זה השער ריש
המהדורא תנינא, ותבין שם על פי דברינו.

וזה[2] כל השגתינו כביכול אותו יתברך, הכל מצד עניין
התחברותו אל העולמות, והתפשטותו יתברך בתוכם, כמו
שמבואר ברעיא מהימנא פרשת בא הנ"ל, דאפילו האי
תמונה לית ליה באתריה, אלא כד נחית לאמלכא עלייהו,
ויתפשט על בריין, יתחזי לכל חד כפום מראה וחזון ודמיון
דלהון, והאי איהו - וביד[26] הנביאים אדמה.

הגהה[3]. ובזה יובן מאמרם ז"ל בחזית על פי יונתי
תמתי, ז"ל - רבי[27] ינאי אמר תאומתי כביכול לא
אני גדול ממנה ולא היא גדולה ממני. ולכאורה
נפלאות הוא ולדברינו, הוא מבואר אחר שכל
ההשגות במקצת שמדברים בו יתברך הוא, רק
מצד התחברותו יתברך אל העולמות, וכל תחילת
כוונתו יתברך בבריאת העולמות והתחברותו
אליהם, היה רק בשביל ישראל כו', כמאמרם ז"ל
- בראשית[28] בשביל ישראל כו'. זה שאמר -
תאומתי לא אני גדול ממנה ולא היא כו', ר"ל
בשנים, והבן.

ולכן קבעו אנשי כנסת הגדולה, הנוסח של כל ברכות
המצות בלשון נוכח ונסתר, תחילתם ברוך אתה הוא לשון
נוכח, ומסיימים אשר קדשנו כו', **וצוונו** - לשון נסתר.
שמצד התחברותו יתברך ברצונו אל העולמות, שעל ידי זה
יש לנו קצת השגה כל דהו, אנו מדברים לנוכח - ברוך אתה
ה' כו', כי העולמות הם הצריכים לעניין התוספת וריבוי
ברכה מעצמותו יתברך המתחבר אליהם, וזהו - מלך
העולם, כמו שמבואר ברעיא מהימנא הנ"ל - כד נחית
לאמלכא עלייהו ויתפשט על בריין כו'.

---

[26] הושע יב יא

[27] שיר השירים רבה ה ב

[28] בראשית רבה א ד

והמצווה אותנו ומקדשנו הוא עצמותו יתברך א"ס ברוך הוא לבדו, הסתום מכל סתימין, לכן תקנו בלשון נסתר אשר קדשנו וצונו.

פרק ד

וטעמו של דבר, שנכלל בכל ברכה שתי הבחינות הנ"ל, כי יסוד פינת אמונתנו הקדושה, שכל מגמת כוונת ליבנו בכל הברכות והתפלות ובקשות, אך רק ליחידו של עולם, אדון יחיד א"ס ברוך הוא.

אמנם לא שאנו מדברים אליו כביכול על עצמותו יתברך לבד, בבחינת היותו מופשט ומופרש כביכול לגמרי מהעולמות, כעניין שהיה קודם הבריאה, דאם כן איך נתארהו ח"ו בכל ברכותינו ותפלתנו בשום שם וכנוי בעולם כלל.

וגם דאם לא מצד שהראנו יתברך שרצונו להתחבר להעולמות, ולאמלכא על בריין כפום עובדיהון, לא היינו רשאים כלל להתפלל לעצמותו יתברך שיתחבר, להעולמות ולאשגחא על בריין, ולכן מקדימין אנחנו לומר – אתה ה' מלך העולם, פירוש אחר שרצונך היה להוות העולמות, ולהתחבר אליהם לאמלכא עליהון, לזאת בקשתנו שיתברך מקור הרצון לאמלכא כן לעלמין, וגם שלפי בחינת עצמותו יתברך, בלתי התחברותו אל העולמות, אין מקום לתורה ומצות כלל, ועל זה נאמר – אם[29] חטאת מה תפעל בו וגו'. אם[30] צדקת מה תתן לו או מה מידך יקח. וכן כתיב – אם[31] חכמת חכמת לך. כי לעצמות אדון כל ברוך הוא, כל מעשה האדם הטובה היא אם רעה איננה, נוגע לו בעצם כלל ח"ו.

והוא מאמרם ז"ל בבראשית רבה ריש פרק מ"ד – אמרת[32] ה' צרופה גו'. אמר רב לא נתנו המצות אלא לצרף כו', וכי

---

[29] איוב לה ו

[30] איוב לה ז

[31] משלי ט יב

[32] תהלים יח לא

מה אכפת ליה להקדוש ברוך הוא למי ששוחט מן הצואר, או מי ששוחט מן העורף כו'. וכן הוא בתנחומא פרשת שמיני בפסוק - זאת[33] החיה כו'. ובמדרש תהלים מזמור י"ח, עיין שם. ובתיקונים תיקון ע' ק"ל סוף ע"א - עלית העלות מתעלה על כולא איהו בריך לכלא, ולא צריך איהו ברכאן מאחרא דלית עליה מאן דאשפע ליה, הדא הוא דכתיב - ומרומם[34] על כל ברכה ותהלה‏ג.

הגהה‏ג. ומה שכתוב בכוונות התפלה והברכות, לכוון בכל ברכה כוונה מיוחדת לספירה מיוחדת, לא ח"ו לעצמות הספירה, כי הוא קיצוץ נטיעות ח"ו.

כי כמו שבעניין עבודת הקורבן אמרו רז"ל בברייתא סוף מנחות, והוא מהספרי פרשת פנחס - בא[35] וראה מה כתיב בפרשת קורבנות, שלא נאמר בהן לא אל, ולא אלהים, אלא הוי"ה, שלא ליתן פתחון פה לבעל הדין לחלוק. וכמו שכתוב - זובח[36] לאלהים יחרם בלתי לה' לבדו. ועיין להלן בשער ג' פרק ט'.

כן בעבודת התפלה, חלילה לכוון לשום כח פרטי, וספירה מיוחדת, אלא לעצמות אדון יחיד א"ס ברוך הוא, כלל הכחות כולם, שמחבר ברצונו יתברך מטעם הכמוס אצלו יתברך, לפעול באותה ספירה ואותו הכח, שהם בסדר ההשתלשלות שקבע הוא יתברך ברצונו, שכל ספירה מיוחדת לעניין פרטי, שעל ידה פועל עניין זה בהעולמות. [ועיין בתשובת ריב"ש[37] סימן קמ"ז אשר השיב הרב יוסף בן שושן בזה להריב"ש ז"ל, ולדברינו אלה יתיישב יותר, והבן]. ועיין בלשון האר"י ז"ל

---

[33] ויקרא יא ב

[34] נחמיה ט ה

[35] מנחות קי א

[36] שמות כב יט

[37] רבי יצחק בר ששת

שהזכרנו בפנים לעיל סוף פרק ב'. ועיין עוד בתיקונים תיקון כ"ב ס"ג - ואיהו אתקרי בכל שמהן כו', לאחזאה לכל חד מישראל מאתר דקראן ליה לפום צרכיהון כו', עיין שם, וכן בתיקון ט' הנזכר בפנים, אמרו - לאחזאה בכל אבר כו', לאשתמודעה לבני נשא כו', וידע למקרי ליה בכל אבר כדקא יאות.

וזה שמבואר בתיקוני זוהר חדש דף פ"א ע"ד - ואיה למשאל למה מצלאין לקדוש ברוך הוא בכמה דרגין, זמנין מצלין ליה בספירה ידיעה ובמידה ידיעא, לזמנין צלותא לימינא כו', לזמנין לשמלא כו', לזמנין לעמודא דאמצעית כו', כל צלותא סלקא לדרגה ידיעא, אלא ודאי הוי"ה איהו בכל ספירה וספירה כו', בזמנא דבעי לרחמא על עלמא סליקת לימינא, ובזמנא דבעי כו', וכלא לגבי הוי"ה דאיהו בכל אתר כו'. וזה שאמרו רז"ל בספרי - כהוי"ה[38] אלהינו בכל קראנו אליו, אליו ולא למידותיו.

אלא שכל כוונת לבנו בכל הברכות והתפלות, צריך שתהיה לעצמות א"ס ברוך הוא, מצד התחברו כרצונו יתברך אל העולמות, שמצדם הם כל התוארים והשמות, מתחלפים לפעול ולהמשיך בהם אור ושפעת קדושה מעצמותו יתברך, כפי התעוררות המגיע אליהם ממעשי האדם, של כל איש מעם סגולה, אם בחסד, אם במשפט, אם בצדקה, אם ברחמים, המעט ואם רב, ככה הוא על זה האופן והשיעור בדקדוק עצום, במידה ובמשקל עניין התחברותו יתברך אל הכחות והעולמות, לשנות סדר התקשרותם להמשכת שפעת אורם, וכל פרטי הנהגתם, אם לדין ורוגז, אם לחסד ורחמים, וגם שיעור הדין והחסד המעט ואם רב. זה שכתוב בהמאמרים הנ"ל - שלא[39] ניתנו המצות אלא לצרף בהן את הבריות. היינו שצורך גדול המה לצרף ולזקק

<hr>

[38] ספרי דבי רב, ואתחנן
[39] בראשית רבה מד א

להפריש הסיגים מכל הכחות והעולמות הברואים יתצרף ויתלבן, וגם כן במשמע לצרף היינו לחבר ולקשר כל הכחות והעולמות הברואים, מתוקנים ומסודרים כפי הכוונה והרצון העליון ברוך הוא, וממילא גם בית ישראל עם סגולה, יתאחדו בשם המיוחד יתברך לחלקו ונחלתו, שרק על זה התכלית באו כל המצות, והעבודה הקדושה כולה בכללה.

זהו עניין הברכה לו יתברך, בכל הברכות והתפלות שפירושו הוא תוספת וריבוי ממש כמשמעו כנ"ל. שזהו רצונו יתברך מטעם כמוס אתו יתברך, שנתקן ונייחד על ידי הברכות והתפלות הכחות והעולמות העליונים, שיהיו מוכנים וראויים לקבל שפעת קדושת אור עליון, ולהמשיך ולהוסיף בהם קדושת האור ורב ברכות מעצמותו יתברך, המתחבר אליהם ומתפשט בתוכם, וממילא יושפע זה התוספת ברכה והקדושה, גם על עם סגולה שגרמו וסבבו לכל הכבוד הזה.

וזה שאמר רבי ישמעאל כשביקש הוא יתברך מאתו - ישמעאל[40] בני ברכני, יהי רצון שיכבשו רחמיך את כעסך ויגולו רחמיך כו', ותתנהג עם בניך במידת הרחמים, ותכנס להם לפנים משורת הדין.

ועיין זוהר חדש רות ס"ז ב' - רבי נחמיה פתח ואכלת גו', וברכת את ה' אלהיך גו', ואמר רבי יודאי גדול כח ברכת המזון שמוסיף כח ברכה בפמליא של מעלה, ולכן אמרו רז"ל [בריש פרק כיצד מברכין] ובזוהר חדש שם - כל[41] האוכל ואינו מברך נקרא גזלן, שנאמר - גוזל[42] אביו ואמו גו'. ואין אביו אלא הקדוש ברוך הוא כו', כי הוא גוזל ומונע מהעולמות שפעת הברכה והקדושה שהיה צריך להשפיע בהם על ידי ברכתו.

---

[40] ברכות ז א

[41] ברכות לה א

[42] משלי כח כד

וכן כל המקראות - ברכי[43] נפשי את ה'. ברוך[44] אתה ה' אלהי ישראל גו'. וכל כיוצא בו הכל הוא על זה העניין, ומצוה רצונו יתברך להתחבר אל הבריאה, על זה נאמר העבודה צורך גבוה.

פרק ה

אמנם להבין עיקרו של עניין התוספת וריבוי ברכה בהעולמות, על ידי מעשי האדם, ומהות העניין צורך העולמות לזה, הנה רז"ל אמרו - הני[45] חמשה ברכי נפשי כנגד מי אמרן דוד לא אמרן אלא כנגד הקדוש ברוך הוא, וכנגד הנשמה[ז] מה הקדוש ברוך הוא מלא כל העולם אף הנשמה מלאה כל הגוף כו'. וכן אמרו בויקרא רבה פ"ד, ודברים רבה סוף פרק ב', ובמדרש תהלים מזמור ק"ג, ובתיקונים ריש תיקון י"ג, וכמו שביאר ברעיא מהימנא פרשת פנחס רנ"ז ב', ורנ"ח א', ועיין בעץ חיים שער פנימיות וחיצונות סוף דרוש י"א.

הגהה[ז]. ועם כי רז"ל המשילו התחברותו יתברך להעולמות, להתחברות הנשמה להגוף, אל יטעה ח"ו הרואה דבריהם, שהנמשל דומה למשל ח"ו, כי באמת אין ערוך ודמיון ביניהם בשום אופן, כמבואר בזוהר וברעיא מהימנא בהרבה מקומות ומקרא מלא דבר הכתוב - ואל[46] מי תדמיון אל. וגם כל מי שעייני שכל לו, יבין שאייך אפשר ליקח דמיון מהנבראים, על הבורא יתברך שמו.

ולא המשילו ז"ל עצמות הנשמה לעצמות הבורא יתברך, רק לדבר זה דימו, שאף שהנשמה היא כח נברא מאתו יתברך, עם כל זה אי אפשר להשיג עצמותה, לכנות לה שום תואר ופעולה, אם לא מצד התחברותה לגוף, מכל שכן הבורא יתברך,

---

[43] תהלים קד א
[44] תהלים קו מח
[45] ברכות י א
[46] ישעיהו מ יח

שאין להשיגו רק מצד התחברותו להעולמות. וגם היא הנותנת, שמאחר שאין להמשילו לשום נברא, שגם כתר עליון אוכמא איהו לגבי עילת כל העילות, ולכל דבר אשר ידמו, לא ישווה, הוכרחו לבחור דרך דמיון לאיזה נברא רוחני, וכעניין הכתוב - יקרה[47] היא מפנינים. ואף שאין דמיון וערך בין התורה הקדושה והפנינים, לזה סיים הכתוב עצמו הרי - כל חפציך לא ישוה בה.

וזה שאמרו רז"ל במסכת ראש השנה כד ב', ובעבודת[48] כוכבים ומזלות, בברייתא - כל הפרצופות מותרים חוץ מפרצוף אדם. ומפרש טעמא דכתיב - לא[49] תעשון אתי. לא תעשון אותי, וכמו מאמר בזוהר יתרו פ"ו סוף ע"א, עיין שם.

ובבראשית רבא ריש סימן כ"ז אמרו כתיב - כי[50] יש אדם שעמלו בחכמה גו'. אמר רבי יודן גדול כהן של נביאים שמדמין צורה ליוצרה שנאמר - ואשמע[51] קול אדם בין אולי. אמר רבי יהודה בן סימון - אית לן קריא אוחרן דמחוור יתיר מן דין, שנאמר - ועל[52] דמות הכסא דמות כמראה אדם גו'. ובמדבר רבה פרק י"ט - חכמת[53] אדם תאיר פניו. אמר רבי יודן - גדול כהן של נביאים שמדמין דמות גבורה של מעלה לצורת אדם כו', עיין שם. וכך הוא בקהלת רבה סימן ח' פסוק א', ובתנחומא פרשת חקת.

ולכאורה יפלא, כי[54] אל מי תדמיון וגו'. אמנם העניין כמו שמבואר לעייל שכל השגתנו כביכול אותו יתברך שמו, הוא רק מצד התחברותו יתברך להעולמות, וסדר מצב העולמות והכחות כולם העליונים ותחתונים יחד בכלל,

---

[47] משלי ג טו

[48] עבודה זרה מג ב

[49] שמות כ יט

[50] קהלת ב כא

[51] דניאל ח טז

[52] יחזקאל א כו

[53] קהלת ח א

[54] ישעיהו מ יח

מסודרים כביכול בכל פרטיהם כתבנית קומת אדם, בסידור כל פרקי אבריו וגידיו וכל פרטי העניינים שבו, והתאחדותם אחד בחבירו, שהוא כוללם יחד בתוכו כל הכחות והעולמות, כמו שמבואר לעיל בשער א'.

והוא עניין השיעור קומה הנזכר בדבריהם ז"ל במדרשים, ועיין בעץ חיים שער עיגולים ויושר ענף ב' וג' וד' שם, ושם בסוף השער בריש מהדורא תנינא, וכתב שם שזה רמז הכתוב - ויברא[55] אלקים את האדם בצלמו בצלם אלקים. ועיין עוד בריש שער הצלם, ובשער ציור עולמות אבי"ע שם.

ועצמותו יתברך מתפשט ומסתתר בתוך כולם וממלאם, והוא נשמתא דלהון, כביכול כעניין הנשמה המתפשטת ומסתתרת בגוף האדם, לכן הורשינו לתארו יתברך על זה האופן[ז].

הגהה[ז]. וזהו עניין כל התארים הנזכרים בתורה עליו יתברך, עין יד, ורגל, וכיוצא הכל מצד התחברותו יתברך להעולמות, שהם מסודרים על זה הסדר בכל אלו האברים, והם שמות עצמיים להכחות והעולמות לא מושאלים.

וכן גם באדם אינם שמות מושאלים, וגם לא שהם באדם רק לסימן ורמז להעניינים העליונים הנעלמים, כעניין השם של האדם, שהוא סימן לאותה הצורה והתבנית שהוסכם לקרותו בשבעה השם. אלא שגם באדם הם עצמיים, כיון שהוא כלול ומשוכלל ומסודר בצלם דמות תבנית העולמות.

ועיין במורה חלק א', ובפרטות בפרק כ"ו שם, ובספר עבודת הקודש פרק כ"ו מחלק התכלית, ומה שהשיג על הרמב"ם בפרק ס"ה מזה החלק, ובריש ספר שערי אורה, ובפרדס שער הכנויים פרק א', ובשל"ה בהקדמת תולדות אדם.

---

[55] בראשית א כז

וְגַם הרמב"ם ז"ל כתב במורה בפרשה ע"ב מחלק הא',
שכל העולם בכללו נקרא שיעור קומה, והאריך להמשיל
כלל חלקי העולם לחלקי אברי האדם וכל ענייניו שבו,
ושהוא יתברך הוא נשמת העולם, כעניין הנשמה לגוף
האדם, עיין שם. ודבריו ז"ל ראויים למי שאמרם, שכן
מבואר בזוהר תולדות קל"ד ע"ג עיין שם. ומדבריו ז"ל
נשמע לדידן, לעניין סדר כלל העולמות כולם יחד.

ושגורה בפי רז"ל - שהאדם הוא איקונין ודיוקן מלכו של
עולם יתברך שמו, כמו שמבואר בסנהדרין מ"ו א' וב' -
לא[56] תלין נבלתו גו' כי קללת אלהים תלוי. תניא אמר רבי
מאיר משלו משל למידת הדין, לשני אחים תאומים כו',
אחד מינוהו מלך, ואחד יצא ללסטיות, צווה המלך
ותלאוהו, כל הרואה אותו אומר המלך תלוי כו'. ופירש
רש"י - אף אדם עשוי בדיוקנו של מקום. ובשמות רבה
פרק ל' - מכה[57] איש ומת וגו'. משל לאדם שקפח איקונין
של מלך כו', אמר המלך לא קראת כו', שכל מי שהוא נוגע
באיקונין שלי הוא אבד כו', כך אם הרג אדם נפש כו',
כאילו הוא מעביר איקונין של מלך, ר"ל זה שסיים בסיפיה
דקרא הטעם על זה - כי[58] בצלם אלקים עשה את האדם.

פרק ו

וכמו שעניין חבור וקיום נשמת האדם בגופו, הוא על ידי
אכילה ושתיה, ובליתם תיפרד ותסתלק מהגוף, כן חיבור
עצמותו יתברך אל העולמות, שהן סוד האדם הגדול, כדי
להעמידם ולקיימם ולא תגעל נפשו אותם, גזרה רצונו
יתברך שיהא תלוי בעסק התורה, ומעשי המצות, ועבודת
התפלה, של עם סגולה. ובליתם היה הוא יתברך מסלק
עצמותו יתברך מהם, וכרגע היו חוזרים כלם לאפס ואין.

---

[56] דברים כא כג
[57] שמות כא יב
[58] בראשית ט ו

ולכן אמרו רז"ל מה דכתיב[59] - כי[60] כארבע רוחות השמים פרשתי אתכם כו'. כשם שאי אפשר לעולם בלא רוחות[ה], כך אי אפשר לעולם בלא ישראל.

הגהה[ה]. עיין זוהר וארא ע"ג ב', דארבע יסודין ארמ"ע[61] אינון קדמאי ושרשין דלעילא, ותתאין ועלאין עלייהו קיימין, ואינון לארבע סטרי עלמא, ועיין רעיא מהימנא פנחס רכ"ז ב' - דעל ארבע יסודין טבין דבר נש שלטין ארבע מלאכי המרכבה, הידועים בארבע רוחות העולם. על ידי שרש שרשן, שמן ארבע אותיות הוי"ה ברוך הוא, ושעל זה נאמר הכתוב - מארבע[62] רוחות באי הרוח וגו'.

והוא שאמרו בויקרא רבה סוף פרק ד' - ברכי[63] נפשי את ה' גו'. וכי מה ראה דוד להיות מקלס בנפשו להקדוש ברוך הוא, אלא אמר הנפש הזו כו', הנפש הזאת אינה אוכלת בגוף, והקדוש ברוך הוא אין לפניו אכילה כו'. וכן אמרו בסגנון זה במדרש תהלים מזמור ק"ג - ומה הנפש אינה אוכלת ואינה שותה, כך הקדוש ברוך הוא אינו אוכל ואינו שותה.

בהזכירם אכילה ושתיה יותר משאר ההנאות, השמיעונו זה הענין הנ"ל, והוא שהגם שהנפש עצמה לא אוכלת ולא שותה.

עם כל זה הרי כל עיקר חיבור הנפש עם הגוף, כאחד וקיומו מספר ימיו הקצובים, הוא תלוי על ידי המאכל ושתיית הגוף, כן הענין עם כי ודאי שלעצמות אדון יחיד א"ס ברוך הוא איננו נוגע ח"ו, שום מעשה המצות, ותורה, ועבודה כלל, ולא אכפת ליה כלל כמו שמבואר, כך הקדוש ברוך הוא אינו אוכל ואינו שותה, וכמו שנתבאר לעיל בהמאמרים הנזכרים בפרק ד'.

---

[59] תענית ג ב

[60] זכריה ב י

[61] ארמ"ע - אש מים רוח עפר

[62] יחזקאל לז ט

[63] תהילים קד א

אמנם כל עיקר עניין התחברותו יתברך אל העולמות', שמסודרים כאחד כתבנית אדם, בכל הפרטים ואברי האכילה כולם, גזרה רצונו יתברך שיהא תלוי במעשיהם הטובים של עם קודשו, שהן המה עניין אכילה ושתיה אל העולמות, להעמידתם ולקיימם ולהוסיף כח קדושתם ואורם, על ידי התחברותו יתברך אליהם, כראוי כפי הרצון העליון יתברך שמו, הכל לפי רוב המעשה של עם סגולה. שהמה המתקנים ומאחדים העולמות, שיהיו ראויים לקבל שפעת האור, ותוספת קדושתו יתברך, כעניין המזון' שהוא מוסיף כח בגוף ומעדן אותוᵃ.

הגהה'. וגם אל נשמת האדם עצמו. כמו שכתוב ז"ל בקהלת רבה סימן ב' פסוק י"ט - אין טוב באדם שיאכל ושתה גו'. כל אכילה ושתיה שנאמר במגילה הזאת בתורה ובמעשים טובים הכתוב מדבר. וכך הוא שם בסימן ה' פסוק י"ד, ובסימן ח' פסוק י"ב, וכתיב - אמרו⁶⁴ צדיק כי טוב כי פרי מעלליהם יאכלו. וכן בהיפך ח"ו כתיב - ויאכלו⁶⁵ מפרי דרכם. וברעיא מהימנא צו כ"ט ב' - דמזונא דאורייתא איהי מזונא דנר"ן כו', עיין שם. ושם בפרשת פנחס רכ"ז סוף ע"א - דנשמתא אתפרנסת במלין דאורייתא דאינון נהמא לה כעניין נהמא דגופא ממלין דעלמא. ושם רמ"ד סוף ע"ב - דנפשא דאתעסקת באורייתא מלחם אביה תאכל כו'. ועיין עוד שם רנ"ב ב' בזה. וזהו עניין - שלחנם⁶⁶ של צדיקים לעתיד לבוא. וכמו שכתב דוד המלך ע"ה - תערוך⁶⁷ לפני שלחן גו'. וזהו⁶⁸ - לכו לחמו בלחמי.

הגהה'. וכמו שבמיני מאכל, יש מאכלים שכחם רק

---

⁶⁴ ישעיהו ג י

⁶⁵ משלי א לא

⁶⁶ סוטה מח ב

⁶⁷ תהילים כג ה

⁶⁸ משלי ט ה

לחזק ארבע יסודות הגוף, שיהיו בכח הראשון, ויש מאכלים שבכחם להוסיף כח הארבע יסודות בריבוי איכות, וכל עמל האדם להוסיף לו כח גופו יתר, על כדי קו בריאותו, ואינו מסתפק באכילה מועטת בצמצום כדי קו חיותו, כן גם הנפש לא תמלא באכילה מועטת של תורה, ומעשים טובים, וזה כל האדם לרבות תורה ולהוסיף מצות עד שיימשך תוספת ריבוי קדושה וברכה בעליונים ותחתונים, יתר על כדי מידת הקו שנטה הבורא יתברך שמו, בעת הבריאה.

[כמבואר בעץ חיים שכל עבודתנו הוא להמשיך מקיפים בהתרחבות אור גדול, יתר על כדי מידת קו אור היושר שהמשיך הוא יתברך בעת הבריאה, לצורך הכרת חיות וקיום העולמות].

הגהה. וכן הוא לפי זה הערך ממש, עניין אכילת האדם למטה נקי וזך מסיג פסולת, כפי ערך מזון העולמות ממעשיו הזכים, אם מעט ואם הרבם.

ולכן קודם חטא אדם הראשון היו מאכליו מבוררים ונקיים מכל סיג ופסולת, ואמרו - שהמלאכים[69] היו צולין לו בשר ומסננין לו יין. [ועניין זה הצלייה והסינון שכל כך גדלה כח נפשו של אדם הראשון, סוד אדם קדמאה. יותר מערך כל כחות עליוני העליונים, עד שגם המלאכים צלו לו המאכל, שיהא נורא עלה אש אש אוכלה, אש משאיב שאיב כל שום עביות המאכל, שלפי ערכו הגבוה מאוד, וגם שמחת היין העליון היה מסונן מכל שמרים שלפי גובה ערכו, וכעניין - יין[70] המשומר בענביו]. ואחר החטא שעירב רע בטוב במזון העולמות, כתיב - קוץ[71] ודרדר גו'.

[69] סנהדרין נט ב
[70] ברכות לד ב
[71] בראשית ג יח

ומעין זה זכו גם כן דור המדבר קודם חטא העגל, בעניין המן שהפיג גם שאר המאכלים ונבלע באבריהם, כמו שאמרו רז"ל - אלא[72] מה אני מקיים ויתד תהיה לך גו'. לאחר שסרחו, וכן אמרו רז"ל - שלעתיד[73] לבוא עתידה ארץ ישראל שתוציא כו'.

וזהו עניין הכתוב - לכו[74] לחמו בלחמי. שפירשוהו רז"ל וברעיא מהימנא צו ל"ג ב', ובפרשת עקב רע"א ב' - על התורת, עיין שם. היינו בלחמי ממש, כביכול לחמו יתברך, וכמו שמבואר בפרשת עקב שם - תקין פתורא למארך כו', עיין שם.

ובפרשת בלק ר"ב סוף ע"א - כי[75] ממנו תאכל. ההוא תנרא תקיפא כו', דהוא זכאה כביכול איהו מפרנס לה ויהיב לה מזונא כו', בגין כך - כי ממנו תאכל, ולית מזונא בהאי עלמא אלא ממנו, עיין שם. ועיין עוד ברעיא מהימנא בהר ק"י ע"א, ובפרשת פנחס שם רכ"ד ריש ע ב, ובזוהר שם רכ"ה ריש עמוד ב, בזה.

וכן אמר המגיד להבית יוסף [בפרשת בשלח] בעניין המן, דכל הנבראים צריכים מזון כו', ואפילו ספירות, דאינון נאצלים צריכי כביכול מזונא כו', והא מזונא דספירן איהו תורה ומעשים טובים דעבדין לתתא. עיין שם באורך.

וברעיא מהימנא משפטים קכ"א א' - קדש[76] ישראל לה' ראשית תבואתו כו'. וישראל אתקריאו אלנא רבא ותקיף, ומזון לכלא ביה, ביה אורייתא דאיהו מזונא לעילא, ביה צלותא דאיהו מזונא כו', ואפילו מלאכים לית לון מזונא אלא בישראל דאי לאו דישראל יתעסקון באורייתא, לא הוה נחית לון מזונא מסטרא דאורייתא דאתמילא לעץ, הדא

---

72 יומא עה ב

73 שבת ל ב

74 משלי ט ה

75 דברים כ יט

76 ירמיהו ב ג

הוא דכתיב - עֵץ[77] חיים היא וגו'. ולאיבא דאיהי מצוה.
והרמ"ק ז"ל רמז העניין בספר אלימה, הובאו דבריו בזה
בספר שומר אמונים, עיין שם, ובתולעת יעקב ובריש ספר
דרך אמונה שלו, וזהו עניין מאמרם ז"ל - ישראל[78]
מפרנסין לאביהם שבשמים.

פרק ז

וכן בהיפך, המעשים אשר לא טובים ח"ו, הם אל העולמות
כעניין המאכלים רעים, אשר יתבאר עניינו ברוך הוא.
וכמו שכתוב ברעיא מהימנא פרשת אמור דף צ"ט ב', וד',
ק"א - זה לשונו ביומא דראש השנה נפיק יצחק בלחודוי
וקרי לעשו לאטעמא ליה תבשילין דכל עלמא כל חד כפום
ארחוי כו', ושכיב על ערסיא דדינא וקרי לעשיו ואמר -
וצודה[79] לי ציד ועשה לי מטעמים כו'. ויהי[80] אך יצא כו',
ועשו אחיו בא מצדו. טעין טעוני מעובדי דעלמא ויעש גם
הוא מטעמים חדיד לשניה למטען טענות כו'. ויאמר יקום
אבי יתער בדינוי ויאכל כמה עובדין בישין דכל עלמא כו'.
ובתיקונים תיקון כ' מ"ז ב' - ועשה לי מטעמים כאשר
אהבת. מפקודין דעשה כו', ופקודין דלא תעשה פרנסה
לס"מ למאן דעבר עלייהו, ואלין הוה קריב עשו ליצחק
ואמר ליה - יקום[81] אבי ויאכל מציד בנו. וס"מ בגינייהו
הוה קריב לשמאלא לאטעמא לקדוש ברוך הוא מחובין
דבניא דאינון מאכלין מרירן כו'.
וברעיא מהימנא פרשת פנחס רל"ב סוף ע"א - וההוא לב
לאו ארחוי כו', בעכירו דעובדין דעמיא, אלא נקיט כל
ברירו כו', וכל זכוון וכל עובדין טבין, וכל ההוא עכירו
וענופין ולכלוכא דאינון עובדין בישין אנה לכבד דאתמר
ביה עשו איש שעיר כו', ונשא השעיר עליו את כל

---

[77] משלי ג יח

[78] זוהר ויקרא ז ב

[79] בראשית כז ד

[80] בראשית כז ל

[81] בראשית כז לא

עוינותם, וכה אמר עוד שם כעניין זה בסוף העמוד, עיין שם.

וכשם שמאכל הגוף כאשר איננו טוב, ואינו מתקבל אל הגוף אינו זן וסועד את הגוף, אלא נהפך בתוכו לפסולת וזוהמא וצואה, וגם הוא מתיש ומחליש את כל הגוף, כי על ידי זה אין הנפש מתפשט בתוכו כראוי ולפעמים יחלה מזה, כן העניין שהמעשים אשר לא טובים ורצויים חס ושלום, המה נהפכים בתוך העולמות לפסולת ולכלוך כביכול, והוא התגברות כחות הטומאה והקליפות[ט] הרחמן יצילנו, שנקראים קיא צואה כמאמרם ז"ל בפסוק - צא[82] תאמר לו.

וכן אמר ברעיא מהימנא פנחס בדף ל"ב הנ"ל ועיין שם, ושם בפרשת תצא רפ"ב א', שנקראת אשפה מטונפת וצואה, וכן אמר בתיקונים תיקון ע' קכ"ט א', ובזוהר חדש בדף ס"א, פרשת בראשית ו' - על גב בפירוש איככה אטנפם שהוא הס"א מסאבא, ושם בפרשת בהר ל"ט - על דא ואין צואה אלא יצר הרע כנזכר, ועיין בטעמי מצות להאר"י ז"ל פרשת יתרו בזה, וכן הוא מקום יניקתם בשרש העליון, עיין בעץ חיים שער הארת המוחין פ"ה.

הגההּ[ט]. ובזה יובן מאמרם ז"ל - כל[83] לצנותא אסירא בר מליצנותא דעבודת כוכבים ומזלות דשריא. דכתיב - כרע[84] בל קורס נבו כו'. כי[85] לא יכלו מלט משא. ולכאורה לפי זה ייפלא מאד סיפיה דהאי עניינא שם, שסיים ואני אסבול ואמלט ומעודי נפלאתי על זה.

ועל פי דברינו אלה, הוא מבואר למשכיל כמו שכתוב לעיל שכל מה שאנו מדברים בו יתברך, הכל הוא רק מצד התחברותו יתברך להעולמות, שמסודרים כולם כאחד כמראה דמות אדם כביכול,

[82] ישעיהו ל כב
[83] מגילה כה ב
[84] ישעיהו מו א
[85] ישעיהו מו ב

בכל האברים והעניינים שבו ממש, וכל מעשי איש ישראל המה להעולמות כעניין המזון לגוף, והמעשים אשר לא טובים ח"ו המה נהפכים בתוכם, ללכלוך וטינופת והם כחות הטומאה.

זהו שאמר הכתוב שהעובדי כוכבים ומזלות אינה יכולה להתאפק, ולסבול, למלט, ולהוציא כהוגן משא הזוהמא, שתטמאיה אותה, אלא קרסו כרעו יחדיו כו', היינו שאין להם שום כח עצמיות, שיוכלו לגרש ולהוציא מאתם הזוהמא מעצמם.

לא כן הוא יתברך שמו נורא עלילה כי תאחז במשפט ידו ואינו ממהר לשלוח ח"ו, בפעם אחת כל הכחות הדין והקליפות, שהן הטינופת והלכלוך שנעשו בהעולמות המקבילית ומכוונים לאברי מבשלי האכילה שבאדם, כי היו מחריבין חס ושלום את כל העולם, אלא שהוא נושאם וסובלם כביכול, וממלטם מהעולמות כהוגן, מעט מעט לפעול סדין בעולם, על ידי יסורין מעט מעט בהמשך, זמן כעניין הכתוב - רק[86] אתכם ידעתי גו'. על כן [היב"ש - המשך הפסוק] אפקוד עליכם את כל עונותיכם. כידוע מאמרם ז"ל עבודה זרה - עד שברבות הימים. יתרוקן לכלוך הטינופת הם כחות הטומאה מהעולמות, מכל וכל אחר שיגמור קיבול עונשו של האדם. כמו שמבואר בפנים שאחור גמר קיבול העוצם הם כלים מאליהם, ואז יחזרו העולמות לאיתן בריאותם ותיקונם הראשון והבן.

וזה היה גם כן עניין עבודת פעור, וכמו שמבואר במאמרי התיקונים הנ"ל - ופקודין דלא תעשה פרנסה לס"מ למאן דעבדיא עלייהו כו', וזהו עניין הכתוב - אם[87] רחץ ה' את צואת בנות ציון.

---

[86] עמוס ג ב
[87] ישעיהו ד ד

וזה שכתוב בזוהר חדש פרשת אחרי ס"ט א' בעניין - ירבעם כד עבד תרי עגלי, שאמר הקדוש ברוך הוא להמלאכים, הרי כל שפע דהוה יהיב לכון אתהפך לכון בזוהמא.

וגורם בזה פגם וחולי, וקלקול גדול ותשות כח ח"ו בהעולמות, לפי עניין ואופן המעשה, ולפי מדרגתו בשורשו בהעולמות, כי אז באותן העולמות שאותן המעשים מגיעים עדיהם, אין ההתפשטות והתחברות עצמותו יתברך, בהם על השלימות האמיתי כראוי כפי כוונת רצונו יתברך, דלא שרי באתר פגים כל עוד אשר עדיין חלאתה בתוכה ומצואתה לא רוחץ, ומאחר שכל העולמות בכלל הם מקושרים ומיוחדים כאחד, ממילא גם כל העולמות מרגישים מעט במקצת מזה הפגם.

ואינם חוזרים לאיתן בריאותם ותיקונם האמיתי כמקדם, עד אפר יתרוקנו אלו הכחות הטומאה, על ידי קיבול האדם עונשו הראוי לו וכמו שמבואר ברעיא מהימנא פנחס רל"ד סוף ע"א וריש ע"ב שם, עיין שם. שעל ידי זה ממילא מגו יגורשו וכרגע ספו תמו, ועיין לעיל בשער א', ואז ממילא מתרפא הפגם והקלקול של העולמות, ונטהרים מחלאת זוהמתם וחוזרים לתיקונם הראשון.

או על ידי התשובה שלימה אמיתית, שמגעת עד שורשה העליון הנקרא עולם התשובה, עלמא דחירו ונהירו עלאה דכלא, ומשם מתעורר ונמשך אור עליון קדוש, אשר הוא מי מקוה טהרה, לרחוץ ולטהר כל לכלוך פסולת כחות הטומאה, והם בטלים וכלים, והוא עניין הכתוב - אם[88] רחץ אדני את צואת בנות ציון. וכן[89] וזרקתי עליכם מים טהורים וגו'.

---

[88] ישעיהו ד ד
[89] יחזקאל לו כה

פרק ח

וזהו מאמרם ז"ל - כל[90] האומר הקדוש ברוך הוא ותרן הוא יותרון חיוהי. אשר לכאורה נפלאות, וכבר נתבאר קצת למעלה בשער א' פרק י"ב.

ולדברינו כאן העניין יותר מבואר בטוב טעם, שאינו על דרך הנקימה ח"ו, אלא שכמו שמטבע האדם שאם יאכל מאכל שבטבעו הוא מקולקל, ומזיק לגופו, יזיק לו אותו המאכל, או גם יחלה ממנו, ואם סם המוות הוא ימות ממנו, ובעצמו נתחייב בנפשו. כן הוא בעניין העונות של הנפש החוטאת ח"ו, כיון שכן קבע הוא יתברך ברצונו טבע סידור מצבם ועניניהם של העולמות, שמעשי האדם הטובים או רעים ח"ו הם כעניין מאכל ומזון להם, אין שייך ותרנות בזה, והוא מוכרח להריק לכלוך הטומאה שהגביר בעוונו בהעולמות, על ידי אחד משתי התיקונים הנ"ל.

ועתה תחזה ובין תבין עניין התוספת וריבוי ברכה, ומה רב עוצם צורך עבודתנו הקדושה בכללה, אל עצמות קיום העמדת העולמות, ולהמשיך ולהשפיע בתוכם רב ברכות ותוספת קדושה, מצד התחברות עצמותו יתברך אליהם, כפי הרצון העליון יתברך שמו כעניין האכילה והמזון כנ"ל, וזהו רצונו וכבודו יתברך, מטעם כמוס אתו יתברך שמו, אשר אין ביכולתנו להשיג.

וראוי לכל איש מעם הקדש אשר לבו חרד, שיהיו מעשיו רצויים לפניו יתברך, לצרף זאת המחשבה וטוהר הכוונה הרצויה, בעסק התורה, ומעשי המצות כולם, להמשיך ולהוסיף על ידי אותו המזון קדושה, ואור חדש בהעולמות.

פרק ט

ובפרט בעת עמדו להתפלל לפניו יתברך, אשר בשעתא המיוחדת לה, היא עיקר המזון להעולמות ולנפש האדם עצמו', וכמו שמבואר בזוהר בראשית כ"ד א' - מזונא דיליה צלותא דחשיבא לקרבנא.

---

[90] בבא קמא נ א

וברעיא מהימנא פרשת אמור הנ"ל בפרוש זה - ורבקה[91] אמרה אל יעקב כו'. לאתערא איהו באינון מטעמים דיליה, ויעקב אתער מתתא מתלבש בצלותין ובעותין כו', ויאמר מי אפוא הצד ציד בכמה צלותין ובעותין ואוכל מכל וכו'. ובפרשת פנחס רל"ה א' - ויאכל[92] מציד. בגו אלין אינון צלותין דאזלין ומתתרכין כו'.

ובזוהר שם רכ"ו א' וב' ביאר כל סדר הכתוב - אכלתי[93] יערי וגו'. גם על סדר מטבע התפילה כולה מראשיתה עד סופה, עיים שם. וכן ברעיא מהימנא שם רמ"ד א' פירשו גם כן על סדר התפילה באופן אחר קצת, עיין שם.

ושם רמ"א ב' - אמר רבי שמעון על רזא דא אסיר לבני נשא לטעום כלום, עד דייכול מלכא עלאה, ומה איהו צלותא כו', עד דמלכא עלאה אכיל, והיינו שלוש ראשונות, ושלוש אחרונות, כיון דאיהו אכיל כו', עיין שם באורך. והכל על הכוונה הנ"ל שהוא המשכת תוספת קדושה וברכה, ונהירו לכל עלמין וכמפורש בזוהר ויחי הנ"ל עיין שם היטב. וצריך העובד האמיתי לכוון לזה.

הגההה'. ועבודת התפלה נגד תמידין תקנוה, שהיו גם כן בשעתה הקבוע להם עיקר המזון הנ"ל. כעניין - את[94] קרבני לחמי [את[95] הכבש אחד תעשה בבקר ואת הכבש השני תעשה בין הערבים. כעניין סעודת הבקר והערב שהן עיקר המזון] וכתיב - כי[96] את לחם אלהיך הוא מקריב. והוא אמרם ז"ל - בחזית רעיתי אין רעיתי אלא פרנסתי, הן שירעו אותי בשני תמידין כו'. ועיין זוהר ויצא קס"ד א' - פתח כו' את קרבני לחמי גו', ובפרשת ויחי רמ"ז ב' ורמ"ח א' - בנימין זאב יטרף גו', ובפרשת בא

---

[91] בראשית כז ו
[92] בראשית כז לא
[93] שיר השירים ה א
[94] במדבר כח ב
[95] במדבר כח ד
[96] ויקרא כא ח

ל"ז ב' - יבא[97] דודי לגנו ויאכל כו'. עיין שם בכל אלו המאמרים באורך. ובפרשת ויקרא דף ד' ע"א, ושם בדף ז' סוף ע"א, ובפרשת בלק ר"ב סוף ע"א, ובפרשת פנחס רמ"א א' - דרשו כל עניין הכתוב אכלתי יערי וגו', על סוד עניין הקורבנות, עיין שם. ושם בפרשת פנחס רנ"ב ב'. ועיין שם ר"מ ע"ב עניין נפלא בזה.

וכן פרט וביאר שם כל אברי כלי מבשלי ומעכלי האכילה שבאדם, שהמה גם כן בסדרי פרקי המרכבה עולמות וכחות עליונים, מכונים בשמות אותן האברים ממש, שהן כלי מבשלי ומבררי הקורבן, עיין שם היטב בדף רכ"ד ע"א, ודף רל"ד ורל"ה בזוהר, וברעיא מהימנא שם. ובסוד ארבע דרגין דקורבן - אשה[98] ריח ניחוח לה'. שלוש דרגין אתה ריח ניחוח כסדרן, בשלוש עקרי אברי האכילה - כבד לב מוח, אשה **בכבד**, ריח **בלב**, ניחוח **במוח**. [ובביאור עניינים אין כאן מקומו להאריך], שעל ידם מתיישבין השלוש בחינת נר"ן, שעיקר משכנם הוא בתוך אלו שלוש אברים, ועוד דרגא עלאה טמירא בחינת נשמתא לנשמתא, סוד שורש, הושמה הדבוקה כביכול בו יתברך, וזהו - לה'.

ולכן אמרו רז"ל - בזמן[99] שבית המקדש היה קיים מזבח מכפר עכשיו שלחנו של אדם מכפר עליו.

<u>**פרק י**</u>

ולא זו בלבד שבתיבת ברוך אתה, שפירושו הוא תוספת ריבוי ברכה ושפע, שייך זאת הכוונה, אלא שגם בכל תיבה ותיבה מכל נוסח התפלה, שייך גם כן זאת הכוונה

---

97 שיר השירים ד טז

98 ויקרא א ט

99 ברכות נה א

הקדושה. כי כל תיבה מהתפלה או של איזה ברכה, היא העולה למעלה מעלה על ידי מארי קלין וגדפין דנטלין לה, לפעול פעולתה בשרשה העליון המיוחד לה, והוא נעשה בזה כביכול שותפו של יוצר בראשית, לבנות ולנטוע כמה וכמה עולמות.

כמו שכתוב בתיקונים תקון י"ח ל"ה ב' - וכד בני נשא אפיק הבלים ודבורים בצלותיה, כמה עופין פתחין גדפייהו ופומייהו לקבלא לון, הדא הוא דכתיב - כי[100] עוף השמים יוליך את הקול ובעל כנפים גו'. ונטיל קדוש ברוך הוא אינון מלין ובני בהון עלמין דאתמר בהון - כי[101] כאשר השמים החדשים והארץ החדשה גו'. ורזא דמלה - ואשים[102] דברי בפיך וגו' לנטוע שמים וגו' ולאמר לציון עמי אתה. אל תומר עמי אלא **עמי** בשותפי. וכן הוא שם בתיקון ס"ט ק"ו ב'.

והמשכיל יבין מדעתו, שלא לחנם הוצרכו לתיקון תחנה קטנה ותפלה קצרה כזו ק"כ[103] זקנים, ומהם כמה נביאים. אלא שהמה השיגו ברוח קדשם והשגת נבואתם העליונה, ונהירא להו שבילין דכל סדרי בראשית ופרקי המרכבה, לזאת יסדו ותקנו מטבע ברכות והתפלות באלו התיבות דווקא, מאשר ראו והשיגו איזה דרך ישכון אורה של כל תיבה פרטית מהם, אשר היא נצרכת מאד לתיקון ריבוי עולמות, וכחות עליונים וסדור המרכבה, וכמאמרם ז"ל - העבודה[104] צורך גבוה.

וזהו עניין מאמרם ז"ל - שהקדוש[105] ברוך הוא מתאוה לתפלתן של צדיקים. ובתנחומא פרשת תולדות אמרו - ולמה[106] נתעקרו האמהות אמר רבי לוי היה הקדוש ברוך

---

[100] קהלת י כ

[101] ישעיהו סו כב

[102] ישעיהו נא טז

[103] 120 אנשי הכנסת הגדולה

[104] עבודת הקודש, חלק ב', פרק א'

[105] יבמות סד א

[106] תנחומא תולדות ט

הוא מתאווה לתפלתם. ובזוהר תולדות קל"ז א' - תא חזי עשרין שנין אשתהי יצחק עם אתתיה, ולא אולידת עד דצלי צלותיה, בגין דקדוש ברוך הוא אתרעי בצלותהון דצדיקייא כו', מאי טעמא בגין דיתרבי ויתוסף רבות קודשא לכל מאן דאצטריך בצלותהון דצדיקייא. וכתוב מפורש - ותפלת[107] ישרים רצונו.

ולכן קראו רז"ל את ענין התפלה - דברים[108] העומדים ברומו של עולם. היינו שהדברים עצמם הם תיבות התפלה, עומדים ברום העולמות.

ובזוהר ויקהל ר"א א' - צלותא דבני נשא איהו פולחנא דרוחא, איהי קיימא ברזין עלאין ובני נשא לא ידעין, דהא צלותא דבני נשא בקעת אווירין בקעת רקיעין, פתחת פתחין וסלקא לעילא. ועיין בע"ב שם, ובדף ר"ב ע"א, וריש ע"ב, נוראות נפלאות עניין עליית כל מילה ומילה דצלותא. ובריש פרשת ואתחנן ריש ס', ריש ע"ב - ובשעתא דצלותא קיימא כל אינון מלין דאפיק בני נשא, מפומיה בההיא צלותא כלהו סלקן לעילא, ובקעין רקיעין עד דמטו כו', ומתעטרי כו'.

והוא מעורר בקולו דלתתא, את הקול העליון קול גדול הידוע בזוהר. [וכמו שמבואר בכל מקום בזוהר דצלותא סלקא לאמשכא ברכאן מעומקא דכלא, והוא הקול גדול]. וזה שכתוב - הקול[109] קול יעקב. שלקול תפלת האדם מתעורר לעומתו הקול העליון, ולכן דאמרו רז"ל על פסוק - נתנה[110] עלי בקולה על כן שנאתיה. ואמרו - זה[111] שליח ציבור שאינו הגון. ר"ל שאין נמצא רק קולו לבד, ולא גרם קולו לעורר גם הקול העליון עמו, זה שכתוב - נתנה עלי בקולה לבד, עד כאן כו'. וזה שאמר הכתוב – והוי"ה[112] נתן

---

107 משלי טו ח

108 ברכות ו ב

109 בראשית כז כב

110 ירמיהו יב ח

111 תענית טז ב

112 יואל ב יא

קולו לפני חילו.

ולזאת אף שקראו רז"ל את עניין התפלה **עבודה שבלב**, עם כל זה אגמרו מקראי דחנה שצריך שיחתוך בשפתיו.

פרק יא

ומה שכתב - לפני חילו. רמז זה העיקר הגדול של עניין התפלה, שכלל כוונתה הוא, לכוון רק להוסיף כח בקדושה שכמו שהאיש מאנשי החיל משליך כל עניינו וצרכי עצמו מנגד, ומוסר נפשו ברצונו רק על כבוד המלך, שיתגדל הכתר מלוכה של אותה המדינה ותנשא מלכותו, כן ראוי מאד להאדם הישר לשום כל כוונתו וטוהר מחשבתו בתפלתו, רק להוסיף תת כח בהעולמות הקדושים, ולעורר בקולו הקול העליון לאמשכא מניה ברכאן ונהירו לכלא, להעביר רוח הטומאה מן העולם ויתוקן עולם במלכותו יתברך שמו, ולא על ענייניו וצרכי עצמו כלל.

ועינינו הראות בנוסח תפלת ראש השנה, שהוא מסודר מראשו עד סופו, רק על כבוד מלכותו יתברך שמו שתתעלה כבתחילה קודם חטא אדם הראשון, וגם נוסח תפלת כל השנה, אף שלפי פשוטו הנראה רובו ככולו מסודר על ענייני צרכי עצמנו, ודאי ברור לכל מבין וממקומו הוא מוכרע, שלא כיונו אנשי הכנסת הגדולה על הנראה מפשוטי פירוש המילות לבד וכמו שמבואר לעיל פרק י'.

ותפלות[113] נגד תמידין תקנום. שהיו עולות כליל לאישים כולה לגבוה סלקא, ולא היה בהם חלק הדיוט כלל.

ואף דהלכתא גמירא לה בש"ס, שהיחיד רשאי לחדש דבר בתפלתו על צרכי עצמו וצערו, בכל ברכה לפי עניינה, גם בזה צריך שלא תהא תכלית כוונתו על צערו, ולא זו הדרך הנכונה לישרים בלבותם.

כי באמת ייפלא איך שייך לבקש להתחנן כלל לפניו יתברך שמו, להסיר מעליו צערו וייסוריו, כמו בעניין רפואות

הגוף, הרופא משקהו סמנים חריפים, או אם הרופא מוכרח אף גם לחתוך אבר אחד לגמרי, שלא יתפשט ארס החולי יותר, האם יתחנן אליו החולה שלא ישקהו הסמנים, או שלא יחתוך האבר, הלא החולה עצמו שוכרו לכך. כן איך ישפוך שיח לפניו יתברך שמו להסיר מעליו הייסורים, הלא המה רטייה וסמא דחיי לכפר עונותיו, כמאמרם ז"ל - אין[114] יסורין בלא עון. ואם לא אפוא, נפש החטאת במה תתכפר.

אמנם תכלית הכוונה, צריכה שתהיה רק צורך גבוה, כי במקום שיש חילול שמו יתברך כגון צרת כלל ישראל, באמור עם ה' אלה והמה מוכים ומעונים, מחויבים לבקש ולשפוך שיח לפניו יתברך שמו, על חילול שמו יתברך, ואך למען שמו יעשה.

וגם היחיד על צערו אף אם אין חילול השם בדבר, יש מקום גם[א] כן לבקש לפניו יתברך על גודל הצער של מעלה בזמן שהאדם שרוי בצער למטה, כמאמרם ז"ל במשנה פרק ו' דסנהדרין - אמר רבי מאיר בזמן שהאדם מצטער שכינה מה הלשון אומרת קלני[ב] מראשי קלני מזרועי.

הגהה[א]. ואלו שתי האופנים רמזם התנא שניהם במשנה פרק ג' דראש השנה - והיה כאשר ירים משה ידו וגבר ישראל גו', וכי ידיו של משה עושות מלחמה כו', אלא לומר לך וכו', כיוצא בדבר אתה אומר וכו'.

הנה האופן האחד הנזכר במקום שיש חילול שמו יתברך, אמר שרמז לנו הכתוב במלחמת עמלק, שהיה בזה חילול שמו יתברך, כידוע מאמרם ז"ל בפסיקתא - משל לאמבטי רותחת שאין כל בריה יכולה לירד בתוכה, בא בן בליעל אחד קפץ וירד לתוכה. אף על פי שנכוה, הקרה אותה בפני אחרים. וכן אמרו שם - שהיה חותך מילות וזורקן

---

114 שבת נה א

כלפי מעלה. זה שאמר - והיה[115] כאשר ירים משה
וכו'. וכי ידיו של משה גו'. אלא כל זמן שהיו
ישראל מסתכלין רק כלפי מעלה לבד, שלא הייתה
צעקת תפלתם לפניו יתברך שמו על צערם, אלא
רק על חילול שם אביהם שבשמים יתברך שמו,
היו מתגברים גם המה, ואם לאו כו'.

ואמר עוד שגם במקום שאין חילול השם בדבר,
רמז לנו הכתוב בעניין נחש הנחשת, אופן ועניין
הבקשה והתפלה הרצויה לפניו יתברך שמו. וכי[116]
נחש ממית וכו'. אלא בזמן שהיו משליכין צער
עצמם מנגד לגמרי, והיו מסתכלין ושופכין תחנתם
ובקשתם רק על גודל הצער של מעלה, שגרמו
בעת עשייתם העוון רחמנא לצלן, וגם הצער של
עתה שנעשה למעלה מחמת שהמה שרויים עתה
בצער מייסורי העונש בעוונם, אז היו מתרפאין
כו'.

הגההⁱ ⁱ. ומה שכתב - קלני מראשי קלני מזרועי,
העניין הם תפילין של ראש ותפילין של יד, כי
אמרו רז"ל - שהקדוש[117] ברוך הוא מניח תפילין.
ועניין התפלין שלו יתברך שמו הוא התדבקותו
יתברך שמו להיטיב עמנו בכל, כמו שמבואר שם
תפילין דמארי עלמא מה כתיב בהו - ומי[118] כעמך
ישראל גוי אחד. כי[119] מי גוי גדול וגו'. וכן כל
הפסוקים דשם הם רק שבחי ישראל, וכלהו כתיבי
באדרעי, והוא כעניין - את[120] הוי"ה האמרת היום
והוי"ה האמירך היום. להיות[121] לו לעם סגולה גו'.

---

[115] שמות יז יא
[116] משנה ראש השנה ג ח
[117] ברכות ו א
[118] שמואל-ב ז כג
[119] דברים ד ז
[120] דברים כו יז
[121] דברים כו יח

שכמו שבתפילין שלנו כתובים שבחי הקדוש ברוך הוא, כן תפליו שלו כביכול הם שבחים שלנו, ששם הוא עניין ההתדבקות, והוא עניין הכתוב - ישראל[122] אשר בך אתפאר. סוד התפלין דמארי עלמא, שהתפילין נקראים פאר, כמו שאמרו רז"ל, ועיין זוהר בשלח ס"ב ריש ע"ב.

לכן כשאדם מצטער, ואז אין ההתקשרות וההתדבקות כביכול בין האדם לבינו יתברך שמו בשלימותו כראוי, הוא עניין - קלני מראשי קלני מזרועי, שהם מקומות התפלין ששם היה ראוי להיות ההתדבקות הקדושה.

ואמרו בשמות רבה פרק ב' ובחזית בפסוק - אני[123] ישנה.... תמתי גו'. מה התאומים הללו אם חשש אחד בראשו חבירו מרגיש, כן אמר הקדוש ברוך הוא עמו אנכי בצרה, ובתנחומא סוף פרק אחרי מות - כל[124] ישועה שבאה לישראל היא של הקדוש ברוך, הוא שנאמר עמו[125] אנכי בצרה גו' [ר"ל ומסיים - ואראהו בישועתי]. הישועה שלך היא, שנאמר - ולכה[126] לישועתה לנו. ובשוחר טוב תהלים מזמור י"ג - יגל[127] לבי בישועתך. אמר רבי אביהו זה אחד מן המקראות הקשים, שישועתו של הקדוש ברוך הוא היא ישועתן של ישראל, בישועתנו אין כתיב, אלא בישועתך כו', ישועתך היא ישועתנו. ועיין זוהר אמור צ' ריש ע"ב בעניין הכתוב - הוא דכתיב - עץ[128] חיים היא וגו'. ולאיבא דאיהי מצוה. להוי"ה[129] הישועה.

[122] ישעיהו מט ג
[123] שיר השירים ה ב
[124] תנחומא אחרי מות יז יב
[125] תהלים צא טו
[126] תהלים פ ג
[127] תהלים יג ו
[128] משלי ג יח
[129] תהלים ג ט

וזהו - עמו[130] אנכי בצרה. היינו שמן המצר משתתף אותו יתברך שמו, אז אחלצהו וכו'. וכשהאדם אין מרגיש צערו מייסוריו, מגודל מרירותו מצערו כביכול, המרורות הללו הן הן עצם מירוק פשעיו, ומתכפר בזה עד שייסורי עצמו בדלין הימנו, [והן הן הגבורות קדושות, כדרכו יתברך שמו להמתיק מר במר, והוא תיקון המידות בשרשן].

פרק יב

ולכן אמר רז"ל - כל[131] המשתתף שם שמים בצערו כופלין לו פרנסתו. והעניין כי מלבד זה הצער שנעשה למעלה, כשמקבל עונשו בייסורים רחמנא לצלן, אין ערוך ודמיון כלל זה הצער של מעלה, נגד עוצם הצער שגרם למעלה בעת עשותו העוון רחמנא לצלאן, כעניין הבן יקיר שנתפתה ביינו, ונפל לארץ ונשבר מפרקתו, וגופו והוא מסוכן, והוא עצמו אינו מרגיש אז כלל סכנת נפשו, כמו שכתוב - הכוני[132] בל חליתי הלמוני בל ידעתי. אמנם אביו לבו מתמרמר מאד, על זה וכאשר הרופאים קשרו הנשברים, והניחו רטייה ותחבושת מסמנים חריפים, והבן מר צורח על הכאב שלו מהסמנים החריפים האוכלים בשרו, ועם כי אביו מצטער לצעקתו ורבות אנחותיו עתה, אין ערך כלל הצער של עתה נגד הצער והיגון הראשון שהיה לאביו, בעת שנפל ושיבר עצמותיו אשר כמעט נתייאש מחייו אז.

כן ממש על זה האופן, הוא עניין העוון רחמנא לצלן, שבעת שהאדם עושהו הוא גורם למעלה צער גדול ועצום לאין ערך, והאדם עצמו אינו מרגיש אז בזה כלל, ולא ידע כי בנפשו הוא, כי הוא נחשב אז כמת ח"ו כמאמרם ז"ל בריש פרק מי שמתו - רשעים[133] בחייהם קרויים מתים. ויש עוונות שעל ידיהם נפשו נכרתה ח"ו לגמרי מהתקשרות

---

[130] תהלים צא טו
[131] ברכות סג א
[132] משלי כג לה
[133] ברכות יח ב

חבל הקדושה, אבל הוא יתברך שמו אב הרחמן, כביכול בצרתו לו צער, ומרוב רחמיו וחסדיו יתברך שמו שולח לו יסורין אשר המה רטייה ותחבושת, למרק עונו ואז האדם מרגיש כאב ייסוריו ומצטער. ובזה מתעורר גם כן צער למעלה כנ"ל, אמנם אין ערוך כלל זה הצער נגד הצער שגרם למעלה בעת עשותו העוון ח"ו.

ולכן כשכל תכלית האדם לפניו יתברך שמו להסיר מעליו צערו, הוא רק על הצער של מעלה המשתתף עמו בצערו, ושב ומתחרט באמת על עונו שגרם על ידו הצער של מעלה, אז היסורין מסתלקין מעליו, ולא עוד אלא שמודדין לו כמידתו, וכופלין לו פרנסתו, נגד השני מיני צער שגרם למעלה, ועתה מתחרט על שניהם, זדונות מתהפכין לו לזכיות.

והוא שדאמרו רז"ל בחנה - והיא[134] מרת נפש ותתפלל על ה'. שהטיחה[135] דברים כלפי מעלה. ר"ל הגם שהיא עצמה הייתה מרת נפש עם כל זה השליכה צערה מנגד, ולא אכפת לה להתפלל על זה כלל, אם לא אמר - שהטיחה דברי תפלתה לפניו יתברך שמו, על הצער של מעלה הנעשה מחמת שהיא שרויה עתה בצער.

ולכן אמרו שם - שגם[136] משה הטיח דברים כלפי מעלה כו', אל תקרי **אל** הוי"ה, אלא **על** הוי"ה. ולפי פשוטו מי הכריחם לרז"ל לדרוש אל תקרי ולומר שהטיח דברים כלפי מעלה, אמנם למעליותא הוא דדרשו הכי, וכמו שמבואר.

[ואת פני מבין להבן על דרך זה מה שכתב שם עוד שגם אליהו הטיח דברים כלפי מעלה, שנאמר - ואתה[137] הסבות את לבם אחרנית. והוא כעניין - צור[138] לבבי וגו'. ועיין

---

[134] שמואל-א א י
[135] ברכות לא ב
[136] ברכות לב א
[137] מלכים א יח לז
[138] תהלים עג כו

זוהר תרומה קכ"ח ריש ע"ב, וכמו שכתוב - ובפשעכם[139] שולחה אמכם. השיב[140] אחור ימינו. זהו - ואתה הסבות את לבם אחורנית. וכן מפורש בפרי עץ חיים שער קריאת שמע פרק ח', עיין שם].

ואם בעניין תפלת היחיד על צערו, צריך שתהא כוונתו רק צורך גבוה לבד, כל שכן במטבע ברכות התפלה הקבועה וסדורה מאנשי הכנסיה הקדושים, ודאי ראוי שלא לכוין בהם כלל צורך עצמו הנראה מפשוטם, אלא צורך גבוה לבד, להמשיך תוספת ריבוי ברכה וקדושה להעולמות, מצד התחברותו יתברך שמו אליהם, כמו שנתבאר באורך.

ואף שגם רז"ל אמרו - יכולני[141] לפטור כל העולם מדין תפלה. שנאמר - שכורת[142] ולא מיין. ומה נאמר עתה בדורות הללו, אשר כל איש הוא כשוכב בראש חבל ובלב ימים, כל הימים מעול יגיעת הפרנסות, ולזאת אין איש שם על לב לפנות לבו ומחשבתו, מבלבולי טרדותיו העצומים בהבלי זה העולם השפל, להכין עצמו לקראת אלקיו יתברך שמו.

עם כל זה ודאי שכל אחד לפי שכלו והשגתו, מחויב לשית עצות בנפשו, ולבקש תחבולות מלחמת מצוה, להימלט מבלבול המחשבות אשר לא טהורים, שתתחונן דעתו עליו לעבודת התפלה כראוי, כי עבודת התפלה היא לנו עתה במקום עבודת הקורבן, שהיה תלוי כולו במחשבתו של הכהן, שבמחשבתו היה יכול לפגלו, ועל ידי קדושת מחשבתו היה הקורבן מתעלה לריח ניחוח לפניו יתברך שמו.

פרק יג

והעצה היעוצה על זה. הוא כמו שאמר המגיד להבית יוסף באזהרה שנייה שבריש הספר מגיד מישרים ז"ל, ליזהר

---

[139] ישעיהו נ א
[140] איכה ב ג
[141] עירובין סה א
[142] ישעיהו נא כא

מלחשוב בשעת תפלה בשום מחשבה אפילו של תורה ומצות, כי אם בתיבות התפלה עצמם.

דוק בדבריו שלא אמר   לכוון בכוונת התיבות, כי באמת בעומק פנימיות כוונת התפלה, אין אתנו יודע עד מה, כי גם מה שנתגלה לנו קצת כוונות התפלה מרבותינו הראשונים ז"ל קדישי עליונין, ועד אחרון הרב הקדוש איש אלקים נורא האר"י ז"ל, אשר הפליא הגדיל לעשות כוונות נפלאים, אינם בערך אף כטיפה מן הים כלל נגד פנימיות עומק כוונת אנשי כנסת הגדולה, מתקני התפלה, שהיו ק"ך [120] זקנים ומהם כמה נביאים.

וכל מבין יבין, דלא איתי אנש על יבשתא שיוכל לתקן תיקון נפלא ונורא כזה, לכלול ולגנוז במטבע תפלה קבועה וסדורה בנוסח אחד, התיקונים של כל העולמות עליונים ותחתונים וסדרי פרקי המרכבה, ושבכל פעם שמתפללין ויגרום תיקונים חדשים בסדור העולמות, והכחות והמשכת מוחין חדשים אחרים. שמעת שתקנוה עד ביאת הגואל במהרה בימינו לא היה ולא יהיה שום תפלה בפרטות דומה לחברתה שקודם לה ואחריה כלל, דלבושין דלביש בצפרא לא לביש ברמשא ודלביש ברמשא כו', כמו שמבואר בתיקונים תיקון כ"ב. וכן כל יום לחבירו שלפניו ואחריו, ולכן אמרו רז"ל[143] - מעוות[144] לא יוכל לתקון. זה שביטל קריאת שמע כו', או תפלה כו'. וכמו שמבואר באורך בפרי עץ חיים פרק ז' משער התפילה, עיין שם.

והוא בלתי אפשר אם לא על ידי הנבואה העליונה, ורוח קדשו יתברך, אשר הופיע עליהם הופעה עצומה בעת תיקון נוסח מטבע התפילה והברכות, שם הוא יתברך שמו בפיהם אלו התיבות ספורות וגנוזות בתוכם כל התיקונים. לזאת מי הוא אשר עמד בסוד הוי"ה על עומק כוונתו יתברך שמו. איזה דרך ישכון אורה של כל תיבה פרטית מהם.

---

[143] חגיגה ט ב
[144] קהלת א טו

אלא העיקר בעבודת התפלה, שבעת שהאדם מוציא מפיו כל תיבה מהתפלה, יצייר לו אז במחשבתו **אותה התיבה באותיותיה כצורתה**[143] ולכוין להוסיף על ידה כח הקדושה, שיעשה פרי למעלה להרבות קדושתם ואורם, כמו שמבואר לעיל בפרק י', שלכן נקראת התפילה - דברים[145] העומדים ברומו של עולם. שכל תיבה בצורתה ממש היא העולה למעלה מעלה, כל אחת למקורה ושרשה לפעול פעולות ותיקונים נפלאים.

והיא סגולה נפלאה בדוק ומנוסה למרגילים עצמם בזה, לבטל ולהסיר מעליו בזה כל מחשבות ההבלים הטורדות ומניעות טהרת המחשבה והכוונה, וכל אשר יוסיף הרגלו בזה, יתוסף לו טהרה במחשבתו בתפלה, והיא כוונה פשטית.

הגהה[ג]. והגם שהלכה פסוקה בש"ס, שתפלה נאמרת בכל לשון, היינו לצאת ידי מצות תפילה, כמו שנתבאר לעיל סוף שער א', שבכל המצות ואפילו מצות תפלה שנקראת עבודה שבלב, עם כל זה עיקרן לעכובא הוא חלק המעשי שבהן, אמנם למצווה מן המובחר ודאי צריך לצרף גם טוהר המחשבה וכוונה שלימה, ולפי גודל טוהר הכוונה כן תגדל מעשה המצווה ובפרט עבודת הלב שבתפלה, עם כי מי שהתפלל בכל לשון יצא ידי חובה, אבל אין ערוך למי שמתפלל בלשון הקודש, באלו התיבות דווקא העומדים ברומו של עולם ומדבק כל כחותיו בהם.

פרק יד

אמנם ביאור הכתוב הנזכר לעיל, בתחילת דברינו - ולעבדו[146] כו' ובכל נפשכם. שעבודת התפלה השלימה צריכה שתהיה עם הנפש, הוא עניין גדול ליודעים ומבינים

---

[145] ברכות ו ב
[146] דברים יא יג

קצת, וכאשר יתמיד האדם תפילתו בזאת המדרגה שיתבאר אם ירצה השם, יתוסף לו טהרה על טהרתו.

כי מצינו בכמה מקומות במקרא ובדברי רז"ל שהתפלה נקראת בשם נפש, כי כמה הלכתה גברוותי בעיקרי התפילה, איכא למשמע מקראי דהנה, וכתיב בה - ואשפוך[147] את נפשי לפני הוי"ה. וכתיב - ברכי[148] נפשי את הוי"ה. הללי[149] נפשי את הוי"ה. ורז"ל בפרק קמא דברכות אמרו - שנים[150] שנכנסו להתפלל וקדם אחד מהם להתפלל ולא המתין את חבירו ויצא טורפין לו תפילתו בפניו. שנאמר - טרף[151] נפשו באפו וגו'. פירש רש"י לך אומר אשר גרמת לך לטרוף את נפשך בפניך. ומה היא הנפש זו תפילה, כמו שנאמר - ואשפוך את נפשי כו'.

והעניין שעבודת התפלה היא במקום עבודת הקורבן[ד], וכמו שעניין הקורבן היה להעלות נפש הבהמה למעלה, וכל עיקר הכפרה היה תלוי בזריקת הדם הוא הנפש, וכן הקטורת האמורים עיקרם היה לכוונת העלאת הנפש, כן עיקר עניין התפילה הוא, להעלות ולמסור ולדבק נפשו למעלה, כי כח הדבור של האדם נקרא נפש כמו שכתוב - ויהי[152] האדם לנפש חיה. ותולדות אדם **לרוח ממללא**. וכן נראה לעין שבכל דבור שהאדם מוציא מפיו, יוצא מפיו רוח והבל הלב, והדבור הוא עיקר נפש האדם, שזה יתרון האדם מן הבהמה, אם כן כל תיבה היוצאת מפי האדם, היא כח וחלק מנפשו.

הגהה[ד]. שעל ידי הקורבנות שבמקדש, שהיו כולו בדוגמא עליונה, עליותיו וחדריו וכל כליו אשר ישרתו בהם, היו מתקשרים ומתייחדים על ידיהם העולמות והכחות העליונים, והנהורין של

---

[147] שמואל-א א טו

[148] תהילים קד א

[149] תהלים קמו א

[150] ברכות ה ב

[151] איוב יח ד

[152] בראשית ב ז

ההיכלות הקדושים, כולם בסדר המדרגות לעילא
ולעילא עד א"ס ברוך הוא, כמבואר במקומות
רבות בזוהר, בפרשת בראשית מ"ה ב', נח ס"ה א',
לך לך פ"ט ב', ויגש ר"ו ב', ויחי רמ"ד א', פקודי
רנ"ט ב', ויקרא ה' ריש ע"ב, צו כ"ו ב', זוהר חדש
צו ל"ח א', ושם בשיר השירים נ"א ב', עיין שם
היטב. בכל אלו המקומות נוראות העניין, ועיין
בפרי עץ חיים פרק ה' ופרק ו' משער התפילה, סדר
ההעלאה וההתקשרות בפרטות.

ולכן נקרא קרבן כמו שבואר בבהיר[153] - אמאי
אקרי קרבן אלא על שם שמקרב הצורות הקדושות
כו'. ואמרו לריח ניחוח כו', הרוח יורד ומתייחד
בצורות הקדושות ההם ומתקרב על ידי הקורבן,
והיינו דאקרי קורבן, עד כאן לשונו. ועיין זוהר
ויקרא ריש דף ה', ודף ח' ע"א, וברעיא מהימנא
פנחס רנ"ו ב' - ואתקריאת קרבן עיין שם,
דאתקריבו בה כו'. ועיין פרי עץ חיים פרק ה'
משער התפלה.

ומעת שבעוונינו נפסקה עבודת בית קדשינו, לא
נשארה רק עבודת התפלה במקומה, שגם היא
סגולתה לקשר ולייחד העולמות עד לעילא לעילא
בא"ס ברוך הוא, כמבואר במקומות רבות בזוהר,
ויותר מפורש בפרשת ויקהל רי"ג ב' - כד פלח
למאריא בצלותא אדבק רעותיא כנורא בגחלתא
ליחדא אינון רקיעין תתאין דסטרא דקדושה,
לאעטרא לון בשמא חדא תתאה, ומתמן ולהלאה
ליחדא אינון רקיעין עלאין פנימאין למהוי כלהו חד
כו', ובעוד דפומיא ושפוותיא מרחשן, לבי יכוין

---

¹⁵³ ספר הבהיר אות קט - ואמאי אקרי קרבן, אלא מפני שמקרב הצורות הכחות
הקדושות כדכתיב - וקרב אותם אחד אל אחד לך לעץ אחד והיו לאחדים בידך.
ואמר לריח ניחוח, ואין ריח אלא באף, ואין נשימה שהיא הריח אלא באף, ואין
ניחוח אלא ירידה דכתיב - וירד. ומתגרמין ונחית. והרוח יורד ומתייחד בצורות
הקדושות ההם ומתקרב על ידי הקרבן, והיינו דאקרי קרבן.

רעותיא יסתלק לעילא לעילא ליחדא, כלא ברזא
דרזין דתמן תקיעו דכל רעותין ומחשבין ברזא
דקיימא בא"ס.

וכמבואר בפרי עץ חיים, שכל עיקר כוונת עניין
התפלה מראשיתה עד אחר העמידה, הוא תיקון
העולמות והתעלותם ממטה למעלה להתקשר
ולהתכלל כל אחד בהעולם שעליו לעילא לעילא
עד א"ס ברוך הוא, ועיין שם פרק ד', ופרק ה',
ופרק ו', ופרק ז' משער התפלה העניין בכללות.

ועיין ברעיא מהימנא ריש פרשת עקב, שזהו
החילוק בין ברכות המצות והנהנין לברכות
התפלה, שברכות המצות והנהנין הם המשכת
השפע לארקא ברכאן מלמעלה למטה, אבל ברכות
התפילה הם תיקון העולמות עצמן והתעלותם,
והתקשרות כל עולם בעולם שמעליו, ועיין בפרי
עץ חיים ריש שער הברכות ובריש פרק ג' שם.
[ומה שכתב עוד שם ברעיא מהימנא מעילא לתתא,
היינו המשכת השפע ממעלה למטה אחר העמידה,
וגם זה הוא מצד שחוזרים ומעלים את העולמות כל
אחד בשלמעלה הימנו, כמו שמבואר בפרי עץ
חיים בסוף פרק ה' משער התפלה, ובריש שער
הקדישים במהדורא בתרא ובסימן א' שם].

לזאת בעת עומדו להתפלל לפני קונו יתברך שמו יפשיט
גופו מעל נפשו[ט]. היינו שיסיר כל רעיוני ההבלים הבאים
מכחות הגוף שנחקקו ונתדבקו בנפשו. שלא תהיה עבודת
תפלתו רק בהנפש ורעותא עלאה דילי'.

והוא, שקודם עומדו בתפילה, צריך לבטל ולהסיר מעליו
במחשבתו כל תענוגי הגוף, והנאותיו, וכל ענייניו. עד
שיוקבע במחשבתו למאס הגוף כאלו אינו בעל גוף כלל,
ורק נפשו לבדה היא המדברת תפלתה, ובדברו כל תיבה
שהיא כח וחלק מנפשו, ידביק בה רעותיא מאד, ליתן
ולשפוך בה נפשו ממש לגמרי, ולהדביקה בשרש העליון

של תיבות התפילה, העומדים ברומו של עולם, וכמו
שמבואר בזוהר ויקהל הנזכר בהגהה - ובעוד דפומיא
ושפוותיא מרחשן, לביה יכוין רעותיא יסתלק לעילא
לעילא ליחדא כלא ברזא דרזין, דתמן תקיעו דכל רעותין
ומחשבתין ברזא דקיימא בא"ס. ואז יחשב כאלו הוא
מסולק מזה העולם, והוא מבני עליה למעלה, עד שגם אחר
התפלה יקשה לו מאד להפנות מחשבתו לענייני זה העולם,
ויהא בעיניו כאלו נופל ומטפס ויורד מאגרא רמא לבירא
עמיקתא, וכעניין - חסידים[154] הראשונים שהיו שוהים שעה
אחת גם אחר התפלה. והוא שכתב גם כן האר"י ז"ל הטעם
על זה כדי להשהות עוד המוחין וכו', והוא עניין מאמרם
ז"ל - המתפלל[155] צריך שיתן ליבו למעלה.
וכל כך תרבה ותתלהט אהבתו יתברך בכח נפשו, עד שיהא
חושק ומתאווה באמת שבדברו עתה אותו הדבור הקדוש
של איזה תיבה מנוסח התפלה, תהא נפשו יוצאת מהגוף
לגמרי, ותתעלה להתדבק כביכול בו יתברך שמו.
זה שכתב כאן - ולעבדו[156] וכו' ובכל נפשכם. וכן מה שאמרה
חנה - ואשפוך[157] את נפשי לפני הוי"ה. והוא מבואר, וכן
יש לומר מאמרם ז"ל - אין[158] תפלתו של אדם נשמעת אלא
אם כן משים נפשו בכפו. היינו להעלות ולדבק בתפלתו את
נפשו למעלה, וכפו פירוש שרשו מלשון - וכפתו[159] לא
רעננה.

הגהה[טי]. כמו שכתב רבינו יונה ז"ל פרק אין
עומדין בעניין - המתפלל[160] צריך שיתן עיניו למטה
ולבו למעלה. זה לשונו הקדושה שם - כלומר
שיחשוב בליבו כאלו עומדים בשמים ויסיר מליבו

---

[154] ברכות לב ב

[155] יבמות קה ב

[156] דברים יא יג

[157] שמואל-א א טו

[158] תענית ח א

[159] איוב טו לב

[160] ברכות כב ב

כל תענוגי עולם הזה, וכל הנאות הגוף. כעניין
שאמרו הקדמונים כשתרצה לכוין פשוט גופך מעל
נשמתך, ולאחר שיגיע לזו המחשבה, יחשוב גם כן
כאלו הוא עומד בבית המקדש שהוא למטה, מפני
שעל ידי זה תהיה תפלתו רצויה יותר לפני המקום,
מפי מורי הרב נרו. עד כאן לשון רבינו יונה.

ומודעת שהרבינו יונה היה תלמיד קדוש ה'
הרמב"ן ז"ל, ודבריו הן המה דברי הרמב"ן ז"ל,
בפרשת אחרי, בפסוק - את[161] משפטי תעשו וגו'.
וז"ל שם - והעוזבים כל ענייני עולם הזה, ואינם
משגיחים עליו כאלו אינם בעלי גוף, וכל כוונתם
ומחשבתם בבוראם בלבד, כאשר היה העניין
בחנוך ואליהו בהדבק נפשם בשם הנכבד, יחיו לעד
בגופם ובנפשם.

וזהו גם כן מה שהביא רבינו יונה בשם הקדמונים
- פשוט גופך מעל נשמתך. היינו שכל כך יהיה
הגוף ועניניו ותענוגיו נבזה בעיניו נמאס, עד
שיהא לו תשוקה עצומה להשליך נפשו מנגד,
ושתהא כל תשוקת נפשו בבוראו יתברך שמו,
כאלו אינו בעל גוף, אלא כאחד מצבא המרומים
המשמשים במרום, מופרשים ומובדלים מכל
ענייני עולם הזה, וזהו כוונת רבינו יונה ז"ל -
שיחשוב בליבו כאילו עומד בשמים. היינו שירגיש
בעצמו שנתבטלו אצלו כל הרגשות הגוף, שהוא
עפר מן האדמה, וכל הרגשותיו יהיו בענייני הנפש
לקשרה בשרשה בשמים באהבה רבה, עד שאם
היו מעמידים נגד עיניו איזה תענוג מתענוגי עולם
הזה, שנפשו של אדם מחמדתן, היה מואס בה
תכלית המיאוס ושנאה, וזהו - אוהבי[162] הוי"ה

---

[161] ויקרא יח ד
[162] תהלים צז י

שנאו רע. וזהו - הללו[163] את הוי"ה מן השמים
הללוהו במרומים.

פרק טו

ומה שכתוב - ובכל[164] נפשכם. ידוע פלוגתת רז"ל בכמה
דוכתי בש"ס, לחד מה דאמר תיבת **כל** פירושו כולו, ולחד
מה דאמר פירושו **מקצת** וכל שהוא. וכן הוא העניין כאן
שניהם אמיתים, כי כמה בחינת ומדרגות יש בזה כל אדם,
לפי כח טהרת לבו ומחשבתו, שהאדם שכחו יפה בטהרת
המחשבה והכוונה, יוכל לדבק את כל נפשו מגודל האהבה
והתשוקה לו יתברך שמו, וכל אחד לפי כחו, וגם לפי עניין
הכנת טהרת לבו אז, כי גם לא כל העיתים שוות באדם
בטהרת המחשבה, רק זאת ראוי ונכון שעל כל פנים יראה
שתהא כוונתו רצויה לדבק לו יתברך באהבתו וטהרת לבו,
מקצת נפשו בכל תיבה, לכן אמר הכתוב - ובכל נפשכם.
דלהוי משתמע לתרי אפי כנזכר לעיל, כל אחד לפי כחו
ומדרגתו והכנתו.

ועיקר ההכנה לזה הוא לפי הנהגתו כל היום והלילה,
בתלמוד תורה ומצות, ומדרגת חנה הייתה ששפכה
בתפלתה לפניו יתברך כל נפשה, לכן אמרה - ואשפוך[165]
את נפשי כו'. ושפיכה פירושה **לגמרי** כידוע בש"ס. [והיינו
שלא נשאר לה שום רצון לענייני עולם הזה, כי **נפש**
פירושו **רצון**, כמו שכתוב - מה[166] תאמר נפשך ואעשה לך
ורצון הכללי קשור בכלל הנפש].

והנה[טז] כל הנזכר לעיל בעניין התפילה שעיקרה שפיכת
הנפש, לדבקה לו יתברך בכל תיבה, היינו שפיכת כלל
הנפש לו יתברך, בלא כוונה והבחנה בבחינת הפרטים
הכלולים בנפש. אמנם יש מדרגה יותר גבוה בזה, והוא
לכוין בבחינת הפרטים הכלולים בנפש, אלא שצריך חינוך

---

[163] תהלים קמח א

[164] דברים יא יג

[165] שמואל-א א טו

[166] שמואל-א פרק כ ד

להרגיל עצמו ממדרגה למדרגה, שאחר שכבר הורגל בתפלתו איזה זמן בעניין שפיכת והתדבקות כלל הנפש, אחר זה יעתיק עצמו לכוון בבחינת הפרטים שנפשו כלולה מהם.

הגהה[טז]. וצריך שתדע. שאף בהתפללו במדרגת התקשרות פרטי הנפש זה בזה, לא יניח מקומו מהתקשרות כלל הנפש כי הוא פרט הצריך לכלל, וכלל הצריך לפרט, היינו שקודם התפילה העיקר לקשר כלל נפשו ורצונו המקיפים כלל פרטי כחותיו ורצונותיו להכלל באור הוי"ה, ועל כל תיבה ותיבה שמתפלל ידביק פרטי כחות נר"ן, ועל פי כח התקשרות הכללי יימשך קו אור ישר על כל פרט, שיוכלו כל פרטי רצונו להיכלל בהתקשרות כח המקיף הכללי.

ועיין עץ חיים דרושי עגולים ויושר, וזהו עניין המבואר שם שקו האור שנמשך מאור א"ס ברוך הוא, לא הגיע עד קצה תחתית המקיף, ועיין במבוא שערים פרק ב', ויובן עניין המקיפים זה תוך זה הנעשים דרך המשכת קו האור, היינו שכל כח פרטי לפי מדרגתו צריך לקשרו בכלל, וגם הכלל הוא לפי ערך הפרט וראשית קו אור המשובח, הוא המשכת מחשבה הכללית לליבא אמצעיתא דכל גופא, שכל תיבה נמשכת מהבל הלב, והוא מבואר למבין מדעתו.

פרק טז

כי ידוע שנפש האדם בכללה, היא כלולה משלוש בחינות פרטים והם נר"ן, שהם עצמם השלוש בחינות - מעשה דבור ומחשבה, שזה כל האדם.

וגם בכל תיבה יש שלוש בחינות - מעשה דבור מחשבה, נר"ן, והם אותיות ונקודות וטעמים שבה, כמו שמבואר בהקדמת התיקונים ז' ע"ב - טעמי אינון נשמתין, ונקודין

רוחין, ואתוין נפשין", וכה אמר שם בריש תיקון ס"ז, עיין שם.

הגהה". ואף שבכתבי האר"י ז"ל מחלקם לארבע בחינות טנת"א[167] כידוע, הכל אחד, ועיקרם הם רק שלוש בחינות שורשיים, כי בכל ספר התיקונים מחלקם רק לשלוש בחינות טנ"א[168] לבד, ולא נזכרו בו עניין התגין של כל האותיות, רק השלוש זיונין של שעטנ"ז ג"ץ שהם עניין בפני עצמו.

והטעם בזה מפורש בעץ חיים שער טנת"א פרק ו' זה לשונו שם בקיצור - גם בזה יובן עניין מאמר התיקונים, כי פעם הוא אומר כי האותיות הם גופא כו', ובמקומות אחרים מצאנו כי האותיות נפש כו', אם כן האותיות נקראים גוף כו', והתגין כו' הם הנפש דהאותיות, וכמו שהנפש אינה נפרדת לעולם מן הגוף, כך התגין אינן נפרדין מאותיות בספר תורה לעולם. מה שאין כן הנקודות וטעמים כו', כי התגין הם משתתפים ומתחברין בעצמות האותיות, שהם גוף, והתגין הם כללות האותיות כו', ובעבור זה אין התגין רמוזים ונזכרים בתיקונים, יען כי הם והאותיות משתתפים יחד כו', כי בהזכיר את הגוף ממילא הנפש בכלל כי הם משותפים כנזכר לעיל. עד כאן דבריו, ועיין שם באורך.

האותיות הם בחינת מעשה, כי מציאת אותיות גרידא בלא נקודות אי אפשר שיהיו אלא בבחינת מעשה, היינו מעשה הכתיבה, כמו שהם כתובים בספר תורה בלא נקודות, כי בדבור אי אפשר להוציאם מהפה אם לא על ידי צירוף הנקודות אליהם, לכן האותיות לבד בלא נקודות נקראים בחנת נפש [היינו עם התגין כמו שמבואר בהגה], שהוא בחינת מעשה כידוע.

---

[167] טנת"א - טעמים נקודות תגין אותיות
[168] טנ"א - טעמים נקודות אותיות

והנקודות הם בחינת רוח שלהם, כנזכר לעיל שהנקודות באים עם האותיות על ידי הדבורים של האדם, שהוא בחינת רוח, וכמו שעיקר חיות האדם על ידי בחינת הרוח שבו, שבצאת ממנו הרוח הוא מת, אף שחלק מנפשו נשאר בו עדיין כידוע, כן עיקר חיות תנועות האותיות הם הנקודות. שביילתם אי אפשר להוציא האותיות מהפה, וכמו שכתוב בכל מקום בתיקונים - והמשכילים אלין נקודי, יזהירו דנהרין באתוון.

והטעמים של התיבות הם בחינת המחשבה וכוונת הלב, שהוא בחינת הנשמה כידוע, כי הם תנועות והנהגת הנקודות והאותיות, ונטייתם לאיזה צד שהוא, דבר התלוי במחשבה בשכל.

ובזוהר חדש שיר השירים נ"ז ע"ד - תורי זהב אינון תנועי דטעמי כו', בנין דאינון אתיין מרישא דמלכא למיהב דעתא וסכלתנו לאתוון כלהו, ועיין שם עוד בעניין השלוש בחינות טנ"א באורך.

ושם דף נ"ח ע"ג - תנועה דטעמי דאינון תקונא ושלימו בדעתא וסוכלתנו למנדע ידיעה כו', כלהו מטלניהון בחכמתא ובסכלתנו כו', תנועי דאיהו שלימו דכלא אן אינון בבני נשא, אלא רזא דא כו', לגו סוכלתנו ומדע כו', הן בזקיפו הן למיזל כו', כלא איהו מנדע וסכלתנו כו', עיין שם.

ולכן נקראים טעמים, כמו שהטעם, והפירוש של כל עניין כהוא השכל הנסתר שבעניין, שמתוכו יוכל האדם להבינו במחשבתו.

ובתיקון י"ח ל"ה ב' - ואתוון אינון לגבי נקודין כגופא לגבי רוחא כו', ומאנא דנקודין איהו נפש, נשמתא איהי כתר על כלהו ומנה כתרין דאינון טעמי תנועה דנקודין ואתוון, ואיהי תליא במחשבתא, ונקודין תליין באמירה, ואתוון בעשיה.

ולכן העובד האמיתי בכוונה רצויה, יכוון לשפוך ולדבק יחד בתפלתו כל השלוש בחינות נפש רוח נשמה, אשר

נפשו כלולה בהם, שבעת שמוציא מפיו כל תיבה מהתפילה שיש בה כל השלוש בחינות נר"ן, באותיותיה, ונקודותיה, וטעמיה. יתעצם בטוהר לבו בעוצם התשוקה, לקשר ולדבק על ידה ממטה למעלה, בסדר המדרגות נפשו ברוחו, ורוחו בנשמתו'ח, ויתעלו כולם לשרש אותה התיבה בעולמות העליונים.

וזהו העניין שאמרו בתיקוני זוהר חדש ע"ו ריש ע"א - והמשכילים כו', אינון דאית בהון שכל לאשתמודע בצלותא איך סלקא כו', באתוון ונקודין וטעמין כו', עיין שם. ושם בדף ע"ח ריש ע"ג - ואשר כח בהם לעמוד בהיכל המלך בעמידה דצלותא כו', כלילא מכלא טעמי ונקודי ואתוון.

הגהה'ח. ועל ידי זה יתוקנו כל השלוש בחינות אלו, אף אם פגם ח"ו באיזה מהם על ידי מעשיו, או דבוריו, או מחשבותיו, אשר לא טובים, וגרם ח"ו על ידיהם לרחק ולהפריד ההתקשרות שביניהם, כמו שמבואר לעיל בשער א' פרק י"ח, עתה על ידי זה יתוקנו לחזור ולהתקשר כל אחד בחבירו שעליו כבתחילה, שזהו שורש עיקר עניין התשובה, כמו שכתבתי שם באורים, עיין שם. וזהו עניין הכתוב - השמן[169] לב העם הזה ואזניו הכבד ועיניו השע פן יראה בעיניו ובאזניו ישמע ולבבו יבין ושב ורפא לו. שבספירות דקרא הסידור הפוך, מסדרים דרישיה.

כי הלב הוא בחינת המחשבה כידוע, והאזנים הם כלי שמיעת הדבור, והעיניים הם כלי הראיה לראות ענייני המעשים בפועל, והם השלוש בחינות נר"ן.

ובחטאי האדם המה מסתלקים ממנו מעט מעט כסדר, שמעת שעולה על רעיון האדם לבד מצד הנפש לעשות שום חטא, אז מסתלקת בחינת הנשמה תיכף, כי היא בחינת גבוה ונעלה מאד, ואם

ח"ו חטא יותר, גם בחינת הרוח מסתלק ממנו לגמרי, או נפגם ונתקלקל ח"ו, ואז אין התקשרותו בבחינת הנשמה בשלימות כראוי, ואם ח"ו הרבה והוסיף לחטוא יותר, אז גם בחינת נפשו נפגמת או נכרתת ח"ו, לגמרי מהתקשרותה בבחינת הרוח.

וכשהוא חוזר בתשובה, הוא חוזר להשיג אותם כסדר ממטה למעלה היפך מסדר הסתלקותם תחלה, תחלה הוא משיג לבחינת הנפש, ואחר כך בא ושורה עליה הרוח ומתקשרת בו, ואחר כך באים וחופפים עליהם ניצוצי אור הנשמה, ואז מתקשרים כל אחד בחבירו כראוי, ובזה מבואר הכתוב מאליו.

ואף שבשער א' פרק ב' נתבאר, שאם פגם או הכרית ח"ו בחינת נפשו, והוריד כל תשע ספירותיה במצולות הרע, על ידי תשובתו הוא מאציל וממשיך קדושה ואור עליון מלעילא, על בחינת נשמתו תחלה, וממנה נמשך על רוחו, ואז הרוח מבהיק מזיו האור כגדול הנשפע עליו גם על הנפש, ועל ידי זה היא מתעלת מעמקי הרע להתקשר בבחינת הרוח כמקדם, וכן על דרך זה כאשר נפגם הרוח ח"ו כמו שכתבתי שם. וכידוע בדברי האר"י ז"ל שלתיקון איזה פרצוף ובחינה, צריך להמשיך אורות ומוחין חדשים מלעילא לעילא, דרך כל הפרצופים והמדרגות כולם, עד אותו הפרצוף והבחינה שצריך לתקנו, שאליו נמשכו המוחין.

היינו רק כדי להעלות הנפש מעמקי הטומאה שנשקעה בתוכו, או לתקן פגימותה, צריך להמשיך קדושה ואור עליון מלמעלה למטה, לגרש ולכלות ברשפי אש השלהבת הזה, את הכחות הטומאה שנשקעה בתוכם או למלאות פגימתה, ולהעלותה

מטוהרה ומתוקנת שתוכל להתקשר עם הרוח, וכן על דרך זה בבחינת הרוח שנפגם, כדי לחזור ולתקנו כבתחילה.

אבל אחר שכבר נתקנו על ידי התשובה, סדר כניסתם אחר זה בגוף האדם הוא ממטה למעלה כנזכר לעיל, וזהו **וישב**, פירוש כשהיה משיב כל בחינת על מקומה. אז היה נרפא.

פרק יז

אמנם עוד יש לאלוה מלין לפני העובד אלהי"ם בקדושה, בבחינת יותר פרטית, והוא בבחינת שורש הנשמה, היא נשמתא לנשמתא הנזכר בזוהר ונקראת **חיה**, ואדם הראשון השיגה ולבחינת היחידה הנכללת בה סוד עולם אדם קדמאה.

וכמבואר למבין בעץ חיים, סוף שער המוחין, שאדם הראשון זכה לבחינת חיה יחידה האמיתיים במקומם העיקרי, ועיין ריש גלגולים ובפרק י"ז שם.

וזהו עיקר כוונתם ז"ל שדרשו בפסוק - תוצא[170] הארץ נפש חיה. אפילו נפשו של אדם הראשון אפילו נפשו של משיח. כי זאת הבחינה היא סוד **כנסת ישראל** ארץ החיים העליונה. [היינו שרש יסוד העפר מהארבע יסודין שרשין קדמאין, אבהן דכלהו עלמין הנזכר בזוהר וארא כ"ג ע"ב, עיין שם].

ועיין זוהר שמות י"ב א', ובפרשת שלח קע"ו ב' - רזא וכתיב תוצא הארץ נפש חיה וכו', ובפרשת שמיני ל"ט ב' - ואת כל נפש החיה כו', ועיין סוף פרשת ואתחנן במתניא, ועיין רמב"ן בפסוק - נעשה[171] אדם. כי[172] רוח הוי"ה דיבר בו. ולכן היה אדם הראשון מוכן לחיות לעולם, כי היא - החכמה[173] תחיה בעליה. ולכן נקראת *חיה*. וזהו - תוצא

---

170 בראשית א כד
171 בראשית א כו
172 שמואל-ב כג ב
173 קהלת ז יב

הארץ נפש חיה. ובחטאו נסתלקה הימנו, ועיין מה שביאר האר"י ז"ל בפרק ט"ו, ובריש פרק כ"א, ובפרק ל"ה מהגלגולים.

ומאז לא זכה עליה שום אדם בעודו בזה העולם, וחנוך כשהגיע לזאת המדרגה וירש מעלתו של אדם הראשון, כמו שמבואר בזוהר חדש תרומה ל"ה ע"ג, ושם בשיר השירים נ"ד ע"ד, עיין שם, וברעיא מהימנא קדושים פ"ג, ובמתניתין סוף פרשת ואתחנן, כמו שפירשם האר"י ז"ל בפרשת בראשית בדרוש אדם הראשון, ובגלגולים פרק י"ח, עיין שם, וכמו שמבואר שם פק' ל"ה. לא הוה יכיל עלמא למסבליא, והוכרח להסתלק מזה העולם, וכן אליהו נסתלק מזה העולם כשהשיג קצת מאותה הזיהרא עלאה, כמו שמבואר בפרק י"ט מהגלגולים, וכמו שמבואר בזוהר ויגש ר"ט ריש ע"ב - אמר לו קדוש ברוך הוא כו', ועלמא לא יכיל למסבלך עם בני נשא, ואנחנו מקוים להשיגה אחר התחיה אם ירצה השם שיערה עלינו רוח ממרום.

והוא בחינת שורש המחשבה של אדם, כי בחינת המחשבה הוא כשמדבק מחשבתו לחשוב איזה ענין פרטי, והוא בחינת נשמה, כמו שכתוב - ונשמת[174] שדי תבינם. ואז המחשבה מושגת על כל פנים להאדם עצמו המחשב, אבל שורש מקור מוצא כללית כח המחשבה, הוא טמיר ונעלם לגמרי, שאינו מושג גם להאדם עצמו מאין תמצא, והוא בחינת שורש נשמתו.

וזאת הבחינה הנעלמה, הוא בחינת צירופי האותיות של התיבה, שהוא שורש נשמת האותיות וכח רוחניותיהם בשרשם העליון, ואמיתת מהות סדרי צירופם בשורשם העליון אינו מושג לנו עתה, אחר שאין אנחנו משיגים עתה, בחינת שורש הנשמה, ואחר התחיה נתבונן בינה בסוד סדרי צירופי האותיות בשורש קדושתם, והוא שאמרו בזוהר בהעלותך קנ"ב א' - אורייתא כו', ולעלמא דאתי זמינין לאסתכלא בנשמתא לנשמתא דאורייתא.

והוא בחינת שורש נשמות כלל ישראל יחד, מלכות דאצילות לזאת נקראת כנסת[ט] ישראל.

הגהה[ט]. ונקראת בתורה הקדושה - אל[175] אלהי הרוחות לכל בשר. עיין זוהר קרח קע"ו ב' - ויאמרו אל אלהי הרוחות כו', דאיהו אתר דנשמתין וכו', תמן סלקין ומתמן אתיין. רז"ל דרשו אביו ואימו כו', אמו זו כנסת ישראל. ועיין זוהר קי"ט א', ובריש פרשת פנחס, ושם ר"מ ע"ב, וברעיא מהימנא תצא רע"ז ב', ובסוף האדרא זוטא רצ"ו א', ובזוהר חדש רות נ"ט ב'. ועיין בעץ חיים שער המלכים ריש פרק ז', ובפרי עץ חיים שער עולם העשיה פרק ב', ובשער הקריאת שמע פרק ה', ובשער העמידה סוף פרק ט"ז. והוא עניין הכתוב - העמוסים[176] מני בטן וגו'. ועיין בפרי עץ חיים שער ראש חודש פרק ג', ולכן כלל ישראל יחד נקראין איברין דשכינתא, עיין זוהר פנחס רל"א ב', ושם רל"ח ריש ע"ב, ורנ"ב סוף ע"ב.

וזהו עניין הכתוב - הלך[177] וקראת באזני ירושלים כו', זכרתי לך כו', לכתך אחרי במדבר כו'. כינה הכתוב כל ישראל בשם **ירושלים**, כי היא הייתה כנסת כלל ישראל, בעלותם[178] ליראות פני האדון הוי"ה ברגל. ושם קבלו כלל ישראל שפע תורה קדושה ויראה, כל אחד לפי שרש אחיזת נשמתו מכנסת ישראל, ולזה נקראת ירושלים של מעלה, זה שכתוב - אהבת[179] כלולתיך. ר"ל כלילות.

וזהו עניין שכינה הנזכר בכל מקום, פירוש הפשוט של שכינה, היינו קביעות דירה, כמאמרם ז"ל -

---

[175] במדבר טז כב

[176] במדבר כז טז

[177] ירמיהו ב ב

[178] לפי שמות לד כג

[179] ירמיהו ב ב

מיום[180] שברא הקדוש ברוך הוא עולמו נתאוה שיהא לו דירה בתחתונים. ועיקר קביעת דירתו יתברך שמו היה בירושלים, התגלות קדושתו בלי התלבשות לבושין, והוא שאמרו ז"ל - דאתרי[181] אינשי במתא שמאי בלא מתא תותבאי. ושיחתם ז"ל צריכה תלמוד.

פרק יח

והנה אחר שכבר הורגל, וסדורו לו תפלתו, בהתקשרות השלוש בחינות נר"ן שבכללות נפשו, על ידי האותיות ונקודות וטעמים שבכל תיבה, כמו שמבואר לעיל פרק ט"ז. יתעצם בטוהר מחשבתו וכוונתו, לדבק אחרי זה כל השלוש בחינות נר"ן בבחינת נשמתא לנשמתא הנזכר לעיל, שהוא שורש נשמתו. על ידי צירופי האותיות של התיבה, בשורש קדושתם העליון.

וכשתדבק בזאת המדרגה אז יוכל להיחשב כאלו אינו בעולם כלל, וממילא יתבטל בעיניו מכל וכל, כי בחינה זאת היא נעלה ממדרגת האדם עתה כמו שנבאר לקמן, ויכלול עצמו בשורש נשמתו בכלל שורש העליון שנזכר לעיל, כלל נשמות ישראל יחד.

הגהה. ולכן תקנו שתיכף אחר העמידה ימסור נפשו ורוחו ונשמתו לגמרי להוי"ה יתברך, בפסוק - אליך[182] הוי"ה נפשי אשא. ולהעלותם עם הנר"ן של שלוש העולמות, ולכוללם יחד במלכות דאצילות, כמו שמבואר בפרי עץ חיים סוף פרק ז' משער התפלה. והוא עיקר כוונת כל נפילת, אפילו הנזכרה בתורה, כמו שמבואר בזוהר קרח קע"ו ב' הנזכר לעיל בפנים - תא חזי משה ואהרן מסרו גרמייהו למיתה, במה בגין דכתיב - ויפלו[183] על

---

[180] תנחומא בחקתי כו ג
[181] שבת קמה ב
[182] תהלים כה א
[183] במדבר טז כב

פניהם ויאמרו אל אלהי הרוחות כו', ובכל אתר
נפילת אנפין להההוא אתר הוי כו', אלהי הרוחות
דאיהו אתר דנשמתין דעלמא, וכל נשמתין תמן
סלקין ומתמן אתיין. ולכן צריך לכוין ברעותא
דלבא, כאלו נפטר מן העולם לגמרי, כמו שמבואר
בזוהר סוף פרשת במדבר, ובריש פרשת ואתחנן.
ועיין היטב בפרי עץ חיים בכל פרק ב' משער
נפילת אפים, והבן. ועיין עוד שם בפרק ג' ופרק
ד', ובליקוטי תורה פרשת שלח, עיין שם.

לכן[כא] קבעו אנשי כנסת הגדולה לומר קודם התחלת תפלת
העמידה, הפסוק, אדני[184] - שפתי תפתח. כי מי שזוכה
למדרגה זו בעת התפלה, הרי מהתקשרות המחשבה זו יוכל
להיות גופו כאבן דומם, וכאלם לא יפתח פיו, רק שהוא
יתברך יפתח שפתיו לדבר לפניו תיבות התפלה, ולכן אמר
שם **אדני** דווקא שהוא סוד כנסת ישראל הנזכר לעיל. ועיין
בפרי עץ חיים סוף שער הבריאה, בעניין זה הפסוק קודם
התפלה, שאמרו רז"ל עליו - שהוא[185] כתפלה אריכתא. וזה
שאמרו רז"ל - המתפלל[186] צריך שיתן לבו למעלה. וכעין
שפירש רבינו יונה ז"ל שם, וכן חסידים[187] הראשונים שהיו
שוהים שעה אחת וכו', כדי שיכוונו את לבם למקום. והוא
מבואר.

הגהה[כא]. ולכן כלל סדר התפלה נחלק לארבע, שהן
הארבע בחינות נר"ן ושרש הנשמה, הקורבנות הם
נגד בחינת הנפש, ועולם הנפש עשיה. כי הם באים
על חטאי בחינת הנפש, כמו שכתוב ונפש[188] כי
תחטא כו', והביא כו'. ופסוקי דזמרה נגד עולם
הרוח, עולם המלאכים המשוררים. וקריאת שמע

---

[184] תהלים נא יז
[185] ברכות ד ב
[186] ברכות כב ב
[187] ברכות לב ב
[188] ויקרא ה א

וברכות עשר נגד היכלין דבריאה כידוע, עולם הנשמות.

ובאמירת פרשיות הקרבנות עד ברוך שאמר. יכוין להעלות כל בחינת הנפשות דעשיה שהוא הפנימיות דעשיה, לכללם ברוחות דיצירה, ויכלול גם נפשו עמהם לקשרם ברוחו. ומברוך שאמר עד ברכות קריאת שמע יכלול כל הנפשין דעשיה והרוחין דיצירה וגם בחינת נפשו ורוחו, בנשמתין דבריאה. ומברכות קראת שמע עד העמידה, יכלול ויעלה כל הנר"ן דבי"ע, ונר"ן שלו עמהם, לכוללם יחד בשורש הנשמה, ושורש הכנסיה של כלל נשמות ישראל יחד.

ועיין קצת מכל זה בפרי עץ חיים פרק א' משער התפלה, וזה שרמז שם האר"י ז"ל במה שביאר ועל ידי כך נכללת השכינה מכולם כו', עיין שם. וזה שביאר האר"י ז"ל לקבל על עצמו קודם תפלה - מצות ואהבת לרעך.

נפש החיים

שער ג

פרק א

ומה שמבואר כאן למקו"ם, וכן באבות אמרו - וכשאתה[1] מתפלל אל תעש תפלתך קבע אלא רחמים ותחנונים לפני המקום ברוך הוא. רמזו ז"ל בתיבת **מקום** לעניין גדול, והעניין צריך ביאור להבין עומק כוונתם ז"ל בזה, ולמוסבר קראי הרומזים על זה.

וכבר אמרו ז"ל באבות - שכל[2] דבריהם כגחלי אש. שכמו הגחלת שאף שלא נראה בה רק ניצוץ אש, אם תשים כֹח בה להפכה ולנפחה, כל שתנפחה יותר תתלהב ותתפשט בה הניצוץ, עד שתעשה כולה לוחשת ותוכל ליהנות ממנה להשתמש לאורה ולהתחמם נגדה, אבל רק נגדה ולא לאוחזה, שכיון שנעשית לוחשת צריך זהירות שלא תכוה בה.

כן בדמיון זה נמשלו כל דברי חכמים, שאף שנראים דברים קצרים ופשוטים, אבל הם כפטיש יפוצצו, שכל שהאדם מהפך ומסלסל ומדקדק בהם, יאורו עיניו משלהבת אורם הגדול, שימצא בתוכם עניינים עמוקים, כאמרם ז"ל - הפוך[3] בה וכו' דכלא בה.

אבל צריך להיזהר מאד בגחלתן, שלא להיכנס להתבונן ולחקור בדברים שאין הרשות נתונה להתבונן בהם יותר מדאי, כאומרם שם - והוי[4] מתחמם כנגד אורן של חכמים, היינו שלא להתרחק מלהתבונן כלל בדבריהם כי לא ייהנה מאורם כלל, וגם לא יתקרב יותר מדאי שלא יכוה

---

[1] פרקי אבות ב יג
[2] פרקי אבות ב י
[3] פרקי אבות ה כב
[4] פרקי אבות ב י

כנ"ל. רק מנגד, כמו שסיים אחרי זה - והוי זהיר בגחלתן וכו'.

והנה כאן כתיב מקום גם כן, הגם שפשוטו מובן, אבל כשנדקדק בו נמצא שכללו ורמזו בזה עוד עניין גדול.

כי עניין מה שהוא יתברך נקרא **מקום**. פירשוהו ז"ל בבראשית רבה פרק ס"ח ט' על פסוק - ויפגע במקום. רבי הונא בשם רבי אמי אמר מפני מה מכנין שמו של הקדוש ברוך הוא, וקוראין אותו **מקום**, שהוא מקומו של עולם ואין עולמו מקומו. ובשמות רבה סוף פרק מ"ה ו', ובתנחומא פרשת תשא - ויאמר[5] ה' הנה מקום אתי אמר רבי יוסי בר רבי חנינא וכו', אתרי טפלה לי ואין אני טפל לאתרי. וכך כתוב בשוחר טוב תהלים מזמור צ'.

ולפי פשוטו, ר"ל כמו שהמקום הוא סובל ומחזיק איזה דבר, וחפץ המונח עליו, כן בדמיון זה הבורא אדון כל יתברך שמו, הוא המקום האמיתי, הסובל ומקיים העולמות והבריות כולם, שאם ח"ו יסלק כחו מהם אף רגע אחת, אפס מקום קיום וחיות כל העולמות, וכמו שכתוב - ואתה[6] מחיה את כולם.

והוא פינת יסוד אמונת ישראל, כמו שמבאר הרמב"ם ז"ל בריש ספרו, ולכן קורא בזוהר לאדון כל יתברך שמו - נשמתא דכולא נשמתין.

כמו שהנשמה מחיה ומקיימת הגוף, וכמו שמבואר - וכי[7] אפשר לחתיכת בשר שלוש ימים וכו'. כן הוא יתברך שמו הוא לבדו חי העולמים כולם, וכידוע במקומות רבות בתיקונים ורעיא מהימנא, ועיין בריש הקדמה שנייה של התיקונים במאמר פתח אליהו וכו', וכן רז"ל דימו קיום כל העולם על ידי כחו יתברך, לקיום הגוף על ידי כחות הנשמה, אמרו - מה[8] הנשמה מלאה וזנה את כל הגוף אף הקדוש ברוך הוא מלא וזן כו'. זהו פשטות עניין שהוא

---

[5] שמות לג כא
[6] נחמיה ט ו
[7] סנהדרין צא ב
[8] ברכות י א

יתברך נקרא מקומו של **עולם**.

פרק ב

אמנם פנימית עניין מקומו של עולם, הוא עניין גדול מאד,
כי מה שכינוהו יתברך שמו מקומו של עולם, אין ערך כלל
לעניין מקום הנושא כל חפץ העומד עליו שעצמות התהוות
וקיום הכלי יש לה מציאות בפני עצמה, והמקום רק מצילת
אותה שלא תיפול ותשבר. וכן עניין חיות וקיום הגוף על
ידי הנשמה, הגוף יש לו מציאות בפני עצמו, ואינו מתבטל
ממציאותו גם בצאת הנשמה ממנו.

אבל העולמות כולם כל עיקר התהוות מציאותם כל רגע
הוא רק מאתו יתברך שמו, ואלו היה מסלק רצונו יתברך
מלהוות אותם כל רגע היו לאין ואפס ממש.

ורק מחמת שאין בכח שום נברא אף עליון כבעליונים
להשיג מהות העניין, איך כל העולמות וכל צבאם המה
בעצם אין, ורק כל רגע המה מתהווים למציאות ממנו
יתברך, לזאת בחרו להמשילהו יתברך ולהסביר לאזן
שומעת בקרב חכמים, בתיבת **מקום**[א].

הגהה[א]. ודרך דרש נוכל להעמיס בפסוקי
והחכמה[9] מאין תמצא. שהחכמה הגדולה על כל
חכמה המושגת מאתו יתברך, הוא החכמה הנפלאה
שמאין תמצא כל רגע מציאות, ואיזה מקום בינה
היינו שאין במציאות איזה שכל שנוכל לכנות
שהשכל ההוא, הוא מקום מוכשר שתחול עליו
בינה להבין כח הנפלא הזה, וסיים והוא ידע את
מקומה.

שאף שכך גזרה חכמתו יתברך ליתן מציאותו לעולמו,
באופן שילאה כל שכל להשיג איך הוא המשכת התהוותם
ממנו יתברך שמו, כל רגע ויוכל להדמות בעיני בשר
שהעולם הוא מציאות וקיום בפני עצמו ח"ו, האירו חז"ל
עיני השכל בהמשילם לעניין **מקום**, שכמו שהכלי העומדת

---

9 איוב כח יב

על איזה מקום, הגם שהכלי הרי יש לה באמת מציאות בפני עצמה, עם כל זה אם לא היה להכלי מקום שתעמוד עליו, הייתה כלא היו.

הגהה. גם המשילוהו יתברך בבחינת **מקום,** שכמו שהמקום על ידי מתקיים הכלי אף אם אינו שווה בערך עם הכלי, וגם המקום אף אם על ידי מתקיימים כמה וכמה כלים שונים זה מזה, אין גורמים על ידי זה שום שינוי בהמקום, והמקום מקיים וסובל כולם בהשוואה אחת, כך הוא יתברך שמו מקיים כל העולמות אף שאין ערך כלל בינו יתברך וביניהם, דאף כתר עליון אוכמא איהו לגביא דא"ס. וגם אם כי נראה לנו שנויים משנויים שונים מצד הבריאה מדרגות שונות זו מזו, ואף כי נמצאים גם כחות הטומאה והס"א בכל מדרגתם, והקיום של כולם הוא רק ממנו יתברך לבד, עם כל זה לית ביה שנוי יתברך שמו דאיהו לא אשתני ומצדו יתברך הוא, מקיימם בדמיון מקום, ואם כי דבר זה אין בשום שכל להשיג איך ומה והוא פלאי, לזה המליצו חז"ל הנה מקום אתי אתראי טפלה לי, פירוש שלית מחשבא תפיסא, איך הוא בבחינת מקום בלי שינוי, רק הוא יתברך לבדו המשיג עצמותו משיג איך הוא מקומן דכולהו עלמין בלי שנוי, כעניין והוא ידע את מקומה, וזהו אתי דייקא, כעניין לבא לפומא לא גליא.

כן אף שהעולם כולו מורגש ונדמה כמציאות בפני עצמו, הוא יתברך שמו הוא מקומו שאלמלא היה מקום ברצונו להתהוות העולמות, על אחת כמה וכמה שהיו כולם כלא היו.

וזה שמבואר בספר יצירה פרק א' משנה ח' על פסוק - בלימה[10]. בלום פיך מלדבר ולבך מלהרהר, ואם רץ ליבך

שוב למקום, שלכך נאמר - רצוא[11] ושוב. אמר **למקום**
דייקא, היינו כאם ירוץ מחשבת לב האדם להשיג המושכל,
איך נמשך התהוותם כל רגע ממנו יתברך שמו, שוב
למקום להשיג ערך המושכל מדמיון המורגש בבחינת
מקום כנזכר לעיל. ועיין פירוש רמב"ן ז"ל על משנה זו.

ועל זה הכוונה דרכו רז"ל הקדושים, להמשיל משלים
בעניין התחברותו יתברך להעולמות, אף שאין ערך ודמיון
כלל בין המשל והנמשל רק באיזה דבר פרטי, ואף גם זאת
רק בדמיון מה,

וכמו שמבואר ברעיא מהימנא פרשת פנחס רנ"ז ב', ורנ"ח
א' - ואית למנדע כו', כגוונא דא ברא נשמתא כו', ומה רבון
עלמין לית ליה שם ידיע ולא אתר ידיע אלא בכל סטר
שלטנותיא, או הכי לית לה לנשמתא כו', אל בכל סטר
שולטנותא לית אבר פנוי מנה כו', בכל אינון שמהן וכנויין
אתקרי על שם כל עלמין כו', לאתחזאה, שולטנותיה
עלייהו אוף הכי נשמתא על שולטנותא דכל אברים דגופא
אמתיל לה לגביה, לאו דאדמיא ליה איהי בעצמה, דהוא
ברא לה וכו' ועוד כו', ובגין דא איהי אדמיא לגביא
בשולטנותא דילה, על כל אברי גופא אבל לא במלה אחרא,
ועיין שם באורך.

וכן כל הדברים שמנו רז"ל שם בעניין התדמותו יתברך
להנשמה בגוף, הכל הוא רק על עניין התפשטותו יתברך
שמו בהעולמות, וממלאם ושליטותו עליהם כנזכר לעיל,
שרק בדבר זה לבד מתדמין בעניינם.

וכן רמזו בתיקונים סוף תיקון ל"ח אמרו - דאשתמע קליה
ודבוריה מן כרסייא, ומלאכייא ושמיא וארעא,
דישתמודעון ליה בכל עילא ותתא כנשמתא דשלטנותה,
בכל גופא אפילו באבר זעירא ולית אבר פנוי מינה.

דייק באומרו - כנשמתא דשלטנותה וכו', וממילא נשמע
שגם בזה העניין עצמו שדימוה ז"ל לא הושוו בה לגמרי,
כי אף שאמרו מה שאמרו מה הנשמה מלאה את כל הגוף,

אף הקדוש ברוך הוא מלא את כל העולם, וכן מה שמבואר במאמר התיקונים הנזכר לעייל כנשמתא כו', ולית אבר פנוי מינה. ושם בתיקון ע' - בכל אבר איהו הוי"ה וכו', לית אתר פנוי מני' כנשמתא דאשתכחת בכל אבר ואבר דגופא, אין עניין מלוי הקדוש ברוך הוא את העולה כעניין מלוי הנשמה את הגוף, שעם כל זה גם הגוף ישנו לעצמו חוצץ בפניה, רק שמתפשטת בפנימית כל פרטי חלקיו ומקיימו, שהרי גם בצאת הנשמה מהגוף אין הגוף מתבטל על ידי זה ממציאות, אבל אדון כל יתברך שמו הוא מלא את כל העולמות והנבראים ואינם חוצצים חלילה נגדו יתברך כלל באמת, ואין עוד מלבדו יתברך ממש שום דבר כלל בכל העולמות, מהעליון שבעליונים עד התהום התחתון שבתהומות הארץ, עד שתוכל לומר שאין כאן שום נברא ועולם כלל, רק הכל מלא עצמות אחדותו הפשוט יתברך שמו.

ועיין רוקח בסוף שורש קדושת היחוד ז"ל - הבורא אינו צריך למקום, ומכון כי היה קדם כל היות, ואין קירות והקורות חוצצין לפניו, כי לא היה בורא דבר שהוא מזיק כנגדו.

פרק ג

והוא עניין הכתוב - הלא[12] את השמים ואת הארץ אני מלא. ויותר מפורש במשנה תורה - וידעת[13] היום וגו' כי הוי"ה הוא האלהים בשמים ממעל ועל הארץ מתחת אין עוד. וכן אתה הראת לדעת כי ה' הוא האלהים אין עוד מלבדו. והוא ממש כמשמעו שאין עוד מלבדו יתברך כלל, בשום בחינת ונקודה פרטית שבכל העולמות עליונים ותחתונים והבריות כולם, רק עצמות אחדותו הפשוט יתברך שמו לבד.

והוא פנימיות, אמרם ז"ל בדברים רבה פרק ב' - דבר אחר כי ה' הוא האלהים וגו', יתרו נתן ממש וכו', רחב וכו', משה

---

[12] ירמיהו כג כד
[13] דברים ד לט

שמתהו אף בחללו של עולם. שנאמר כי ה' כו' בשמים ממעל ועל הארץ מתחת אין עוד, מהו אין עוד אפילו בחללו של עולם.

וזה גם כן בכלל מאמרם ז"ל - שהוא[14] יתברך מקומו של עולם ואין העולם מקומו. היינו שאף כל המקומות שמורגשים לחוש במציאות אין המקומות מקומות עצמים, אלא הוא יתברך שמו הוא המקום של כל המקומות, שמצדו יתברך נחשבים כולם כאלו אינם במציאות כלל גם עתה כקודם הבריאה.

אמנם כבר הקדמנו בתחילת דברינו, שהמשילו דבריהם זכרונם לברכה - כגחלי אש, שיהא - זהיר[15] מאד בגחלתן. שלא[16] להיכנס להתבונן ולחקור יותר מדאי. בדברים שאין הרשות נתונה להתבונן הרבה ויכוה ח"ו, וכן הוא זה העניין הנורא, אין הדבר אמור אלא לחכם ומבין מדעתו, פנימיות העניין בשיעורא דלבא לבד ברצוא ושוב, להלהיב בזה טוהר לבו לעבודת התפלה, אבל רב ההתבוננות בזה הוא סכנה עצומה, ועל זה נאמר בספר יצירה - ואם[17] רץ לבך שוב למקום. כמו שביארנו לעיל פרק ב', וכמו שנבאר אם ירצה ה' להלן פרק ו'.

ובאמת הייתי מונע עצמי מלדבר בעניין זה כלל, כי הראשונים ז"ל הסתירו העניין מאד, כמו שתראה דברי קדוש ה' הרוקח ז"ל, הובא לעיל שלא דיבר בזה רק ברמז, כי נאמנה את אל רוחם וכסו דבר.

אבל שבתי וראיתי, שכך היה יפה להם לפי דורותיהם, אבל עתה הן ימים רבים ללא מורה, וכל דרך איש ישר בעיניו להלוך אחרי נטיית שכלו, וכל יצר מחשבות לב האדם, מלא רק לעוף במחשבתו אל כל אשר יענו שכלו, והעולה על כולם, שזה תורת כל האדם ונעשה משל גם בפי כסילים, לאמור הלא בכל מקום וכל דבר הוא אלהות גמור,

---

[14] בראשית רבה סח ט
[15] פרקי אבות אבות ב י
[16] על פי משנה חגיגה ב א
[17] ספר יצירה א ח

וְעֵינָם וְלִבָּם כָּל הַיָּמִים לְהַעֲמִיק וּלְעַיֵּין בָּזֶה, עַד שֶׁגַם נְעָרִים מְנֹעָרִים מִמְּשָׁכָא לְהוּ לִבַּיְיהוּ לִקְבֹּעַ כָּל מַעֲשֵׂיהֶם וְהַנְהָגָתָם בָּזֶה לְפִי שִׂכְלָם זֶה.

וְכַמָּה זְהִירוּת יְתֵרָה צָרִיךְ הָאָדָם לְהִזָּהֵר בָּזֶה, וְלִשְׁמֹר אֶת נַפְשׁוֹ מְאֹד בְּמִשְׁמֶרֶת לְמִשְׁמֶרֶת, שֶׁאִם חַ"ו יִיקְחֵנוּ לְבָנוּ לִקְבֹּעַ לָנוּ מַחֲשָׁבָה זוֹ, לְהַתִּיר לְעַצְמֵנוּ לְהִתְנַהֵג גַּם בְּמַעֲשֶׂה לְפִי הַמַּחֲשָׁבָה זוֹ, הֲלֹא יוּכַל לְהוֹלִיד מִזֶּה חַ"ו הֲרִיסַת כַּמָּה יְסוֹדוֹת הַתּוֹרָה הַקְּדוֹשָׁה רַחֲמָנָא לְצַלַן, וּבְנָקֵל יוּכַל לְהִילָּכֵד חַ"ו בְּרֶשֶׁת הַיֵּצֶר, שֶׁיִּרְאֶה לוֹ הֶיתֵּרָא עַל פִּי מַחֲשָׁבָה זוֹ, דֶּרֶךְ מָשָׁל לְהַרְהֵר בְּדִבְרֵי תוֹרָה בִּשְׁאָט נֶפֶשׁ אַף בִּמְקוֹמוֹת הַמְטֻנָּפִים, אַחַר שֶׁיִּקְבַּע אֶצְלוֹ תְּחִלָּה שֶׁהַכֹּל אֱלֹהוּת גָּמוּר. וְרַזַ"ל הִפְלִיגוּ בָּזֶה מְאֹד, וְכָרְתוּהוּ בְּרוּחַ קָדְשָׁם מִהְיוֹת לוֹ חֵלֶק לָעוֹלָם הַבָּא רַחֲמָן לְצַלַן. כְּמוֹ שֶׁאָמְרוּ - שֶׁבִּכְלַל[18] כִּי[19] דְּבַר הוי"ה. בָּזֶה הוּא גַם הַמְהַרְהֵר דִּבְרֵי תוֹרָה בִּמְבוֹאוֹת הַמְטֻנָּפִים. וּמִמֵּילָא נִשְׁמַע סִפּוּר דְּהַאי קְרָא - הִכָּרֵת תִּכָּרֵת וְכוּ'. וּפֵירְשׁוּהוּ זַ"ל בְּפֶרֶק חֵלֶק - הִכָּרֵת[20] בָּעוֹלָם הַזֶּה תִּכָּרֵת לָעוֹלָם הַבָּא. וְעוֹד כַּמָּה טָעֻיּוֹת שֶׁיּוּכַל לָצֵאת חַ"ו, אִם הָיָה נִקְבַּע הַהַנְהָגָה בַּמַּעֲשֶׂה עַל פִּי זֶה הַדֶּרֶךְ.

וְזֶה שֶׁהֱבִיאַנִי לְהִיכָּנֵס לְדַבֵּר בָּזֶה הָעִנְיָן, וּלְהַזְהִיר וּלְהַרְחִיק מִטָּעוּת שֶׁיּוּכַל לְהוֹלִיד מִזֶּה חַ"ו, וּלְהָבִין עַל בּוֹרְיוֹ כָּל מַה שֶּׁרָמְזוּ לָנוּ רַזַ"ל בָּזֶה וְהִנָּם כְּכָל - דַּרְכֵי[21] ה' הַיְשָׁרִים. וְעֵת לַעֲשׂוֹת.

פרק ד

וּלְהָשֵׁב הַדָּבָר עַל מְכוֹנוֹ, נְבָאֵר מַאֲמַר קַדִּישִׁין רַבֵּינוּ זַ"ל שֶׁמְּבוֹאָר בְּעֵץ[22] חַיִּים, לוֹקַח מֵהַתִּיקוּנִים בְּכָל מָקוֹם, שֶׁהוּא יִתְבָּרַךְ שְׁמוֹ מְמַלֵּא כָל עָלְמִין בְּהַשְׁוָואָה גְּמוּרָה, וַהֲרֵי מָצִינוּ

---

[18] ברכות כד ב

[19] במדבר טו לא

[20] סנהדרין צ ב

[21] על פי הושע יד י

[22] ע"ח שער א' ענף ב'

שגם בעולמות העליונים כל עולם חלוק ומשונה מחבירו בבחינות שונים, בעניין התחברותו יתברך אליהם. וכמו שמבואר בהקדמת התיקונים - דעשר[23] ספירות דאצילות מלכא בהון איהו וגרמיה חד בהון אינון וחייהון חד בהון מה דלאו הכי בעשר ספירות דבריאה דלאו אינון ואיהו חד וכו'.

ועיין בעץ חיים שער השתלשלות העשר ספירות, בריש סדר האצילות בקיצור, כתב שא"ס ברוך הוא בבחינת התלבשותו והתפשטותו בכל העולמות, אינו נוגע ודבק זולתי בעולם אצילות לבד, ולא בבי"ע, ולכן משם ולמטה ישתנה מהותם. ושם בשער דרושי אבי"ע פרק ז' בפירוש מאמר התיקונים הנ"ל, כי שאצילות כולו גם בחינת הכלים נקראים אלהות גמור, מה שאין כן בבי"ע, עיין שם. וכן מבואר שם החילוק העצמי שבין האצילות לשלוש העולמות בי"ע בעניין האלהות, עיין שם. בריש שער ציור עולמות אבי"ע, בהקדמת הרח"ו, ובשער השתלשלות העשר ספירות פרק ג', ושער הצלם פרק א', ושער השמות פרק א', ושער סדר אבי"ע פרק ב' וריש פרק ג'. וכיוצא כמה חלוקי בחינת ועניינים שונים בין העולמות פרטי פרטים, המבואר בכל הזוהר ודברי האר"י ז"ל.

ועיין היטב בסוף ספר ארבע מאות שקל כסף, בעניין ידיעתו יתברך שמו מקודם במעשי האדם. שחילק האר"י ז"ל בזה בין העולמות, ויתר על כן שמציינו כמה מקראות כמו א"ל עליון, יושב בשמים, אשר אלמלא מקרא כתוב אי אפשר לאומרם, וכן מנו רז"ל עשר קדושות. ושלוש מחנות מקודשות, זו למעלה מזו, אבל אמיתת העניין - **הט אזנך ולבך תשיב ותלך לבטח.**

כי מבואר בכל מקום בזוהר, שאדון יחיד א"ס ברוך הוא ממלא כל עלמין וסובב כל עלמין, והיינו שמצדו יתברך נקרא בבחינת ממלא כל עלמין, ומצדנו כפי אשר נצטווינו בתורה הקדושה בעניין הנהגותינו בתורה ומצות, וכפי

השגתנו בחוש, נקרא יתברך שמו בבחינת סובב כל עלמין, שבבחינת ממלא כל עלמין, הוא - כבוד[24] אלהים הסתר דבר. מצדנו.

והעניין כי ודאי האמת, שמצדו יתברך גם עתה אחר שברא וחידש העולמות ברצונו, הוא ממלא כל העולמות, והמקומות והבריות כלם בשיווי גמור ואחדות פשוט, ואין עוד מלבדו כמשמעו ממש, וכמו שנבאר לעיל ממקראות מפורשים, ובשם הרוקח ז"ל, וכמו שתקנו לנו קדמונינו ז"ל לומר קודם התפלה - אתה הוא עד שלא נברא העולם אתה הוא משנברא העולם. ר"ל אף שכבר נבראו העולמות ברצונו הפשוט יתברך, עם כל זה אין שום שינוי והתחדשות ח"ו, ולא שום חציצה מחמתם בעצמות אחדותו הפשוט, והוא הוא גם עתה כקודם הבריאה שהיה הכל מלא עצמות א"ס ברוך הוא, גם במקום שעומדים העולמות עתה.

וליבך תשית לדברי קדוש ה', רבינו שמואל אביו של הקדוש רבי יהודה חסיד, בשיר היחוד שחיבר, ביחוד יום שני - אין קצה כו', ואין תוך מבדיל בינותיך כו', עיין שם. וביחוד יום שלישי - סובב את הכל ומלא את כל, ובהיות הכל אתה בכל כו', עיין שם עוד בזה.

וזה שאמרו רז"ל בהדברים שדימו התחברותו יתברך להעולמות, להתחברות הנשמה להגוף - מה[25] הנפש טהור בגוף אף הקדוש ברוך הוא טהור בעולמו. ר"ל כעניין הנשמה אף שמתפשטת בכל פרטי אברי האדם, הנקיים וגם המלאים לכלוך טינופת וזוהמא, ועם כל זה אינם חוצצים כלל, לעניין טהרתה ובקדושתה וטהרתה עומדת. כן העניין, אם שהוא יתברך ממלא את כל, וכל המקומות, מקומות הטהורים והמקודשים, ואשר אינם טהורים, אף על פי כן אינם חוצצים כלל, ולא גורמים שום שינוי חלילה לקדושת טהרת עצמותו ואחדותו הפשוט יתברך,

---

[24] משלי כה ב
[25] ויקרא רבה ד ח

וזה שכתוב - אני[26] הוי"ה לא שניתי.

וכמו שמבואר בתיקוני זוהר חדש דף פ"ח סוף ע"ד - וכל ישראל דקבילו מניה אורייתא אינון עבדין ליה, אחד בה ובכל אתוון ושמהן קדישין דיליה, ובכל משריין עלאין ותתאין דאתבריאו בהו ובכל בריין עלאין ותתאין, ולעילא מכלהו אחד ולתתא מכלהו ומלגאו דכלהו ומלבר דכלהו איהו אחד כו', הכי איהו מלגאו דכל עלמין, כמו מלבר דכל עלמין לא אשתניﬞ כו'.

הגההﬞ. ולפי מה שיתבאר אם ירצה השם, להלן עניין החילוק שבין השתי שמות הוי"ה ואלהי"ם, שהשם אלהי"ם פירושו מורה על הבחינה שמצדו יתברך, לזאת אמר - אני ה' לא שניתי.

ועיין תיקונים תיקון ע' בעניין האודנין אמר - וארבע אתוון דאינון הוי"ה איהו לא אשתני בכל אתר כו', שינויין אינון במאני דגופא אבל ביה ליתי שינוייא כלל, הדא הוא דכתיב - אני ה' לא שניתי.

פרק ה

אבל עם כל זה הן הן גבורותיו ונוראותיו יתברך שמו, שאף על פי כן צמצם כביכול כבודו יתברך, שיוכל להימצא עניין מציאות עולמות, וכחות ובריות נבראים ומחודשים, בבחינת שונים ועניינים מחולקים וחילוקי מקומות שונים מקומות קדושים וטהורים, ולהיפך טמאים ומטונפים והוא הבחינה אשר מצדינו, היינו שהשגתנו אינה משגת בחוש רק עניין מציאותם כמו שהם נראים, שעל פי זאת הבחינה נבנו כל סדרי חיוב הנהגתינו, שנצטוינו מפיו יתברך - חוק[27] ולא יעבור.

ומצד זאת הבחינה הוא שדימוהו רז"ל כביכול כעניין הנשמה אל הגוף, וכמו שמבואר בזוהר שהוא יתברך הוא נשמתא דכל עלמין, שכמו שבאדם לא נראה בחוש רק

---

[26] מלאכי ג ו
[27] על פי תהלים קמח ו

הגוף, והנשמה אף שהיא מלאה את כל הגוף, היא בבחינת הסתר לעיני בשר, ונגלית לעיני שכל, כן כפי השגתינו הנגלית נראה מציאות העולמות, והבריות כולם, ושהוא יתברך שמו מתפשט ומסתתר כביכול בפנימיות כולם, להחיותם ולקיימם כעניין הנשמה שמתפשטת ומסתתרת בפנימיות כל פרטי חלקי אברי הגוף להחיותו.

וכל השמות והכינוים והתארים והמידות עליו יתברך, שמיצינו בתורה הקדושה, כולם מדברים מצד זאת הבחינה כפי שהוא מצדינו וסדרי חיוב הנהגותינו, שהוא מצד התחברותו יתברך אל העולמות, שמצדם ועל ידיהם נמשך כל השינויים של פרטי סדרי ההנהגה כולם, כמו שנתבאר לעיל בשער ב'.

וזה שמבואר בהקדמת התיקונים הנ"ל - דעשר ספירות דאצילות מלכא בהון איהו וגרמיה חד בהון, אינון וחייהון חד בהון, מה דלאו הכי בעשר ספירות דבריאה, דלאו אינון ואיהו חד לאו אינון וגרמיהון חד, ועלת על כולא הוא נחית בעשר ספירן דאצילות, ונהיר בעשר ספירות דבריאה, ובעשר כתות דמלאכייא, ובעשר גלגלי דרקיעא, ולא אשתני בכל אתר רמז לשתי הבחינות הנ"ל כמבואר.

ובבראשית רבה פרק ד' אמרו - כשהוא רוצה - הלא[28] את השמים ואת הארץ אני מלא. וכשהוא רוצה היה מדבר עם משה מבין שני בדי הארון, אמר רבי חנינא בן אסי פעמים שאין העולם ומלואו מחזיקים כבוד אלהותו, פעמים שהוא מדבר עם האדם מבין שערות ראשו כו'. וכך הוא בשמות רבה פרק ג', רמזו גם כן לאלו שתי הבחינות כמבואר למבין.

ולכן נקרא הוא יתברך בכל דברי רז"ל בשם - **הקדוש ברוך הוא**, פי כללו בזה השם הנכבד, אלו השתי בחינות יחד, כי קדוש פירושו מובדל ונעלה, והוא כפי אשר מצדו יתברך שהוא באמת מופרש ומובדל ומאד נעלה מכל עניני החילוקים ושנויים חלילה, רק הכל מלא אחדות גמור, לבד

בהשוואה גמורה ומרומם מעל כל ברכה ותהילה, ואיננו צריך להתברך ח"ו. ועיין תיקונים תיקון ע' ק"ל סוף ע"א, וגם לא שייך כלל לפי זאת הבחינה שום עניין תוספת וריבוי ברכה, כיון שהכל אחדות פשוט לבד כקודם הבריאה. וכמו שכתוב - ואל[29] מי תדמיוני ואשוה יאמר קדוש. שזה הכתוב נאמר על עצמות אחדותו יתברך, כידוע ברעיא מהימנא ותיקונים.

ומצד בחינת השגתנו מציאות הכוחות והעולמות, הוא נקרא ברוך כביכול מצד התחברותו יתברך אליהם, כי הם הצריכים לעניין התוספת וריבוי ברכה ושפע, על ידי מעשי האדם הרצויים, כמו שבואר לעיל בשער ב'. וזהו הקדוש ברוך הוא, ר"ל שהוא מצדו יתברך קדוש, והוא הוא עצמו נקרא ברוך כביכול מצדנו, והכל אחד.

ועל זאת הבחינה שמצדנו הוא שנאמרו המקראות - **אל עליון**. יושב בשמים, והרבה כיוצא.

פרק ו

והנה כל יסודי תורה הקדושה, בכל האזהרות והמצות כולם, עשה ולא תעשה, כולם הולכים על פי זאת הבחינה שמצד השגתנו, שוודאי יש חילוק ושינוי מקומות, שבמקומות הטהורים מותרים וגם חייבים אנחנו לדבר או להרהר דברי תורה. ובמקומות המטונפים נאסרנו בהם אף ההרהור דברי תורה. וכן כל עניני וסדרי חיוב הנהגותינו שנצטווינו מפיו בתורה הקדושה, ובלתי זאת הבחינה שמצדנו אין מקום לתורה ומצות כלל.

ואף שבאמת שמצדו יתברך, המשיג עצמותו הוא מלא את כל בהשוואה גמורה, בלא שום חציצה, ולא שום חילוק ושינוי מקומות כלל, רק הכל אחדות פשוט כקודם הבריאה ממש. אבל אין אנחנו יכולים וגם לא הורשינו להיכנס כלל להתבונן בינה בזה העניין הנורא, לידע ולהשיג איך אדון יחיד ברוך הוא מלא את כל, וכל המקומות באחדות פשוט

וְשִׁוּוּי גָמוּר, חֲלִילָה וַחֲלִילָה.

וּכְמוֹ שֶׁבֵּיאֵר הָרוֹקֵחַ ז"ל בְּשׁוֹרֶשׁ קְדוּשַׁת הַיִּחוּד, זֹאת לְשׁוֹנוֹ הַקְּדוֹשָׁה - בְּמוּפְלָא[30] מִמְּךָ אַל תַּחֲקוֹר כו'. זֶה שֶׁאָמַר בְּרֵישׁ בָּרַיְיתָא דְסֵפֶר יְצִירָה - הַשֵּׁב[31] הַיּוֹצֵר עַל מְכוֹנוֹ הוּא הַיּוֹצֵר כֹּל כו'. וּבְבָרַיְיתָא אַחֶרֶת - וְאִם[32] רָץ לִבְּךָ [**הִיב"שׁ** - צ"ל פִּיךָ] שׁוּב לַמָּקוֹם שֶׁלְּכָךְ נֶאֱמַר וְהַחַיּוֹת רָצוֹא וָשׁוֹב. פֵּירוּשׁ כְּשֶׁתַּחֲשׁוֹב בְּלִבְּךָ עַל בּוֹרֵא עוֹלָם, מַה הוּא, וְאֵיךְ חֲנָיָיתוֹ בְּכָל מָקוֹם, וּמַעֲשָׂיו, בְּלוֹם פִּיךָ מִלְּדַבֵּר וְלִבְּךָ מִלְּהַרְהֵר, הָסֵר הַמַּחֲשָׁבָה מִלִּבְּךָ, וְאִם רָץ לִבְּךָ לַמַּחֲשָׁבָה זֹאת, חוּשָׁה מַהֵר וְאַל תְּהַרְהֵר וְשׁוּב לְיַיחֵד מְקוֹמוֹ שֶׁל עוֹלָם, לַעֲבוֹדָתוֹ וְלִירְאָתוֹ וְכו', וְעַל דָּבָר זֶה נִכְרַת בְּרִית שֶׁלֹּא לַחֲשׁוֹב בֶּאֱלֹקוּתוֹ, שֶׁאֵין כָּל הַחֲכָמִים יְכוֹלִין לֵידַע, עַד כָּאן לְשׁוֹנוֹ, וְעַיֵּין שָׁם בְּאוֹרֶךְ.

וְכָל צִבְאוֹת הֲמוֹנֵי מַעֲלָה שׁוֹאֲלִין **אַיֵּה מְקוֹ"ם** כְּבוֹדוֹ, שֶׁאֵין יְכוֹלִין לְהַשִּׂיג מַהוּת עִנְיָין בְּחִינַת מְקוֹמוֹ שֶׁל עוֹלָם הַנִּזְכָּר לְעֵיל. וְהוּא מַאֲמָרָם ז"ל בְּפֶרֶק אֵין דּוֹרְשִׁין - דְּמִדְּאָמְרִי[33] בָּרוּךְ כְּבוֹד ה' מִמְּקוֹמוֹ מִכְּלָל דִּמְקוֹמוֹ לֵיכָּא דְּיָדַע לֵיהּ. וּמֹשֶׁה רַבֵּינוּ ע"ה בִּקֵּשׁ נַפְשׁוֹ לְהַשִּׂיג הָעִנְיָין בְּאָמְרוֹ - הַרְאֵנִי[34] נָא אֶת כְּבוֹדֶךָ. הַיְינוּ בְּחִינַת מָקוֹם כְּבוֹדוֹ הַנִּזְכָּר לְעֵיל וְלֹא נִיתַּן לוֹ.

וְרַק הוּא לְבַדּוֹ יִתְבָּרַךְ הַמַּשִּׂיג עַצְמוּתוֹ, הוּא הַיּוֹדֵעַ עַצְמוּת מַהוּת, זֶה הָעִנְיָין הַמּוּפְלָא וּמְכוּסֶּה. וְהַנִּסְתָּרוֹת[35] לַהֲוָי"ה אֱלֹהֵינוּ. וַאֲנַחְנוּ אֵין רַשָּׁאִין לְהִתְבּוֹנֵן אֶלָּא בְּמַה שֶּׁהוֹרְשִׁינוּ, וְהַנִּגְלוֹת לָנוּ לְהַשָּׂגָתֵנוּ, וְהוּא בְּהַבְּחִינָה שֶׁמִּצִּדֵּינוּ שֶׁנִּקְרָא הוּא יִתְבָּרַךְ שְׁמוֹ, בִּבְחִינַת סוֹבֵב כָּל עָלְמִין, מֵחֲמַת שֶׁעִם כָּל זֶה צִמְצְמָם בִּרְצוֹנוֹ הַפָּשׁוּט, כְּבוֹדוֹ יִתְבָּרַךְ שֶׁיִּתְרָאֶה לְעֵין הַהַשָּׂגָה מְצִיאַת עוֹלָמוֹת, וְכֹחוֹת וּבְרִיּוֹת נִבְרָאִים מְחוּדָּשִׁים.

---

[30] חגיגה יג א

[31] ספר יצירה א ג

[32] ספר יצירה א ז

[33] חגיגה יג ב

[34] שמות לג יח

[35] דברים כט כח

ולזאת חייבים אנחנו לידע ולקבוע בלבנו, אמונת אומן בל תמוט, שמצדנו ודאי שיש חילוק מקומות ועניינים שונים, לעניין דינא והלכתי רבתי, כמו שמבואר לעיל כי היא פינת יסוד האמונה, ועיקר שורש התורה והמצות כולם.

והוא גם כן אחד מהטעמים שאחר יחוד פסוק ראשון דקריאת שמע, אומרים בשכמל"ו[36], והוא כמו שנבאר להלן בפרק י"א, שעניין יחוד פסוק ראשון, בתיבת **אחד** היינו לכוין שאדון יחיד ברוך הוא, הוא אחד בכל העולמות, והבריות כולם אחדות פשוט, כמשמעו וכולם נחשבים לאין ואין עוד מלבדו יתברך לגמרי, ושלא נבוא להתבונן חלילה על מהות העניין איך ומה, לזאת אנחנו אומרים אחרי זה ברוך שכמל"ו, שיתבאר שם שהכוונה הוא על הבחינה שמצד השגתנו, שמתראה מציאות עולמות ובריות מחודשים ברצונו יתברך, הצריכים להתברך מאתו והוא המולך עליהם, זהו ברוך שם כבוד מלכותו וכו'. [וזהו העניין שפסוק ראשון נקרא בזוהר - יחודא עלאה, ופסוק - ברוך שם כבוד מלכותו לעולם ועד, נקרא יחודא תתאה. והוא מבואר].

פרק ז

ואלו השתי בחינות הנזכרים לעיל, שמצדו יתברך ומצדנו הן הן עצמן עניין הצמצום והקו, הנזכר בדברי האר"י ז"ל, ואשר מבואר שם שמצד הצמצום לא יצדק בו שום שינוי וחילוק, מקום מעלה ומטה פנים ואחור, רק השואה גמורה אמיתית, וכל עניני השינויים וחילוק המקומות, וכל השמות וכינויים כולם נאמרים רק מצד בחינת הקו. ועיין בריש ספר אוצרות חיים, ומודעת שכל דברי האר"י ז"ל בנסתרות, **משל הם**, ופנימיות עניין הצמצום וקו, הכוונה על אלו השתי בחינות הנזכרות לעיל, שהן בעצם בחינה אחת, ועניין אחד לגמרי.

כי באור מילת **צמצום** כאן, אינו לשון סילוק והעתק

---

36 ברוך שם כבודו לעולם ועד

ממקום למקום, להתכנס ולהתחבר עצמו אל עצמו כביכול, להמציא מקום פנוי ח"ו, אלא כעניין שאמרו בבראשית רבה סוף פרק מ"ה [י] - וצמצמה פניה ולא ראתה המלך. ובאיכה רבתי [ג-א] בריש א"ב - דאני הגבר, הלכה וצמצמה פניה אחר העמוד שפירושו שם לשון הסתר וכיסוי [עיין בערוך ערך צמצם], כן כאן מלת צמצום היינו הסתר וכסוי.

והכוונה שאחדותו יתברך שמו בבחינת עצמותו, הממלא כל עלמין הוא מצומצם, ומוסתר מהשגתנו וכעניין אכן - אתה[37] אל מסתתר.

והשגתנו מה שאנחנו משיגים מציאת השתלשלות עולמות, זה למעלה מזה, בבחינת שונים מכנים אנחנו, בשם קו שהוא כעין קו המשתלשל, וזה שביאר האר"י ז"ל שמצד הצמצום היינו מצד עצמות אחדותו יתברך שבהעולמות המלא את כל. אשר אף שמאתנו הוא מצומצם ומוסתר, אבל בבחינת עצמותו, לא יצדק עניין מעלה ומטה, רק מצד הקו היינו מצד השגתנו שאנחנו משיגים מצדנו סדר העולמות דרך השתלשלות, כעין קו יצדק מצדנו מעלה ומטה.

[ואף גם זאת שמצד הצמצום, היינו אף שהוא יתברך שמו צמצם והסתיר מהשגתנו, אור עצמות אחדותו הממלא כל, כל זה לא יצדק בו מעלה ומטה אף מצד השגתנו, אם היינו משיגים הסתר שווה בהשוואה גמורה בכל המקומות, כעניין עיגול המקיף שלא יצדק בו מעלה, ומטה וחילוק מקום אך מצד הקו היינו שמאחר שגזרה רצונו יתברך שגם אחר הצמצום וההסתר, אין ההסתר שווה להשגתנו בכל המקומות בשווה, ואנחנו משיגים השגות שונים בחילוק בחינת פרטים דרך השתלשלות, כעין קו אור המאיר השגתנו להשיג התגלות אורו יתברך בעולמות, וכחות חלוקים, שכל עולם וכח היותר עליון ההתגלות אור האלקי בו יותר. וגם השגתינו התגלות אורו יתברך בזה העולם,

---

הוא גם כן בבחינת ומדרגות שונים במקומות חלוקים, כמו שמענו רז"ל עשר[38] קדושות, ושלוש מחנות מקודשות, זו למעלה מזו בערך קדושתם אז מצד קו אור, השגתינו התגלות אורו יתברך הוא, שיצדק בו מעלה ומטה וכל חילוקי המקומות, והבחינות שונים ופרטיהם המבוארים בדברי האר"י ז"ל, וכן עניין המקראות - אל[39] עליון. ואלהינו[40] בשמים. יושבי[41] בשמים. והרבה כיוצא, שמצד השגתנו יצדק לומר שבמקום זה ניכר יותר גם אצלנו התגלות אור אלקותו יתברך שמו מבמקום אחר, שהתגלות אורו יתברך הוא בבחינת הסתר מהשגתנו, וכעניין שאמר יעקב אבינו ע"ה, בעמדו על מקום המקדש כמו שקבלו רז"ל[42] - אין[43] זה כי אם בית אלהים. ר"ל שבזה המקום מושג גם להשגת האד' שאין בו רק התגלות אור אלקותו יתברך לבד].

וזהו עניין החלל ומקום פנוי שהזכיר ז"ל, ושכלל עניין הצמצום היה להתגלות הכלים, היינו שגזרה רצונו מטעם **הכמוס** אתו יתברך להסתיר אור אחדות עצמותו יתברך, בזה המקום שיעור עמידת העולמות והבריות כולם הסתר עצום, להמציא על ידי זה עניין נפלא כזה שיתראה ויושג מציאות עולמות וכחות אין מספר, דרך הדרגה והשתלשלות ולהאיר בהם התגלות אורו יתברך, אור דק בשיעור ודקדוק עצום, ודרך מסכים אין קץ, ועד שיוכלו להימצא דרך השתלשלות ומסכים עצומים, גם מקומות אשר אינם טהורים וכחות הטומאה והרע והקליפות, בשפל המדרגות התחתונים, ונראה ומתדמה כאלו ח"ו הוא חלל פנוי מאור אחדות עצמותו יתברך שמו, ואין אנחנו משיגים רק רשימה דקה מעוטת, ואור מועט כעין קו, דרך משל עד

---

[38] משנה כלים א ו
[39] בראשית יד יט
[40] תהלים קטו ג
[41] תהלים ב ד
[42] ילקוט שמעוני בראשית כח יז
[43] בראשית כח יז

שבהגיעו דרך סדר ההדרגות והמסכים הרבים, אל הכוחות תחתוני התחתונים, כחות הטומאה והרע, אין התגלות אורו יתברך ניכר כלל להשגתנו, וזה שמבואר שם שהקו האור לא הגיע עד קצה התחתון, ולא נדבק בתחתיתו ועל ידי זה ימצא בחינת מעלה ומטה כו', עיין שם והוא מבואר למבין. והצמצום והקו הכל אחד ועניין אחד, ור"ל עם כי ודאי שגם במקום כל העולמות והברואים, הכל מלא גם עתה רק עצמותו יתברך שמו לבד כקודם הבריאה, אמנם הוא בבחינת צמצום, היינו בבחינת הסתר לבד מופלא ומכוסה מהשגותינו. כדי שעל ידי זה הצמצום וההסתר, תהא כל השגתינו את העולמות דרך השתלשלות והמשכת התגלות אורו יתברך, בהם בסדר ההדרגה לבד כעין קו דרך משל כנזכר לעיל.

וזה שמבואר שם בשער עיגולים ויושר ענף ב', שהקו חוט האור לא נמשך ונתפשט תיכף עד למטה, אלא לאט לאט, ר"ל דרך הדרגות רבות מאד, בשיעור מדוקדק כפי הצורך להשגתנו, עניין העולמות וסדר מדרגתם, והמבין יבין. על פי זה מדעתו כל שורש העניין המבואר שם, כי אי אפשר לפרט ולהסביר היטב כל דבריו ז"ל שם.

פרק ח

ולכן נאסר החקירה והתבוננות במהות עניין הצמצום, כמו שביאר האר"י ז"ל, כמו שמבואר לעיל שלא הורשינו להתבונן כלל, לידע ולהשיג מהות עניין מקומו של עולם, איך שהכל מלא רק אחדותו הפשוט יתברך, ואין עוד מלבדו כלל לגמרי מצדו יתברך, והאמת שהוא בכלל שאלות וחקירות מה לפנים שלמדוהו ז"ל [בריש[44] פרק אין דורשין] מכתוב - כי[45] שאל נא לימים ראשונים למן היום אשר ברא אלהים אדם וכו', ואי אתה שואל וכו'. והאר"י ז"ל אשר הורשה והפליא לגלות סודות עמוקים

---

[44] חגיגה יא ב
[45] דברים ד לב

ורמים, כבר פירש הוא ז"ל שפנימיות כוונת הכתוב למן היום אשר ברא אלהים אדם וכו', הוא על עולם **אדם קדמאה**. וגם בעניין א"ק כתב שאין אנחנו רשאין לדבר ולחקור בעניין עצמות פנימיותו, רק באורות היוצאים ממנו לבד, וגם זאת רק מאורות דס"ג שבו ואילך ולא באורות ע"ב שבו, כל שכן שלא הורשינו להתבונן חלילה במהות עניין הצמצום, כפי אשר הוא מצדו יתברך ורק בעניין הקו, היינו בהשתלשלות העולמות שכפי השגתנו בזה הוא שהעמיק הרחיב הדבור, אבל בעניין הצמצום דבר בו ברצוא ושוב, ולא דיבר במהות עניינו בפרטות, ועיין בריש ספר אוצרות חיים דף ב' ריש ע"ג, ולא גילהו רק מציאותו דרך כלל לבד לחכם ומבין מדעתו, מטעם שוודאי ראוי להאדם הישר חכם לבב הקבוע כל הימים בתלמוד תורה ומצות, אשר נאמנה את אל רוחו לידע מציאות זה העניין הנורא דרך כלל, שאדון יחיד יתברך שמו מלא את כל ואין עוד מלבדו יתברך, להלהיב מזה טוהר קדושת מחשבתו לעבודת התפלה לכוין לבו באימה ויראה ורתת, למקום הוא מקומו של עולם. [ומקומו של עולם הוא הוא כוונת עניין הצמצום. והוא מבואר כנזכר לעיל].

כמאמרם ז"ל - שהמתפלל[46] צריך שיכוין לבו למקום. וכן אמרו - וכשאתה[47] מתפלל אל תעש וכו', אלא רחמים ותחנונים לפני המקום ברוך הוא. וכעניין שאמר רבי אליעזר לתלמידיו - דעו[48] לפני מי אתם מתפללים.

וכן ביחוד פסוק ראשון דקריאת שמע בתיבת **אחד** ראוי להעובד אמיתי לכוין בקדושת מחשבתו, שהוא יתברך שמו מצידו הוא **אחד** כמשמעו, גם בכל הברואים כולם אחדות פשוט לבד כקודם הבריאה, וכמו שנבאר אם ירצה השם להלן.

גם להיות ירא וחרד מזה מלעבור חס וחלילה על אחת

---

[46] על פי משנה ברכות ה א

[47] פרקי אבות ב יג

[48] ברכות כח ב

ממצותיו יתברך, כי מלא כל הארץ כבודו כמו שאמר הכתוב - אם[49] יסתר איש במסתרים ואני לא אראנו כו', הלא את השמים ואת הארץ אני מלא. וכעין שאמר דוד המלך ע"ה - שויתי[50] הוי"ה לנגדי תמיד.

והוא עניין חילול ה' הנאמר בכל מקום, כעין שפירש בזוהר פסוק - מחלליה[51] וכו'. שהוא לשון חלל ופניית מקום, כן העניין כאן שמראה ח"ו כאלו המקום שעומד בו הוא חלול פנוי ממנו יתברך, ואינו חושש מלעבור על מצותיו יתברך, וכעניין זה מאמרם ז"ל - כל[52] העובר עבירה בסתר כאלו דוחק רגלי השכינה.

[ובזה יתיישב מאי דקשיא טובא ובעיני כל חכם לב יפלא, מאין התיר האר"י ז"ל לעצמו לדבר ולהזכיר כלל עניין הצמצום, כיון שהתבוננות בו אסורה, ולפי מה שביאר עניין הצמצום, באמת העניין נוהג בכל מקום וזמן גם בזה העולם, לשרידים אשר ה' קורא לידע מציאות זה, העניין הנורא מטעמים הנ"ל, וכן ברעיא מהימנא ותיקונים, וקדוש ה' רבינו שמואל בעל שיר היחוד הנזכר לעיל, והרוקח ז"ל, שהזכירו העניין ברמז למבין הכל מאלו הטעמים הנזכרים, וכמבואר למבין ברוקח שם בשורש קדושת היחוד, עיין שם.]

אמנם הזהר מאד בנפשך, זכור ואל תשכח אשר נתבאר למעלה שאין הדבר אמור אלא לדעת העניין ידיעת הלב דרך כלל בשיעורא דלבא לבד, אבל לא לחקור ולהתבונן ח"ו במהות העניין, וגם להיזהר מאד שלא יהא ממשכא לבא לקבוע כל סדר ההנהגה במעשה, על פי זה העניין הנורא כי בקל יוכל להולד מזה להתנהג בכמה דברים, גם נגד חוקי ויסודי תורה הקדושה, ולא יעבור כתיב. וכמו שאמר הפסוק - וידעת[53] היום והשבת אל לבבך כי הוי"ה

---

[49] ירמיהו כג כד

[50] תהלים טז ח

[51] שמות לא יד

[52] קידושין לא א

[53] דברים ד לט

וכו', בשמים ממעל וכו', אין עוד. אל לבבך דווקא, היינו רק באובנתא דלבא ושעורא דלבא לבד, וכעין שאמרו בתפלה - יכוין[54] לבו למקום.

פרק ט

ומה שכתוב - וידעת[55] היום וכו', כי הוי"ה הוא האלקים. ההבדל שבין אלו שני השמות הוא, ששם אלקים נאמר גם על איזה כח **פרטי** הנמשך ממנו יתברך, ושם הוי"ה נאמר על **מקור** הכחות כולם, שנמשכים ממנו יתברך שמו. וכמו שאמרו ז"ל בבראשית רבה[56] - שהזכיר אחר גמר כל מעשי בראשית שם מלא [היינו הוי"ה אלקים] על עולם מלא. ששם הוי"ה ברוך הוא הוא מקורא דכלא ביה. ובעת הבריאה נמשך בכל מאמר כח או כחות פרטים ממקורא דכל, להתהוות ולהבראות אותו הדבר וקיומו. לזאת לא נזכר בכל מעשה בראשית רק שם אלקים לבד, ואמר שנגמרו המשכת כל הכחות כפי שגזרה רצונו יתברך לצורך העולם, אז נאמר - ביום[57] עשות הוי"ה אלקים. שם מלא.

וזהו - וידעת היום והשבת אל לבבך כי הוי"ה הוא האלקים וכו'. היינו שלא לכוין להשתעבד ולהתדבק בשום עבודה לאיזה כח או כחות פרטים, אשר בשמים ממעל ואשר בארץ מתחת, רק לכוין הכל לשם העצם המיוחד **הוי"ה** יתברך שמו, מקורא וכללא של כלל הכחות כולם שנמשכו ממנו.

וזו הייתה כל עניין העובדי כוכבים ומזלות של דורות הראשונים, מימי דור אנוש שאז התחילו בעולם עניין העובדי כוכבים ומזלות, כמו שכתוב - אז[58] הוחל לקרוא בשם הוי"ה. שהיו עובדים לכחות הכוכבים והמזלות, כל

---

[54] על פי משנה ברכות ה א

[55] דברים ד לט

[56] בראשית רבה יב א

[57] בראשית ב ד

[58] בראשית ד כו

אחד לכוכב ומזל מיוחד שבירר לעצמו, לא שחשב כל אחד
שאותו הכוכב הוא אלו"ה שברא את כל, שהרי מעולם היה
שומה בפיהם של העובדי כוכבים ומזלות, לקרותו יתברך
שמו - אלהא[59] דאלהין. כמו שאמרו ז"ל, וכן אמר מלאכי
הנביא בתוכחתו לישראל - כי[60] ממזרח שמש ועד מבואו
גדול שמי בגוים כו', כי גדול שמי בגוים אמר ה' צבאות.
אלא שתחילת טעות דור אנוש היה, שחשבו בשיבוש
דעתם, כי רם ה' ועל, השמים כבודו, ואין כבודו להשגיח
על ברואי זה העולם השפל, ולכן חשבו שהסיר הוא יתברך
השגחתו מהם ומסרם לכחות הגלגלים והמזלות, שהמה
ינהיגו זה העולם כרצונם, והיה נחשב אצלם חולין, ואיסור
גמור, וחוצפה גדולה נגדו יתברך, להתפלל לשמו הנכבד
והנורא לבקש מאתו צרכיהם השפלים, לזאת השתעבדו
עצמם וכיונו כל ענייני עבודתם ובקשתם לכחות הכוכבים
והמזלות [ואופן עשייתם העובדי כוכבים ומזלות, וזיבוחם
וקטורם אליה עיין בתקון ס"ו].
והיו יודעים גם כן **להשביע** המלאכים הממונים על
המזלות, לדעת טוב ורע ושישפיעו להם, על ידי זה טובות
והנאות עולם הזה מכחם שנתמנו עליו מאדון כל יתברך
שמו, ומעטים יחידי סגלה היו שהכירו וידעו באמת, שאף
שהוא יתברך שמו מגביהי לשבת, עם כל זה הוא משפילי
לראות בשמים ובארץ.
ומהם - שהיו עובדים לחיות ועופות כמו שמבואר[61] . גם כן
כוונתם היה להתדבק עצמם על ידי זה להכח והמזל העליון
של אותה הבריאה, שישפיע עליהם מכחו וממשלתו
שנתמנה עליו מהבורא יתברך. וזה שאמרו הנשים
הארורות לירמיהו - ומן[62] אז חדלנו לקטר למלכת השמים
והסך לה נסכים חסרנו כל כו'.
ומהם שהיו משתעבדים ומזבחים ומקטרים לאיזה אדם,

---

[59] מנחות קי א
[60] מלאכי א יא
[61] מלכים ב פרק יז
[62] ירמיהו מד יח

שראו שכח ממשלת מזלו גדול מאד, בחשבם שעל ידי
השתעבדם ועבודתם אליו, יעלה מזלם עם מזלו.

ומהם אף שלא הייתה כוונת עבודתם להשפעת הנאות עולם
הזה, אבל כוונתם הייתה להשיג על ידי זה איזה השגות
שכלים שחמדו להם, כמו חכמת הקסמים וכיוצא איזה
השגות.

ומהם שהתדבקו לעבודת איזה אנשים, כדי להמשיך
השפעת אמונת אמון וענייני עתידות, וזהו הכל עובדי
כוכבים ומזלות גמורה, ובכלל לא - יהיה[63] לך אלהים
אחרים. כמו שכתב הכל הרמב"ן ז"ל בפירושו על התורה
שם, ועיין ליקטי תורה סוף פרשת נח בעניין דור הפלגה.
ואפילו להשתעבד ולהתדבק באיזה עבודה לבחינת רוח
הקודש, שבאיזה אדם נביא ובעל רוח הקודש, גם זה נקרא
עובדי כוכבים ומזלות ממש, כמו שמיצינו בנבוכדנצר
שהשתחווה לדניאל, גם כן לא בעבור שהחזיקו לאלוה
בורא כל', אלא שכיון בהשתחוותו להשתעבד ולהתדבק
לרוח הקודש שבו, כמו שכתוב - באדין[64] מלכא נבוכדנצר
נפל על אנפוהי ולדניאל סגיד ומנחה וניחחין וכו', מן קשוט
די אלהכון הוא אלם אלהין כו', וגלה רזין. די[65] יכלת למגלא
רזא. דנה ושם - ועד[66] אחרין על קדמי דניאל כו', ודי רוח
אלהין קדישין בה וכו'. ורז"ל אמרו הטעם שלא היה דניאל
בעת ציווי ההשתחוויה לצלם שאמר - דניאל[67] איזיל מהכא
דלא לקיים בי פסילי[68] אלהיהם תשרפון, ונבוכדנצר אמר
גם כן - יזיל דניאל מהכא דלא לימרו קלייה לאלהיה
בנורא. ועיין זוהר חדש רות ס' ע"ב, ובבראשית רבה פרק
ל"ו ו', ובתנחומא ריש פרק ויחי - וכן אתה מוצא בדניאל
וכו', מה כתיב - באדין מלכא נבוכדנצר וכו', ומנחה וניחחין

---

63 שמות כ ב

64 דניאל ב מו-מז

65 דניאל ב מז

66 דניאל ד ה

67 סנהדרין צג א

68 דברים ז כה

אמר לנסכא ליה. אבל דניאל לא קיבל למה שכשם שנפרעין מעובדי עובדי כוכבים ומזלות, כך נפרעין מהעובדי כוכבים ומזלות עצמה, וכן אמרו שם זה הטעם גם על יעקב אבינו ע"ה, שלא רצה להיקבר במצרים, הרי שקראו ז"ל עניין זה עובדי כוכבים ומזלות, אף שהכוונה היתה לרוח אלהין קדישין דביה.

ויש לומר על פי זה הכתוב - לא[69] יהיה לך אלהים אחרים על פני. ר"ל שלא לכוין ח"ו בשום דבר לאיזה בחינה וכח פרטי, אפילו אם יהיה אותו הכח בחינת פני היינו אפילו לפרט רוח הקודש שבאיזה אדם, או פרט בחינה הקדושה, שבאיזה כח עליון שבעליונים, וכעניין מאמרם ז"ל - על לא[70] תעשון אתי אפילו דמות שמשי המשמשין לפני במרום כגון אופנים ושרפים וחיות הקדש.

ועם כי עיקר אזהרת הכתוב על כל העובדי כוכבים ומזלות הנזכרים לעיל, היינו בארבע עבודות דווקא אמנם עתה שעבודת התפלה בהשתעבדות כוונת הלב, הוא במקום עבודת הקורבן. ודאי גם על זה שייך האזהרה.

וזה שאמר הכתוב - זובח[71] לאלהים יחרם בלתי להוי"ה לבדו. היינו שלא לכוין ח"ו בשום עבודה, ועניין לאיזה כח פרטי מכחות שקבע הבורא יתברך [כי שם אלקים משותף לכל בעל כח פרטי שיהיה כידוע, וכמו שנתבאר לעיל]. רק לכוין לשם העצם המיוחד לו יתברך לבד, שפירושו **מהוה** הכל, היינו כללא ומקורא דכל הכחות כולם כנזכר לעיל.

[וזהו - שמע[72] ישראל הוי"ה אלהי"נו הוי"ה אחד. ר"ל שכל הכחות פרטים שנמשכים מהוי"ה ברוך הוא, המה מאוחדים ונקבצים בכחו יתברך שמו, כלל מקור אחדותו]. והוא מצד התחברותו יתברך עם העולמות.

ולזאת בכל מקום שצוותה התורה על עניין הקורבנות ביארה בפסוק - להוי"ה. דווקא, וכאמרם זיכרונם לברכה

[69] שמות כ ב
[70] ראש השנה כד ב
[71] שמות כב יט
[72] דברים ו ד

‎- בא[73] וראה מה כתיב בפרשת קורבנות שלא נאמר בהם לא א"ל ולא אלהי"ם אלא להוי"ה שלא ליתן פתחון פה לבעל הדין לחלוק. ועיין זוהר חדש בראשית ו' ע"ד, וז' ע"א וע"ב, העניין יותר מבואר.

פרק י

ולפי דרכנו בעניין השתי בחינות הנזכרים לעיל, שמצדו יתברך ומצדנו שנתבאר, יבואר עוד הפרש וחילוק שבין השני שמות הוי"ה ואלהי"ם. כי שם אלהי"ם, פירושו **בעל הכחות כולם**, וקצת ביאור עניינו עיין בריש שער א'. וביותר ביאור עניין בעל הכחות, כי כל כח מהתחתון שבתחתונים עד העליון שבעליונים המשכת קיומו וחיותו, הוא על ידי הכח שלמעלה הימנו שהוא בנשמתו המתפשט בפנימיותו, וכידוע בדברי האר"י ז"ל שהאור ופנימיות נשמת כל כח, ועולם הוא עצמו החיצוניות של הכח והעולם שעליו, וכן הולך על זה הסדר גבוה מעל גבוה, בין בכללות הכחות.

כי כללי כל הברואים וכחות התחתונים, הם מהתמזגות הארבע יסודות, ושורש הארבע יסודות הם מהארבע מלאכים, הנקראים ארבע מחנות שכינה, שסימנם **ארגמ"ן**[74]. והארבע מלאכים אלו שרשם מארבע חיות המרכבה, שהם כללי כל שורשי נפשות כל הברואים התחתונים, שכל האלפי ריבויי מיני החיות שורש נפשותם משתלשל מן פני אריה שבמרכבה. ונפשות כל מיני הבהמות משתלשלים מפני שור. ושל כל מיני העופות מפני נשר. וכמו שמבואר בזוהר פנחס ר"מ ע"ב - רזא דקרבנין כו', פני שור אתפשט לבעירי רוחא מניה וכו', עיין שם. ולכן בכל אחד מולך עליהם אותו המין שצורתו ושמו הוא כצורת ושם הפנים שבמרכבה, כמו שאמרו ז"ל[75], ובשמות

---

[73] מנחות קי א
[74] ארגמן - אוראל, רפאל, גבריאל, מיכאל, נוריאל.
[75] חגיגה יג ב

רבה[76], - אריה מלך בחיות וכו'. ונפש האדם הוא מפני אדם, לכן האדם מתגאה על כולם, כי כן עיקרם וכללם של כל הארבע פני המרכבה הוא פני אדם, כמו שכתוב - ומתוכה[77] דמות ארבע חיות וזה מראיהן דמות אדם להנה. ועיין בזה בזוהר יתרו פ' ע"ב - אדם כליל כלהו וכו', ובפרשת תזריע מ"ח סוף ע"א כתיב ודמות פניהם וכו', ובפרשת במדבר קי"ח ב' - ודמות פניהם וכו', ועיין זוהר חדש יתרו במעשה מרכבה ל"ב ע"ג ול"ג ריש ע"א. [ושרש שרשו של האדם הוא מאדם שעל הכסא, כנזכר לעיל בשער א' פ"ו] ושרשם וחיותם של הארבע חיות הוא מהעולם שעליהם, וכן עד לעילא ולעילא.

ועיין זוהר יתרו פ"ב ב' - תאנא ברזא עלאה ארבע חיוון אית דאינהו לגו וכו', ואינן קדמאי עתיקין דעתיקא קדישא כו', תאנא כגוונא דלעילא אית לתתא מנייהו וכן בכלהו עלמין כלהו אחידן דא בדא ודא בדא. וברעיא מהימנא - ואית חיוון דסחרן לכורסייא דבריאה כו', ואית חיוון דיצירה כו', ואית ארבע חיוון דארבע יסודות וכו'. ועיין עץ חיים שער קיצור אבי"ע סוף פרק ח'. ושם בסוף השער בעניין כחות נפש האדם, עיין שם.

ושרש כל השרשים דלהון הוא מארבע אותיות שם הוי"ה ברוך הוא, והן השרשין קדמאין רזא דמהימנותא אבהן דכלהו עלמין, הנזכר בזוהר וארא כ"ג סוף ע"ב.

וכן פרטי הכחות והמינים כולם, לכל אחד יש שורש, ושורש לשורש למעלה מעלה, כמאמרם ז"ל - אין[78] לך כל עשב ועשב שאין לו מזל ברקיע שמכה אותו ואומר לו גדל. שנאמר - הידעת[79] חקות שמים וכו'. ועיין זוהר תרומה קנ"א ב', ובפרשת קדושים פ"ו א', העניין באורך קצת.

כי אותו הכוכב והמזל הוא פנימיות נפשו, וחיותו, ושרשו, של אותו הצמח שממנו מקבל כח הצמיחה, שהיא נפשו

---

76 שמות רבה כג יג
77 יחזקאל א ה
78 בראשית רבה י ו
79 איוב לח לג

כידוע, ושרש ונפש אותו הכוכב והמזל הוא המלאך הממונה עליו, שממנו מקבל הכוכב כח הצמיחה להצמיח ולגדל אותו הצמח, כמו שמבואר בזוהר תרומה הנזכר לעיל - ועל ההוא כוכבא ממנא חד וכו'. ושורש ונפש המלאך, הוא מהכח והעולם שעליו.

ולכן משביעין את המלאכים בשמות, כי אותו השם הוא נפשו וחיותו ונהורא דיליה, של אותו המלאך בהעולם והכח שעליו שמאירו ומקיימו, ועיין זוהר בלק ר"ח א' - כל אלין מלאכין קדישין דלעילא, לא קיימין ולא יכלין למיקם בר בנהורא עלאה דנהר לון וקיים לון ואי פסק מנייהו נהורא דלעילא, לא יכלין למיקם. ועיין עץ חיים שער ציור עולמות אב"יע, בהקדמת הרח"ו, ושם סוף פרק א', ובשער השמות פרק ז', שהמלאכים הם בחינת כלים, והשמות הם העצמות שלהם ופנימיות נשמתם, ולכן הוא פועל בו ומנהיגו לכל אשר יטהו כנשמה שמנהגת הגוף, וכן על זה הדרך עד לעילא לעילא.

וכן בעניין הנשמות שבכל עולם, כל נשמה שרשה ומקור חיותה הוא מבחינת הנשמה של העולם שעליה, שהיא נעשית ונקראת אצלה נשמה לנשמה, וכן כולם.

והוא יתברך שמו הוא האלהי"ם בעל הכחות כולם, שהוא נשמת וחיות ושורש השורשים שלהם הכחות כולם, כמו שכתוב - ואתה[80] מחיה את כולם. כל רגע ממש, ולכן נקרא הוא יתברך - נשמתא דכל נשמתין, ועקרא ושרשא דכל עלמין.

פרק יא

והעניין כידוע בזוהר שהוא יתברך ודבורו חד, וכל דבור ומאמר של הקדוש ברוך הוא במעשה בראשית שאמר **ויהי**, הוא הנפש וחיות אותו הדבר שנברא, בו וכל רבי רבבות המינים שבו עם המזלות הממונים עליהם,

---

והמלאכים הממונים על אותם המזלות, ושורשם, ושורש שורשם למעלה, מעלה שבכל עולם.

ומאז והלאה עוד כל ימי עולם דברו יתברך ניצב בהם, להאירם ולקיימם כל רגע, בכל פרטי ענייניהם ושינוייהם וסידור מצבם.

לכן בכל העשר מאמרות, לא נזכר רק שם אלהי"ם שאותו המאמר, הוא בעל הכחות של אותו הדבר, וכל המינים שבו שנבראו בו, שהוא נפשם המתפשט בפנימיות כל פרטי חלקיהם, רק שעתה טח עינינו מראות בעיני הבשר איך ובאיזה אופן דבורו יתברך מתפשט בהם.

ולעתיד לבוא כתיב - וראו[81] כל בשר יחדו כי פי הוי"ה דבר. היינו שיזדכך השגתנו, עד שנזכה להשיג ולראות גם בעין הבשר עניין התפשטות דבורו יתברך בכל דבר בעולם, כמו שכבר היתה ההשגה מעין זה בעת מתן תורה, דכתיב - וכל[82] העם רואים את הקולֹת. והוא גם כן בכלל מאמרם ז"ל סוף פרק אלו עוברין - לא[83] כהעולם הזה העולם הבא. העולם הזה נכתב ביו"ד ה"א ונקרא באל"ף דל"ת אבל העולם הבא נכתב ביו"ד הא ונקרא ביו"ד ה"א, והבן.

הגההֹ. ויש לומר על פי זה מאמרם ז"ל על זה הכתוב [מכילתא, לפירוש רש"י[84] בחומש] שהיו[85] שומעים את הנראה ורואים את הנשמע. ור"ל שכל כך נתבטלו מהם אז כל כחות הגשמיות, ונזדכך השגתם מאד, עד שכל מציאות עניני המוחשים הגשמים, שהיו תחלה רואים אותם ראי חושית, עתה נתבטלו אצלם מראות בחוש ראותם והתבוננן בהם כלל, עד שדרך משל אם היה רוצה

---

[81] ישעיהו מ ה

[82] שמות כ יד

[83] פסחים נ א

[84] רש"י על שמות כ יד - **רואים את הקולֹת** רואין את הנשמע שאי אפשר לראות במקום אחר.

[85] מכילתא דרבי ישמעאל יתרו ט

מִי לְהָבִינָם עִנְיְנֵי הַמּוּחָשִׁים הַגַּשְׁמִים, הָיָה צָרִיךְ
לְסַפֵּר לָהֶם לְהַשְׁמִיעָם לִשְׁמֹעַ אֹזֶן שֶׁיֶּשְׁנָם בַּמְּצִיאוּת,
וְהָעִנְיָנִים הָרוּחָנִיִּים שֶׁתְּחִלָּה הָיָה צָרִיךְ לְהָבִינָן
עִנְיָנִם לִשְׁמֹעַ אֹזֶן, עַתָּה רָאוּם בְּחוּשׁ רְאוּת
וְנִפְלָאוֹת הַשָּׂגָתָם.

וְהוּא עִנְיַן הַכָּתוּב - וְלֹא[86] יִכָּנֵף עוֹד מוֹרֶיךָ וְהָיוּ עֵינֶיךָ רֹאוֹת
אֶת מוֹרֶיךָ. וְעַיֵּן זֹהַר חָדָשׁ יִתְרוֹ ל"ד סוֹף ע"א - כְּנָפַיִם
כַּסְיָין לְאִתְכַּסָּאָה שְׁמָהָן וְכוּ', עַיֵּן שָׁם הֵיטֵב כָּל הָעִנְיָן.

וְלָכֵן פָּתַח יִתְבָּרַךְ שְׁמוֹ רֵאשִׁית עֲשֶׂרֶת הַדִּבְּרִים - אָנֹכִי[87]
הוי"ה אֱלֹהֶי"ךָ. כִּי זֶה כָּל עִקָּר יְסוֹד הָאֱמוּנָה, שֶׁצָּרִיךְ כָּל
אִישׁ יִשְׂרָאֵל לִקְבֹּעַ בְּלִבּוֹ, שֶׁרַק הוּא יִתְבָּרַךְ שְׁמוֹ הוּא
הַבַּעַל כֹּחַ הָאֲמִתִּי, וְנִשְׁמַת וְחַיּוּת וְשֹׁרֶשׁ הָעִקָּר שֶׁלּוֹ, וְשֶׁל
כָּל הַבְּרוּאִים, וְהַכֹּחוֹת וְהָעוֹלָמוֹת כֻּלָּם.

זֶהוּ עִנְיַן וּפֵירוּשׁ שֶׁל שֵׁם אֱלֹהִי"ם - **בַּעַל הַכֹּחוֹת כֻּלָּם.**
אֲבָל עִם כָּל זֶה לְפִי פֵּירוּשׁוֹ וְעִנְיָנוֹ שֶׁל זֶה הַשֵּׁם, מַשְׁמַע
שֶׁיֵּשׁ בַּמְּצִיאוּת גַּם עוֹלָמוֹת וְכֹחוֹת מְחֻדָּשִׁים מֵרְצוֹנוֹ הַפָּשׁוּט
יִתְבָּרַךְ, שֶׁצִּמְצְמָם כְּבוֹדוֹ, וְהִנִּיחַ מָקוֹם כִּבְיָכוֹל לִמְצִיאוּת
כֹּחוֹת וְעוֹלָמוֹת, אֶלָּא שֶׁהוּא יִתְבָּרַךְ הוּא נִשְׁמָתָם, וּמְקוֹר
שֹׁרֶשׁ כֹּחַ חִיּוּתָם שֶׁמְּקַבְּלִים מֵאִתּוֹ יִתְבָּרַךְ, שֶׁמִּתְפַּשֵּׁט
וּמִסְתַּתֵּר בְּתוֹכָם כִּבְיָכוֹל, כְּעִנְיַן הִתְפַּשְּׁטוּת הַנְּשָׁמָה בְּגוּף
הָאָדָם, שֶׁאַף שֶׁהִיא מִתְפַּשֶּׁטֶת בְּכָל חֵלֶק וּנְקֻדָּה פְּרָטִית שֶׁבּוֹ,
עִם כָּל זֶה לֹא נוּכַל לוֹמַר שֶׁהַגּוּף מִתְבַּטֵּל נֶגְדָּהּ, כְּאִלּוּ אֵינוֹ
בַּמְּצִיאוּת כְּלָל, וְכֵן בְּכָל כֹּחַ וְעוֹלָם עֶלְיוֹן שֶׁמִּתְפַּשֵּׁט בְּכָל
עַצְמוּת הַכֹּחַ וְהָעוֹלָם שֶׁתַּחְתָּיו, עִם כָּל זֶה גַּם הַכֹּחַ וְהָעוֹלָם
הַתַּחְתּוֹן יֶשְׁנוֹ בַּמְּצִיאוּת, וְהוּא כְּפִי אֲשֶׁר מִצִּדֵּנוּ בְּעִנְיַן
הַשָּׂגָתֵנוּ כְּמוֹ שֶׁנִּתְבָּאֵר לְעֵיל.

אֲבָל שֵׁם הָעֶצֶם **הוי"ה** בָּרוּךְ הוּא, מוֹרֶה עַל הַבְּחִינָה
וְהָעִנְיָן כְּפִי אֲשֶׁר הוּא מִצַּדּוֹ יִתְבָּרַךְ, שֶׁנִּתְבָּאֵר לְמַעְלָה [וְאַף
שֶׁגַּם שֵׁם הוי"ה בָּרוּךְ הוּא נִקְרָא גַּם כֵּן מִצַּד הִתְחַבְּרוּתוֹ
יִתְבָּרַךְ בִּרְצוֹנוֹ לְהָעוֹלָמוֹת, כִּי עַצְמוּת אֲדוֹן יָחִיד א"ס בָּרוּךְ

---

[86] יְשַׁעְיָהוּ ל כ
[87] שְׁמוֹת כ ב

הוא, בבחינת היותו מופשט מהעולמות, לא אתרמיז בשום שם כלל, אף על פי כן העולמות המה בטלים ומבוטלים במציאות נגדו יתברך, מצד זה השם הנכבד, והוא מעין הבחינה כפי אשר מצדו יתברך]. ולכן נקרא שם העצם שם **המיוחד** ברוך הוא. וזה שאמר הכתוב - כי[88] הוי"ה הוא האלהי"ם כו'. ר"ל עם כי מצד השגתנו הוא נקרא בשם אלהי"ם, ומצדו יתברך נקרא בבחינת שם הוי"ה ברוך הוא, באמת הכל אחד, והוי"ה[89] הוא האלהי"ם כו'. כמו שנתבאר לעיל פרק ז' עניין הצמצום והקו, דכלא חדא.

וזהו גם כן בכלל עניין יחוד פסוק ראשון דקריאת שמע[90] - הוי"ה אלהינ"ו הוי"ה אחד. ר"ל לכוין שהוא יתברך הוא אלהינ"ו בעל הכחות, ומקור שורש נשמתנו וחיותנו, ושל כל הברואים והעולמות. ואף שברא והמציא מציאות כחות, ועולמות, ובריות, עם כל זה הוא בבחינת הוי"ה ואחד מצדו יתברך, שאין הברואים כולם חוצצים ח"ו כלל נגד אחדותו הפשוט יתברך, הממלא כל ונקרא גם עתה - הוי"ה ואחד.

הגהה. ובזה יובן מאמרם ז"ל - בעניין השבח ברוך[91] שם כבוד מלכותו לעולם ועד. ביחוד קריאת שמע שהתקינו שיאמרוהו בחשאי, משל לבת מלך שהריחה ציקי קדרה וכו', התחילו עבדיה להביא לה בחשאי, ולכאורה ייפלא משלם ז"ל, הלא שבח גדול הוא.

ועל פי פשט יש לומר דלפי האמת אינו שבח כלל, כמו האם יחשב לשבח למלך בשר ודם, לומר שהוא מולך על רבי רבבות נמלים ותושים, והמה מקבלים עליהם עול מלכותו ברצון, כל שכן וקל וחומר אין ערך כלל שהוא יתברך אשר אין ערוך לקדושתו, ועוצם אחדותו הפשוט וכל העולמות כלא חשיבין קמיה. ודאי באמת אינו שבח כלל

---

[88] דברים ד לה

[89] מלכים-א יח לט

[90] דברים ו ד

[91] פסחים נו א

שנשבחהו יתברך, שהוא ברוך ומפואר בכבוד מלכותו על עולמות נבראים, שכולם שפלים ולא חשיבין קמיה כלל, רק שהוא יתברך במקום גדולתו תמצא ענוותנותו שגזרה רצונו לקבלו מאתנו לשבח, לזאת המשילוהו ז"ל - לציקי קדרה, והתקינו שעל כל פנים לא נאמרו אלא בחשאי.

ולפי דברים הנזכרים לעיל יש לומר פנימיות כוונתם ז"ל, היינו שאחר שיחדנוהו בפסוק שמע שהוא רק אחד, אחדות פשוט, ואין עוד מלבדו כלל וכל העולמות, הם כאלו אינם במציאות כלל, איך נשבחהו אחרי זה שהוא מבורך בכבוד מלכותו על עולמות, שגם העולמות ישנם במציאות והוא יתברך המולך עליהם, ואינו נחשב לשבח נגד עוצם יחוד פסוק שמע. אלא שגזרה רצונו יתברך שאף על פי כן נשבחהו בזה השבח, מחמת שכן הוא העניין מצד השגתנו והנהגתנו, על פי יסודות וחוקי תורה הקדושה, שנבנו כולם על פי זה הבחינה כמו שמבואר לעיל, לזאת נאמרוהו בחשאי.

[ולכאורה יקשה ממאי דאמר ליה - רבי[92] ירמיהו לרבי חייא בר אבא [בריש פרק - היה קורא] דהיה מאריך טובא בתיבת **אחד**. ואמר לו כיון דאמליכתיה למעלה ולמטה ולארבע רוחות השמים תו לא צריכת. ולפי דעתי קשה קצת לישנא דאמליכתיה על תיבת אחד, אמנם גם הא לא תברה, כידוע ליודעים בדברי האר"י ז"ל שכל תחילת ראשית מחשבתו יתברך בעניין הבריאה, היתה בסוד מלכות דא"ס, והבן].

פרק יב

וזהו העניין שדרשו זיכרונם לברכה על פסוק - כי[93] הוי"ה

---

[92] ברכות יג ב
[93] דברים ד לה

הוא האלהי"ם אין עוד מלבדו. אמר[94] רבי חנינה אפילו כשפים. כי כל ענייני פעולות הכשפים נמשך מהכחות הטומאה של המרכבה טמאה, והוא עניין חכמת הכשוף שהיו הסנהדרין צריכין לידע, היינו חכמת שמות הטומאה וידיעת עניני כחות המרכבה טמאה בשמותיהם, שעל ידי יפעלו בעלי הכשופים פעולות ועניינים משונים, כשמשביעין כחות הטומאה בבחינת הטוב שבו, שישפיע בתוכו חיות לעשות נפלאות היפך סדר כחות הטבעים והמזלות. ועיין עץ חיים שער קליפת נגה ריש פרק ד'.

מחמת שכן קבע הבורא אדון כל יתברך, עניני כחותיה למעלה מכחות הטבעיים, הנמשכים מהכוכבים והמזלות, שעל ידי זה יהא בכחם לעשות פעולות גם היפוך טבעי כחות הכוכבים ומזלות, שהוקבע בהם בעת הבריאה, כידוע שכל כח ועולם קבע בו הבורא יתברך, כח ויכולת להנהיג ולהטות את הכח, והעולם שתחתיו לכל - אשר[95] יהיה שמה הרוח וכו'.

ומה שמבואר שם - שמכחישין[96] פמליא של מעלה. ר"ל שרק סדור כחות הפמליא של הכוכבים והמזלות, קבע הבורא יתברך כח בכחות הטומאה שיהיו יכולין להפכם, אבל לא שיהא בכחם לשנות ח"ו מסדר הפעולות הקדושים, של כחות המרכבה קדושה.

ואדרבה כשמשביעין אותם בשמות של כחות הקדושה, ממילא כרגע מתבטל כל עניני פעולתם לגמרי, וכמו שמבואר בתיקון י"ח - אלין דידעין בקליפין עבדין אומאה בשמהן ובהויות דקדוש ברוך הוא לאלין קליפין ובטלין גזרה. ועיין עץ חיים בפירוש הנזכר לעיל, כיון שאין הכח שלהם מעצמם ח"ו, כי אין עוד מלבדו יתברך בעל הכחות כולם, וגם שבאמת הלא הכל מלא רק עצמות אחדותו הפשוט יתברך, ואין עוד מלבדו שום מציאות כח כלל, לא

---

[94] חולין ז ב

[95] יחזקאל א יב

[96] סנהדרין סז ב

כחות הטומאה, ולא שום כח ושום עולם ונברא כלל, זה שכתוב - אין[97] עוד מלבדו. אפילו כשפים.

וזהו שמביא שם הש"ס על זה - עובדא[98] דההוא אתתא דהוות קא מהדרא למשקל עפרא מתותא כרעיה דרבי חנינא אמר לה שקולי לא מסתייעא מילתיך אין עוד מלבדו כתיב.

ופריך - והאמר[99] רבי יוחנן למה נקרא שמן כשפים שמכחישין פמליא של מעלה שאני רבי חנינה דנפיש זכותיה. ודאי שלא היה מחזיק עצמו רבי חנינא דנפיש זכותיה כל כך מתורתו ומעשיו הטובים המרובים, עד שבעבורם היה סמוך לבו שלא ישלוט בו פעולת הכשפים. אבל העניין כמו שמבואר לעיל כיון שבאמת אין בכחות המרכבה טמאה שום כח מעצמם חלילה, אלא שהוא יתברך קבע כחם למעלה מכחות טבעי הכוכבים ומזלות, כדי שעל ידי זה יהא ביכולתם לעשות פעולות, אף גם לשנות סדרי טבעי המזלות, ובלתו יתברך הם אפס ותהו.

ולכן גם רבי חנינה לא שבטח על זכות קדושת תורתו ומעשיו המרובים, רק שידע ושיער בנפשו שזאת האמונה קבועה בליבו לאמיתה - שאין עוד מלבדו יתברך שום כח כלל, והדביק עצמו בקדושת מחשבתו לבעל הכחות כולם, אדון יחיד, המלא כל עלמין, ואין כאן שום שליטה ומציאות כח אחר כלל, לכן היה נכון לבו בטוח בזה שלא ישלטו עליו פעולות הכשפים הנמשכים מכחות המרכבה טמאה. זה שאמר - לא מסתייע מילתיך אין עוד מלבדו כתיב.

ובאמת הוא עניין גדול וסגולה נפלאה להסיר ולבטל מעליו כל דינין ורצונות אחרים, שלא יוכלו לשלוט בו, ולא יעשו שום רושם כלל, כשהאדם קובע בליבו לאמר - **הלא הוי"ה הוא האלהי"ם האמתי, ואין עוד מלבדו יתברך שום כח בעולם, וכל העולמות כלל, והכל מלא רק**

[97] דברים ד לה
[98] חולין ז ב
[99] סנהדרין סז ב

אחדותו הפשוט יתברך שמו. ומבטל בליבו ביטול גמור ואינו משגיח כלל על שום כח ורצון בעולם, ומשעבד ומדבק טוהר מחשבתו רק לאדון יחיד ברוך הוא, כן יספיק הוא יתברך בידו שממילא יתבטלו מעליו כל הכחות והרצונות שבעולם, שלא יוכלו לפעול לו שום דבר כלל'.

הגהה'. וזהו עניין מאמרם ז"ל במשנה ראש השנה[100] - עשה[101] לך שרף וכו'. וכי נחש ממית או נחש מחיה אלא בזמן שישראל מסתכלין כלפי מעלה ומשעבדין את לבם לאביהם שבשמים וכו'. ר"ל כשהסתכלו כלפי מעלה להניח השרף והתבוננו בכחו הרע, ועם כל זה בטלוהו מלבם, ולא השגיחו על כחו הנורא, ושעבדו את לבם באמת רק לאביהם שבשמים לבד, היו מתרפאין. והוא אמיתת עניין המתקת כחות הדינים בשרשם, והוא מבואר למבין.

וזה העניין הוא גם כן בכלל כוונת הזוהר בהקדמה דף י"ב סוף ע"א - פקודא רביעאה למנדע דהוי"ה הוא האלהי"ם, כמא דאת אמר -וידעת היום וגו', כי הוי"ה הוא האלהי"ם ולאתכללא שמא דאלהי"ם בשמא דהוי"ה, וכד ינדע בר נשא דכלא חד ולא ישוי פרודא, אפילו ההוא ס"א יסתלק מעל עלמא כו', והבן.

וגם יגזור אומר ויקם לו לפעול עניינים ונסים נפלאים היפוך סדור כחות הטבעיים, כיון שמשעבד ומדבר טוהר אמונת לבבו באמת, בל תמוט רק לו יתברך לבד, ואצלו יתברך הכל שווה כל רגע, לפעול בסידור הטבע שקבע או היפוך סידור הטבע, כמו שמצינו ברבי חנינא בן דוסא שהיה גוזר אומר ופועל כפי רצונו, כל עת היפוך סידור הטבע, כאמרו - מי[102] שאמר לשמן וידליק יאמר לחומץ וידליק. ר"ל הלא אצלו יתברך שווה זה כמו זה כנזכר

---

[100] משנה ראש השנה ג ח

[101] במדבר כא ח

[102] תענית כה א

לעיל, וכן הספיק הבורא ברוך הוא בידו, וכהנה רבות אתו כמובא בש"ס מנפלאות ענייניו.

פרק יג

וזה היה עניין עבודת האבות כל ימיהם, כי המה בנוראות צדקתם וטהרת קדושת לבם, היו מדבקים מחשבתם לרצונו יתברך, כל ימיהם בלי הפסק רגע, ובטלו ברצונם כל הכחות שבעולם ולאפס ותהו נחשבו אצלם, ולכן זכו גם לנסים נפלאים בשדוד המערכות וצבאיהם כנזכר לעיל, ולכן נתייחד שמו יתברך עליהם להיקרא אלה"י אברהם אלה"י יצחק וכו', וכאמרו יתברך בעצמו - אלה"י[103] אבותיכם. ולזה אמרו ז"ל - האבות[104] הן הן המרכבה. אמנם מדרגת משה רבינו עליו השלום, הייתה עוד יותר גבוה, כמו שהעידה התורה - ולא[105] קם נביא וגו'. ועצם חילוק מדרגתו ממדרגתם ביאר הוא יתברך בעצמו, ואמר - אני[106] הוי"ה וארא אל אברהם וכו', בא"ל שד"י ושמי הוי"ה לא נודעתי להם.

והעניין הוא הוא עצם החילוק שנתבאר למעלה, בין השם אלהי"ם לשם הוי"ה ברוך הוא, כי על הרוב בעניין השגת האבות מצינו נאמר השם אלהי"ם - האלהי"ם[107] אשר התהלכו אבותיי לפניו, האלהי"ם הרועה אותי מעודי. וכן אנחנו קוראים אותו יתברך אלה"י אברהם וכו', כמו שנתבאר לקמן בעניין קדושת מדרגתם, שלא השגיחו על שום כח ועניין בעולם כלל, אמנם השגת נבואתם לא הייתה בביטול הכחות ממציאותם לגמרי, וזה שאמר הכתוב - וארא[108] אל אברהם וכו', בא"ל שד"י. שעניינו גם כן כעניין השם **אלהי"ם**. ור"ל שאני בעל הכחות כולם, וברצותי כל

---

[103] שמות ג יג
[104] בראשית רבה פב ו
[105] דברים לד י
[106] שמות ו ג
[107] בראשית מח טו
[108] שמות ו ג

רגע אני משדד מערכת, כל הכחות מאשר קבעתי בהם בעת
הבריאה, זהו א"ל שד"י. אבל בבחינת ענין שמי **הוי"ה**
[כמו שנתבאר פירושו ענינו לעיל, פרק יא] לא נודעתי
להם בהשגת נבואתם.

אבל משה רבינו עליו השלום היתה השגת נבואתו בחינת
השם העצם המיוחד הוי"ה ברוך הוא, ולכן לא היה שום
כח חוצץ בפני אור השגת נבואתו, וכן על ידי כל נסי הוי"ה
שנעשו על ידו, ראו כולם ביטול מציאות כל הכחות לגמרי,
ואין עוד מלבדו יתברך לגמרי כמשמעו. כמו שאמר הכתוב
- אתה[109] הראת לדעת כי הוי"ה הוא וכו'. והוא עניין
ופירוש השם המיוחד **הוי"**ה ברוך הוא, כנזכר לעיל.

זה שכתוב - וידבר[110] אלהי"ם אל משה ויאמר אליו אני
הוי"ה. הודיעו עצם בחינת השגת נבואתו, שגם השם
אלהי"ם אצלו הכל בחינת הוי"ה. כעניין הכתוב - כי[111]
הוי"ה הוא האלהי"ם אין עוד מלבדו. ומאז ואילך לא נזכר
אצלו אלא וידבר הוי"ה, ויאמר הוי"ה. וזהו - ולא קם[112]
נביא וכו' אשר ידעו הוי"ה פנים אל פנים. וזה שמבואר
בתיקון כ"ו ולגבי אבהן לא אתחזיא אלא במנעלים כו',
אבל לגבי משה בלא כסויא כלל ורזא דמלא - וארא אל
אברהם וכו', עד כאן לשונו.

והוא גם כן עניין מאמרם ז"ל בסוף פרק כסוי הדם - גדול[113]
שנאמר במשה ואהרן יותר ממה שנאמר באברהם דאלו
באברהם כתיב - ואנכי[114] עפר ואפר ואלו במשה ואהרן
כתיב ונחנו[115] מה.

כי עפר' ואפר על כל פנים מתראה עדיין למציאות עפר,
אבל משה רבינו עליו השלום אמר ונחנו מה כאלו אין שום

---

[109] דברים ד לה

[110] שמות ו ב

[111] דברים ד לה

[112] דברים לד י

[113] חולין פט א

[114] בראשית יח כז

[115] שמות טז ז

מציאות בעולם כלל לגמרי, [ועם כי גם את אהרן כל אתו בזאת הבחינה וכמאמרם - גדול שנאמר במשה ואהרן. לפי שתלונת ישראל הייתה על שניהם, השיבם בלשון רבים, אבל העיקר בזאת המדרגה הנוראה היה הוא לבד].

הגהה'. ועניין עפר ואפר הוא כעניין כוונת פרה אדומה, שיוכללו הפ"ר דינין, במקור שרשם באלף שהוא כח הפשוט של כל האותיות, ועניין החילוק בין עפר לאפר כעניין החילוק בין כתנות עור לאור.

וזה שמבואר בשמות [**היב"ש** - צ"ל דברים] רבה פרק י"א - יצחק[116] אמר למשה אני גדול ממך שפשטתי צוארי כו', וראיתי את פני השכינה, אמר לו משה אני נתעליתי יותר ממך, שאתה ראית פני השכינה וכהו עינך כו', אבל אני הייתי מדבר עם השכינה פנים בפנים ולא כהו עיני, ומבואר למבין. ועיין מה שמבאר הרח"ו ז"ל בספר הגלגולים בפרק י'. מאמרם זיכרונם לברכה - אברהם[117] אברהם יעקב יעקב פסיק טעמא, ומשה לא פסיק טעמא. שהוא על עניין הפסק וחציצה מעוטת מעניין הגוף, עיין שם.

פרק יד

ולזאת היה משה רבינו עליו השלום מוכן כל רגע לנבואה, כמו שכתוב - עמדו[118] ואשמעה וכו'. וכמו שביארו רז"ל, וכן היה משיג נבואתו בכל המקומות באיזה מקום שיהיה בהשוואה גמורה בלא שום חילוק כלל, כמאמרם ז"ל בשמות רבה פרק ב', ובבראשית רבה פרק ב', ובחזית סימן ג' בפסוק - עמודיו[119] עשה כסף. ז"ל - למה דיבר הקדוש ברוך הוא עם משה מתוך הסנה וכו', ללמדך שאין מקום פנוי בארץ פנוי מהשכינה, שאפילו בתוך הסנה היה מדבר

[116] דברים רבה יא ג
[117] זוהר נשא קלח א
[118] במדבר ט ח
[119] שיר השירים ג י

עמו, עד כאן לשונו. והוא כפי בחינת מדרגתו הנוראה[ח].

הגהה[ח]. והוא גם כן אחד מהטעמים, מה שיעקב אבינו ע"ה אמר - ברוך שם כבוד מלכותו לעולם. ועד ומשה רבינו עליו השלום לא אמרו, כמאמרם ז"ל כי עניין שבח - ברוך[120] שם כבוד מלכותו לעולם ועד משמע. שיש גם כן מציאות כחות ועולמות, וכמו שנתבאר לעיל פרק י"א, עיין שם. ולכן אמרו יעקב אבינו ע"ה שהוא כפי מדרגתו וכנזכר לעיל. אמנם מדרגת והשגת משה רבינו עליו השלום, כפי שביארנו הוא גם כן עצם עניין היחוד דתיבת **אחד** דקריאת שמע, כפי שנתבאר שם, לכן הוא לא אמר ברוך שם כבוד מלכותו לעולם ועד, בייחודו יתברך שמו.

ורק אשר בקשה נפשו - הראני[121] נא את כבודך. לעמוד על מהות זה העניין הנורא, ולראות איך הוא יתברך שמו מלא כל הארץ כבודו, ולית אתר פנוי מניה. זה לא ניתן לו והשיבו, הוא יתברך לא תוכל לראות וכו', כי[122] לא יראני וחי.

והיה הולך וגדול בזאת המדרגה כל עת עד שעלה בידו, וזכה אליה קודם סילוקו מן העולם, בשלימות היותר אפשרי בכח האדם לזכות בעודו בזה העולם, כמו שמציינו במשנה תורה בפסוק - והיה[123] אם שמוע, שתחלה אמר - לאהבה את הוי"ה אלהיכ"ם וכו'. ותיכף לו בפסוק שאחריו אמר בלשון מדבר בעדו - ונתתי[124] מטר ארצכם כו'. שהוא הנותן והפועל, כי התבטל בעיני עצמו ממציאות כלל ורק השכינה לבד המדברת, לכן אמר **ונתתי**, וזה שאמרו ז"ל - שכינה[125] מדברת מתוך גרונו של משה. וכמו שאמר הכתוב

---

[120] פסחים נו א

[121] שמות לג יח

[122] שמות לג כ

[123] דברים יא יג

[124] דברים יא יד

[125] שמות רבה ג א

- פה[126] אל פה אדבר בו. ולא כתיב אליו, אלא **בו** בתוכו ממש.

ולזאת המדרגה בשלימות עדיין לא זכה אליה שום אדם, זולתו מעת חטא אדם הראשון, וגם לא יזכה אליה שום אנש על יבשתא, עד ביאת הגואל במהרה בימינו, כמו שהעידה התורה הקדושה - ולא[127] קם נביא עוד בישראל כמשה כו'. [ואף שנאמר בלשון עבר, התורה היא נצחית וקאי גם על זמן דורות הבאים, שאחר עבור כל דור מהעולם נוכל לומר שלא קם בזה הדור נביא כמשה, בזאת המדרגה]. ולכן אמרו תנא דבי אליהו - חייב[128] אדם לומר מתי יגיעו מעשי למעשי אבותיי אברהם יצחק ויעקב. ולא אמרו למעשי משה רבינו עליו השלום.

אמנם עם כל זה ראוי לכל, ירא ה' אמיתי. שעל כל פנים בעת עמדו להתפלל יבטל בטוהר לבו כפי יכולתו והשגתו כל הכחות שבעולם, וכל כחותיו כאלו אין שום מציאות בעולם כלל, ולהתדבק בליבו רק בו יתברך אדון, יחיד ברוך הוא.

ועל כל פנים לפרקים, כי באמת לא כל העיתים שוות, בעניין טהרת הלב, ובפרט בדורות הללו כמעט בלתי אפשר להתפלל בתמידות בזאת המדרגה הגבוה, וכבר - אמר[129] רב ששת משום רבי אלעזר יכולני לפטור כל העולם מדין תפלה. אף על פי כן העובד הטהור הרואה ומסתכל תמיד בטהרת לבו על כל כל ענייניו, שיהיו לרצון לפני אדון כל יתברך שמו, יוכל להגיע שיתפלל על כל פנים לפרקים בזאת המדרגה.

- ועתה מבואר כוונתם זיכרונם לברכה במאמרם - שהמתפלל[130] צריך שיכוון את לבו למקום. וכן מאמרם ז"ל

---

[126] במדבר יב ח

[127] דברים לד י

[128] תנא דבי אליהו כה א

[129] עירובין סד ב

[130] ברכות לא א

באבות - וכשאתה[131] מתפלל אל תעש וכו', אלא רחמים ותחנונים לפני המקום ברוך הוא. שצריך ליזהר בנפשו מאוד שלא לכוון ולשום מגמת לבו בתפלתו ח"ו לשום ספירה, אפילו מהנאצלים, ולא זו בלבד שלא לכוון לשום ספירה וכח עליון לבד, כי הוא עבודה ללא אלה"י אמת וקיצוץ נטיעות ח"ו, אלא שגם ראוי ונכון שיבטל ברצונו ביטול גמור, כל הכחות עליונים ותחתונים, וגם כל כחותיו כאלו אינם במציאות, [ולא זו בלבד בעניין התפלה, אלא שגם העסק בתורה שתתקיים אצלו כראוי, גם כן צריכה שתהיה על פי זאת המדרגה, כעניין מאמרם - אין[132] דברי תורה מתקיימין אלא במי שמשים עצמו כמי שאינו] ולכוון ולהדביק טהרת לבו בתפלתו רק למקומו של עולם, הוא יחידו של עולם - א"ס ברוך הוא, הממלא כל העולם והעולמות כולם, ולית אתר פנוי מניה.

ועיין רוקח ז"ל סוף שורש זכירת השם, ז"ל - וכשיאמר ברוך אתה הוי"ה, אל יחשוב על הכבוד הנראה בלב הנביאים, ומראה על הכסא, כי אם על הוי"ה הוא האלהי"ם בשמים ובארץ, באויר ובים, ובכל העולם שהוא אלה"י האבות, עד כאן לשונו. והבן.

---

[131] פרקי אבות ב יג
[132] סוטה כא ב

נפש החיים

סיום לשער ג

פרק א

אתה הקורא נעים. הנה הדרכתיך בעזרת השם בנתיבות
האמת, להורות לפניך הדרך תלך בה לבטח, ותוכל לחנך
עצמך לאט לאט בסדר המדרגות הנזכרים לעיל, לפי טוהר
לבבך, ולפי השגתך, יותר ממה שערוך לפניך כאן, וגם לפי
רוב ההרגל.

ובעיניך תראה שכל אשר תרגיל עצמך יותר בכל מדרגה
מאלו הנזכרים לעיל, יתוסף בליבך טהרה על טהרתך, הן
בעסק התורה והן בקיום המצות ויראתו ואהבתו יתברך.

אמנם השמר והזהר מאד שלא תזוח דעתך עליך, ותתנשא
לבבך מאשר אתה עובד את בוראך בטהרת המחשבה,
ובהשקפה ראשונה לא תרגיש כל כך בהתנשאות ליבך
מזה, וצריך אתה לפשפש ולמשמש בזה מאד.

וכתוב מפורש - תועבת[133] הוי"ה כל גבה לב. שאף אם לא
יתראה ההתנשאות לעיני בני אדם, רק במחשבת הלב לבד
בעיני עצמו היא תועבה ממש לפניו יתברך, כידוע שהיא
השרש והשאור שבעיסה לכל המידות רעות, ואמרו -
שכל[134] המתייהר כאלו בנה במה. ושכינה[135] מיללת עליו.
וכאלו[136] דוחק רגליו יתברך שמו. שקובל עליו, ואומר -
אין[137] אני והוא יכולין לדור כאחד. וקצר[138] המצע
מהשתרע. ואוי לו לבן המגרש את אביו בזרוע מבית פלטין
של אביו, והפליגו בה ז"ל מאד עד שאמרו שם שהוא כאלו

---

[133] משלי טז ה
[134] סוטה ד ב
[135] סוטה ה א
[136] קידושין לא א
[137] סוטה ה א
[138] ישעיהו כח כ

עובד כוכבים ומזלות, וכפר בעיקר, וכאלו בא על כל
העריות. ואמרו - כל[139] המתייהר אם חכם חכמתו מסתלקת
הימנו.

וכל אשר יראת הוי"ה נגע בליבו, תסמר שערות ראשו,
ותדמע עינו בהעלותו על לבו ממי למדוהו רז"ל זאת, מהלל
הזקן אשר ידוע ומפורסם בדבריהם ז"ל הפלגת ענוותנותו
ושפלותיו הנוראה, עם כל זה כאשר נזדמן לידו פעם אחת
קצת עניין שהיה נראה בהשקפה כהתנשאות, לפי מדרגת
גודל נמיכות רוחו, תיכף נענש על זה שנתעלמה הימנו
הלכה, מה נאמר ונדבר אנחנו, איך אנו צריכים לפשפש
ולמשמש על זה בכל עת.

פרק ב

גם תוכל לגרום לאדם ההתנשאות בלב, מאשר הוא עובד
אותו יתברך בטהרת הלב, שיקל בעיניו ח"ו אם יראה מי
ומי שאין עניני עבודתו לו יתברך במחשבה טהורה ומקיים
ככל הכתוב בתורת ה' בלא דביקות, וכל שכן כשיראה איזה
איש עוסק בתורת הוי"ה, ויתבונן עליו שהוא שלא לשמה,
יתבזה בעיניו מאד ח"ו. והוא עוון פלילי הרחמן יצילנו.

כי באמת כל עניין הטהרת הלב בעבודתו יתברך, הוא
למצווה ולא לעכובא, כמו שנתבאר לעיל סוף שער א',
ויתבאר עוד להלן אם ירצה השם, וכל המקיים מצות הוי"ה
ככל אשר צוונו בתורה הקדושה, שבכתב ובעל פה אף בלא
דביקות, נקרא גם כן עובד אלהי"ם, ואהוב לפניו יתברך.
האדם העוסק בתורת הוי"ה, אפילו שלא לשמה, אם כי
ודאי שעדיין אינו במדרגה הגבוה האמיתית, אמנם חלילה
וחלילה לבזותו אפילו בלב, ואדרבה כל איש ישראל מחויב
גם לנהוג בו כבוד, כמו שכתוב - בשמאלה[140] עושר וכבוד.
ודרשו רז"ל - למשמאילים[141] בה כו'.

---

[139] פסחים סו ב
[140] משלי ג טז
[141] שבת סג א

ובזוהר וישב קפ"ד ב' - תורת הוי"ה תמימה כו', כמה אית לון לבני נשא לאשתדלא באורייתא, דכל מאן דאשתדל באורייתא להוי ליה חיים כו', ואפילו מאן דאשתדל באורייתא ולא אשתדל בה לשמה כדקא יאות, זכי לאגר טב בעלמא דין ולא דיינין ליה בההוא עלמא, ותא חזי כתיב - אורך בימינה בשמאלה עושר וכבוד כו', בשמאלה עושר וכבוד אגר טב ושלוה אית ליה בהאי עלמא.

הרי שאפילו האדם אשר עסקו בתורתו יתברך שלא לשמה, כראוי אלא בשביל איזה פניה לגרמיה, רק אם אינו לקנטור ח"ו, אשר עליו אמרו רז"ל[142] - נוח לו שתהפך שלייתו על פניו. וכן אמרו - שנעשית[143] לו סם המות. ח"ו, הקדוש ברוך הוא קובע לו שכר טוב כמגיע לו עושר וכבוד ושלוה בהאי עלמא, וגם לא דיינינן ליה בההוא עלמא, על אותה המחשבה והפניה שכיון בה וכל שכן אם אינו מכוין כלל לשום פניה לגרמיה, הגם שאין כוונתו לשמה דווקא היינו לשם התורה, כמו שנבאר לקמן בפרק ג' משער ד' בשם הרא"ש ז"ל, אלא עיקר עסקו בה בסתמא אשר כלשמה דמי, הרי עסק תורתו יקר מאד בעיניו יתברך, יותר מכל המצות לשמה בקדושת וטהרת המחשבה כראוי.

כמבואר ומוכח להדיה מגמרה דערכין - בעא[144] מיניה רבי יהודה בריה דרבי שמעון בן פזי תוכחה לשמה וענוה שלא לשמה הי מניהו עדיפא, ואמר ליה מי לא מודית דענוה לשמה עדיפא, דאמר מר ענוה גדולה מכולן, שלא לשמה נמי עדיפא דאמר רב יהודה אמר רב לעולם יעסוק אדם בתורה ובמצות אפילו שלא לשמה, שמתוך שלא לשמה בא לשמה. וממילא נשמע דכוותה נמי בעסק התורה, מי לא מודית דתורה לשמה ודאי דעדיפא ממצות לשמה, שהרי משנה שלימה שנינו - ותלמוד[145] תורה כנגד כולם.

---

[142] ברכות יז א

[143] שבת פח ב

[144] ערכין טז ב

[145] משנה פאה א א

וכן חילקו רז"ל - ביתרון[146] ערך מעלת התורה על המצות, שזכות ואור המצות בין בעדנא דעסיק בה ובין בעדנא דלא עסיק בה, היא רק מגינה מן היסורין ואינה מצילת את האדם שלא יבא לידי חטא, אבל אור התורה גם לפי המסקנא שם על כל פנים בעידנא דעסיק בה היא גם מצילת אותו מחטא, ואמרו בירושלמי פרק א' דפאה - שכל המצות אינן שוין לדבר אחד מן התורה, וכמו שיתבאר להלן אם ירצה השם בשער ד' בזה.

אם כן גם עסק התורה שלא לשמה, נמי עדיפא ממצות לשמה, מזה הטעם עצמו שמתוך שלא לשמה בא לשמה.

פרק ג

וגם כי באמת כמעט בלתי אפשר לבא תיכף בתחילה קביעת לימודו למדרגת לשמה כראוי, כי העסק בתורה שלא לשמה הוא למדרגה שמתוך כך יוכל לבא למדרגת לשמה, ולכן גם הוא אהוב לפניו יתברך, כמו שבלתי אפשר לעלות מהארץ לעליה, אם לא דרך מדרגות הסלם.

ולזה אמרו - לעולם[147] יעסוק אדם בתורה ובמצות אפילו שלא לשמה, אמרם **לעולם** ר"ל בקביעות, היינו שבתחילת לימודו אינו מחויב רק שילמדו בקביעות תמיד יומם ולילה. ואף אם לפעמים ודאי ייפול במחשבתו איזה פניה, לגרמיה לשום גאות וכבוד וכיוצא, עם כל זה אל ישים לב לפרוש או להתרפות ממנה בעבור זה ח"ו, אלא אדרבה יתחזק מאד בעסק התורה, ויהא נכון לבו בטוח שוודאי יבא מתוך כך למדרגת לשמה, וכן הוא גם כן בעניין המצות על דרך זה. ומי שימלאו לבו לבזות ולהשפיל ח"ו את העוסק בתורה ומצות, אף שלא לשמה, לא ינקה רע, ועתיד ליתן את הדין ח"ו, ולא עוד אלא שנמנה בדברי רז"ל - בין[148] אותם שאין להם חלק לעולם הבא לגמרי חס ושלום וגיהנם כלה והם

---

[146] עיין סוטה כא א
[147] פסחים נ ב
[148] ראש השנה יז א

אינם כלין והם האפיקורסין. וכן במשנה[149] ריש פרק חלק,
מנו את האפיקורס בכלל אותן שאין להם חלק לעולם הבא.
ואמרו בגמרא שם - רבא[150] ורבי חנינא דאמרי תרווייהו זה
המבזה תלמיד חכם ורבי יוחנן ורבי יהושע בן לוי אמרי
שאפילו המבזה חבירו בפני תלמיד חכם נמי אפיקורוס הוי
ואף אם אומר מאי אהני לן רבנן לדידהו קרו לדידהו תנו
הוא זה בכלל אפיקורוס מבזה תלמיד חכם וגם מגלה פנים
בתורה נמי מקרי ח"ו. והוא זה איבד חלקו בחיי עולם
הרחמן יצילנו.

וכן הרבינו יונה ז"ל בשער התשובה שמנה סדר מדרגות
חומרת העונשים, ומדרגה האחרונה מנה את הכת שאמרו
רז"ל עליהם שאין להם חלק לעולם הבא, ומנה גם כן שם
המבזה תלמיד חכם בכלל זאת הכת, וכן מנה אותו הרח"ו
ז"ל בשער הקדושה בכלל אותה הכת, וכל חומר עונשו
הנורא הזה הוא מטעם על שהוא במורידי אור מעלת
התורה הקדושה וחיללה ח"ו, כמו שהאריך בזה הרבינו
יונה ז"ל שם, עיין שם דברי קדוש השם [וכתב הוא ז"ל
שם - שגם עיקר העונש של כל המנויים שם באותה הכת
הוא גם כן רק מפני חילול כבוד התורה הקדושה רחמנא
לצלן].

כי כיון שהוא משפיל ומבזה את העוסק בתורה שלא
לשמה, הרי הוא מרפה את ידיו מעסק התורה, ולא יוכל
לבא לעולם למדרגת לשמה, להיות תלמיד חכם גמור, והרי
ודאי מקרי בזה מבזה תלמיד חכם, ואין לך חילול שמו
יתברך ותורתו הקדושה יותר מזה, וכבר השפיל והוריד
את יקר תפארתה של התורה הקדושה לארץ, יגיענה עד
עפר, והרס גם את כל העבודה בכללה ח"ו, כי אין עבודתו
יתברך מתקיימת כראוי בעדת ישראל, בלתי על ידי
התלמידי חכמים עוסקי התורה הקדושה יומם ולילה, כי
עיני כל ישראל עליהם, לדעת מה יעשה ישראל, להורות

---

[149] משנה סנהדרין י א
[150] משנה סנהדרין צט ב

להם הדרך ילכו בה, ואת המעשה אשר יעשון, אם כן האיש אשר יבא לגרום שלא יהיו תלמידי חכמים מצויים בישראל, הרי כבר הרס גם כלל עבודתו יתברך לגמרי, כי יישארו עדת ישראל ח"ו ללא תורה וללא מורה, ולא ידעו במה יכשלו ח"ו, וכעין זה כתב גם כן רבינו יונה ז"ל שם, עיין שם.

לזאת אתה צריך ליזהר אדרבה, לכבד ולהגביה ככל אשר בכוחך את כל העוסק, ומחזיק בתורת הוי"ה אפילו שלא לשמה, כדי שיאחז צדיק דרכו בל יתרפה ממנה ח"ו, כדי שיוכל לבא ממנה למדרגת לשמה.

וגם אם נראה שכל ימי חיו מנעוריו ועד זקנה ושיבה, היה עסקו בה שלא לשמה, גם כן אתה חייב לנהוג בו כבוד, וכמו שביארנו שלא לבזותו ח"ו, שכיון שעסק בתורת הוי"ה בתמידות בלתי ספק, שהיה כוונתו פעמים רבות גם לשמה, כמו שהבטיחו רז"ל[151] – שמתוך שלא לשמה בא לשמה. כי אין הפירוש דווקא שיבא מזה לשמה, עד שאחר כך יעסוק בה תמיד כל ימיו רק לשמה, אלא היינו שבכל פעם שהוא לומד בקביעות, זמן כמה שעות רצופים, אף שדרך כלל כללית כוונתו שלא לשמה, עם כל זה בלתי אפשר כלל שלא יכנס בליבו באמצע הלימוד על כל פנים זמן מועט כונה רצויה לשמה, ומעתה כל מה שלמד עד הנה שלא לשמה נתקדש ונטהר, על ידי אותו העת קטן שכיון בו לשמה.

פרק ד

וכמה זהירות יתירה צריך האדם להזהר בענינים כאלו וכיוצא בהם. וכבר אמרו רז"ל[152] – כל הגדול מחבירו יצרו גדול הימנו. כי היצר מתהפך בתחבולותיו לכל אדם כפי ענינו, ומדרגתו בתורה ועבודה, שאם הוא רואה שכפי גובה מדרגתו של האדם, אם ישיאוהו שיניח מקומו

---

151 פסחים נ ב
152 סוכה נב א

ומדרגתו, לעשות בפועל איזה עוון וחטא חמור או קל, שלא
יאבה לו הוא מתחפש להתדמות אל האדם כיצר טוב
לסמיות שכלו, להטיל ארס ולהטעותו באותו האופן,
והמדרגה עצמה שהאדם דבוק בה, שמראה לו בה איזה
דרך הנראה להאדם בהשקפה ראשונה, שהוא עצת יצרו
הטוב, להדריכו בדרך יותר גבוה, כפי שמראה לו פנים
וסימני טהרה, והאדם נופל ברשתו כמהר צפור אל פח, בלי
התבוננות רב, ולא ידע כי בנפשו הוא ורגליו יורדות מות,
ח"ו.

הגהה. ואולי גם לזה רמזו רז"ל באמרם פרק
הרואה - יצר[153] הרע דומה לזבוב ויושב בין שני
מפתחי הלב. כי ידוע שמשכן היצר טוב בחלל
הימיני של הלב, ומשכן היצר הרע בחלל השמאלי,
כמו שכתוב - לב[154] חכם לימינו ולב כסיל לשמאלו.
וזה אמרם שהיצר טוב שומר ומכיר את מקומו
לימין תמיד, שאינו מייעץ לאדם לעולם רק לטוב
אמיתי לבד, אבל היצר הרע אינו שומר את מקומו
המיוחד לו בחלל השמאלי, להסית לעון וחטא
נגלה, אלא הוא מדלג ממקומו, לפעמים גם לחלל
הימין, להתדמות להאדם כיצר טוב, להנהיגו
בתוספת קדושה, ואינו מרגיש שתוכה טמון עניין
רע ומר ח"ו.

לזאת הזהר בנפשך מאד, שאל ישיאך יצרך לאמור,
שעיקר הכל תראה שתהא אך עסוק כל ימיך לטהר
מחשבתו כראוי, שתהא דביקות מחשבתו בבוראך
בתמידות בל תמוט, ולא תשוב מפני כל להניח טוהר
מחשבתך בשום עת כלל, והכל לשם שמים, באמרו לך
שכל עיקר תורה ומצות, המה דווקא כשהם בכוונה עצומה
ובדביקות אמיתי, וכל זמן שאין לב האדם מלא לעשותם
בכוונה קדושה ובדביקות וטהרת המחשבה, אינה נחשבת

---

[153] ברכות סא א
[154] קהלת י ב

למצווה ועבודה כלל.

כאשר כבר לומד המלך זקן וכסיל לסמות עיניים, ולהביא ראיותיו ממקרא ומשנה ותלמוד ומדרשים וספר הזוהר, כעניין - רחמנא לבא בעי, וכהנה רבות עמו חבילות ראיות.

אמנם אם תזכה להבחין בעיני שכל על פי התורה, תבין ותמצא שזה כל עניינו להראות להאדם טלפו בסימני טהרה, שדרכו בקודש ורגליו יורדות מות רחמנא לצלן.

ועתה ראה דרכיו וחכם גם בזה, איך שהוא חכם להרע מעין טוב, היום יאמר לך, שכל תורה ומצוה שבלא דביקות איננה כלום, וצריך אתה להכין לב, ולהגביה עוף מחשבתך קודם עשיית כל מצוה או תפלה, למחשבה טהורה שבטהורות, וכל כך תהא מחשבתך טרודה בהכנת המצווה טרם עשותה, עד שיעבור זמן המצוה, או התפלה, ויראה לך פנים שכל תפלה או מצוה שנעשית בכוונה עצומה בקדושה ובטהרה אף שלא בזמנה, הרי היא יקרה מקיום המצווה בזמנה, ושלא בכוונה.

וכשירגלך יצרך שיובקע בליבך, שלא לחוש כל כן לשינוי קביעות זמן של איזה מצוה או תפלה, מחמת קביעות מחשבתך להיטהר, ולפנות הלב תחלה בהמשך הזמן ידריכך לאט לאט, בחלק שפתיו ממדרגה למדרגה, ולא תרגיש כלל עד שממילא יהא, לך כהיתר להעביר מועד התפלה או המצות, אף גם שתתפנה ליבך לבטלה בדברים בטלים וידיחך, מכל ולא ישאיר לך לא מעשי מצוה בזמנה ולא מחשבה טובה.

וגם הרי הוא הריסת כל התורה בכללה, ר"ל אם ח"ו נאבה לו להטות אזן לחלק שפתיו בדרכו זה, והגע עצמך כגון אם יטריד אדם עצמו לילה הראשונה של פסח בכוונת אכילת כזית מצה, שתהא האכילה בקדושה וטהרה ודביקות, וימשיך ההכנה כל הלילה עד שיימשך זמן האכילה עד לאחר שעלה השחר, או לאחר נץ החמה, הרי כל טהרת מחשבתו פיגול הוא לא ירצה, ומי שאכל הכזית מצה בזמנה אף בלא קדושה וטהרה יתירה, הרי קיים מצות עשה

הכתובה בתורה ותבוא עליו ברכה, וכהנה רבות אשר אם
לא נכווין ליבנו, לחוש לעשות כל המצוות במועדם ובזמנם,
וכי מאי נפקותא בין זה למי שהיה תוקע שופר בכוונה
עצומה בליל ראשון של פסח במקום מצות אכילת כזית
מצה, ואוכל הכזית מצה בראש השנה, ומתענה בערב יום
הכיפורים, וביום הכיפורים נוטל לולב במקום מצות עינוי,
ואיה מקום לתורה.

ואף גם זאת אם לא יכשילך בהעברת הזמן, יטה ליבך
לפנותה ולטהרה עד שיביאך שלא יהא לך פנאי לדקדק
שתהא עשיית המצווה באופניה, כדין בכל פרטיה, וליזהר
מלעבור על דינים מפורשים בתלמוד ורבותינו הגדולים
ז"ל, ואל יבטיחך יצרך שלא יוכל להיות שמרוב עסק
טהרת המחשבה יוגרם ביטול פרטי המעשה, כי תדע שכל
זמן שלבך יהא משוך לדעתו לאמור שכל עיקר תורת
האדם הוא, שכל מצוה או לימוד שאינה נקיה מכל סיג
ופסולת כסולת נקיה, הרי היא בבל יראה ובל ימצא, הרי
הוא משחדך בזה ומעור עיניך, עלא תוכל להשגיח על כל
הפרטי מעשים והלכות ודינים שתעבור עליהם ח"ו, ולא
תרגיש בהם כלל.

פרק ה

והנה גלוי ומבואר, שזאת הדרך אש היא עד אבדון תאכל
ח"ו, והורס כמה יסודות התורה הקדושה ודרשו רז"ל,
וכבר הזכרנו לעיל סוף שער א', שהעיקר בכל המצוות הוא
חלק המעשה, וטהרת המחשבה אינה אלא מצטרפת
למעשה, ולמצווה ולא לעכובא, עיין שם. וכן מבואר לכל
משכיל ישר הולך, שהרי קיימא לן בעניין הקרבת
הקורבנות דסתמן כלשמן דמי, וכן אמרו להדיא - באוכל[155]
את הפסח לשם אכילה גסה נהי דלא קא עביד מצוה מן
המובחר פסח מיהו קעביד. ואם יחשוב האדם בעת חיוב
הקרבת הפסח ועת חיוב אכילתו, כוונות נוראות של עניין

---

[155] נזיר כג א

הפסח, במחשבה גבוה שבגבוהות וטהורה שבטהורות, וחדל מעשות הפסח - ונכרתה[156] הנפש ההיא. וכן הוא בכל המצות.

ולא זו בלבד שבמצות מעשיות, העיקר בהם הוא חלק המעשי, אלא שגם במצות התפלה שנקראת עבודה שבלב, ולמדוהו ז"ל בריש פרק קמא דתענית מכתוב - ולעבדו[157] בכל לבבכם. עם כל זאת העיקר שצריך האדם לחתך בשפתיו דווקא, כל תיבא ממטבע התפלה כמו שאמרו רז"ל בריש פרק אין עומדין - מקראי[158] דחנה דכתיב בה רק שפתיה[159] נעות מכאן למתפלל צריך שיחתוך בשפתיו. וכה אמר בשוחר טוב שמואל פרק ב' יכול יהא מהרהר בלב, תלמוד לומר - רק שפתיה נעות כו', הא כיצד מרחיש בשפתיו.

וברור הוא דלאו לעניין לכתחילה ולמצות בעלמא הוא דאגמרוהו, אלא גם לעכובא דיעבד, שאם הרהר תיבות התפלה בלב לבד לא יצא ידי חובת תפלה כלל, ואם עדיין לא עבר הזמן צריך להתפלל פעם אחרת בחתוך שפתים, כל תיבה ואם עברה זמנה צריך להתפלל שתים תפלה שאחריה, כדין מי שלא התפלל כל עיקר כמו שהעיר על זה המגן אברהם בסימן ק"א סעיף קטן ב' בראיות נכונות שהמה כדאי להכריע בצדק, דבהרהור התפלה לבו לא יצא ידי חובה.

וידוע בזוהר וכתבי האר"י ז"ל, שעניין התפלה הוא תיקון העולמות והתעלות והתעלות פנימיותם, כלומר בחינת נר"ן שבהם ממטה למעלה, והוא על ידי התדבקות והתקשרות נפש האדם ברוחו, ורוחו בנשמתו, כמו שנתבאר בעזרת השם לעיל סוף שער ב', עיין שם. והם נקשרים על ידי עקימת ותנועת שפתיו, בחתוך תיבות התפלה, שהוא בחינת

---

[156] שמות יב יט
[157] תענית ב א
[158] ברכות לא א
[159] שמואל-א א יג

המעשה שבדבור כמו שאמרו רז"ל - עקימת[160] שפתיו הוי מעשה. ובפרק כל כתבי אמרו - מנין[161] שהדבור כמעשה שנאמר כו'. והוא בחינת הנפש שבדבור, וההבל והקול שהוא הדבור עצמו, הוא בחינת רוח שבה, וכוונת הלב בהתיבות בעת אמירתם, הוא בחינת הנשמה שבדבור.

לזאת לא יצא ידי חובה, עניין התפלה במחשבה והרהור התיבות בלב לבד, כי איך אפשר להגיע להתקשר בבחינת הנשמה אם לא ילך בסדר המדרגות ממטה למעלה, שיתקשר הנפש של הדבור, שהוא תנועת השפתים, ברוח של הדבור שהוא ההבל והקול, ואחר כך יתקשרו גם שניהם בנשמה, שהוא המחשבה והכונה שבלב. וכשהתפלל רק במחשבה לבד לא הועילה תפלתו ולא תיקן כלום. אמנם כשהתפלל בקול וחתוך אותיות הדבור לבד אף על פי שלא צירף המחשבה וכוונת הלב אליה, הגם שוודאי אינה במדרגה שלימה וגבוה כראוי, ואינה יכולה לעלות לעולם המחשבה עולם הנשמה, כיון שחסר ממנה בחינת מחשבת האדם, עם כל זאת אינה לריק ח"ו, ויוצא בה ידי חובה, כי על כל פנים הרי העלה וקישר נפשו ברוחו, ועולם הנפש בעולם הרוח.

ועיין בזוהר פקודי רכ"ב ב' - דאצטריך צלותא מגו מחשבה ורעותא דלבא וקלא דשפוון למעבד שלימו וקישורא ויחודא לעילא לעילא כגוונא דאיהו לעילא כו', לקשרא קשרא כדקא יאות כו', מחשבה ורעותא קלא ומלה אלין ד' מקשרין קשרין לבתר דקשירו קשרין כלא כחדא אתעבידו כלהו רתיכא חדא לאשראה עלייהו שכינתא כו', קלא דאשתמע סליק לקשרא קשרין מתתא לעילא כו', עיין שם היטב.

ובפרשת במדבר ק"כ ע"ב אמרו דרך כלל דעקרא דצלותא תליא בעובדא בקדמיתא ולבתר במלולא דפומא דוקא, עיין שם סדרן.

<hr>

[160] בבא מציעא צ ב
[161] שבת קיט ב

ובאדרא זוטא רצ"ד ב' - כל מה דחשיב בר נש וכל מה
דיסתכל בלביה לא עביד מלה עד דאפיק ליה בשפוותיה
כו', ובגין כך כל צלותא ובעותא כו', בעי לאפקא מלין
בשפוותיה דאי לא אפיק לון לאו צלותיא צלותא, ולאו
בעותיא בעותא, וכיון דמלין נפקין מתבקעין באוירא
וסלקין כו', ונטיל לון מאן דנטיל ואחיד לון לכתרא קדישא
כו'.

ודרך כלל אמרו בזוהר אמור ק"ה א' - מאן דאמר דלא
בעיא עובדא בכולא או מלי לאפקא לון ולמעבד קלא בהו
תיפח רוחיא. ר"ל ולא הצריכו רז"ל עניין הכוונה לעכובא,
אלא בברכת אבות לבד.

ובפרשת ויחי רמ"ג סוף ע"ב - מאן דלביה טריד ובעי
לצלאה, צלותיה ואיהו בעקו ולא יכיל לסדרא שבחא
דמאריא כדקא יאות מאי הוא, אמר ליה אף על גב דלא
יכיל לכוונא לבא ורעותא, סדורא ושבחא דמאריא אמאי
גרע, אלא יסדר שבחא דמאריה אף על גב דלא יכיל לכוונא
כו'.

פרק ו

והגם שוודאי שמחשבת האדם היא העולה למעלה ראש
בשמי רום בעולמות העליונים, ואם יצרף האדם גם טוהר
המחשבה והכוונה בעת עשיית המצות, יגיעו מעשיו לפעול
תיקונים יותר גדולים בעולמות היותר עליונים, אמנם לא
המחשבה היא העיקר אצלינו כמו שנתבאר.

ועיין בזוהר יתרו צ"ג ריש ע"ב - ואי אזדמן ליה עובדא
ויכוין ביה זכאה איהו. ואף על גב דלא מכוין ביה, זכאה
איהו דעביד פקודא דמאריה, אבל לא אתחשב מאן דעביד
רעותא לשמה, ויכוין ביה ברעותא כו', כמאן דלא ידע כו',
דהא ברעותא תליא כו', ואפילו הכי אי לאו תמן רעותא
דלבא כו', על דא צלי דוד ואמר - ומעשה[162] ידינו כוננה
עלינו כו'. מאי כוננה עלינו כוננה ואתקין תקונין לעילא

---

[162] תהלים צ יז

כדקא יאות, עלינו אף על גב דלית אנן ידעין לשואה רעותא
אלא עובדא בלחודו, מעשה ידינו כוננהו, למאן להההוא
דרגא דאצטריך לאתתקנא כו', עיין שם.

וכן בעניין שנתבאר למעלה בשער ג', בעניין התפלה לכוין
אותה למקומו של עולם יתברך שמו, כפי שנתבאר שם
עניין **מקומו של עולם**, עיין שם. וכן עניין כוונת אחד
דפסוק ראשון דקריאת שמע, שנתבאר שם בפרק י"א עיין
שם הטיב, הכל הוא רק למצווה ולא לעכובא.

שגם מי שלא ידע בזה כלל כי לא הורגל בזה, או שמוחיה
לא סביל דא, שלא ירד לעומקו, או שירא לנפשו שלא
יסתכן ח"ו, בהריסת כמה יסודי התורה שיוכל לבא מזה
ח"ו, למי שאין דעתו יפה בזה כראוי, כמו שמבואר שם,
עיין שם. אלא שהוא עובד אותו יתברך ומקיים ככל הכתוב
בתורת הוי"ה שבכתב, בעל פה, ורבותינו הגדולים, ומאמין
ומכוין דרך כלל בפסוק ראשון דקריאת שמע, שהוא
יתברך הוא **אחד**, גם שאינו יודע עניין אחדותו יתברך,
ומכוון תפלתו דרך כלל לו יתברך בלא חקירה גם כן נקרא
עובד השם [כעניין מה שמבואר בפרדס שער א' פרק ט'
בעניין האמונה במציאות הספירות, עיין שם]. כי אין כל
הדברים האלו אמורים אלא למי שדעתו יפה, וכל שכן
ליראי ה' ולחושבי שמו, אשר להם כח לעמוד בזה.

לזאת חלילה וחלילה לנו לדחות שום פרט מפרטי המעשה,
אף דקדוק אחד מדברי סופרים, וכל שכן לשנות זמנה ח"ו,
בשביל מניעת טהרת המחשבה, וכל המרבה לדקדק
במעשיו, הוא זה משובח.

פרק ז

עוד זאת יוכל יצרך להתחפש, באמור לך שכל עיקר
העבודה הוא שיהיה רק לשם שמים, וגם עוון וחטא למצווה
יחשב, אם הוא לשם שמים לתיקון איזה עניין - ורחמנא[163]

---

[163] רש"י על סנהדרין קו ב

לבא בעי. וגדולה[164] עבירה לשמה. וכהנה רבות ראיות, גם יראה לך פנים לאמור כי כן צוותי לילך בעקבי אבותיך הקדושים, וכל הצדיקים הראשונים, שהיו קודם שניתנה התורה, שעיקר דרך עבודתם לו יתברך היתה שכל מעשיהם, ודבורם, ומחשבתם, וכל ענייניהם בעולם, היה בדבקות וטהרת מחשבתם לשם שמים, ופנו למעלה לתיקון והעלאה ויחוד העולמות וכחות העליונים, באיזה מעשה שתהיה ובאיזה אופן, ובאיזה זמן שיהיה, ולא במעשים ומצות קבועים וסדורים שיהיו חוק ולא יעבור, כמו יעקב אבינו ע"ה בעניין צאן לבן והמקלות, וכן אמר המגיד להבית יוסף בעניין חנוך שהיה תופר מנעלים, ובכל - זמנא[165] דמעייל מחטא בסנדלא הוה משבח לקדוש ברוך הוא עיין מגיד מישרים פרשת מקץ.

ואף שאמרו רז"ל - האבות[166] קיימו כל התורה. וכן אמרו בו ויקרא רבה פרק ב' [י] מלמד שלמד נח תורה. לא שהיו מצווים ועושים, והיה להם ההלכה והדין כך, אלא כמו שמבואר לעיל סוף שער א', שהמה קיימו את התורה מחמת שהשיגו בנפלאות השגתם תיקוני העולמות, וסדרי הכחות העליונים, אשר יתקנו בכל מצוה ומצוה. אבל היה גם כן הרשות נתונה להם לעבדו גם במעשים ועניינים אחרים לבד המצות, ואף גם לעבור על איזה מצוה שלא כתורה, כפי שראו והשיגו כזה העניין והמעשה הפרטית הוא נצרך אז לתיקון העולמות [ועיין מזה בסוף ספר האמונות לרבי שם טוב, וכן הביא שם כן בשם רבינו חושיאל גאון ז"ל, רק שקיצר מאד בעניין כדרכם בקודש של כל הראשונים ז"ל, שהעלימו והסתירו מאד כל העניינים].

ואתה תחזה אם עיני שכל לך, שאין כאן לא ראיה ולא סמך כלל, אף לא משענת קנה רצוץ, כי האמת הברור כמו שנתבאר לעיל סוף שער א', שהעבודה על זה הדרך לא

---

[164] הוריות י ב

[165] פרשת מקץ מהדורא בתרא

[166] יומא כח ב

הייתה נוהגת אלא קודם מתן תורה לבד, אבל מעת שבא משה והורידה לארץ, לא בשמים היא, והוכחנו שם בעזרת השם מעניין חזקיהו עם ישעיהו, שאסור לנו לשנות ח"ו משום אחת מהנה ממצוות הוי"ה, אף אם תהיה הכוונה לשם שמים, ואף אם ישיג האדם שאם יקיים מצוותו, המוטלת עליו יוכל למיפק מיניה חורבא, באיזה עניין ואף גם - בשב ואל תעשה, עם כל זה אין הדבר מסור ביד האדם להימנע ממנה ח"ו, כי טעמי מצות לא נתגלו, ועיין שם באורך.

פרק ח

עוד אחת יוכל לפתותך בחבילות ראיות, שתכלית עבודת האדם הוא רק להשיג יראת הרוממות, ורק על זה יהיו עיניו ולבו כל הימים, ושיראת העונש ובושה מבני אדם, היא מידה גרועה שבגרועות, והראוי לשרש אותה מלבך.

ויניח לך יצרך להוסיף יראה על יראה ביראת הרוממות, עד שיקבע בליבך שיראת העונש והבושה מבני אדם היא עבירה, ותהיה בורח ממנה כבורח מן העבירה, עד שיוכל להיות שתלכד ברשתו, שלא לאפרושי מאיסורא בזמן שאין לך יראת הרוממות כראוי.

ויקל לך כל דבר באשר יראה לך פנים מפנים שונים בזה, ויוכל להוליד מזה, שאם יוכיחך אדם ויראה לך שאתה עובר על איזה דין, ישיאך ליבך שלא לאפרושי מזה, כל זמן שיראת המוכיח על פניך, באמרך שרק אין יראת אלהי"ם בזה רק יראת אדם, ויראה חיצונית.

וכבר הורונו חז"ל בברכת רבי יוחנן בן זכאי לתלמידיו - שתהא[167] מורא שמים עליכם כמורא בשר ודם וכו', ומי לנו גדול וחסיד מרב עמרם חסידא, ועם כל זה כשנזדמן לידו פעם אחת דבר עבירה פתאום רחמנא לצלן כמובא שלהי קדושין, נלחם בתחבולות להינצל מרשת יצרו, אף מחמת הבושה מהבריות, רק שלא לעבור ח"ו על מצות בוראו יתברך שמו, ונראה הגם שהקדוש ברוך הוא חס על כבודן

של צדיקים, עם כל זה קבעוה להאי עובדא בתלמוד, להורות לנו - דרכי[168] הוי"ה הישרים.

ועתה הראיתיך קצות דרכי היצר המתחפש בכל מיני תחבולות, כמו שאמרו רז"ל - אמר[169] רב יצחק יצרו של אדם מתחדש עליו בכל יום, שנאמר רק[170] רע כל היום. שלא די לו שמתגבר בתחבולותיו שהתנכל על האדם מתמול שלשום, אלא שעוד מתחדש כל יום בחדשות, וכאלו אינו מסיתו לרע כלל, ואדרבה מראה לאדם שכל מה שלמד תורה או פעל מצות, עדיין לא היה בהם שום טוב, והוא רק רע כל היום, ובזה הוא מתגבר על האדם כמו שביארו ז"ל על פסוק - צופה[171] רשע לצדיק ומבקש להמיתו וכו'. והוא היצר הרע הוא המלאך המות מלא עיניים וצופה לראות הנולד במה להכשיל [כי ענייו צפיה הוא על דבר שעתיד להיות אחר כך]. עד אשר האדם לא ידע להיזהר עוד.

ואתה הקורא, אל תדמה שמלבי הוצאתי הדברים, כי את כל זאת בחנתי וניסיתי, כאשר נתתי לבי לדרוש ולתור, ועיני ראו רבים אשר יחפצו קרבת אלהי"ם, ונכשלים במו אלה הדברים הנזכרים לעיל, אשר מפיהם אלי נאמרו מלבם, ובעיני ראיתי במקום אחד איזה אנשים שהורגלו בזה זמן כביר, עד שכמעט נשכח מהם זמן תפילת המנחה שקבעו לנו רז"ל, ואדרבה נקבע בליבם מרוב ההרגל כמו דין והלכה, שתפילת המנחה עיקרה אחר צאת הכוכבים, וכשאדם אומר לחברו נתפלל תפילת מנחה, הוא משיבו נראה ונעיין אם כבר נראו הכוכבים ברקיע, והוי"ה יסלח להם, ויכפר לשוגה ופתי.

אבל ליבך תשית לדעת חכמים בעלי תורה, אשר כבר הורנו חז"ל שהעיקר היא עשיית המצווה בזמנה, בכל פרטיה ודקדוקיה, חוק ולא יעבור, וטהרת המחשבה טובה

---

[168] על פי הושע יד י
[169] קידושין ל ב
[170] בראשית ו ה
[171] תהלים לז לב

תצרף למעשה, אז תלך לבטח, וזה וזה יתקיימו בידיך,
ומשנה מפורשת שנו - כל[172] שמעשיו מרובים מחכמתו אף
גם חכמתו מתקיימת. בקדושה וטהרה ודביקות, ומי זוטר
הוא מה שהמשילו חז"ל - כל[173] שמעשיו מרובים חכמתו
לאילן שענפיו מועטין ושרשיו מרובין שכל הרוחות
שבעולם אין מזיזין אותו ממקומו, והשומע ישמע.

---

[172] פרקי אבות ג ט
[173] פרקי אבות ג יז

נפש החיים

שער ד

פרק א

עוד זאת אמרתי לבא במגלת ספר כתוב בגודל החיוב של עסק התורה, על כל איש ישראל יום ולילה, ולהרחיב מעט הדבור בלשון מדברת גדולת יקר תפארתה ומעלתה של התורה, והאדם הישר העוסק והוגה בה, בתורת חסד על לשונו, לעשות נחת רוח ליוצרו ובוראו יתברך שמו, ואיש דעת המאמץ כח לסומכה ולסעדה ולהחזיק בדקיה, אחרי אשר זה ימים רבים לישראל שהושפל עסק תורה הקדושה בכל דור ודור.

והן עתה בדורות הללו בעונותינו הרבים נפלה מאד מאד, נתונה בסתר המדרגה התחתונה רחמנא לצלן, כאשר עינינו הרואות עתה ברבת בני עמנו, מגודל סבל משא עול הפרנסה, הוי"ה ירחם.

וגם כמה מאותן אשר קרבת אלהי"ם יחפצון, המה בחרו לעצמם לקבוע כל עיקר לימודם בספרי יראה ומוסר כל הימים, בלא קביעות עיקר העסק בתורה הקדושה, במקראות, והלכות מרובות, ועדיין לא ראו מאורות מימיהם, ולא נגה עליהם אור התורה, הוי"ה יסלח להם, כי כוונתם לשמיה, אבל לא זו הדרך ישכון בם אור התורה.

והאמת כי ספרי יראה, הנם בכל - דרכי הוי"ה הישרים. כי דורות הראשונים היו קבועים כל ימיהם בעסק והגיון תורה הקדושה, תקועים באהלי המדרשות בגמרא פרוש רש"י תוספות, ושלהבת אהבת תורה הקדושה היה בוער בליבם כאש בוערת, באהבת ויראת הוי"ה טהורה, וכל חפצם להגדיל כבודה ולהאדירה, והרחיבו   גבולם

---

¹ על פי הושע יד י

בתלמידים רבים הגונים, למען תמלא הארץ דעה.
וכאשר ארכו הימים, הנה כן דרכו של היצר מעולם
להתקנא בעם הוי"ה אלה, כאשר המה דורכים בדרך הוי"ה
כראוי, להטיל בהם ארס, עד שכמה מהתלמידים שמו כל
קביעותם ועסקם רק בפלפולה של תורה לבד ולא זולת
כלל, ושנינו במשנתנו - אם[2] אין יראה אין חכמה. ועוד
הרבה מאמרי רז"ל מזה, כמו שיובא להלן פרק ד' אם ירצה
השם. לזאת התעוררו עצמם כמה מגדוליהם עיני העדה,
אשר דרכם בקדש לשקוד על תקנת כלל אחינו בית
ישראל, ליישר ההדורים ולגדור פריצותם, להרים
המכשול מדרך עם הוי"ה, ומלאו את ידם לבוא בתוכחות
במוסרים ומידות, וחברו ספרי יראה להישיר לב העם,
להיותם עוסקים בתורה הקדושה ובעבודה, ביראת הוי"ה
טהורה.

אמנם כל איש תבונות אשר שכלו ישר הולך. יבין מדעתו
כי לא כיוונו בהם להזניח ח"ו העשק בגופי התורה. ולהיות
אך עסוק כל הימים בספרי מוסרם. אלא כוונתם רצויה
הייתה שכל עיקר קביעת לימוד עם הקדש. יהיה רק בתורה
הקדושה שבכתב ובעל פה והלכות מרובות. הן הן גופי
תורה. וגם ביראת ה' טהורה.

והן עתה בדורות הללו בעונותינו הרבים נהפוך הוא, הגבוה
השפל, שכמה וכמה שמו כל עיקר קביעת לימודם רוב
הימים רק בספרי יראה ומוסר, באמרם כי זה כל האדם
בעולמו לעסוק בהם תמיד, כי המה מלהיבים הלבבות אשר
אז ייכנע לבבו להכניע ולשבר היצר מתאוותיו, ולהתיישר
במידות טובות, וכתר תורה מונח בקרן זווית, ובעיני ראיתי
בפלך אחד שכל כך התפשט אצלם זאת, עד שברוב בתי
מדרשם אין בהם רק ספרי מוסר לרוב, ואפילו ש"ס אחד
שלם אין בו, וטח עיניהם מראות מהבין והשכיל לבותם.
אשר לא זו הדרך בחר בו הוי"ה כי לא ירצה, ועוד מעט
בהמשך הזמן יוכלו להיות ח"ו ללא כהן מורה. ותורה מה

---

[2] פרקי אבות ג יז

תהא עליה.

הן לזאת עצור במלין מי יוכל, מלהודיע בשבטי ישראל נאמנה ליראי הוי"ה וחושבי שמו את הדרך ילכו בה לאורה של תורה, אוי לנו מיום הדין, אוי לנו מיום התוכחה על עוון ביטולה של תורה, כאשר הוא יתברך שמו יקנא לה לתבוע עלבונה.

ותחלה אשים דברתי בעניין עסק התורה לשמה, **מהו עניין לשמה**. כי גם זה פרי חטאת לכמה המונעים עצמן מעסק התורה הקדושה, בחשבם כי עניין לשמה, פירושו **בדביקות** גדול בלי הפסק.

וגם רעה חולה יותר מזה, שסוברים בדעתם שעסק התורה בלא דביקות אין כלום וללא שום תועלת ח"ו, לזאת כשרואין עצמן שאין לבם הולך לזאת המדרגה שיהא לימודים בדביקות תמידי, לא יתחילו כלל ללמוד. ועל כן תפוג תורה ח"ו, ומהמשך העניינים יתבאר אם ירצה השם, ממילא מעלתה של התורם הקדושה והאדם העוסק בה כראוי.

לזאת ההכרח להביא קצת מאמרי רז"ל בש"ס, ומדרשים, וזוהר, אשר בם ידובר נפלאות מעלת התורה הקדושה והעוסק בה, וגודל שכרה ועונשה רחמנא לצלן, הגם שכל אלו המאמרים ידועים ומפורסמים, עם כל זה קבצתים להלהיב לבות החפצים להידבק באהבת תורתו יתברך, ולהתלונן בצל העליון נורא.

פרק ב

עניין עסק התורה לשמה, האמת הברור, כי לשמה אין פירושו דביקות כמו שסוברים עתה רוב העולם, שהרי אמרו רז"ל במדרש - שבקש דוד המלך ע"ה מלפניו יתברך שהעוסק בתהלים יחשב אצלו יתברך כאלו היה עוסק בנגעים ואהלות. הרי שהעסק בהלכות הש"ס בעיון ויגיעה, הוא עניין יותר נעלה ואהוב לפניו יתברך מאמירת תהלים. ואם נאמר שלשמה פירושו דביקות דווקא, ורק בזה תלוי

כל עיקר עניין עסק התורה, הלא אין דביקות יותר נפלא
מאמירת תהלים כראוי כל היום.

וגם מי יודע אם הסכים הקדוש ברוך הוא על ידי בזה, כי
לא מצינו בדבריהם ז"ל מה תשובה השיבו הוא יתברך על
שאלתו [וכמו שמיצינו בבא בתרא י"ז א' ואידך ההוא
רחמים הוא דקא בעי].

וגם כי היה די לעניין הדביקות, במסכת אחת או פרק או
משנה אחת שיעסוק בה כל ימיו בדביקות, ולא כן מצינו
לרז"ל - שאמרו[3] על רבי יוחנן בן זכאי שלא הניח מקרא
משנה הלכות ואגדות כו'. והיינו כי מהעלותו על לבו תמיד
כי עדיין לא יצא ידי חובה עסק התורה לשמה במה שלמד
עד עתה, לזאת היה שוקד כל ימיו להוסיף לקח תמיד מיום
ליום ומשעה לשעה.

ובמשלי רבתא פרק י' - אמר[4] רבי ישמעאל בוא וראה כמה
קשה יום הדין שעתיד הקדוש ברוך הוא לדון את כל העולם
כולו כו'. בא מי שיש בידו מקרא, ואין בידו משנה, הקדוש
ברוך הוא הופך את פניו ממנו, ומצירי גיהנם מתגברין בו
כו', והם נוטלין אותו ומשליכין אותו לגיהנם, בא מי שיש
בידו שני סדרים או שלשה, הקדוש ברוך הוא אומר לו,
בני כל ההלכות למה לא שנית אותם כו', בא מי שיש בידו
הלכות, אומר לו בני תורת כהנים למה לא שנית שיש בו
כו', בא מי שיש בידו תורת כהנים, הקדוש ברוך הוא אומר
לו, בני חמשה חומשי תורה למה לא שנית, שיש בהם
קריאת שמע תפלין ומזוזה, בא מי שיש בידו חמשה חומשי
תורה, אמר ליה הקדוש ברוך הוא למה לא למידת הגדה
כו', בא מי שיש בידו הגדה, הקדוש ברוך הוא אומר לו
בני, תלמוד למה לא למדת כו', בא מי שיש בידו תלמוד,
הקדוש ברוך הוא אומר לו בני הואיל ונתעסקת בתלמוד
צפית במרכבה כו', כסא כבודי האייך הוא עומד כו', חשמל
האיך הוא עומד, ובכמה פנים הוא מתהפך כו', עיין שם

[3] סוכה כח א
[4] מדרש משלי י א

באורך.

ומסתברא נמי הכי, שהרי כמה הלכות מרובות יש בש"ס, שבעת אשר האדם עוסק בהם, הוא צריך לעיין ולהעמיק מחשבתו ושכלו בענייני הגשמיות שבהם, כגון קנין ופתחי נדה שהן הן גופי הלכות, או המשא ומתן בש"ס, וכללי דיני מיגו של רמאות, שהיה הרמאי יכול לטעון, וכמעט בלתי אפשר שיהא אצלו אז גם הדביקות בשלימות כראוי.

פרק ג

אבל האמת כי עניין **לשמה** פירש לשם התורה, והעניין כמו שפירש[5] הרא"ש ז"ל על מאמר רבי אליעזר ברבי צדוק - **עשה דברים לשם פעלן ודבר בהן לשמן**. ז"ל - עשה דברים לשם פעלן, לשמו של הקדוש ברוך הוא שפעל הכל למענהו, ודבר בהן לשמן, כל דבורך ומשאך בדברי תורה יהיה לשם התורה כגון לידע, ולהבין, ולהוסיף לקח, ופלפול, ולא לקנטר, ולהתגאות, עד כאן לשונו.

דקדק לבאר שינוי לשונו דרבי אליעזר בן רבי צדוק, שבעשיה אמר - **לשם פעלן**. ובדבור אמר - **לשמן**. לכן בעניין העשיה פירש לשמו של הקדוש ברוך, הוא שפעל הכל למענהו, ובעניין הלמוד פירש לשם התורה כו'.

וכוונתו ז"ל מבואר היינו, כי עשיית המצווה ודאי שצריכה להיות למצווה מן המובחר, בדביקות ומחשבה טהורה שבטהורות, כפי שכלו והשגתו, כדי שיתקלס עילאה, לגרום תיקוני העולמות וכחות וסדרים העליונים, זהו **לשם פעלן**, כי[6] כל פעל הוי"ה למענהו. ואמרו רז"ל - **לקילוסו**[7]. ואם כי ודאי שגם במצות, העיקר בהם לעכובא הוא העשיה בפועל, והכוונה היתירה וטוהר המחשבה אינה מעכבת כלל, כמו שנתבאר לעיל סוף שער א' על נכון בעזרת השם, עם כל זה מצטרף קדושת וטוהר מחשבתו, לעיקר העשיה

---

[5] נדרים סב א

[6] משלי טז ד

[7] תרגום מצודות

בפועל לעורר ולפעול תיקונים יותר גדולים בהעולמות, משאם הייתה המצווה נעשית בלא דביקות וקדושת המחשבה.

אבל על הנהגת האדם בשעת עסק התורה בדיני המצות והלכותיהן אמר - **ודברת בהן**[8], ר"ל הדבור בענייני המצות והלכותיהן יהיה לשמן. פירוש לשם הדברי תורה, היינו לידע ולהבין, ולהוסיף לקח ופלפול.

[ורש"י ז"ל - גירסא אחרת הייתה לו שם, ודבר בהן - **לשם שמים**, לכן פירש שתהא כל כוונתך לשמים. אמנם עניין ופירושו לשמה, שאמרו רז"ל - בכל מקום. ודאי שגם רש"י ז"ל יפרש כפירוש הרא"ש ז"ל, כאן לפי גרסתו. וגם רש"י ז"ל כאן אין כוונתו דביקות, אלא דאתי לאפוקי שלא יהא לימודו לשם קינטור וגאות, כמו שביאר הרא"ש ז"ל, כדמוכח מסיום דברי רבי צדוק - אל[9] תעשה עטרה להתגדל בהם כו'].

וזהו שמסיים הש"ס גבי רבי יוחנן בן זכאי - שלא[10] הניח כו'. לקיים מה שנאמר - להנחיל[11] אוהבי יש כו'. שמבואר העניין שם בכל אותה הפרשה, שהוא מאמר התורה הקדושה עצמה, אשר בחוץ תרונה, שיש לאל ידה להנחיל וליתן שכר טוב לכל ההוגה ועוסק בה, מחמת אהבתה עצמה ממש, היינו להוסיף בה לקח ופלפול, וזהו אוהבי.

פרק ד

אמנם ודאי דאי אפשר לומר שאין צריך לעניין עסק התורה, שום טוהר המחשבה, ויראת הוי"ה חלילה, שהרי משנה שלימה שנינו - אם[12] אין יראה אין חכמה. ואמרו[13] -

---

[8] נדרים סב א

[9] פרקי אבות ד ה

[10] סוכה כח א

[11] משלי ח כא

[12] פרקי אבות ג יז

[13] יומא עב ב

מאי דכתיב - למה[14] זה מחיר ביד כסיל לקנות חכמה ולב
אין. אוי להם לתלמידי חכמים שעוסקים בתורה ואין בהם
יראת שמים כו'. כל[15] מי שהוא יודע ואין בידו יראת חטא
אין בידו כלום שקפליות של תורה ביראת חטא.

ובהקדמת הזוהר י"א ב' אמר רשב"י שהיראה איהי תרעא
לאעלא לגו מהימנותא ועל פקודא דא אתקיים כל עלמא
כו', ודא עקרא ויסודא לכל שאר פקודין דאורייתא, מאן
דנטיר יראה נטיר, כולא לא נטיר יראה לא נטיר פקודי
אורייתא כו', עיין שם.

ובפרשת בהר ק"ח א' - מאי עול מלכות שמים, אלא כהאי
תורה כו', הכי נמי אצטריך ליה לבר נש, לקבלא עליה עול
בקדמיתא ולבתר דיפלח ליה בכל מה דאצטריך, ואי לא
קביל עליה האי בקדמיתא לא ייכול למפלח, הדא הוא
דכתיב - עבדו[16] את הוי"ה ביראה. מהו ביראה, כמה דאת
אמר - ראשית[17] חכמה יראת הוי"ה כו'. ועל דא האי
בקדמייתא הוא דכלא כו', בגין דבהאי עויל לשאר קדושה
ואי האי לא אישתכח לגביה לא שריא ביה קדושה דלעילא
כו'.

ואמרו עוד - כל[18] שיראת חטאו קודמת לחכמתו חכמתו
מתקיימת. כי יראת הוי"ה תחלה היא עיקר הקיום של
חכמת התורה, וכמו שאמרו רז"ל - אמר ריש לקיש מה
דכתיב - והיה[19] אמונת עתך כו', אמונת זה סדר זרעים כו'.
חשיב שם בזה הפסוק כל הש"ס ומסיים ואפילו הכי -
יראת[20] הוי"ה היא אוצרו. דמה הכתוב את התורה - לרבוי[21]
תבואות. והוראה לאוצר המחזיק בו המון תבואות
ומשתמרים בתוכו, שיראת הוי"ה היא האוצר לחכמת

---

[14] משלי יז טז

[15] שמות רבה מ א

[16] תהלים ב יא

[17] תהלים קיא י

[18] פרקי אבות ג ט

[19] ישעיהו לג ו

[20] ישעיהו לג ו

[21] משלי יד ד

התורה הקדושה, שעל ידה תתקיים אצל האדם, ואם לא
הכין לו האדם תחלה אוצר היראה, הרי רב תבואות
התורה, כמונח על פי השדה למרמס רגל השור והחמור
ח"ו, שאינה מתקיימת אצלו כלל.

וכן אמרו על זה הכתוב - אתה[22] מוצא אדם שונה מדרש
הלכות ואגדות, ואם אין בו יראת חטא אין בידו כלום, משל
לאדם כו', יש לי אלף מידות של תבואה, אמר לו יש לך
אפותיקאות ליתן אותם בהם כו', שנאמר והיה אמונת עתך
כו', עיין שם.

פרק ה

ולפי ערך גודל אוצר היראה אשר הכין לו האדם, כן על זה
הערך יוכל להיכנס ולהשתמר ולהתקיים בתוכו תבואות
התורה, כפי אשר יחזיק אוצרו.

כי האב המחלק תבואה לבניו, הוא מחלק ונותן לכל אחד
מידת התבואה כפי אשר יחזיק אוצרו של הבן אשר הכין
על זה מקודם, שאף אם ירצה האב וידו פתוחה ליתן לו
הרבה, אמנם כיון שהבן אינו יכול לקבל יותר מחמת שאין
אוצרו גדול כל כך, שיוכל להחזיק יותר, גם האב אי אפשר
לו ליתן לו עתה יותר, ואם לא הכין לו הבן אף אוצר קטן,
גם האב לא ייתן לו כלל, כיון שאין לו מקום משומר
שתתקיים אצלו.

כן הוא יתברך שמו ידו פתוחה כביכול להשפיע תמיד, לכל
איש מעם סגולתו, רב חכמה ובינה יתירה, ושתתקיים
אצלם ויקשרם על לוח לבם, להשתעשע אתם בבואם
לעולם המנוחה ותלמודם בידם.

אמנם הדבר תלוי לפי אוצר היראה שתקדם אל האדם,
שאם הכין לו האדם אוצר גדול של יראת הוי"ה טהורה,
כן - הוי"ה[23] יתן לו חכמה ותבונה. ברוב שפע כפי שתחזיק
אוצרו, הכל[א] לפי גודל אוצרו.

---

[22] שמות רבה ל יד
[23] על פי משלי ב ו

ואם לא הכין האדם אף אוצר קטן, שאין בו יראתו יתברך
כלל ח"ו, גם הוא יתברך לא ישפיע לו שום חכמה כלל,
אחר שלא תתקיים אצלו, כי תורתו נמאסת ח"ו כמו
שאמרו רז"ל.

ועל[ב] זה אמר הכתוב - ראשית[24] חכמה יראת הוי"ה.
וכמבואר בהקדמת הזוהר ז' ב' - רבי חייא פתח ראשית
חכמה יראת ה' כו', האי קרא הכי מבעי ליה סוף חכמה כו',
אלא איהי ראשית לאעלא לגו דרגא דחכמתא עלאה כו',
תרעא קדמאה לחכמה עלאה יראת ה' איהי כו', עיין שם.
הרי מבואר, הגם שהיראה היא מצוה אחת, ואמרו
בירושלמי ריש פאה שכל המצוות אינן שוות לדבר אחד
מן התורה, אמנם מצות קניית היראה ממנו יתברך רבה היא
מאד, מצד שהיא מוכרחת לעיקר הקיום ושימור התורה
הקדושה, ובלתה גם נמאסת ח"ו בעיני הבריות, לכן צריכה
שתקדם אצל האדם קודם עסק התורה.

הגהה[א]. ובזה יבואר מאמרם ז"ל ריש פרק הרואה
- אין[25] הקדוש ברוך הוא נותן חכמה אלא למי שיש
בו חכמה. שנאמר - ובלבו[26] כל חכם לב נתתי
חכמה. יהיב[27] חכמתא לחכימין. ולכאורה יפלא,
דאם כן חכמה הראשונה מאין תמצא אצל האדם.
אמנם[ב] הענין, כי כתוב מפורש שגם היראה
נקראת חכמה כמו שכתוב - ויאמר[28] לאדם הן
יראת אדנ"י היא חכמה. והוא מטעם הנזכר לעיל,
שהוא אוצרו הטוב של החכמה שתשתמר ותתקיים
בה, זה שאמרנו שאין הקדוש ברוך הוא נותן
ומשפיע חכמה העליונה של התורה, שתתקיים
אצלו ויהא תלמודו בידו, אלא למי שיש בו חכמה

---

[24] תהלים קיא י
[25] ברכות נה א
[26] שמות לא ו
[27] דניאל ב כא
[28] איוב כח כח

היינו אוצר היראה, שהיא מוכרחת שתקדם אצל האדם כנזכר לעיל.

[ואיש תבונות, יבין פנימיות מאמרם ז"ל זה, לדרכנו על פי סתרי הזוהר וכתבי האר"י ז"ל, אשר אמרו שהחכמה העליונה מתגלית רק על ידי מידת מלכותו יתברך, היינו קבלת עול מלכות שמים כנזכר לעיל].

ובזה יובן גם כן שמיצינו לרז"ל שאמרו - אין[29] לו להקדוש ברוך הוא בעולמו אלא ארבע אמות של הלכה בלבד. ובפרק אין עומדין אמרו - אין[30] לו להקדוש ברוך הוא בבית גנזיו אלא אוצר של יראת שמים בלבד. ולדברינו באמת הכל אחד, ולכן אמרו אוצר של יראת שמים, עד כאן.

פרק ו

לזאת האמת שזו היא הדרך האמתי, אשר בזה בחר הוא יתברך שמו, שבכל עת שיכון האדם עצמו ללמוד, ראוי לו להתיישב קודם שיתחיל, על כל פנים זמן מועט ביראת הוי"ה טהורה, בטהרת הלב, להתודות על חטאתו מעוקמא דלבא, כדי שתהא תורתו קדושה וטהורה, ויכוון להתדבק בלימודו בו בתורה בו בהקדוש ברוך הוא, היינו להתדבק בכל כחותיו לדבר הוי"ה זו הלכה, ובזה הוא דבוק בו יתברך ממש כביכול, כי הוא יתברך ורצונו חד, כמו שמבואר בזוהר. וכל דין והלכה מתורה הקדושה, הוא רצונו יתברך, שכן גזרה רצונו שיהא כך הדין, כשר או פסול, טמא וטהור, אסור ומותר, חייב וזכאי.

וגם אם הוא עסוק בדברי אגדה, שאין בהם נפקותא לשום דין, גם כן הוא דבוק בדבורו של הקדוש ברוך הוא, כי התורה כולה בכלליה ופרטיה ודקדוקיה, ואפילו מה שהתלמיד קטן שואל מרבו הכל יצא מפיו יתברך למשה

---

[29] ברכות ח א
[30] ברכות לג ב

בסיני, כמו שאמרו רז"ל סוף פרק ב' דמגילה, ובפרק קמא דברכות ה' א', ובקהלת רבה ס"א פרק י"א, ושם בסימן ה' פרק ו', ובירושלמי פרק ב' דפאה, ובויקרא רבה פרק כ"ב, עיין שם. ובשמות רבה פרק מ"ג - כתב לך את הדברים האלה בשעה שנגלה הקדוש ברוך הוא בסיני ליתן תורה לישראל אמר למשה על הסדר, מקרא ומשנה הלכות ואגדות, שנאמר - וידבר[31] אלהי"ם את כל הדברים האלה. אפילו מה שהתלמיד שואל לרב, עד כאן.

ולא עוד אלא כי גם באותו העת שהאדם עוסק בתורה למטה, כל תיבה שמוציא מפיו הן הן הדברים יוצאים כביכול גם מפיו יתברך באותו העת ממש, כדאשכחן בפרק קמא דגיטין גבי פילגש בגבעה - ותזנה[32] עליו פילגשו, רבי אביתר אמר זבוב מצא לה, רבי יוחנן אמר נימא כו', ואשכחיה רבי אביתר לאליהו אמר ליה מאי קעביד קדוש ברוך הוא, אמר ליה עסיק בפילגש בגבעה, ומאי קאמר, אביתר בני כך הוא אומר, יונתן בני כך הוא אומר. והיינו מפני שרבי אביתר ורבי יוחנן עסקו ביניהם בעניין פילגש בגבעה, אז באותו עת, גם הוא יתברך שנה דבריהם ממש. והוא יתברך שמו ודבורו חד, וכמפורש בתורה הקדושה, במשנה תורה - לאהבה[33] את הוי"ה אלהי"ך כו', ופירשוהו רז"ל - דקאי[34] על עסק התורה, עיין שם. וסיפיא דקרא ולדבקה בו.

ולכן אמר דוד המלך ע"ה - טוב[35] לי תורת פיך כו'. אמר כי לבי שמח בעמלי בתורה הקדושה, ברוב עוז בהעלותי על לבי שהיא תורת פיך, שכל תיבה ממש מהתורה שאני עוסק בה כעת, הכל יצא וגם עתה היא יוצאת מפיך יתברך. ולכן כל התורה קדושתה שווה בלי שום חילוק ושינוי כלל ח"ו, כי הכל דבר פיו יתברך שמו ממש, ואם חסר בספר תורה

---

[31] שמות כ א

[32] גיטין ו ב

[33] דברים ל כ

[34] על פי נדרים סב א

[35] תהלים קיט עב

אות אחת מפסוק - אלוף[36] תמנע. היא נפסלת, כמו אם היה נחסר אות אחת מעשרת הדברות, או מפסוק שמע ישראל, וכמו שפסק גם הרמב"ם ז"ל, והוא מתנא דבי אליהו סימן א' ז' פרק ג'.

פרק ז

ולזאת ראוי להאדם להכין עצמו כל עת קודם שיתחיל ללמוד, להתחשב מעט עם קונו יתברך שמו, בטהרת הלב ביראת ה', ולהטהר מעונותיו בהרהורי תשובה, כדי שיוכל להתקשר ולהתדבק בעת עסקו בתורה הקדושה, בדבורו ורצונו יתברך שמו, וגם יקבל על עצמו לעשות ולקיים ככל הכתוב בתורה שבכתב ובעל פה, ואשר יראה ויבין דרכו והנהגתו מתורה הקדושה, וכן כשרוצה לעיין בדבר הלכה, ראוי להתפלל שיזכהו יתברך לאסוקי שמעתא אליבא דהלכתא, לכוון לאמיתה של תורה.

וכן באמצע הלימוד, הרשות נתונה להאדם להפסיק זמן מועט, טרם יכבה מליבו יראתו יתברך שמו, שקיבל עליו קודם התחלת הלימוד להתבונן מחדש עוד מעט ביראת הוי"ה, כמו שאמרו רז"ל עוד - משל[37] לאדם שאמר לשלוחו העלה לי כור של חיטין לעליה הלך והעלה לו, אמר לו עירבת לי בהן קב חומטין, אמר לו לא, אמר לו מוטב שלא העלית. וקאי על אמצע העסק בתבואות חכמת התורה, שראוי גם כן לערב בתוכו יראתו יתברך, כדי שתתקיים תלמודו בידו.

ולכן סמך אצלו הברייתא תני דבי רבי יהודה מערב אדם קב חומטין בכור של תבואה ואינו חושש. והוא דין מדיני גזל ואונאה, אשר מקומו במסכת נזיקין - ומאי[38] שייטיה הכא. אמנם הורונו בזה, שכמו במשא ומתן הגם שנראה כגזל ואונאה, אמנם כיון שהקב עפר הוא השימור והקיום

[36] בראשית לו מ
[37] שבת לא א
[38] צ"ל קידושין ע ב

של כל הכור תבוא, אינו חושש משום גזל, כן רשאי האדם להפסיק ולבטל זמן מועט מהלימוד, להתבונן מעט ביראת הוי"ה, ואינו חושש בזה משום ביטול תורה, כיון שהוא הגורם שתתקיים אצלו חכמה התורה.

פרק ח

אמנם דון מינה נמי, מעניין שתי המשלים שהמשילו ז"ל, בעניין התורה והיראה, היפך מאשר שגו בזה כמה מרבת בני עמנו, שקובעים כל עסק למודם בספרי יראה ומוסר לבד.

שכמו בעניין הקדמת האוצר להתבואה שבתוכו, וכי יעלה כלל על לב אדם כיון שכל קיום ושימור התבואה הוא האוצר, יעשוק כל זמנו או רובו בבניין האוצר לבד, ולא יכניס בו תבואה מעולם, כן איך יעלה על לב איש לומר שזה תכלית האדם מישראל, שישים כל קביעת לימודו בבניין האוצר של יראת שמים לבד, והוא אוצר ריק, ולא עלתה בידו מכל עמלו רק מצוה אחת של - הוי"ה אלהי"ך תירא. וגם אין עליה שם אוצר כלל.

ולא כיונו רז"ל במאמרם הנזכר לעיל - אין[39] לו להקדוש ברוך הוא בעולמו אלא אוצר של יראת שמים בלבד. אל אותה היראה שבתוכה מונחים המון תבואות, מקרא משנה והלכות, ושארי עניני התורה, שהיראה היא אוצרם הטוב, ומשמרות שיתקיימו אצלו, ערוכים ושנונים בפיו וחרותים על לוח לבו, כמו שמוכח ומוכרח ממה שאמרו עוד - אין[40] לו להקדוש ברוך הוא בעולמו אלא ארבע אמות של הלכה בלבד.

[וכידוע בשרש דבר עניין, שתי הבחינות של תורה ויראת הוי"ה במידות העליונים, שבחינת היראה לית ליה מגרמה כלום, כי היא נקיה באה רק שהיא אוצר בית קיבול השפע

---

[39] ברכות לג ב
[40] ברכות ח א

עליון מבחינת התורה. וכמו שכתוב - והוי"ה[41] בהיכל קדשו. ועיין בתיקונים תיקון ב' וג'].

וזה שאמר הכתוב - טוב[42] מעט ביראת הוי"ה מאוצר רב ומהומה בו.

פרק ט

וכן בעניין ההיתר להפסיק באמצע הלימוד, להתבונן עוד מעט ביראת הוי"ה, שהמשילוהו ז"ל להיתר עירוב הקב חומטין בכור תבואה, מינה נמי, שכמו שאם עירב בכור תבואה יותר מקב חומטין אשר איננו צריך לקיום התבואה, הוא הדין גזל ואונאה. כן בעניין היראה, אם יאריך בה האדם זמן יתר מכדי מידתה הנצרך לקיום ושימור רב תבואות התורה, הוא הדין גוזל אותו הזמן העודף מהתורה, שהיה צריך ללמוד באותו העת, כי לא הורשה לעסוק בהתבוננות וקניית היראה, אלא כפי אשר ישקול בשכלו לפי טבעו ועניינו, שזה העת הוא צורך והכרחי לו לעסוק בקניית היראה ומוסר, לצורך השימור והקיום של תבואת התורה.

ובאמת כי האדם הקבוע בעסק התורה לשמה, כמו שפירשנו בפרק ג' עניין לשמה, איננו צריך לרוב עמל ויגיעה ואורך זמן העסק בספרי יראה עד שיוקבע בליבו יראתו יתברך, כאותו האדם אשר איננו קבוע בעסק התורה, כי התורה הקדושה מעצמה תלבישהו יראת הוי"ה, על פניו במעט זמן ויגיעה מועטת על זה, כי כך דרכה וסגולתה של התורה הקדושה, כמו שאמרו - כל[43] העוסק בתורה לשמה כו', ומלבשתו ענוה ויראה.

ובמשלי רבתא פרק א' - חכמה ומוסר אוילים בזו אם מוסר למה חכמה ואם חכמה כו', אלא אם למד אדם תורה, ויושב ומתעסק בה כדי צרכו, הרי בידו חכמה ומוסר ואם לאו כו'.

---

[41] חבקוק ב כ

[42] משלי טו טז

[43] פרקי אבות ו א

ובתני דבי אליהו, סדר אליהו רבה פרק י"ח - ועל[44] הנחל יעלה על שפתו מזה ומזה כל עץ מאכל כו', ומהו העץ אשר יעלה בנחל, זה אלו תלמידי חכמים שיש בהם תורה, מקרא, ומשנה, הלכות, ואגדות, ומעשים טובים, ושימוש תלמידי חכמים כו', משלו משל למידת הדין כו', כך תלמידי חכמים בעולם הזה בדברי תורה, כיון שקראו את המקרא ושנו כו', ודברי תורה מתוק עליהם, הקדוש ברוך הוא מרחם עליהם ונותן בהם - חכמה ובינה ודעה והשכל, לעשות מעשים טובים ותלמוד תורה, והכל מתוקן לפניהם כו'.

פרק י

ובשעת העסק והעיון בתורה, ודאי שאין צריך אז לעניין הדביקות כלל, כנזכר לעיל שבהעסק ועיון לבד הוא דבוק, ברצונו ודבורו יתברך והוא יתברך ורצונו ודבורו חד.

והוא עניין מאמרם ז"ל בשמות רבה פרק לג [ו] - אדם לוקח חפץ שמא יכול לקנות בעליו, אבל הקדוש ברוך הוא נתן תורה לישראל ואומר להם כביכול לי אתם לוקחים כו', וזה שמבואר בכל מקום בזוהר דקדוש - ברוך הוא ואורייתא חד.

וגדולה מזו בפרשת בשלח ס' ע"א - ואוליפנא דקדוש ברוך הוא תורה איקרי כו', ואין תורה אלא קדוש ברוך הוא.

וגם כי שרשה העליון של התורה הקדושה, הוא בעליון שבהעולמות, הנקראים עולמות הא"ס, סוד **המלבוש הנעלם** הנזכר בסתרי פליאות מכמה מתורת רבינו האר"י ז"ל, שהוא ראשית סוד אותיות התורה הקדושה, וכמו שכתוב - הוי"ה[45] קנני ראשית דרכו קדם מפעליו מאז. וזה שאמרו ז"ל שקדמה לעולם, היינו גם מכל העולמות כולם, שהרי אמרו בבראשית רבה פרק א [ד] - שקדמה לכסא הכבוד. והאמת שקדמה כביכול גם לעולם האצילות יתברך

---

[44] יחזקאל מז יב
[45] משלי ח כב

כנזכר לעיל. אלא שהאצילות נקרא **אין**, ומסוד הכסא מתחיל סוד השיעור קומה כביכול, לכן אמרו שקדמה לכסא הכבוד.

ולכן בה נאצלו ונבראו כל העולמות עליונים ותחתונים. כמו שכתוב - ואהיה[46] אצלו אמון ואמרו ז"ל - אל[47] תאמר אמון אלא אומן וכו'. ובמשלי רבתא ריש פרק ט' - חכמות בנתה ביתה זו התורה שבנתה [**היב"ש** - צ"ל שקנתה] כל העולמות.

והעניין כי התורה הקדושה היא דבורו יתברך, ובמאמר פיו יתברך, במעשה בראשית נבראו העולמות כולם, שעל ידי סידור גלגול צירופי האותיות על פי סדר **הרל"א שערים פנים ואחור**, שבמאמר בראשית ברא וכו', נאצלו ונבראו העולמות עלוני עליונים רבי ריבון בכל, סדר מצבם ופרטי ענייניהם וכל הנכלל בהם, וכן בכל מאמר ומאמר שבו על דרך הנזכר לעיל נבראו כל פרטי המינים והענינים שבאותו הסוג שעליו נאמר אותו המאמר,

כמו שמבואר בזוהר תרומה קס"א א - דכד ברא קודשא בריך הוא עלמא אסתכל בה באורייתא וברא עלמא ובאורייתא אתברי עלמא כמה דאוקמוה, דכתיב - ואהיה אצלו אמון, בי ברא קודשא בריך הוא עלמא דעד לא אתברי עלמא אקדימת אורייתא כו', וכד בעא קודשא בריך הוא למברי עלמא הוה מסתכל בה באורייתא בכל מילה ומילה, ועביד לקבלה אומנותא דעלמא בגין דכל מלין ועובדין דכל עלמין באורייתא אינון כו', באורתא כתיב בה בראשית ברא וכו', אסתכל בהאי מילה וברא את השמים, כתיב בה ויאמר אלהי"ם יהי אור אסתכל בהאי מלה וברא את האור, וכן בכל מילה ומילה דכתיב בה באורייתא, אסתכל קודשא בריך הוא ועביד ההוא מילה. ועל דא כתיב ואהיה אצלו אמון, כגון דא כל עלמא אתברי, עד כאן.

ולכן כל התורה בכלל וכל העולמות כלליהם ופרטיהם

---

[46] משלי ח ל
[47] מדרש תנחומא בראשית א

וסדורים וכל ענייניהם כולם, כלולים ורמוזים בעשר המאמרות דמעשה בראשית, וכמו שביאר רבינו הגדול הגאון החסיד מורנו הרב אליהו זצוק"ל בפירושו על הספרא דצניעותא בפרק ה'. ועיין בזה בזוהר בראשית מ"ז א'.

ולכן אמרו בזוהר - דאורייתא היא נהירו דכל עלמין וחיותא וקיומא ושרשא דכלהון.

והעניין כי העולמות הולכים על סדר ההשתלשלות וההדרגה, שכל עולם היותר עליון וגבוה הוא נשמתו וחיותו וקיומו ואורו של העולם שתחתיו לבד, אמנם יתרון עולם האצילות על עולמות עולמות בי"ע[48], שהוא מתפשט ומאיר לכל השלוש עולמות בי"ע שתחתיו, עיין בעץ חיים שער פנימיות וחיצונות דרוש ב', ושם ריש דרוש ח', וריש דרוש י', ובשער דרושי אבי"ע פרק ז', ובשער השמות פרק א', ובשער קליפת נגה פרק א'. שכולו אלהו"ת גמור. כמו שמבואר בהקדמת התיקונים דעשר ספירות דאצילות מלכא בהון איהו וגרמיה חד בהון איהו וחיוהי חד בהון מה דלאו הכי בעשר ספירות דבריאה דלאו אינון ואיהו חד לאו אינון וגרמיהון חד.

ולכן התורה הקדושה, ששורשה העליון הנעלם הוא למעלה מעלה גם מאצילות קדשו יתברך כנזכר לעיל, וקדוש ברוך הוא ואורייתא כלא חד, היא הנפש והחיות ונהירו ושרשא דעלמין כלהו, שכמו שבעת הבריאה בה נאצלו ונבראו כולה, כן מאז היא נשמתם וחיותם וקיומם על סדר מצבם, ובלתי שפעת אורה בהם כל רגע ממש להאירם להחיותם ולקיימם, היו חוזרים כולם לתהו ובהו ממש.

פרק יא

ולזאת עיקר חיותם ואורם וקיומם של העולמות כולם על נכון, הוא רק כשאנחנו עוסקים בה כראוי, כי קדישא ברוך

הוא ואורייתא וישראל כולא חד. שכל אחד מישראל שרש נשמתו העליונה מדובק ונאחז באות אחת מהתורה והיו לאחדים ממש.

ולכן אמרו - שמחשבתן[49] של ישראל קדמה לכל דבר. ולא לחלוק על מה שכתוב שהתורה קדמה לכל דבר, כי הכל אחד בשרשן, והיא היא, וזה שאמר **מחשבתן** של ישראל. וכמו שאמרו - ישראל עלה במחשבה. ר"ל ראשית המחשבה סוד הרעותא עלאה, כמו שמבואר בזוהר וירא קי"ח ב' - דהא ישראל סליק ברעותא דקושא בריך הוא עד לא יברא עלמא.

והרעותא היא ראשית הכל אלהו"ת גמור כביכול, **מעולמות א"ס**, כנזכר שם בפרשת נח ס"ה א', ופקודי רס"ח ב' - אמר רבי שמעון ארימית כו', דכד רעותא עלאה כו', וכל אינון נהורין מרזא דמחשבה עלאה ולתתא כלהו אקרון א"ס, עיין שם היטב ובהגהת הרח"ו ז"ל שם, ובעץ חיים שער עיגולים ויושר ריש ענף ד', ובשער השתלשלות העשר ספירות ריש ענף ב', ולכן אמר - בראשית[50] בשביל התורה שנקראת ראשית ובשביל ישראל שנקראו ראשית. [ולכן אמרו ז"ל - העומד[51] על המת בשעת יציאת נשמה חייב לקרוע הא למה הדבר דומה לרואה ספר תורה שנשרף. שקדושת נשמת כל אחד מישראל היא היא קדושת ספר תורה ממש].

ולכן מעת הבריאה, שהייתה התורה גנוזה עדיין במקור שרשה הנעלם מכל העולמות עליונים, ומרחוק לבד האירה לכל העולמות להחיותם ולקיימם, ולא נשתלשלה עצמותה ממש למטה לזה העולם, שיעסקו בה הקבוצי מטה, עדיין היו העולמות רופפים ורותתים ולא היו על מכונם האמתי, וקראום רז"ל - שני[52] אלפים תהו. והיו תלויים ועומדים עד

[49] בראשית רבה א ד
[50] ילקוט שמעוני בראשית א א
[51] מועד קטן כה א
[52] עבודה זרה ט א

עת מתן תורה, כידוע מאמרם ז"ל - שהתנה[53] הקדוש ברוך הוא עם מעשה בראשית אם מקבלין ישראל וכו', ואם לאו וכו'. וכן הוא בשמות רבה פרק מ"ז, ודברים רבה סוף פרק ח', ובריש התנחומא, וברבה שיר השירים - דמיתיך[54] רעיתי רבנן אמרי רעיתי דעולמי שקבלו תורתי שאלו לא קבלו הייתי מחזיר את עולמי לתהו ובהו דאמר רבי חנינא בשם רבי אחא כתיב נמוגים ארץ כו', אנכי תכנתי עמודים סלה אילולי ישראל שעמדו על הר סיני כו', ומי ביסם העולם, אנכי כו', בזכות אנכי הוי"ה אלהי"ך תכנתי עמודיה סלה.

ומאז שנשתלשלה וירדה כביכול ממקור שרשה הנעלם, לזה העולם, כמאמרם ז"ל - בא[55] משה והורידה לארץ. כל חיותם וקיומם של כל העולמות הוא רק על ידי הבל פינו, והגיוננו בה.

והאמת בלתי שום ספק כלל, שאם היה העולם כולו מקצה עד קצהו פנוי ח"ו, אף רגע אחת ממש מהעסק והתבוננות שלנו בתורה, כרגע היו נחרבים כל העולמות עליונים ותחתונים, והיו לאפס ותהו חס ושלום, וכן שפעת אורם או מיעוטו ח"ו, הכל רק כפי עניין ורוב עסקנו בה.

לכן אנו מברכים עליה - וחיי עולם נטע בתוכנו. כעניין הנטיעה שנטיעתה כדי לעשות פרי להרבות טובה, כן אם אנו מחזיקים בתורה הקדושה בכל כחנו כראוי, אנו מנחילין חיי עד, וממשיכים משרשה הנעלם למעלה מכל העולמות, תוספות קדושה וברכה ואור גדול בכל העולמות, זה שמבואר במשלי רבתא פרק ב' - מכל[56] משמר נצור לבך שלא. תברח מדברי תורה, למה - כי ממנו תוצאות חיים ללמדך שמדברי תורה יוצאין חיים לעולם.

וגם לבנות הנהרסות בתיקונים גדולים, לקשר ולייחד

<hr>

[53] שבת פח א
[54] שיר השירים רבה א נא
[55] בראשית רבה יט ז
[56] משלי ד כג

ולהשלים העליונים עם התחתונים, וכל העלמין שקילין ונהירין כחדא, כמאמרם ז"ל בפרק חלק - אמר[57] רבי אלכסנדרי כל העוסק בתורה לשמה כאלו עושה שלום בפמליא של מעלה ובפמליא של מטה, שנאמר, או[58] יחזק במעוזי יעשה שלום לי. ורב אמר כאלו בנה פלטרין של מעלה ופלטרין של מטה, שנאמר, ואשים[59] דברי בפיך וכו' לנטוע שמים וליסוד ארץ.

ובחזית - שוקיו[60] עמודי שש. אלו תלמידי חכמים, למה נמשלו עמודים, שהם עמודי עולם, שנאמר - אם[61] לא בריתי יומם ולילה כו'. ובמשלי רבתא [ט] - חכמות[62] בנתה ביתה כו'. אמר הקדוש ברוך הוא אם זכה אדם ולמד תורה וחכמה חשוב לפני כמו שברא שמים וכאלו העמיד כל העולם כולו. ושם[63] בפסוק - אשת[64] חיל. אמרו - אמר הקדוש ברוך הוא לישראל בני היו מתעסקין בתורה ביום ובלילה, ומעלה אני עליכם כאלו אתם מעמידים את כל העולם.

ובזוהר בראשית מ"ז א' - כל מאן דאשתדל באורייתא בכל יומא יזכי למהוי ליה חולקא בעלמא דאתי, ויתחשיב ליה כאלו באני עלמין, דהא באורייתא אתבני עלמין ואשתכלל, הדא הוא דכתיב - הוי"ה[65] בחכמה יסד ארץ וגו'. וכתיב - ואהיה[66] אצלו אמון כו', וכל דאשתדל בה שכלל עלמין וקיים ליה, ותא חזי ברוחא עביד קדוש ברוך הוא עלמא וברוחא מתקיימא, דא רוחא דאינון דלעאן באורייתא כו'. ושם בפרשת וישב, אחר שהאריך תחלה במעלתו הנוראה

---

[57] סנהדרין צט ב

[58] ישעיהו כז ה

[59] ישעיהו נא טז

[60] שיר השירים ה טו

[61] ירמיהו לג כה

[62] משלי ט א

[63] מדרש משלי לא

[64] משלי לא י

[65] משלי ג יט

[66] משלי ח ל

של האדם העוסק בתורה בעולם הזה ובעולם הבא, ועונשו הגדול בשני העולמים כשמתרפה ממנה ח"ו, סיים ואמר בגין כך כלא קיימא על קיומא דאורייתא ועלמא לא אתקיים בקיומיה אלא באורייתא, דאיהו קיומא דעלמין עילא ותתא, דכתיב - אם לא בריתי יומם ולילה כו'.

ובפרשת תרומה קס"א א', אחר שהאריך בעניין לבאר איך שבהתורה נבראו כל העולמות, אמר אחר זה - כיון דאתברי עלמא כל מילה ומילה לא הוה מתקיים עד דסליק ברעותא למברי לאדם, דיהוי משתדל באורייתא, ובגיניא אתקיים עלמא, השתא כל מאן דאסתכל בה באורייתא, ואשתדל בה כביכול הוא מקיים כל עלמא, קדוש ברוך הוא אסתכל באורייתא וברא עלמא, בני נשא אסתכל בה באורייתא ומקיים עלמא, אשתכח דעובדא וקיומא דכל עלמא אורייתא איהי, בגין כך זכאה איהו בא נש דאשתדל באורייתא דהאי איהו מקיים עלמא.

ובפרשת ויקרא י"א סוף ע"ב - בגין דעלמא לא אתברי אלא בגין אורייתא, וכל זמנא דישראל מתעסקי באורייתא עלמא מתקיימא, וכל זמנא דישראל מתבטלי מאורייתא, מה כתיב - אם לא בריתי יומם ולילה כו'.

ולכן אמרו בפרוש מעלות התורה - שכל[67] העוסק בתורה **לשמה** נקרא ריע. כי כביכול נעשה[68] שותף ליוצר בראשית יתברך שמו. כיון שהוא המקיים עתה את כל העולמות בעסק תורתו, ובלתי זה היו חוזרים כלם לתוהו ובוהו, וכמו שמבואר במדרש הנזכר לעיל - דמיתיך רעיתי. רעיתי דעולמי שקבלו תורתי כו'.

פרק יב

וכל שכן חידושין אמיתיים דאורייתא, המתחדשין על ידי האדם, אין ערוך לגודל נוראות נפלאות עניינים ופעולתם למעלה, שכל מילה ומילה פרטית המתחדשת מפי האדם,

---

[67] פרקי אבות ו א
[68] על פי שבת קיט ב

קדוש ברוך הוא נשיק לה ומעטר לה, ונבנה ממנה עולם חדש בפני עצמו, והן הן - השמים[69] החדשים והארץ החדשה. שאמר הכתוב.

כמו שבואר בהקדמת הזוהר דף ד' ע"ב - רבי שמעון פתח ואשים דברי בפיך, כמה אית ליה לבר נש לאשתדלא באורייתא יממא ולֵיליא, בגין דקדוש ברוך הוא צַיית לקליהון דאינון דמתעסקי באורייתא, ובכל מילה דאתחדש באורייתא על ידא דההוא דאשתדל באורייתא עביד רקיעא חדא, תנן בההוא שעתא דמילה דאורייתא אתחדש מפומיה דבר נש ההיא מילה סלקא ואתעתדת קמיה דקדוש ברוך הוא, נטיל לההוא מילה ונשיק לה, ועטר לה בשבעין עטרין גליפין ומחקקן, ומלה דחכמתא דאתחדשא סלקא ויתבא על רישא כו', וטסא מתמן ושטאת בשבעין אלף עלמין וסליקת לגבי עתיק יומין כו', וההיא מילה סתימא דחכמתא דאתחדשת הכא כד סלקא אתחברת באינון מלין דעתיק יומין, וסלקא ונחתא בהדייהו ועאלת בתמניסר עלמין גניזין דעין לא ראתה כו', נפקין מתמן שאטן ואתיין מליאן ושלימן ואתעתדו קמיה על ידוי, בההיא שעתא ארח עתיק יומין בההיא מלה וניחא, קמיה מכלא, נטיל לההיא מילה ואעטר לה ב**שַׁ"עַ** אלף עטרין, ההיא מלה טסת וסלקא ונחתא ואתעבידת רקיעא חדא, וכן כל מילה ומילה דחכמתא אתעבדין רקיעין קיימין בקיומא שלים קמי על ידוי, והוא קרי לון שמים חדשים כו', סתימין דרזין דחכמתא עלאה, וכל אלין שאר מילין דאורייתא דמתחדשין, קיימין קמי קדוש ברוך הוא וסלקין ואתעבידו ארצות החיים, ונחתין ומתעטרין כו', ואתחדש ואתעביד כלא ארץ חדשה, מההיא מילה דאתחדש באורייתא, ועל דא כתיב - כי[70] כאשר השמים החדשים כו' אשר אני עושה כו'. עשיתי לא כתיב, אלא עושה, דעביד תדיר ואינון

---

[69] ישעיהו סו כב
[70] ישעיהו סו כב

חידושין ורזין דאורייתא, ועל דא כתיב, ואשים[71] דברי
בפיך ובצל ידי כסיתיך לנטע שמים וליסד ארץ ולאמר
לציון עמי אתה. אמר רבי אלעזר מהו ובצל ידי כסיתיך,
אמר לו כו', והשתא דהאי מלה סלקא ואתעטרא וקיימא
קמי קדוש ברוך הוא, איהו חפי על ההיא מלה וכסי על
ההוא בר נש כו', עד דאתעביד מההיא מלה שמים חדשים
וארץ חדשה כו', ולאמר לציון עמי אתה כו', אל תקרא עמי
אלא עמי, למהוי שותפא עמי, מה אנא במלולא דילי עבדית
שמים וארץ כו', אוף הכי את. זכאין אינון דמשתדלין
באורייתא.

ובפרשת ויחי רמ"ג ריש ע"א כתיב - הדודאים[72] נתנו ריח
ועל פתחינו כל מגדים חדשים גם ישנים דודי צפנתי לך.
אלין אינון דאשכח ראובן כו', ועל פתחינו כל מגדים אינון
גרמו למהוי על פתחי בית כנישתא ובית המדרש, כל מגדים
חדשים גם ישנים, כמה מלי חדתאן ועתיקין דאורייתא
דאתגלייא על ידייהו כו', דודי צפנתי לך מהכא אוליפנא כל
מאן דאשתדל באורייתא, כדקא יאות וידע למחדי מלין
ולחדתותי מלין כדקא יאות אינון מלין סלקין עד כרסייא
דמלכא וכנסת ישראל. פתח לון תרעין וגניז לון, ובשעתא
דעאל קדוש ברוך הוא לאשתעשע עם צדיקייא בגנתא
דעדן, אפיקת לון קמיה ומסתכל בהו וחדי, כדין קדוש ברוך
הוא מתעטר בעטרין עלאין וחדי כו', ומההיא שעתא מלוי
כתיבין בספרא כו', זכאה חולקיה מאן דאשתדל באורייתא
כדקא יאות, זכאה הוא בהאי עלמא וזכאה הוא בעלמא
דאתי.

ובתני דבי אליהו סדר אליהו רבא פרק י"ח - ועל[73] הנחל
יעלה על שפתו מזה ומזה כל עץ מאכל. ופירש שם כל זה
הכתוב על דברי תורה, ואומר שם מהו לחדשיו יבכר,
למחדשי תורה, שמחדשין את התורה בכל יום תמיד, לבן

---

[71] ישעיהו נא טז
[72] שיר השירים ז יד
[73] יחזקאל מז יב

שהוא בכור כו', שמחדש דברי תורה שהכל שמחין בו כו',
שמחה מתחדש לו לאביו בכל יום כו', ובכל מקום
שמחדשין תורה שבישיבת בתי כנסיות, ובישיבת בתי
מדרש שמחה מתחדש להקדוש ברוך הוא בכל יום תמיד
כו', עיין שם.

פרק יג

ועל ידי עסק התורה הקדושה, נשלם כוונתו יתברך
בבריאה שהיה רק בשביל התורה שיעסקו בה ישראל,
כמאמרם ז"ל - בראשית[74] בשביל התורה כו', ובשביל
ישראל כו', ובשביל משה כו', שהוא הסרסור בקבלת
התורה. וכביכול הוא יתברך שמו במעשיו בעולמו
ובריותיו שמעלים חן לפניו יתברך כשעה ראשונה בעת
הבריאה, כמו שקיווה הוא יתברך בעצמו כביכול,
כמו שכתוב ברבה בראשית פרק ט' - למלך שבנה פלטרין
ראה אותה וערבה לו, אמר פלטין הלואי תהא מעלה
חן כו', כך אמר הקדוש ברוך הוא לעולמו, עולמי עולמי
הלואי תהא מעלת חן לפני בכל עת, כשם שהעלית חן לפני
בשעה זו, וכן נאמר בשבח התורה - אילת[75] אהבים ויעלת
חן.

ובזוהר צו ל"ה א' - פתח רבי אלעזר ואמר - ואשים[76] דברי
בפיך כו', תנינן כל בר נש דאשתדל במלי דאורייתא,
ושפוותיה מרחשן אורייתא כו', ולא עוד אלא דהוא מקיים
עלמא, וקדוש ברוך הוא חדי עמיה, כאלו ההוא יומא נטע
שמיה וארעא, הדא הוא דכתיב - נטע שמים וליסד ארץ.

ובפרשת תרומה קנ"ה ב' - פתח רבי אלעזר ואמר - עת[77]
לעשות להוי"ה הפרו תורתך כו', בכל זמנא דאורייתא
מתקיימא בעלמא ובני נשא משתדלין בה, כביכול קדוש
ברוך הוא חדי בעובדוי ידוי וחדי בעלמין כולהו, ושמיא

---

[74] רמב"ן על בראשית א א
[75] משלי ה יט
[76] ישעיהו נא טז
[77] תהלים קיט קכו

וארעא קיימי בקיומייהו, ולא עוד אלא קדוש ברוך הוא כניש כל פמליא דיליה ואמר לון חמו עמא קדישא דאית לי בארעא דאורייתא מתעטרא בגיניהון כו', ואינון כד חמו חדוה דמאריהון בעמיא מיד פתחי ואמרי - ומי[78] כעמך ישראל גוי אחד בארץ.

ובריש פרשת שמיני - זכאין אינון ישראל, דקודשא בריך הוא יהב לון אורייתא קדישא, חדוותא דכלא, חדוותא דקודשא בריך הוא, ואטיילותא דיליה, דכתיב, ואהיה[79] שעשועים יום יום כו'.

פרק יד

וגם העולמות והבריות כולם, הם אז בחדוותא יתירתא ונהירין, מזיו האור העליון השופע עליהם ממקום שורש עליון של התורה, כמו שמבואר בפירוש מעלות התורה - משמח[80] את המקום משמח את הבריות. וכן אמרה התורה - ואהיה[81] שעשועים יום יום.

ובזוהר ויקהל רי"ז א' פתח ואמר - אז נדברו יראי הוי"ה כו', אז דברו מבעי ליה מאי נדברו, אלא נדברו לעילא מכל אינון רתיכין קדישין וכל אינון חיילין קדישין, בגין דאינון מלין קדישין סלקין לעילא וכמה אינון דמקדמי ונטלי לון קמי מלכא קדישא ומתעטרין בכמה עטרין באינון נהורין עלאין וכולהו נדברו מקמי מלכא עלאה, מאן חמי חדוון מאן חמי תושבחן דסלקין בכל אינון רקיעין קמי מלכא קדישא, ומלכא קדישא מסתכל בהו ואתעטר בהו ואינון סלקין על רישיה והוו עטרא ונחתין ויתבין על חיקיה לגו בתוקפיה ומתמן על רישיא, ועל דא אמרה אורייתא - ואהיה שעשועים יום יום. **והייתי** לא כתיב, אלא **ואהיה** בכל זמן ובכל עידן, דמלין עלאין סלקין קמיה, עד כאן.

---

[78] שמואל-ב ז כג

[79] משלי ח ל

[80] פרקי אבות ו א

[81] משלי ח ל

ובכל עת שהאדם עוסק ומתדבק בה כראוי, הדברים
שמחים כנתינתן מסיני, כמו שמבואר בזוהר ריש פרשת
חקת - רבי יהודה פתח זאת התורה כו', תא חזי מלין
דאורייתא קדישין אינון עלאין אינון סתימין, אינון כמה
דכתיב - הנחמדים[82] מזהב כו'. מאן דאשתדל באורייתא
כאלו קאים כל יומא על טורא דסיני לקבל אורייתא, הדא
הוא דכתיב - היום[83] הזה נהיית לעם.

ובפרשת אחרי ס"ט א' - דתאנא כל מאן דאצית למלוי
דאורייתא זכאה הוא בהאי עלמא וכאלו קביל תורה מסיני,
ואפילו מכל בני נשא נמי בעי למשמע מלוי דאורייתא,
ומאן דארכין אודניה לקבליא יהיב יקרא למלכא קדישא
ויהיב יקרא לאורייתא עליה כתיב היום הזה נהיית לעם
כו'.

והטעם שכמו שבעת המעמד המקודש, נתדבקו כביכול
בדבורו יתברך, כן גם עתה בכל עת ממש שהאדם עוסק
והוגה בה, הוא דבוק על ידה בדבורו יתברך ממש, מחמת
שהכל מאמר פיו יתברך למשה בסיני ואפילו מה שתלמיד
קטן שואל מרבו כנזכר לעיל פרק ו', וגם עתה בעת שהאדם
עוסק בה בכל תיבה, אותה התיבה ממש נחצבת אז להבת
אש מפיו יתברך כביכול, כמו מה שכתבתי שם, ונחשב
כאלו עתה מקבלה בסיני מפיו יתברך שמו, לכן אמרו רז"ל
- כמה[84] פעמים והיו הדברים שמחים כנתינתן מסיני.

ואז משתלשל ונמשך שפעת אור וברכה ממקור שרשה
העליון, על כל העולמות, וגם הארץ האירה מכבודה
ומתברכת, ומביא הרבה טובה ושפעת ברכה לעולם.

ובתני דבי אליהו סדר אליהו רבה פרק י"ח אמר, כיון
שלומד את התורה הרי זה מביא טובה לעולם, ויכול הוא
לבקש רחמים ולהתפלל לפני הקדוש ברוך, הוא ויפקפק
את הרקיע ויביא מטר לעולם, כו'.

---

[82] תהלים יט יא
[83] דברים כז ט
[84] על פי שיר השירים רבה א י

ואמר שם עוד, כל זה שישראל עוסקין בתורה, ועושים רצון אביהם שבשמים, הקדוש ברוך הוא בעצמו נפנה אליהם ברכה, שנאמר - אמת[85] מארץ תצמח וצדק משמים נשקף. ואין השקפה אין לו אלא לברכה, שנאמר - השקיפה[86] ממעון קדשך מן השמים וברך את עמך את ישראל וכו'.

פרק טו

והנה המברך מתברך, ומברכתם של העולמות יבורך גם האדם העוסק בה כראוי לאמיתה, הגורם לכל זה, וכבוד הוי"ה חופף עליו כל היום, ומשיג לנשמה אצולה ממקום קדוש, לפי ערך גודל עסקו ודיבוקו בה, כמו שאמרו - אדם[87] מקדש עצמו מלמטה מקדשין אותו מלמעלה.... מעט מקדשין אותו הרבה.

ובהקדמת הזוהר י"ב ב' - פקודא חמישאה כו', בהאי קרא אית תלת פקודין וכו', וחד למלעי באורייתא לאשתדלא בה ולאפשא בכל יומא לתקנא נפשיא ורוחיא, דכיון דבר נש אתעסק באורייתא אתתקן בנשמתא אחרא קדישא, דכתיב - שרץ[88] נפש חיה. נפש דההיא חיה קדישא כו', וכד אשתדל באורייתא בההוא רחישו דרחיש בה זכי לההיא נפש חיה ולמהדר כמלאכין קדישין כו', דא אורייתא דאקרי מים ישרצון ויפקון ריחשא דנפש חיה מאתר דההיא חיה ומשכין לה לתתא במה דאפשר, ועל דא אמר דוד - לב[89] טהור ברא לי אלהי"ם. למלעי באורייתא, וכדין ורוח נכון חדש בקרבי.

והוא הרודה ומושל בכל, וכל הדינין בישין מסתלקין מעליו ואין להם עליו שום שליטה ח"ו, בין בעודו בזה העולם,

---

[85] תהלים פה יב
[86] דברים כו טו
[87] יומא לט א
[88] בראשית א כ
[89] תהלים נא יב

כמו שמבואר בפרק קמא דברכות - אמר[90] רבי שמעון בן
לקיש כל העוסק בתורה יסורין בדלין הימנו. ובפרק כיצד
מעברין - חש[91] בראשו יעסוק בתורה שנאמר כו', חש
בגרונו יעסוק בתורה שנאמר כו', חש במעיו כו', חש בכל
בגופו יעסוק בתורה שנאמר - ולכל[92] בשרו מרפא. וכעין
סגנון זה אמרו בויקרא רבה פרק י"ב, ובתנחומא פרשת
יתרו, ובמדרש תהלים מזמור ק"ט, עיין שם.

ובתני דבי אליהו סדר אליהו רבה פרק ה' - מקימי[93] מעפר
דל כו'. אדם שעבר עבירות הרבה וקנסו עליו מיתה כו',
וחזר ועשה תשובה, וקורא תורה נביאים וכתובים, ושנה
משנה, מדרש, הלכות, והגדות, ושימש חכמים, אפילו
נגזרו עליו מאה גזירות הקדוש ברוך הוא מעבירן ממנו כו'.
ושם ריש פרק ו' - הביאני[94] המלך חדריו. כשם שיש
להקדוש ברוך הוא חדרי חדרים בתורתו, כך יש להם
לתלמידי חכמים לכל אחד ואחד חדרי חדרים בתורתו, ואם
ראית שהיסורין משמשין ובאין עליך, רוץ לחדרי תורה,
ומיד היסורין בורחין ממך, שנאמר - לך[95] עמי בא בחדריך
וגו'. לכך נאמר הביאני המלך חדריו. נגילה ונשמחה בך
במה שגדילתנו, ורוממתנו וקשרת לנו כתר גדול בדברי
תורה מסוף העולם ועד סופו.

ושם בפרק ה' - ויהי[96] המה הולכים הלוך ודבר. ואין דבר
אלא דברי תורה כו'. וכשנשתלח מלאך כו', ובא ומצאן
שהיו עוסקין בדברי תורה, ולא היה יכול לשלוט בהם כו'.
מכאן שני בני אדם שהולכין בדרך ועוסקין בתורה, אין
דבר רע יכול לשלוט בהן כו', עיין שם.

---

[90] ברכות ה א

[91] עירובין נד א

[92] משלי ד כב

[93] תהלים קיג ז

[94] שיר השירים א ד

[95] ישעיהו כו כ

[96] מלכים-ב ב יא

ובזוהר ויחי רמ"ב סוף ע"א - יששכר[97] חמור גרם כו'. פתח
ואמר לדוד[98] הוי"ה אורי כו'. כמה חביבין אינון מלין
דאורייתא, כמה חביבין אינון דמשתדלי באורייתא קמי
קדוש ברוך הוא, דכל מאן דאשתדל באורייתא לא דחיל
מפגעי עלמא, נטיר הוא לעילא נטיר הוא לתתא, ולא עוד
אלא דכפיית לכל פגיעי דעלמא ואחית לון לעימקא דתהום
רבה, תא חזי בשעתא דעאל לליא כו', כד אתער רוח צפון
ואתפליג לליא אתערותא קדישא אתער בעלמא כו', זכאה
חולקיה דההוא בר נש דאיהו קאים בההיא שעתא, ואשתדל
באורייתא, כיון דאיהו פתח באורייתא, כל אינון זינין
בישין אעיל לון בנוקבא דתהום רבה כו', בגין כך יששכר
דאשתדלותיה באורייתא כפית ליה לחמור ונחית ליה כו',
דאיהו סליק לנזקא עלמא ושוי מדוריא בין המשפתים כו'.
וכן אמרו ז"ל בפרק ג' דסוטה - דהתורה[99] אגוני מגני מן
היסורין בין בעדנא דעסיק בה בין בעדנא דלא עסיק בה,
עיין שם. כי היא - גמלתהו[100] רק טוב ולא רע כל ימי חייה.
היינו אפירוש בעדנא דלא עסיק בה. כל זה שהוא דבוק ולא
פירש ח"ו מחיי עולם שלה, ודעתו עליה תמיד לחזור
ולהגות בהⁿ.

הגההⁿ. ומה שכתב גמלתהו וכו'. כי גמול פירוש
תשלום גמול למי שהיטיב אתו מקודם. זה שאמרו
- שהתורה משלמת גמול טוב להאדם שעושה טובה
עמה, היינו כשעוסק בה לשמה. וגם אם עסקו בה
שלא לשמה, לגרמיה ולא להטיב אתה, שמהראוי
היה שהתורה תגמלנו רעה ח"ו, עם כל זה אינה
גומלת לו רעה ח"ו, ואדרבה גם בשמאלה היינו
למשמאילים בה שלא לשמה, הוא נותנת לו עושר
וכבוד בעולם הזה, עד כאן.

---

[97] בראשית מט יד
[98] תהילים כז א
[99] סוטה כא א
[100] על פי משלי לא יב

פרק טז

וגם מעבירין ומסלקין מעליו כל הטרדות והעניינים מעול, דבר אחר וכו', וכל שאר ענייני זה העולם המונעות תמידות העסק בתורה הקדושה, כמו שאמרו - כל[101] המקבל עליו עול תורה כו'. ואמרו בבמדבר רבה, ובתנחומא פרשת חקת, שמזה הטעם ניתנה התורה במדבר, כשם שמדבר אינו נזרע ואינו נעבד כך כו', וכשם שמדבר אינו מעלה ארנון [ר"ל מס] כך בני תורה בני חורין כו'.

ובזוהר ויחי רמ"ב ב' - דכל מאן דידע לאשתדלא באורייתא ולא אשתדל אתחייב בנפשיה, ולא עוד אלא דיהבין עליה עולא דארעא ושעבודא בישא, דכתיב ביששכר - ויט[102] שכמו לסבול כו'. מאן דסטא ארחיה וגרמיה דלא למסבל עולא דאורייתא, מיד ויהי למס עובד, וכן להיפך כו'.

וכך הדין הלכה פסוקה בש"ס כמו שמבואר - שרי[103] ליה לצורבא מרבנן למימר לא יהבינא כרגא. דכתיב - דנה[104] מנדה בלו והלך לא שליט למרמא עליהם.

ושם - רבי[105] נחמן בר רב חסדאה רמא כרגא ארבנן, אמר לו רבי נחמן בר יצחק עברת אדאורייתא אדנביאי אדכתובי ואדאורייתא דכתיב כו'. כמו שבואר שם - דרבנן[106] לא צריכי נטירותא.

ובתני דבי אליהו סדר אליהו רבה פרק ד' - כל תלמיד חכם שעוסק בתורה בכל יום תמיד, בשביל להרבות כבוד שמים, אינו צריך לא חרב, ולא חנית, ולא כל דבר שיהיה לו שומר, אלא הקדוש ברוך הוא משמרו בעצמו כו', ושם בפרק י"ח - אם יש בו באדם דרך ארץ ומקרא, לבד מוסרין לו מלאך אחד לשומרו, שכאמר כו'. קרא אדם תורה נביאים וכתובים, מוסרים לו שני מלאכים, שנאמר כי

---

[101] אבות ג ה

[102] בראשית מט טו

[103] נדרים סב ב

[104] עזרא ז כד

[105] בבא בתרא ח א

[106] בבא בתרא ז א

מלאכיו יצוה לך לשמרך כו'. אבל קרא אדם תורה נביאים
וכתובים, ושנה משנה, ומדרש, הלכות, ואגדות, ושמש
תלמידי חכמים, הקדוש ברוך הוא משמרו בעצמו כו',
שנאמר - הוי"ה[107] שומרך כו'.

וכפי ערך הקיבול אשר יקבל עליו עול תורה באמת ובכל
כחו, כן לפי זה הערך יסירו ויעבירו ממנו טרדות עניני זה
העולם, והשמירה עליונה חופפת עליו, והוא כבן המתחטא
על אביו, ואביו עושה לו רצונו ומשלים לו כל חפצו, כמו
שמבואר רז"ל - כל[108] העוסק בתורה הקדוש ברוך הוא
עושה לו חפצו. וכן אמרו במדרש[109] תהלים מזמור א'.
ואמרו עוד שם שכתוב בתורה, ושנוי בנביאים, ומשולש
בכתובים, שכל העוסק בתורה נכסיו מצליחין.

ובמשלי רבתא סוף פרק ח' - ויפק[110] רצון מהוי"ה. כל מי
שהוא מפיק בדברי תורה ומלמדו ברבים, אף אני בעת רצון
מפיק לו רצון כו', ומזונותיו מוכנים לו תמיד בלא שום עמל
ויגיעה מועטת עליהם. כמו שכתוב שם בפרשת אשת חיל
- שתלמיד חכם יושב ועוסק בתורה כו', ולא עוד אלא
שהקדוש ברוך הוא ממציא לו מזונותיו בכל יום ויום,
שנאמר - ותתן[111] טרף לביתה.

ובתני דבי אליהו סדר אליהו רבה פרק י"ח - ברוך המקום
ברוך הוא שבחר בחכמים ובתלמידיהם כו', כשם שהם
יושבין בבית כנסת, ובבית המדרש, ובכל מקום שהוא פנוי
להם, וקורין ושונין לשם שמים, ויראה בלבבם ומחזיקים
דברי תורה בפיהם, ומקיימין עליהם הפסוק - טוב[112] לגבר
כי ישא עול בנעוריו. כך כביכול אפילו הם ישאלו את כל
העולם כולו בשעה אחת, הוא נותן להם מיד כו'.

ויתר על כן, אלא הגם שהוא עצמו ודאי בורח מהכבוד

---

107 תהלים קכא ז
108 עבודה זרה יט א
109 מדרש שוחר טוב א טו
110 משלי יח כב
111 משלי לא טו
112 איכה ג כז

וגדולה, כי בלא זה בלתי אפשר בעולם כלל להיות עוסק בתורה לשמה, ולא תתקיים אצלו כלל, כמו שאמרו ז"ל בפרשת מעלות התורה - אל[113] תבקש גדולה לעצמך ואל תחמוד כבוד. כי האדם אסור לו לפנות דעתו לזה כלל.

אמנם גדול העצה יתברך שמו, נותן לו שמחה וגדולה בעל כרחו, כמו שמבואר בתני דבי אליהו שם - ברוך המקום ברוך הוא שבחר בחכמים ובתלמידיהם כו', כמו שהם יושבין בבית כנסת ובבית המדרש, בכל יום וקורין ושונין לשם שמים, ויראת שמים בלבבם, ומחזיקים דברי תורה על פיהם, ומקבלין עליהם בשמחה עול, מה שאמר כך כביכול הקדוש ברוך הוא, נותן להם שמחה לצדיקים, בעל כרחם שלא בטובתם כו', עד כאן.

וכמאמר הכתוב - אך[114] טוב וחסד ירדפוני כל ימי חיי. ר"ל הגם שאני בורח מהם המה רודפים אחרי, בעול כורחו.

פרק יז

בין אחר פטירתו מזה העולם, אמרו רז"ל - תלמידי[115] חכמים אין אור של גיהנם שולט בהם כו'. וכן אמרו שם - תלמיד[116] חכם שסרח אין תורתו נמאסת. ובמשלי רבתא [א] בפסוק - להבין[117] משל ומליצה כו'. ומליצה זו התורה עצמה, ולמה נקראת שמה מליצה, שהיא מצלת עוסקיה מדינה של גיהנם. ושם ריש פרק ב' - בני[118] אם תקח אמרי כו'. אמר הקדוש ברוך הוא לישראל על הר סיני אם זכיתם להצפין ולקבל תורתי ולעשותה, אני מציל אתכם משלש פורעניות, ממלחמת גוג ומגוג, מחבלו של משיח, מדינה של גיהנם, ומצותי תצפן אתך אם זכיתם להצפין תורתי אני משביע אתכם מטוב הצפון לעתיד לבוא, שנאמר -

---

113 פרקי אבות ו ה

114 תהלים כג ו

115 חגיגה כז א

116 חגיגה טו ב

117 משלי א ו

118 משלי ב א

מֵה[119] רב טובך אשר צפנת כו'.

ושם בפרק י' [**היב"ש** - צ"ל י"א] - אמר רבי חנינא בן דוסא אין לך צדקה שמצלת את האדם מדינה של גיהנם, אלא תורה בלבד כו', שיש בה כח להציל אותו מיום הדין, ואפילו נתחייב אדם בדבר עבירה יכול להציל אותו מיום הדין כו', הרי מכאן לתלמיד חכם שעבר בדבר עבירה שהיא מצלת אותו.

ובמדרש תהלים מזמור י"ט [**י**] - ותקופתו כו'. ואין נסתר מחמתו כו'. רבי יונתן ורבי שמעון בן לקיש אמרי תרוייהו - אין גיהנם לעתיד לבוא אלא השמש הזו היא מלהטת את הרשעים שנאמר - הנה[120] היום בא בער כתנור והיו כל זדים וכל עשה רשעה קש ולהט אתם כו'. אבל לעתיד לבא מי נסתר מחמתו, מי שהוא עוסק בתורה, מה כתיב אחריו - תורת[121] הוי"ה תמימה כו'. וכן הוא אומר - אין[122] חשך ואין צלמות להסתר שם פועלי און. ומי נסתר מי שהוא עוסק בתורה כו', עיין שם. וקל וחומר מאלישע אחר, שאמרו - לא[123] מידן נדיניה משום דגמיר אורייתא.

וכן אמרו בירושלמי שם, ובקהלת רבה סימן ז' [**א**] בפסוק - טוב[124] אחרית דבר כו'. ולא כן תנינן מצילין תיק הספר עם הספר כו', מצילין לאלישע בזכות תורתו. ובזוהר יתרו פ"ג ב' - אמר רבי יהודה אמאי אתייהב אורייתא באשא וחשוכא כו', דכל מאן דישתדל באורייתא אשתזיב מאשא אחרא בגיהנם, ומחשוכא דמתשכין כל שאר עמין לישראל כו', עיין שם.

וברעיא מהימנא [**היב"ש** - בזוהר] תרומה קל"ד ב' - פקודא ללמוד תורה בכל יומא דאיהו רזא דמהימנותא עלאה, למנדע ארחיה דקדוש ברוך הוא, דכל דאשתדל

---

119 תהלים לא כ

120 מלאכי ג יט

121 תהלים יט ח

122 איוב לד כב

123 חגיגה טו ב

124 קהלת ז ח

באורייתא, זכי בהאי עלמא וזכי בעלמא דאתי, ואשתזיב מכל קטרוגין בישין, בגין דאורייתא רזא דמהימנותא איהי דמאן דיתעסק בה, אתעסק במהימנותא עלאה, אשרי שכינתא בגוי דלא תעדי מיניה כו', עיין שם.

וכמאמרם ז"ל על פסוק - ארך[125] ימים בימינה כו'. למימינים[126] בה ארך ימים וכל שכן עושר וכבוד. והוא בשני העולמים, עושר וכבוד בעולם הזה, ואורך ימים לעולם הבא, שעיקר האורך ימים הכוונה לעולם שכולו ארוך, כמו שאמרו רז"ל - בכמה[127] דוכתי. ובזוהר וישב ק"ץ ריש טור א'. עיין שם.

ושם בפרשת חיי קל"א ב' - רבי אלעזר פתח גל[128] עיני ואביטה נפלאות מתורתך. כמה אינון בני נשא טפשין דלא ידעין ולא מסתכלין לאשתדלא באורייתא, בגין דאורייתא כל חיין וכל חירו וכל טוב בעלמא דין ובעלמא דאתי, איהו חירו דעלמא דין ודעלמא דאתי איהו, חיין אינון בעלמא דין דיזכון ליומין שלימין בהאי עלמא, כמה דאתאמר כו', וליומין אריכין בעלמא דאתי, בגין דאינון חיין שלמין אינון חיין דחירו חיין בלא עציבו חיין דאינון חיין חירו בעלמא דין חירו דכלא, דכל מאן דאשתדל באורייתא לא יכלין לשלטאה עלוי כל עמין דעלמא כו', ועל דא כל מאן דישתדל באורייתא, חירו אית ליה מכלא בעלמא דין משעבודא, דשאר עמין חירו בעלמא דאתי בגין דלא יתבעון מיניה דינא בההוא עלמא כלל כו', עיין שם.

ובתני דבי אליהו סדר אליהו רבה פרק י"ח בפסוק - ועל[129] הנחל יעלה על שפתו מזה ומזה כל עץ מאכל כו'. מאי ולא יראה כי יבא חם, לומר לך כל העוסק בתורה אינו רואה מידת פורעניות, בין בעולם הזה, בין לימות בן דוד, ובין

---

125 משלי ג טז

126 רש"י על משלי ג טז

127 סוטה מז א

128 תהלים קיט יח

129 יחזקאל מז יב

לעולם הבא. וכמו שפירשו ז"ל - בהתהלכך[130] תנחה אותך בעולם הזה, בשכבך תשמור עליך בקבר, והקיצות היא תשיחך לעולם הבא.

ובזוהר פרשת וישב קפ"ד ב' וקפ"ה א' - רבי יהודה פתח ואמר תורתי[131] הוי"ה תמימה כו'. כמה אית לון לבני נשא לאשתדלא באורייתא, דכל מאן דאשתדל באורייתא להוי ליה חיים בעלמא דין, ובעלמא דאתי, וזכי בתרין עלמין, ואפילו מאן דאשתדל באורייתא, ולא אשתדל בה לשמה כדקא יאות, זכי לאגר טב בעלמא דין, ולא דייינין ליה בההוא עלמא, ותא חזי כתיב - אורך[132] ימים בימינה כו'. אורך ימים בההוא דאשתדל באורייתא לשמה, דאית ליה אורך ימים בההוא עלמא דביה אורכא דיומין כו', בשמאלה עושר וכבוד אגר עב ושלוה אית ליה בהאי עלמא, וכל מאן דישתדל באורייתא לשמה כד נפיק מהאי עלמא אורייתא אזלא קמיה, ואכרזת קמיה ואגינת עליה דלא יקרבון בהדיה מאריהון דדינא, כד שכיב גופא בקברא היא נטרת ליה, כד נשמתא אזלת לאסתלקא למיתב לאתרה, איהי אזלת קמא דההיא נשמתא וכמה תרעין אתברו מקמא דאורייתא, עד דעאלת לדוכתא, וקיימא עליה דבני נשא עד דיתער בזמנא דיקומון מתייא דעלמא ואיהי סניגורא עליה, הדא הוא דכתיב - בהתהלכך[133] תנחה אותך בשכבך תשמור עליך כו'. בהתהלכך תנחה אותך, כמה דאתמר, בשכבך תשמור עליך, בשעתא דשכיב גופא בקברא, דהא כדין בההוא זמנא אתדן גופא בקברא, וכדין אורייתא אגינת עליה, והקיצות היא תשיחך, כמה דאתמר בזמנא דיתערון מתי עלמא מן עפרא, היא תשיחך למהוי סניגורא עלך כו'.

וכן אמרו רז"ל בפרק חלק[134] - בפסוק נפש[135] עמל עמלה

<hr>

[130] פרקי אבות ו ט
[131] תהלים יט ח
[132] משלי ג טז
[133] משלי ו כב
[134] סנהדרין צט ב
[135] משלי טז כו

לו כו'. הוא עמל במקום זה והתורה עומלת לו במקום אחר. ובמשלי רבתא פרק י"ד - חכמות[136] נשים בנתה ביתה. כל מי שקנה לו חכמה בעולם הזה יהא מובטח שהיא בנתה לו בית לעולם הבא, ואולת בידיה תהרסנו, כל מי שלא קנה לו חכמה, יהא מובטח שקנה לו גיהנם לעתיד לבוא. ובספר תורה לך[137] לך. אחר[138] הדברים האלה. דא פתגמי אורייתא כו'. הדא הוא דכתיב - אל[139] תירא אברם אנכי מגן לך. מכל זייני בישין דגיהנם, שכרך הרבה מאד, בגין דכל מאן דאשתדל באורייתא בהאי עלמא, זכי ואחסין ירותת אחסנתיא לעלמא דאתי כו', עיין שם. ובזוהר ויקהל ר' ע"א - בגין דכד בר נש עסיק באורייתא קדוש ברוך הוא קאים תמן כו', ואשתזיב בני נש מתלת דינין, מדינא דהאי עלמא, ומדינא דמלאך המות דלא יכיל לשלטאה עליה ומדינא דגיהנם, וכמו שאמרו רז"ל בפרק מעלת התורה, ובבמדבר רבה פרק ט"ז ובחזית בפסוק - מי[140] זאת עולה כו'. ובתנחומא פרק עקב - אל תאמר חרות אלא חירות, שאין לך בן חורין אלא מי שעוסק בתלמוד תורה. ופירשו ז"ל - חירות[141] ממלאך המות. וכן אמרו בפרק ד' דמכות - שדברי[142] תורה קולטין ממלאך המות. ובזוהר פרשת חיי בדף הנזכר לעיל חירו בעלמא דין, חירו דמלאך המות דלא יכול לשלטאה עלוי, והכי הוא ודאי דאי אדם הוה אתדביק באילנא דחיי, דאיהו אורייתא לא גרים מותא ליה ולכל עלמא, ובגין כך כד יהיב קדוש ברוך הוא אורייתא לישראל, מה כתיב בה - חרות[143] על הלוחות כו'. וקדיש ברוך הוא אמר - אני[144] אמרתי אלהי"ם אתם כו'.

---

[136] משלי יד א

[137] בראשית יב א

[138] בראשית כב א

[139] בראשית טו א

[140] שיר השירים ג ו

[141] מדרש תנחומא כי תשא טז

[142] מכות י א

[143] שמות לב טז

[144] תהלים פב ו

ועל דא כל מאן דאשתדל באורייתא לא יכיל לשלטאה עלוי ההוא חויא בישא דאחשיך עלמא.

פרק יח

ולזאת האדם המקבל על עצמו עול התורה הקדושה לשמה, לאמיתה כמו שהתבאר לעיל פירוש **לשמה**. הוא נעלה מעל כל עניני זה העולם, ומושגח מאתו יתברך השגחה פרטית למעלה מהוראת הטבעיים והמזלות כולם.

כיון שהוא דבוק בתורה ובהקדוש ברוך הוא ממש כביכול, ומתקדש בקדושה העליונה של התורה הקדושה שהיא למעלה לאין ערוך מכל העולמות, והיא הנותנת החיות והקיום לכולם ולכל הכוחות הטבעיים, הרי האדם העוסק בה מחיה ומקיים את כולם ולמעלה מכולם, ואיך אפשר שתהא הנהגתו מאתו יתברך על ידי הכוחות הטבעיים.

וזה שאמרו רז"ל - כתיב[145] - עד[146] שמים חסדך. וכתיב - מעל[147] שמים חסדך. לא קשיא, כאן בעוסקים לשמה, כאן בעוסקים שלא לשמה.

היינו שהעוסק בתורה שלא לשמה, אם כי ודאי שגם הוא מרוצה לפניו יתברך, אף אם כוונתו לשם איזה פניה שתהיה, רק אם אינו לקנטור ח"ו, וכל שכן אם אינו מכוון לשום פניה, רק לפי שהורגל בכך, כי מתוכה יבא למדרגת לשמה כידוע ממאמרם ז"ל, עם כל זה עדיין לא נתקדש ונתעלה, שיהיה הנהגתו יתברך אתו בכל עניניו, למעלה מכוחות הטבעיים, לכן כתיב ביה רק - עד שמים, היינו עד הכוחות הטבעיים הקבועים בשמים, ולא למעלה מהם.

אבל על העוסק בה לשמה, אמר מעל שמים, ר"ל שכל הנהגותיו יתברך עמו רק למעלה מהוראת כחות הטבעיים. וזה שמבואר ברעיא מהימנא פנחס רי"ו ב' - תא חזי כל בריין דעלמא קודם דאתיהיבת אורייתא לישראל הוו תליין

---

[145] פסחים נ ב
[146] תהלים נז יא
[147] תהלים קח ה

במזלא כו', אכל בתר דאתיהיבת אורייתא לישראל אפיק
לון מחיובא דככבי ומזלי כו', ובגין דא כל המשתדל
באורייתא בטיל מיניה חיובא דככביא ומזלי, אי אוליף לה
כדי לקיימא פקודה, ואי לאו כאלו לא אשתדל בה ולא בטיל
מיניה חיובא דככביא ומזלי.

ואדרבה הכחות הטבעיים מסורים אליו כאשר יגזור אומר
עליהם, ולכל אשר יחפוץ יטם, ואימתו מוטלת על כולם,
כמו שמבואר בפירוש - התורה[148] ונותנת לו מלכות
וממשלה. כי נזר אלהי"ו אור התורה מאירה ומבהקת על
ראשו, וחוסה כביכול בצל כנפי השכינה, כמו שמבואר
בזוהר צו ל"ה א' - פתח רבי אלעזר ואמר ואשים[149] דברי
בפיך ובצל ידי כסיתיך כו'. תנינן כל בר נשא דאשתדל
במלי דאורייתא ושפוותיא מרחשן אורייתא, קדוש ברוך
הוא חפי עליה ושכינתא פרשא עליה גדפהא, הדא הוא
דכתיב - ואשים דברי בפיך ובצל ידי כסיתיך כו'.

ובהקדמת הזוהר י"א א', וכן הוא באותו הלשון בפרשת
ואתחנן ר"ס ע"א - תא חזי כמה הוא חילא תקיפא
דאורייתא, וכמה הוא עלאה על כולא, דכל מאן דאשתדל
באורייתא לא דחיל מעלאי ותתאי ולא דחיל מערעורין
בישין דעלמא, בגין דאיהו אחיד באילנא דחיי ואכיל מיניה
בכל יומא, דהא אורייתא אוליף ליה לבני נשא בארח קשוט
אוליף ליה עיטא כו'.

ובפרשת בשלח מ"ו א' - רבי יהודה פתח כו', כמה חביבא
אורייתא קמיה דקדוש ברוך הוא, דכל מאן דישתדל
באורייתא, רחים הוא לעילא רחים הוא לתתא, קדוש ברוך
הוא אציַת ליה למלולי לא שביק ליה בהאי עלמא, ולא
שביק ליה בעלמא דאתי כו', עיין שם.

ובפרשת מצורע נ"ב ב' - וכד איהו אשתדל בפולחנא
דמאריה ולעי באורייתא, כמה נטורין זמינין לקבליה
לנטרא ליה ושכינתא שריא עליה, וכלא מכרזי קמיה ואמרי

---

[148] פרקי אבות ו א
[149] ישעיהו נא טז

הבו יקרא לדיוקנא דמלכא, אתנטיר הוא בעלמא דין,
ובעלמא דאתי זכאה חולקיה.

פרק יט

ושם הוי"ה נקרא עליו, כי התורה כולה שמותיו של הקדוש
ברוך הוא, כמאמרם ז"ל - מנין[150] לברכת התורה לפניה מן
התורה שנאמר - כי[151] שם הוי"ה אקרא וגו'. וכן למדו
שהעוסק בתורה שכינה שרויה עמו, דכתיב - בכל[152]
המקום אשר אזכיר את שמי כו'.

ובזוהר במדבר קי"ח א' - כמה חביבא אורייתא קמיה קדוש
ברוך הוא, דהא בכל אתר דמלי דאורייתא אשתמעו קדוש
ברוך הוא וכל חיילין דיליה, כלהו ציתין למלוליא וקדוש
ברוך הוא אתי לדיירא עמיה, הדא הוא דכתיב - בכל
המקום אשר אזכיר את שמי וגו'.

ובפרשת משפטים קכ"ד א' - דכל מאן דינטר ארחי
דאורייתא, ואשתדל בה כמאן דאשתדא בשמא קדישא
דתנינן אורייתא כלא שמא, דקדוש ברוך הוא ומאן
דמשתדל בה, כמאן דמשתדל בשמא קדישא, בגין
דאורייתא כלא שמא חד קדישא איהי, שמא עלאה, שמא
דכלול כל שמהן, ומאן דגרע את חד מינה כאלו עביד
פגימותא בשמא קדישא.

ובפרשת ויקרא י"ג ב' - רבי אלעזר פתח, כל[153] זאת באתנו
ולא שכחנוך כו'. ולא אנשנין מלולי אורייתך. מכאן
אוליפנא כל מאן דאנשי מלולי אורייתא ולא בעי למלעי בה
כאלו אנשי לקדוש ברוך הוא דהא אורייתא כלא שמא
דקדוש ברוך הוא הוי. ושם דף י"ט סוף ע"א - דהא
אורייתא מאן דישתדל בה מתעטר בעטרוי דשמא קדישא,
דהא אורייתא שמא קדישא הוא ומאן דישתדל בה אתרשים
ואתעטר בשמא קדישא, וכדין ידע ארחין סתימין ורזין

---

[150] ברכות כא א
[151] דברים לב ג
[152] שמות כ כ
[153] תהלים מד יח

עמיקין כו'. וכן אמר בריש פרשת שמיני, ובפרשת אחרי
ע"א ב', וע"ב, סוף ע"א, וע"ג א', וע"ה א', ובפרשת אמור
פ"ט ב', ובריש פרשת קרח, עיין שם.

ולכן גם מזה הטעם אמרו דקדוש ברוך הוא ואורייתא חד,
כי הוא ושמיא חד הוא, כמו שמבואר בזוהר יתרו צ' ע"ב
- ואורייתא כלא שמא חד הוי שמא קדישא, דקדוש ברוך
הוא ממש זכאה חולקיה דמאן דזכי בה מאן דזכי באורייתא
זכי בשמא, קדישא דקדוש ברוך הוא ממש, רבי יהודה
אומר - בקדוש ברוך הוא ממש זכי דהא הוא ושמיא חד
הוא.

ולכן אמר בתני דבי אליהו - שכל מי שעושה מריבה על
תלמוד תורה כאלו עושה מריבה, על מי שאמר והיה
העולם, שנאמר - הוא[154] דתן ואבירם כו', בהצותם על
הוי"ה. לכן כאשר האדם בא בשם הוי"ה, הכל יראים
ומזדעזעים ממנו, כמו שכתוב - וראו[155] כל עמי הארץ כי
שם הוי"ה נקרא עליך ויראו ממך. וכמו שכתוב - כי[156] בי
חשק ואפלטהו אשגבהו כי ידע שמי. כי בי חשק בו יתברך
ממש כביכול, כנזכר לעיל.

ובפרשת בלק ר"ב א' - תא חזי כמה חביבין אינון דמשתדלי
באורייתא קמיה קדוש ברוך הוא, דאפילו בזמנא דדינא
תליה בעלמא ואתיהיב רשו למחבלא לחבלא, קדוש ברוך
הוא פקידי ליה עלוייהו על אינון דקא משתדלי באורייתא,
והכי אמר ליה קדוש ברוך הוא - כי[157] תצור אל עיר. בגין
חוביהון סגיאין כו', תא ואפקיד לך על בני ביתי, לא
תשחית את עצה [**היב"ש** - מלשון עץ]. דא תלמיד חכם
דאיהו במתא דאיהו אלנא דחיי אילנא דיהיב איבין, את
עצה ההוא דיהיב עיטא למתא כו', ואוליף לון אורחא
דיהכון בה, ועל דא לא תשחית את עצה, לנדח עליו גרזן.
לנדחא עליה דינא ולא לאושטא עליה חרבא מלהטא כו',

---

[154] במדבר כו ט
[155] דברים כח י
[156] תהלים צא יד
[157] דברים כ יט

כי האדם עץ השדה. דא אקרי אדם דאשתמודע עילא ותתא כו', וכל דא פקיד קדוש ברוך הוא על אינון דמשתדלי באורייתא כו', עיין שם באורך.

פרק כ

והוא הבן יקיר מבני פלטרין דמלכא, מבני היכלא דמלכא אשר לו לבדו הרשות נתונה בכל עת לחפש בגנזי דמלכא קדישא, וכל השערים העליונים פתוחים לפניו, כמאמרם ז"ל - כל[158] העוסק בתורה מתוך דוחק כו', רבי אחא בר חנינא אומר אף אין הפרגוד ננעל בפניו, שנאמר - ולא[159] יכנף עוד מוריך.

ונכנס בשערי התורה הקדושה, להשיג ולהסתכל באור הפנימי, בעמקי רזין עלאין דילה, כמו שמבואר בפרשת התורה - ומגלין[160] לו רזי תורה. וכן אמרו - ולא[161] עוד אלא שדברים המכוסין מבני אדם מתגלין לו.

ובמדרש תהלים מזמור י"ט [ג] - אמרו על שמואל שאמר מכיר אני חוצות הרקיע כו'. ובש"ס הגרסא - נהירין[162] לי שבילי דרקיעא כו'. וכי שמואל עלה לרקיע, אלא על ידי שיגע בחכמתא של תורה, למד מתוכה מה שיש בשחקים. ובמשלי רבתא פרק ח' [ו] - ומפתח[163] שפתי מישרים. דברים שהם פותחין לכם חדרי חדרים שבמרום. ובתני דבי אליהו סדר אליהו רבה פרק כ"ז - ברוך המקום שבחר בדברי חכמים ובתלמידיהם כו', כשם שהם יושבים בבתי כנסת ובבתי המדרש, ובכל מקום שפנוי להם וקורין ושונין לשם שמים, ויראה בלבבם, ומחזיקין דברי תורה על פיהם, כמו כן הקדוש ברוך הוא יושב כנגדם ומגלה להם סודות התורה בפיהם ובלבבם כו'.

---

[158] סוטה מט א

[159] ישעיהו ל כ

[160] פרקי אבות ו א

[161] עבודה זרה לה ב

[162] ברכות נח ב

[163] משלי ח ו

ורוח קדשו יתברך ישכון לבטח עליו תמיד, כמ"ש בזוהר שמות ו' ב' - חכימי עדיפי מנביאי, בכלא דהא לנביאי לזמנין שרת עליהון רוח קודשא, ולזמנין לא וחכימין, לא אעדי מנהון רוח קודשא אפילו רגעא חדא זעירא, דידעין מה די לעילא ותתא, ולא בעו לגלאה.

ובתני דבי אליהו סדר אליהו זוטא פרק א' - וכיון שקרא אדם תורה נביאים וכתובים, ושנה משנה, מדרש הלכות והגדות, ושנה הגמרא, ושנה הפלפול לשמה, מיד רוח הקודש שורה עליו, שנאמר - רוח[164] הוי"ה דבר בי כו'. ודרך כלל אמרו בפרשת התורה - שכל[165] העוסק בתלמוד תורה הרי זה מתעלה כו'. וכן אמרו בסוף פרק הרואה - אם[166] נבלת בהתנשא כל המנבל עצמו על דברי תורה מתנשא. עד שאמרו ז"ל שמדרגתם למעלה ממדרגת הנביאים, כמו שאמרו - חכם[167] עדיף מנביא. וכמו שמבואר בזוהר שמות הנזכר לעיל.

ויותר מבואר הענין בפרשת צו ל"ה א' - תא חזי מה בין אינון דמשתדלי באורייתא לנביאי, מהימני דאינון דמשתדלי באורייתא עדיפי מנביאי בכל זמנא, מאי טעמא דאינון קיימי בדרגא עלאה יתיר מנביאי, אינון דמשתדלי באורייתא קיימי לעילא באתרא דאקרי תורה דהוא קיומא דכל מהימנותא, ונביאי קיימי לתתא באתר דאקרי נצח והוד, על דא אינון דמשתדלי באורייתא עדיפי מנביאי ועלאין מנהון יתיר, דאלין קיימין לעילא ואלין קיימין לתתא כו', ועל דא זכאין אינון דמשתדלי באורייתא, דאינון בדרגא עלאה יתיר על כולא כו'.

פרק כא

ואם כל כך נפלאה מדרגתם של עומלי תורה, גם בעודם בזה העולם החשוך, להשיג ולהסתכל ברוח קדשם באור

---

[164] שמואל-ב כג ב
[165] פרקי אבות ו ב
[166] ברכות סג ב
[167] בבא בתרא יב א

העליון, גדולים[168] צדיקים במיתתן יותר מבחייהן. לאין
ערוך אחר אשר נשמתו הטהורה רבת שבעה לה תורה
ומצות, והיא שבה אל בית אביה, מקודשה ומטוהרה כאשר
נתנה וביתרון אור התורה הקדושה תלמודו בידו, כל
השערים נפתחים לפניו וסליק ובקע רקיעין כו', וצרור
בצרור החיים את הוי"ה אלהי"ו יתברך שמו.

ובתני דבי אליהו סדר אליהו רבה פרק ד' אמר - ושמא
תאמר הואיל ונכנס משה לבית עולמו, שמא בטל ממנו
אותו הכתר של מאור פנים, תלמוד לומר - ולא[169] קם נביא
כו'. פנים[170] אל פנים. מה אור פנים שלמעלה קיים לעולם
ולעולמי עולמים, כך מאור פניו של משה נכנס עמו לבית
עולמו כו'. ולא משה בלבד, אלא כל תלמיד חכם שעוסק
בתורה מקטנותו ועד זקנותו ומת, באמת לא מת, אלא הוא
עדיין בחיים לעולם ולעולמי עולמים, שנאמר - והייתה[171]
נפש אדני צרורה בצרור החיים את הוי"ה אלהי"ך. מקיש
התלמיד חכם הצדיק אל אלהי"ם, מה אלהי"ם יהא שמו
הגדול מבורך חי וקים כו', כך תלמיד חכם שעסק בתורה
כל ימיו ומת, הרי הוא בחיים ועדיין לא מת והוא חי לעולם
כו', והיכן הוא נשמתו תחת כסא הכבוד, עד כאן.

ונפשו תשבע בצחצחות האור עליון הגנוז, כמאמרם ז"ל -
כל[172] תלמיד חכם העוסק בתורה מתוך הדחק כו', רבי אבהו
אומר אף משביעין אותו מזיו שכינה, שנאמר - והיו[173]
עיניך רואות את מוריך. ובפרק קמא דבתרא - מאי[174]
אשבעה[175] בהקיץ תמונתך. אלו תלמידי חכמים שמנדדין
שינה מעיניהם בעולם הזה הקדוש ברוך הוא משביען מזיו

---

[168] חולין ז ב

[169] דברים לד י

[170] על פי במדבר יב ח

[171] שמואל-א כה כט

[172] סוטה מט א

[173] ישעיהו ל כ

[174] בבא בתרא י א

[175] תהלים יז טו

השכינה לעולם הבא. ובפרק חלק - דרש[176] רב יהודה בן
רבי סימון כל המשחיר פניו על דברי תורה בעולם הזה
הקדוש ברוך הוא מבהיק זיוו לעולם הבא.

והכל לפי ערך רוב עסקו ונפלאות דביקותו בתורה
הקדושה, כמו שכתוב בתני דבי אליהו סדר אליהו זוטא
פרק י"ב - אצל הצדיקים מה נאמר בהם ואוהביו[177] כצאת
השמש בגבורתו. מה שאין כן במלאכי השרת. מה יפה כחו
של בעולם הבא, שהוא מיפה כתר עבדיו כמו כתרו, ואם
תאמר מי שקרא הרבה, ושנה הרבה, ומי שקרא ושנה
קימעא, יהיה מאור פניהם שוין כאחד במאור פנים לעולם
הבא, אינו כן, ברוך[178] המקום ברוך הוא שאין לפניו משא
פנים כו', נאמר במקום אחר - יתר[179] מרעהו צדיק כו'. אלא
כל אחד ואחד לפי דרכו כו'.

והוא הוא סוד - האור[180] שנברא ביום ראשון, שגנזו הקדוש
ברוך הוא לצדיקים. וכן אמרו בזוהר בראשית מ"ז א' -
רבי אלעזר פתח מה[181] רב טובך אשר צפנת כו'. תא חזי
קודשא בריך הוא ברא לבני נשא בעלמא ואתקין ליה
למהוי שלים בפולחנא ולאתתקנא ארחוי בגין דיזכי
לנהורא עלאה דגניז קודשא בריך הוא לצדיקייא,
כדאמרינן עין לא ראתה כו', יעשה[182] למחכה לו. ובמה זכה
בר נש להההוא נהורא באורייתא כו'.

ואמרו רז"ל[183] - אשר[184] קמטו ולא עת נהר יוצק יסודם.
אלו תלמידי חכמים שמקמטין שינה מעיניהם בעולם הזה,
הקדוש ברוך הוא מגלה להם סוד לעולם הבא, שנאמר נהר
יוצק יסודם, והם הטעמי תורה הגנוזים שהם האור העליון

---

[176] סנהדרין ק א

[177] שופטים ה לא

[178] פרקי אבות ד כב

[179] משלי יב כו

[180] על פי חגיגה יב א

[181] תהלים לא כ

[182] ישעיהו סד ג

[183] חגיגה יד א

[184] איוב כב טז

הגנוז.

ולכן אמר בפרשת התורה - כל[185] העוסק בתורה לשמה זוכה לדברים הרבה. סתם ולא פירש מה הם אותן הדברים, ואי אפשר לומר שהם הדברים שפרט שם אחרי זה, שהרי אמר אחרי זה ולא עוד כו', משמע שהוא מלתא באפי נפשא.

אמנם רמז להעדון וצחצוח הנפש באור הגנוז, אשר גם כל מלאכי מעלה וחיות ושרפי קודש, ושום נביא וחוזה לא השיגוהו כלל עצם ענינו, וכמאמרם ז"ל סוף פרק אין עומדין - כל[186] הנביאים כולן לא נתנבאו אלא כו', אבל תלמידי חכמים עצמן עין לא ראתה כו'. והוא העדן, והיין המשומר בענביו, שאמרו שם - מאי עין לא ראתה וכו'. והכל אחד. סוד הטעמי תורה הגנוזים שלא נתגלו עדיין. לכן אמר סתם לדברים הרבה, שאינו דבר המושג לאומרו ולבאארו.

ובתני דבי אליהו סדר אליהו רבה פרק כ"ז - אמר אשרי אדם שיש בו דברי תורה, והוא יושב וקורא ושונה במקום צנוע וסתר, אצל מי מליניין אותו, הוי אומר אצל הקדוש ברוך הוא, שנאמר - יושב בסתר עליון בצל שדי יתלונן. כשם שהם משימין עצמן יחידים בעולם הזה ואין עמהם זר כמו כן הם בעולם הבא הם יושבין אצל הקדוש ברוך הוא לבדו כו'.

פרק כב

ואם חס ושלום, אנחנו עוסקים בה ברפיון, כביכול מתמעט שפע האור עליון בכל העולמות, כל אחד לפי ערכו, ובמסתרים[187] תבכה נפשו יתברך כביכול. כמו שאמרו רז"ל - שלושה[188] הקדוש ברוך הוא בוכה עליהם, וחשיב חד מנהון - על מי שאפשר לו לעסוק בתורה ואינו עוסק.

---

[185] פרקי אבות ו א
[186] ברכות לד ב
[187] על פי ירמיהו יג יז
[188] חגיגה ה ב

וכן אמרו שם שלושה דמעות הללו למה כו', ואיכא דאמרי אחת על ביטול תורה. ואוי לו לבן המוריד דמעות אביו בכל יום, ועניין זאת הבכיה הוא **התגברות הדין בהתמעטות האור עליון**, שהם הרחמים הגדולים בעולמות הנסתרים. והאדם אשר עדיין לא ראה אור התורה מימיו, ולא עסק בה מעולם, אינו זוכה כלל שתשרה עליו קדושה העליונה, ואינו זוכה לנפש טהורה, כמו שמבואר בהקדמת הזוהר י"ב ב' - פקודא חמישאה כו', בהאי קרא אית ביה תלת פקודין, חד למלעי באורייתא כו', דכד בר נש לא אתעסק באורייתא, לית ליה נפשא קדישא, קדושה דלעילא לא שריא עלוי כו'.

וגם הוא משולח ונעזב ח"ו לכחות הדין של הס"א, שיהיו יכולין לשלוט עליו, כמו שאמרו רז"ל בפרק קמא דברכות - שכל[189] מי שאפשר לו לעסוק בתורה ואינו עוסק הקדוש ברוך הוא מביא עליו יסורין מכוערין ועוכרין אותו, שנאמר - החשיתי[190] מטוב וכאבי נעכר. ומאבד טובה הרבה ממנו ומכל העולם, כי הכריע ח"ו את עצמו ואת כל העולם לכף חוב, כמאמרם ז"ל בדברים רבה ריש פרק ד' [ב]- שמעו[191] ואל תגבהו. שמעו לדברי תורה כו', ואל תגבהו אל תגביהו את הטובה מלבוא לעולם, וכן אמרו בפרק קמא דבתרא - שאין[192] פורענות באה לעולם אלא בשביל עמי הארץ. ואם ח"ו יבא פורענות על איזה אדם, או מדינה, אפילו בקצת העולם, דין גרמא דיליה ח"ו. הרחמן יתברך שמו יצילנו.

ואם כבר עסק בה ופירש הימנה ח"ו. הוא מתיש ח"ו כח פמליא של מעלה, ומתקלקלים ומתבלבלים סדרי העולמות והמרכבה הקדושה, וגברה יד הס"א רחמן לצלן, וכביכול מחליש ומחשיך כח הקדושה העליונה, שכינת עוזנו, אמונת ישראל השוכנת בתוכנו תמיד, על ידי עסק התורה

---

[189] ברכות ה א

[190] תהלים לט ג

[191] ירמיהו יג טו

[192] בבא בתרא ח א

כראוי.

כמו שמבואר בזוהר תרומה קנ"ה ב' - פתח רבי אלעזר ואמר עת[193] לעשות להוי"ה הפרו תורתך. בכל זמנא דאורייתא מתקיימא בעלמא ובני נשא משתדלין בה, כביכול קדוש ברוך הוא חדי בעובדי ידוי וחדי בעלמין כולהו ושמיא וארעא קיימי בקיומייהו כו', ובשעתא דישראל מתבטלין מאורייתא, כביכול תשש חיליה, וכדין עת לעשות להוי"ה אינון בני עלמא צדיקיא דאשתארון, אית לון לחגרא חרצין ולמעבד עובדין דכשראן, בגין דקדוש ברוך הוא יתתקף בהו בצדיקייא כו', מאי טעמא בגין דהפרו תורתך, ולא משתדלי בה בני עלמא כדקא יאות כו', והכי בזמנא דישראל משתדלו באורייתא, ההוא עת מהימנותא מתתקנא בתקונהא, ומתקשטא בשלימותא כדקא יאות, ובזמנא דישראל מתבטלי מאורייתא, ההוא עת לאו איהו בתקונהא, ולא אשתכחא בשלימו ולא בנהורא, הדא הוא דכתיב - עת לעשות להוי"ה. מאי לעשות כו', אוף הכי עת לעשות אשתאר בלא תקונא ובלא שלימו, מאי טעמא משום - דהפרו תורתך. בגין דאתבטלו ישראל לתתא מפתגמי אורייתא, בגין דההוא עת הכי קיימא או סלקא או נחתא בגינהון דישראל.

וכביכול הוא מתרחק ממנו יתברך, כמו שמבואר בזוהר ויקרא כ"א א' - כד בר נש אתרחיק מאורייתא, רחוק הוא מקדוש ברוך הוא, כי קודשא בריך הוא ואורייתא חד, כנזכר לעיל'.

והשמירה העליונה של הקדושה סר מעליו, ואשתמודע וניכר לכחות הדין אשר הגביר בעצמו שיוכלו לשלוט עליו, בין בחייו כמו שאמרו רז"ל בפרק קמא דברכות המובא לעיל. וכן אמרו שם. ובמשלי רבתא ריש פרק כ"ד - אמר רבי טוביה [**היב"ש** - צ"ל רבי אביהו] אמר רבי יצחק - כל המרפה עצמו מדברי תורה אינו יכול לעמוד ביום צרה

שנאמר התרפית[194] ביום צרה צר כחכה [**היב''ש** - מלשון לחכות]. ובפרשת שתי הלחם - כל[195] המשמר את התורה נשמתו משתמרת וכל שאינו משמר את התורה כו'. ואמרו במדרש תהלים מזמור נ"ז - אמר הקדוש ברוך הוא לישראל אם שמרת את התורם אני אשמור אותך, שנאמר - אם[196] שמור תשמרון כו'.

וכידוע גם כן מאמרם ז"ל בבראשית רבה פרק ס"ה [כ] - בזמן שהקול קול יעקב בבית כנסת ובבית המדרש אין ידי עשו שולטות הקל קול יעקב אז ידיו שולטות, רחמנא לצלן. ואמרו בויקרא רבה פרק ל"ה, ודברים רבה ריש פ"ד - הסייף והספר ניתנו מכורכיין כו', אמר הקדוש ברוך הוא אם שמרתם מה שכתוב בספר, אתם ניצולים מן הסייף, ואם לאו כו'.

ובפתיחתא איכה, ובתני דבי אליהו סדר אליהו רבה פרק י"ח - אימתי המלכות גוזרת גזירה וגזירתה מצלחת, בשעה שישראל משליכין דברי תורה לארץ, הדא הוא דכתיב - וצבא[197] תנתן על התמיד בפשע. בפשעה של תורה, כל זה שישראל משליכין דברי תורה לארץ, המלכות היא גוזרת ומצלחת, שנאמר - ותשלך אמת ארצה וגו'. אין אמת אלא תורה, אם השלכת דברי תורה לארץ, מיד הצליחה המלכות, הדא הוא דכתיב - ועשתה והצליחה.

ואמרו שם עוד מצינו, שוויתר הקדוש ברוך הוא על עובדי כוכבים ומזלות, וגילוי עריות ושפיכות דמים, ולא ויתר על מאסה של תורה, שנאמר - על[198] מה אבדה הארץ. על עבודת כוכבים, וגילוי עריות, ושפיכות דמים אין כתיב כאן, אלא - ויאמר הוי"ה **על עזבם את תורתי**.

ובתני דבי אליהו שם[199] - בא וראה כמה גדול כח פשעה

---

[194] משלי כד י

[195] מנחות צט ב

[196] דברים יא כב

[197] דניאל ח יב

[198] ירמיהו ט יא

[199] תני דבי אליהו סדר אליהו רבה פרק י"ח

של תורה, שלא חרבה ירושלים, ולא חרב בית המקדש, אלא בפשעה של תורה, שנאמר כו'.

ובתנחומא בשלח [כה] - כשם שאי אפשר כו', כך אי אפשר לישראל לחיות אלא אם כן מתעסקין בדברי תורה, ולפי שפירשו ישראל מדברי תורה, לפיכך השונא בא עליהם כו'. וכן את מוצא שאין השונא בא אלא על ידי רפיון ידים מן התורה כו', עיין שם.

פרק כג

וכן אחר פטירתו מזה העולם, אמרו - כל[200] המרפה עצמו מדברי תורה נופל בגיהנם כו'. ואמרו שם עוד - כל הפורש עצמו מדברי תורה ועוסק בדברי שיחה אש אוכלתו כו'.

ובמשלי רבתי פרק י' - ועוזב[201] תוכחת מתעה אמר רבי אלכסנדראי כל תלמיד חכם שהוא עוזב דברי תורה כאלו מתעתע במי שאמר והיה העולם, ולא עוד אלא כיון שעזב דברי תורה בעולם הזה, הקדוש ברוך הוא עוזבו לעולם הבא כו'.

ובזוהר ויקרא כ"ה ב' - אמר רבי שמעון, זכאין אינון מארי דנשמתא מארי דאורייתא, בני פולחנא דמלכא קדישא, ווי לאינון חייבין דלא זכאן לאתדבקא במאריהון, ולא זכאן באורייתא, דכל מאן דלא זכי באורייתא, לא זכי לא ברוח ולא בנשמה, ואתדבקותא דלהון בההוא סטרא דזינין בישין, והאי לית ליה חולקא דקדושה, ווי ליה כד יפוק מהאי עלמא דהא אשתמודע הוא לגבי אינון זינין בישין, מארי דחציפותא, תקיפי ככלבי, שלוחי דנורא דגיהנם, דלא מרחמא עלייהו כו'.

ובפרשת וישב קפ"ה א', אחר שהאריך שם בגודל שבחו ומדרגתו של העוסק בתורה בעולם הזה ועולם הבה, אמר אחרי זה תנח ההוא בבר נש דלא זכי לאשתדלא בהאי עלמא באורייתא, ואיהו אזיל בחשוכא. כד נפיק מהאי

---

[200] בבא בתרא עט א
[201] משלי י יז

עלמא נטלין לי ואעלין ליה לגיהנם אתר תתאה, דלא יהא
מרחם עליה, דאקרי - בור, שאון, טיט, היון, כדאיתא
ויעלני[202] מבור שאון מטיט היון כו'. ובגין כך ההוא דלא
אשתדל באורייתא בהאי עלמא, ואתטנף בטנופי עלמא, מה
כתיב - ויקחהו[203] וישלכו אתו הברה. דא הוא גיהנם, אתר
דדיינין להו לאינון דלא אשתדלו באורייתא, והבור ריק
כמה דאיהו הוה ריק, מאי טעמא בגין דלא הוה ביה מים,
ותא חזי כמה הוא עונשא דאורייתא, דהא לא אתגלו ישראל
מארעא קדישא, אלא בגין דאסתלקו מאורייתא, ואשתבקו
מינה, הדא הוא דכתיב - מי[204] האיש החכם ויבן את זאת
ואשר דבר פי יהוה אליו ויגדה על מה אבדה הארץ.
ויאמר[205] הוי"ה על עזבם את תורתי כו'.

ולא עוד, אלא שתחילת דינו של אדם בבוא למשפט לפניו
יתברך הוא על דברי תורה, כמו שמבואר בסוף[206] פרק קמא
דקדושין, ובפרק קמא דסנהדרין - אמר[207] רב המנונא אין
תחילת דינו של אדם אלא על דברי תורה, שנאמר - פוטר[208]
מים ראשית מדון כו'.

ואמרו - בכל[209] יום ויום בת קול יוצאת מהר חורב ומכרזת
ואומרת אוי להם לבריות מעלבונה של תורה. כי כן משפטו
מפרי מעליו ישביעוהו, כיון שלא רצה לבחור בחיים ובטוב
האמיתי לו ולכל הבריות והעולמות, כולם והתדבק עצמו
בו יתברך, והמעיט שפעת אור של העולמות וקלקל ובלבל
סדרי המרכבה הקדושה, והחשיכם, וגרם רעה לעצמו
שפשט בגדי הקודש ולבש תחתם בגדים צואים, ומטונפים
הנעשים מעסקי תאות זה העולם ותענוגות, ענייניו והוא
מטומא ומטונף מהם, ודאי שלא יניחוהו ולא יוכל להיכנס,

---

[202] תהלים מ ג
[203] בראשית לז כד
[204] ירמיהו ט יא
[205] ירמיהו ט יב
[206] קדושין מ ב
[207] סנהדרין ז א
[208] משלי יז יד
[209] פרקי אבות ו ב

וכל החייללין קדישין השומרים אותו מתרחקים מאתו בלא יוכלו יגעו במלבושיו המטונפים, ואזיל ומשוטט בעולם וטמא טמא יקרא שמתדבק במינו בחייללין טמאים של כחות הטומאה, אשר הגבירם על עצמו.

כמו שמבואר בזוהר ריש פרק מצורע - רבי אלעזר פתח כו', כמה אית לון לבני נשא לאסתמרא ארחייהו ולדחלא, מקמי קדוש ברוך הוא, דלא יסטי מארחא דכשרא, ולא יעבור על פתגמי אורייתא ולא יתנשי מינה, דכל מאן דלא לעי באורייתא, ולא ישתדל בה בנזיפא איהו מקדוש ברוך הוא, רחיקא הוא מניה, לא שרי שכינתא עמיה, ואינון נטורין דאזלין עמיה אסתלקו מניה, ולא עוד אלא דמכרזי קמיה ואמרי אסתלקו מסוחרניה דפלניא דלא חש על יקרא דמארי, ווי ליה דהא שבקוהו עלאין ותתאין, לית ליה חולקא בארחא דחיי. וכד איהו אשתדל כו', ולעי באורייתא כמה נטורין זמינין לקבליה לנטרא ליה, ושכינתא שריה עליה, וכולהו מכרזי קמיה ואמרי הבו יקרא לדיוקנא דמלכא, הבו יקרא לבריה דמלכא אתנטיר הוא בעלמא דין, ובעלמא דאתי, זכאה חולקיה.

ואמרו במשנה פרק קמא דחגיגה[210] - מעוות[211] לא יוכל לתקון. רבי שמעון בר יוחאי אומר אין קורין מעוות אלא למי שהיה מתוקן שתחלה ונתעוות, ואי זה זה, תלמיד חכם הפורש מן התורה, ואוי להם לבריות שרואות, ואינן יודעות מה רואות, אוי לנו מעלבונה של תורה.

וכמה צריך האדם להתבונן על זה תמיד, ולשית דעתו וכליותיו ישתונן, בל ילך חשך ח"ו, כל ימי הבלו מספר ימיו אשר נקצבו לו ברחמיו וחסדיו יתברך שמו, באות נפשו משולח חפשי מן התורה, כי בנפשו הוא, כי יגיע עת פקודתו וישוב העפר על הארץ, והרוח לא תשוב אל האלהי"ם להיצרר בצרור החיים העליונים, כי תקולל חלקתו, להתקלע ולא תרגיע, כי נדחה קראו לה, נזיף

לעילא נזיף לתתא, אוי לה לאותה בושה כו', הרחמן יתברך שמו יצילנו.

פרק כד

וכל כך הפליגו רז"ל בחומר עונשו של האדם שאפשר לו לעסוק בתורה ואינו עוסק, או שנה ופירש ח"ו, עד שכרתוהו ברוח קדשם מעולם הבא לגמרי רחמנא לצלן. כמו שמבואר בפרק חלק - כי[212] דבר הוי"ה בזה כו'. רבי נתן אומר כל שאינו משגיח על המשנה, רבי נהוראי אמר כל שאפשר לו לעסוק בתורה ואינו עוסק, וסיפיא דהאי קרא[213] הכרת - הכרת תכרת הנפש ההיא. ופירשו ז"ל שם לעיל מינה - הכרת בעולם הזה, תכרת לעולם הבא.

השמיענו הכתוב חומר זה הכרת שאינו כשאר הכריתות האמורות בתורה על שאר עונות, אשר אף אם דינו חרוץ שהוא נכרת ח"ו, עם כל זה לא איבד חלקו בחיי עולם הבא, שרק אותו הניצוץ הקטן של הנפש שעשה בו את העוון הוא הנכרת מקישור, ודיבוק, החבל הנמרץ, שהיה מקושר ודבוק עד עתה עד שורש נשמתו בקדושה ברוך הוא, כמו שמבואר לעיל בשער א' באורך. אמנם כאן אמר הכרת תכרת היינו שכל חלק בחינת נפשו איבדה חלקה בחיי עולם לגמרי ח"ו, ואין לה חלק לעולם הבא כלל.

וכן פסק הרמב"ם ז"ל להלכה, בהלכות תלמוד תורה פרק ג' הלכה י"ג. וקבע כן הבית יוסף בשלחן ערוך שם סימן רמ"ו סעיף כ"ה להלכה. וכן החסיד רבינו יונה ז"ל בשער התשובה, מנה עשר מדרגות בחומר עונשי העונות, והמדרגה האחרונה מונה אותם הכת שאמרו רז"ל עליהם שאין להם חלק לעולם הבא, ומנה שם בכלל זה גם מי שאפשר לו לעסוק בתורה ואינו עוסק, וכן הרח"ו ז"ל בשערי קדושה שער ח' חלק ב' מנה אותו גם כן בכלל אותם שאין להם חלק לעולם הבא. ובחדא מחתא מחתינהו שם

---

[212] סנהדרין צט א
[213] במדבר טו לא

שדינו שווה עם אותן שאמרו ז"ל עליהם בפרק קמא דראש השנה - שגיהנם[214] כלה והם אינם כלין רחמא לצלן.

וכתב הרמב"ם ז"ל, והבית יוסף ז"ל שם שמי שקרא ושנה ופירש להבלי עולם, והניח תלמודו וזנחו, גם כן דינו אחד עם מי שאפשר לו לעסוק בתורה, ואינו עוסק.

וכן בדין, מעשיו אשר לא טובים המה ירחקוהו, וחטאתו מנעו הטוב מאתו, אחר שהיה אפשר לו וסיפק בידו לעסוק בתורה, ובזדון לב ושאט נפש בחר ולקח מקח רע לעצמו ולאחרים והעולמות כולם, ומאס בחיי עולם של התורה הקדושה, חיותא ונהירו דכל עלמין, אשר על ידה היה מתדבק כביכול בקדוש ברוך הוא יתברך שמו המחיה את כולם, ושלח ידו להרוס פלטין של מלך, והמעיט והחשיך וכבה שפעת אורם של העולמות, וגם של נפשו, למה לו חיים אמיתיים, כי הלא תחשכנה עיניו מראות והבט באור החיים הנצחים, ולא יוכל לסבול גודל עוצם האור עליון, כי לא ניסה בזה מעודו בזה העולם, והוא מגורש ונכרת מאליו מעדן גן אלהי"ם יתברך שמו, מלהיצרר בצרור החיים את הוי"ה אלהי"ו יתברך שמו, ומרעה אל רעה הוא יוצא ח"ו, אוי לאותה בושה כו'.

וכן פסקו וחתכו ז"ל, דינו שנגזרה אבדה תקוותו לדור דורים ח"ו, שגם עד נצח לא יראה אור, בל יחי עוד לנצח בעת קץ הימין, אשר ישני אדמת עפר יקיצו לחיי עולם, כמאמר ז"ל בסוף כתובות[215] - כי[216] טל אורות טלך כו'. כל המשתמש באור תורה אור תורה מחייהו וכל שאין משתמש באור תורה אין אור תורה מחייהו.

ולא מצאו שם רז"ל תקנה לעם הארץ שיקומו לעת התחיה, אלא בההחזיקם ותומכים על כל פנים בעץ החיים, תמכי דאורייתא, להנות תלמידי חכמים מנכסיהם. כמו שכתבתי שם - אמר[217] לו רבי מצאתי להם תרופה [היב"ש - צ"ל

<hr>

[214] ראש השנה יז א
[215] כתובות קיא ב
[216] ישעיהו כו יט
[217] כתובות קיא ב

תקנה] מן התורה, ואתם[218] הדבקים בה' אלהיכם חיים כלכם היום. וכי אפשר לדבוקי בשכינה כו', אלא כל המשיא בתו לתלמיד חכם, והעושה פרקמטיא לתלמיד חכם, והמהנה תלמיד חכם מנכסיו, מעלה עליו הכתוב כאלו מדבק בשכינה.

ובתני דבי אליהו סדר אליהו רבה פרק ה' - הקיצו[219] ורננו שוכני עפר. מכאן אמר דוד המלך ע"ה יהא חלקי עם אלו שהם ממיתין את עצמן על דברי תורה כו', הקיצו ורננו שוכני עפר מכאן אמרו כל הנעשה שכן לעפר בחייו עפרו ננער לתחיית המתים, וכל שאין נעשה שכן לעפר בחייו אין עפרו ננער לתחיית המתים כו', אלו בני אדם שמשכינים עצמם על העפר ללמוד תורה, הקדוש ברוך הוא מביא עליהם טל אורות של תורה כנזכר, ומביאן לחיי עולם הבא, שנאמר - כי טל אורות טלך.

ולזאת קראו ז"ל המקרא - מעוות[220] לא יוכל לתקן. על[221] תלמיד חכם הפורש מן התורה, שח"ו אין לו תקנה עולמית, הרחמן יתברך שמו יצילנו מזה וכל כיוצא בו.

פרק כה

וכל זה כשעדיין יש אנשים מישראל שדבקים בו יתברך, ובתורתו בעיון ושקידה ויגיעה גדולה לשמה, ורק בתורת הוי"ה חפצם כל הימים, ואז האנשים שבטלים לגמרי מעסק התורה מרוע בחירתם, המה ירדו שאול חיים, ומגורשים מהסתפח בנחלת עבדי הוי"ה הדבוקים בו יתברך ובתורתו, ומארץ חיים יכרתו ח"ו, ועל כל פנים העולם גם כל העולמות, הגם כי נתמעטו וירדו מקדושתם ואורם, בסיבת החטאים האלה בנפשותם, וכמעט שנטו רגלם להיחרב ח"ו, כמו שמבואר בתני דבי אליהו סדר אליהו רבה פרק

[218] דברים ד ד
[219] ישעיהו כו יט
[220] קהלת א טו
[221] משנה חגיגה א ז

ב' - אמרו חכמים כל זה שבני אדם מבטלין מן התורה,
מבקש הקדוש ברוך הוא להחריב את העולם כו'.

ושם בסדר אליהו זוטא פרק ה' - כי[222] להוי"ה מְצוקי ארץ
וישת עליהם תבל. ואין מצוקין אלא תלמידי חכמים כו',
בכל יום יוצאים מלאכי חבלה מלפני הקדוש ברוך הוא,
לחבל את כל העולם כולו, ואלמלא בתי כנסת ובית המדרש
שתלמידי חכמים יושבין בהם, ועוסקים בדברי תורה, היו
מחבלין את כל העולם כולו מיד כו', עיין שם.

עם כל זה עדיין יוכלו להתקיים על[223] ידי השרידים אשר
הוי"ה קורא, העוסקים בתורה הקדושה יומם ולילה, שלא
יתבטלו לגמרי לחזור לתהו ובהו ח"ו.

אבל אם היה ח"ו, העולם פנוי לגמרי אפילו רגע אחת
ממש, מעסק והתבוננות עם סגולה בתורה הקדושה, תיכף
כרגע היו כל העולמות נחרבים ונבטלים ממציאות לגמרי
ח"ו, ואף גם איש אחד מישראל לבד, רב כחו, שבידו
להעמיד ולקיים את כל העולמות והבריאה בכללה על ידי
עסקו והתבוננותו בתורה הקדושה לשמה, כמו שמבואר
ב[פרק] חלק - כל[224] העוסק בתורה לשמה כו'. רבי יוחנן
אומר אף מגין על כל העולם כולו. וכן אמרו בפרשת
התורה - כל[225] העוסק בתורה לשמה כו', ולא עוד אלא שכל
העולם כולו כדאי הוא לו.

ואיך לא יתלהב לב האדם, בהעלותו על לבו ומתבונן בזה
העניין הנורא, ותיפול עליו אימתה ופחד לבל יתרפה ח"ו
מעסק התורה הקדושה תמיד, כאשר יחשוב בלבבו אולי
ח"ו לעת כזאת העולם, כולו מקצה ועד קצהו פנוי לגמרי
מעסק התורה הקדושה, ובלתי עסקו והגיון לבו עתה בזה
העת בתורה, היו נחרבים כל העולמות וכרגע ספו תמו ח"ו,
זו תורה וזו שכרה מרובה מאד אין להעריך, שהוא הנוטל
שכר כולם, אחר שהוא אשר קיים והעמיד ברב כחו את כל

---

[222] שמואל-א ב ח

[223] על פי יואל ג ה

[224] סנהדרין צט ב

[225] משנה אבות ו א

העולמות עתה, ועל כגון זה אמרו רז"ל במשנה - שכל[226] אחד מישראל חייב לומר בשבילי נברא העולם.

ואף שבשאר עונות יש אלפי ריבואות עולמות קדושים עליונים, שאין שום חטא ועוון התחתונים מגיע עדיהם כלל לפוגמם ח"ו, ותמיד עז וחדוה במקום כבודם ועליהם נאמר - לא[227] יגורך רע. אמנם עוון ביטול תורה היא העולה על כולם, שהוא נוגע לקיום כל העולמות.

פרק כו

וטעמו של דבר, כמו שנתבאר לעיל שמקור שורשה העליון הנעלם של התורה הקדושה, מאד נעלה מעל כל העולמות, ראשית ושרש אצילות קדשו יתברך, סוד[228] המלבוש העליון, כמו שביאר רבינו איש האלהי"ם נורא האר"י ז"ל, רק שנשתלשלה וירדה כביכול עד לארץ אשר האירה מכבודה, ומסרה ונטעה הוא יתברך בתוכנו, שנהיה אנחנו המחזיקים ותומכים בעץ החיים.

לזאת מאז כל חיותם וקיומם של העולמות כולם, תלוי ועומד רק כפי עניין ורוב עסקנו והגיוננו בה, שאם אנחנו עוסקים בה ומחזיקים ותומכים אותה כראוי בלי רפיון כלל, אנו מעוררים מקור שרשה העליון מקור הקדושות והברכות, להמשיך ולהריק תוספת ברכה וחיי עולם וקדושה נוראה על כל העולמות, כל עולם לפי ערך קדושתו שיוכל לקבל ולסבול.

ואם ח"ו עסקנו בה ברפיון, מתקמט ומתמעט הקדושה ואור העליון של התורה מכל העולמות, כל אחד לפי ערכו הולך וחסר רותתים ורפויים ח"ו, ואם ח"ו היינו כולנו מניחים ומזניחים אותה מלהתעסק בה מכל וכל, גם העולמות כולם כרגע היו מתבטלים מכל וכל ח"ו.

מה שאין כן, בכל המצות ואפילו מצות התפלה, שגם אם

---

226 סנהדרין לז א
227 תהלים ה ה
228 שער הכוונות - דרושי ברכת השחר, ברכת הנותן ליעף כח

היו ח"ו כל ישראל מניחים ועוזבים מלהתפלל לו יתברך, לא היו חוזרים העולמות עבור זה לתהו ובהו, ולכן התפלה נקראת בדברי רז"ל חיי שעה. והתורה[229] נקראת חיי עולם כמאמרם ז"ל בפרק קמא דשבת, רבא חזייה לרב המנונא דקא מאריך בצלותא, אמר מניחין חיי עולם ועוסקין בחיי שעה. שעניין התפלה הוא הוספת תיקון בהעולמות בתוספות קדושה וברכה באותו עת הקבוע להם, ולכן אם עברה השעה שוב לא תועיל כלל להוסיף תת בהעולמות התוספת קדושה וברכה.

אמנם עניין העסק בתורה הקדושה הוא נוגע לעצם החיות וקיום עמידת העולמות בל יהרסו לגמרי, לכן האדם חייב לעסוק ולהגות בה בכל עת תמיד, כדי להעמיד ולקיים כל העולמות כל רגע.

ולא עוד אלא שגם כל עיקר עניין התפלה, אינה תלויה רק בעסק התורה הקדושה, ובלתה אינה נשמעת ח"ו, כמו שאמר הכתוב[230] - מסיר אזנו משמוע תורה גם תפלתו תועבה. וכמו שאמרו רז"ל בשבת שם, ובמשלי רבתא פרק כ"ח, ואמרו גם בסוף סוטה - כל[231] העוסק בתורה מתוך דוחק תפלתו נשמעת ואין הפרגוד ננעל בפניו. ובזוהר מקץ ר"ב ב' - ועץ חיים תאוה באה תנינן מאן דבעי דקדוש ברוך הוא יקבל צלותיה, ישתדל באורייתא, דאיהי עץ חיים כו'. לכן הדין פסוק בש"ס - בית[232] הכנסת מותר לעשותו בית המדרש. משום דעלויי קא מעלי ליה לקדושה יותר חמורה, שרק היא הנותנת השפע, חיות, וקדושה, ואור לכל העולמות, מטעם שהיא למעלה מכולם.

פרק כז

ועוד זאת יתירה ערך ויתרון קדושתה הנוראה מהעולמות, כי העליונים אף שקדושתם רבה מאד, אמנם כאשר

[229] שבת י א
[230] משלי כח ט
[231] סוטה מט א
[232] מגילה כז א

נשתלשלו וירדו דרך השתלשלות, והדרגות עצומות, הגם
שבכל עולם נצטייר ונחתם בו כל סדרי העולם שמעליו
בדמותו כצלמו ממש כידוע, וכמו שמבואר בזוהר יתרו
פ"ב ב' - תאנא כגוונא דלעילא אית לתתא מנייהו, וכן
בכלהו עלמין, כלהו אחידן דא בדא ודא בדא. וכמו
שמבואר בעץ חיים בעניין הארבע עולמות אבי"ע, עיין שם
בשער דרושי אבי"ע פרק א', ובפרק ד' שם, ובשער
השמות ריש פרק א'.

עם כל זה אינו שווה ודומה כלל ערך קדושתו ואורו
[**היב"ש** -של העולם התחתון] להעולם שמעליו. עד שכל
כך נתעבו ונתמעטו מקדושתם ואורם, דרך השתלשלות
והדרגות עצומות, עד שבזה העולם נעשו חולין, שאנו
נוהגין בהן מנהג חול.

אמנם התורה הקדושה, אף שגם היא נשתלשלה וירדה
ממקור שורשה העליון בקודש, מדרגות אין שיעור, מעולם
לעולם וממדרגה למדרגה, עם כל זה קדושתה הראשונה
כמו שהוא במקור שורשה ראשית דרכה בקודש, כדקאי
קאי גם בזה העולם, שכולה קודש, ואסור לנהוג בה מנהג
חול ח"ו, שגם ההרהור בדברי תורה אסור במקומות
המטונפים, ולזאת החמירו והפליגו רז"ל בעונשו ואמרו
בפרק חלק - שגם[233] הוא בכלל כי[234] דבר הוי"ה בזה.
וסיפיה דהאי קרא הכרת תכרת, ופירשו רז"ל הכרת
בעולם הזה תכרת לעולם הבא.

ואמרו - האוחז[235] ספר תורה ערום נקבר ערום מאותה
מצוה. גם אסרו לטלטלה ממקום למקום, ואף מבי כנישתא
לבי כנישתא אסרו, בזוהר פרשת אחרי ע"ג ב' - לטלטלה,
עיין שם. מטעם שהיא לעולם בקדושתה הראשונה עומדת.
[וכן אפילו האדם שׁשורש נשמתו הוא מעולם עליון וגבוה
מאד, מהעולמות העליונים, וייקח לו בשכלו מחשבה נכונה

---

[233] סנהדרין צט א
[234] במדבר טו לא
[235] מגילה לב א

להתדבק לטהרת איזה מידה נכונה, הוא רשאי לילך בזאת המחשבה גם במקומות המטונפים, ואלו ההרהור דברי תורה, בדיני נגעים ואהלות, או שארי דינים, ואיזה דברי תורה שתהיה אסור במקומות המטונפים].

והוא גם כן עניין מאמרם ז"ל בזוהר - דקדוש ברוך הוא ואורייתא חד. והוא שאף על פי שהעולמות הולכים כולם דרך הדרגה, והשתלשלות, ושינויים רבים בערך קדושתם, כל זה הוא רק מצדינו, אבל מצדו יתברך אין שום חילוק ושינוי מקומות כלל תחילה וסוף, וכמו שכתוב - אני[236] הוי"ה לא שניתי. ולא נשתנה הקדושה, כמו שמבואר באורך למעלה בשער ג', עיין שם.

כן התורה הקדושה אף כי ירדה ונשתלשלה דרך הדרגות רבות עצומות, עם כל זה היא לא נשתנתה מקדושתה כלל, ובקדושתה הראשונה עומדת גם בזה העולם התחתון, כאשר הייתה באמנות אתו יתברך במקור שרשה, בלא שום חילוק ושינוי מקום כלל.

אמנם אף על פי שמצדו יתברך כל המקומות שווים בלי שום שינוי כלל, שאין מקומות המטונפים חוצצים לאחדותו ועוצם קדושתו יתברך, וכן הוא בעניין עוצם קדושת התורה הקדושה, עם כל זה אנחנו נאסרנו לדבר גם להרהר בה במבואות המטונפות, כי מצדינו ודאי יש חילוק ושינוי מקומות, כמו שנתבאר שם באורך.

אבל התורה הקדושה בעצמותה לא נשתנתה, בסיבת ירידתה מקדושתה ואורה העליון, רק שטח עינינו מראות בעוצם קדושתה ואורה הפנימי, ולכן אמר דוד המלך ע"ה - גל[237] עיני ואביטה נפלאות מתורתך. כי באמת קדושת ואור התורה הקדושה, הם פנימיות סתריה, המה מפורשים ונגלים ומאירים בקדושת אורם העליון כאשר הוא, רק שעינינו אין יכולות לסבול עוצם קדושתה ואורה כאשר הוא.

---

236 מלאכי ג ו
237 תהלים קיט יח

פרק כח

ולזאת אף היא דרך ירידתה והשתלשלותה ממדרגה למדרגה ומעולם לעולם, צמצמה עצמה להתלבש בכל עולם לדבר מעניני אותו העולם, כפי ענין וערך אותו העולם, כדי שיוכל לסבול קדושתה ואורה, עד שברדתה לבא לזה העולם, נתלבשה גם כן לדבר בערכי ועניני זה העולם, וספורין דהאי עלמא, כדי שיוכל זה העולם לסבול קדושת אורה, אמנם אם שהיא מדברת בתחתונים, רומזת היא בהם גופי תורה ועניינים פנימיים, ופנימיים לפנימיים, גבוה מעל גבוה עד אין תכלית.

ועיין בזוהר בהעלתך קנ"ב א' - רבי שמעון אמר כו'. ובפרשת תולדות קמ"ה ב' - אמר רבי יהודה ודאי כל מה דעביד קדוש ברוך הוא בארעא כלא הוה ברזא דחכמתא כו'. ובפרשת בלק ר"ב א' - תו פתח ואמר כו', כמה טבין אינון ארחין ושבילין דאורייתא כו'. ובפרשת בשלח נ"ה סוף ע"ב - רבי אלעזר פתח כו', כמה אית לן לאסתכלא בפתגמי אורייתא כו'. ובפרשת תולדות קל"ד סוף ע"ב - באורייתא אינון כל רזין עלאין חתימין כו'. והם פרטות עניני כל הרבי ריבואות העולמות והמדרגות שנתלבשה בהם, דרך ירידתה.

ולכן שגורה בפי הזוהר - דאורייתא כולה איהי סתים וגליא, שהוא מבואר לכל מבין שפירושה הוא שהוא הדרך הנסתרת מהתורה הקדושה, שאינו כתוב מפורש ומבואר בה, אלא שנסתר ונטמן העניינים אלו ברמז בדבריה, ודרך הנגלה שבה הוא הפשוטו של מקרא, שהוא כתוב מפורש ומבואר בה.

[ולא כמו שראיתי בספר מאחד שחקר, על העניין מפני מה קוראים לחכמת הקבלה בשם **נסתר**, הלא מי שמבין בהם אצלו הם נגלים, ולאנשים שאינם יודעים ומבינים, הלא יש שגם פשוטו של מקרא אינם יודעים לפרש ואצלו, גם הפשוטו של מקרא דרכו נסתרה מהם, ותירץ שם מה שתירץ].

ועיין זוהר בהעלותך קמ"ט א' וב' - כמה חביבין מלי
דאורייתא דבכל מלה ומלה אית רזין עלאין כו'. עיין שם.
וכל אחד מסתכל בסתרי עומק פנימיותיו, כפי רוב חכמתו,
וזך שכלו וקדושת טהרת לבבו, ורוב עסקו והגיונו בה.
אמנם עיקר הטעמי תורה סוד נשמתא לנשמתא דילה סתרי
סתריה, המה דברים שכיסה עתיק יומין, והעתיקן
מבריותיו, ואיש לא ידעם עדיין, רק אבינו הראשון הוא
אשר השיג בחינת נשמתא לנשמתא דיליה, שבה היה
מסתכל בזיהרא עלאה נשמתא לנשמתא של התורה
הקדושה, והחכמות העליונות היו גלויות לפניו בשורש
שרשם העליון.

ומעת אשר חטא ואסתלק מניא, הזיהרא עלאה ונתבלבלו
ונתערבבו הסדרים העליונים, נסתמו גם הנתיבות ושבילין
עליונים דחכמתא דאורייתא, סוד הנשמתא לנשמתא דילה.
וגם במעמד הקדוש בעת קבלת התורה הקדושה, אף
דאתבסם עלמא, עד שאמרו ז"ל - ישראל[238] שעמדו על הר
סיני פסקה זוהמתן. עם כל זה לא זכו להשיג רק עומק
פנימיות הנשמתא דאורייתא, אבל לא בחינת הנשמתא
לנשמתא, עד אשר יערה רוח ממרום, וישפוך הוא יתברך
את רוחו על כל בשר, אז יתגלו מבועין דחכמתא נתיבות
פליאות החכמה העליונה, נשמתא לנשמתא דילה.

כמו שמבואר בזוהר בהעלותך קנ"ב א' - אורייתא אית לה
גופא כו', טפשין דעלמא לא מסתכלי אלא בההוא לבושא
כו', אינון דידעין יתיר לא מסתכלן בלבושא אלא כגופא
דאיהו תחות ההוא לבושא, חכימין עבדי דמלכא עלאה
אינון דקיימו בטורא דסיני, לא מסתכלי אלא בנשמתא
דאיהי עקרא דכלא אורייתא ממש, ולעלמא דאתי זמינין
לאסתכלא בנשמתא דנשמתא דאורייתא, וכמו שכתוב -
היו[239] עיניך רואות את מוריך ולא יכנף עוד מוריך.

והוא עניין האור של יום ראשון שנגנז לצדיקים לעתיד

---

[238] שבת קמו א
[239] ישעיהו ל כ

לבוא, וזה שאמרו רז"ל - לעתיד[240] לבוא הקדוש ברוך הוא מוציא חמה מנרתיקה כו'. והוא סוד העדן כידוע, שהוא הבחינה נשמתא דנשמתא.

ואדם הראשון קודם חטאו היה דר בגן, ומתוכו היה מסתכל בעדן הנזכר לעיל, ובחטאו אשר מאז נסתלקה ממנו זאת הבחינה העליונה, לכן גורש אז מגן עדן, והוא סוד הצירופי אותיות דילה, כאשר היא כתובה במרום, כמו שמבואר לעיל סוף שער ב'.

ועל זה אמרו במדרש תהלים ריש מזמור ג' - לא ידע אנוש ערכה כו', לא ניתנו פרשיותיה של תורה על הסדר, שאלמלא ניתנו על הסדר, כל מי שהוא קורא בהן מיד היה יכול לברוא עולם ולהחיות מתים כו'.

ונשוב לבאר קצת עניין ההפרש ויתרון אור קדושת התורה הקדושה על המצות.

פרק כט

הנה רז"ל אמרו - דרש[241] רבי מנחם בר יוסי כי[242] נר מצוה ותורה אור . תלה הכתוב את המצוה בנר ואת התורה באור, לומר לך מה נר אינו מאיר אלא לפי שעה, אף מצוה אינה מגינה אלא לפי שעה, ומה אור מאיר לעולם, אף תורה מגינה לעולם, ומסיק דתורה בעידנא דעסיק בה מגינה ומצלה בעידנא דלא עסיק בה, אגוני מגני אצולי לא מצלה, מצוה בין בעידנא דעסיק בה בין בעידנא דלא עסיק בה אגוני מגני אצולי לא מצלה, וכן אמרו שם עבירה מכבה מצוה ואין עבירה מכבה תורה.

וכן ידוע בזוהר שהתרי"ג מצוות הם מכוונים נגד התרי"ג איברים וגידים שבאדם, ובעשות האדם אחת ממצות הוי"ה כראוי, מתקדש על ידה אותו האבר, המכוון נגדה ומחיה אותו, או אם בא ונזדמן לידו אחת ממצות הוי"ה אשר לא

---

[240] נדרים ח ב

[241] סוטה כא א

[242] משלי ו כג

תעשינה, ונמנע, ופירש ולא עשאה, אשר עליו אמרו רז"ל - ישב[243] אדם ולא עבר עבירה נותנין לו שכר כעושה מצוה. נטהר ונתקדש גם כן אותו הגיד הפרטי המכוון נגדה ומחיה אותו, כמו שאמר הכתוב, אלא המצות אשר יעשה אותם האדם וחי, בהם שאז הוא נקרא איש חי.

אמנם כשהאדם עוסק בתורה כתיב בה - ולכל[244] בשרו מרפא. וכמו שמבואר - חש[245] בראשו יעסוק בתורה, שנאמר - כי[246] לוית חן הם לראשך. חש בגרונו יעסוק בתורה שנאמר כו', חש בבני מעיו יעסוק בתורה כו', חש בכל גופו יעסוק בתורה, שנאמר -ולכל בשרו מרפא. וכן הוא בויקרא רבה פרק י"ב, ובתנחומא יתרו, ובמדרש תהלים מזמור י"ט. שעל ידי עסק התורה מתקדשים ומזדככים כל אבריו וגידיו וכחותיו כולם, ולכן אמרו - ותלמוד[247] תורה כנגד כולם.

וכן להיפוך ח"ו, עוון ביטול תורה הוא גם כן כנגד כולם, כי בעברו על אחת ממצות הוי"ה, נפגם רק אותו האבר או הגיד לבד המכוון נגדה, שהחיות של הקדושה ואור העליון, סוד שם הוי"ה יתברך השורה על כל אבר, מסתלקת הימנו ח"ו, ומותא דס"א שריה ביה רחמנא לצלן, ונעשה בעל מום חסר מאותו אבר. אבל בעוון ביטול תורה ח"ו, **הוא פוגם את כל אבריו וגידיו** וכל כחותיו כולם, וחיות הקדושה של כל גופו מסתלקת, והוא נעשה תיכף כמת ממש, שאין לו שום חיות ח"ו, כמו שכתוב - כי[248] הוא חייך וכו'.

וכמו שאמרו רז"ל - מאי[249] דכתיב - ותעשה[250] אדם כדגי הים. למה נמשלו בני אדם לדגי הים לומר לך מה דגים

<hr>

243 קידושין לט ב
244 משלי ד כב
245 עירובין נד א
246 משלי א ט
247 משנה פאה א א
248 דברים ל כ
249 עבודה זרה ג ב
250 חבקוק א יד

שבים כיון שפורשין מן המים מיד מתים, כך בני אדם כיון שפורשין מן התורה מיד מתים. [כך היא גרסת הילקוט חבקוק רמז תקס"ב על פסוק הנ"ל]. וברעיא מהימנא סוף פרשת שמיני - מה נוני ימא חיותן במיא, אוף תלמידי חכמים מארי מתניאה חיותייהו באורייתא ואי אתפרשו מנה מיד מתים.

וזה שאמרו רז"ל - אם[251] רואה אדם שייסורים באים עליו יפשפש במעשיו, פשפש ולא מצא יתלה בביטול תורה. ולכאורה ייפלא כיון שיש בידו עוון ביטול תורה ח"ו, הלא אין לך מצא יותר מזה ואיך אמר ולא מצא, אמנם כבר נזהר רש"י ז"ל מזה במה שפירש שם, שלא מצא עוון שיהיו ראוין הייסורין הללו לבא עליו.

והוא כי מידתו יתברך שפועל אדם ישלם מידה כנגד מידה, שאותו האבר שקלקל, ופגם בחטאו, על אותו האבר עצמו מביא עליו ייסורין, ותכלית כוונתו יתברך בזה כדי שמתוך הייסורין יבין האדם וידע על איזה חטא באו, וישיב אל לבו להיות מודה ועוזב ושב[252] ורפא לו.

זה שאמרו, שאם רואה אדם שייסורין באים עליו יפשפש במעשיו, ויבין דרכו מתוך הייסורין, ואם פשפש ולא מצא בידו עוון אשר חטא באותו אבר, ובאותו אופן שיהיו ראויין הייסורין הללו דווקא לבוא עליו, מידה כנגד מידה, **יתלה בביטול תורה,** כי בעוון ביטול תורה, לא שייך מידה כנגד מידה. כי ביטולה ח"ו הוא נוגע לכל גופו, איזה מקום ואיזה אבר שיהיה כנזכר לעיל.

וטעמו של דבר. הוא כמו שמבואר לעיל בשער א' פרק ו', שמקור שרשם העליון של המצוות תלויות וקשורות בסוד השיעור קומה ופרקי המרכבה, סוד האדם העליון כביכול, שכל מצוה פרטית שורשה העליון קשור ונאחז בעולם וכח אחד מהשיעור קומה, וכן זה כל האדם שהוא גם כן מתוקן ומסודר בכל אבריו, וגידיו, ופרקיו, וכל פרטי כחותיו,

---

[251] ברכות ה א
[252] ישעיהו ו י

בתבנית דמות המרכבה ושיעור קומה, ולזאת כל מצוה
מכוונת נגד אבר או גיד אחד פרטי שבאדם, אמנם התורה
הקדושה היא כוללת העולמות כנזכר לעיל, לכן היא
שקולה נגד כל המצות, ולכן היא גם כן - לכל בשרו מרפא.

פרק ל

ועוד זאת יתירה התורה הקדושה, ביתרון אור ותוספות
קדושה, גם על כל המצות כולן ביחד, שגם אם קיים האדם
כל התרי"ג מצות, כולן בשלימות האמיתי כראוי, בכל
פרטיהם ודקדוקיהם ובכוונה וטהרה וקדושה, אשר אז
נעשה האדם כולו בכל אבריו ופרקיו וכל כחותיו, מרכבה
גמורה שתשרה עליהם הקדושה העליונה של המצות כולן,
עם כל זה אין ערוך ודמיון כלל קדושת ואור המצות לגודל
עוצם קדושת ואור התורה הקדושה, אשר תופיע נהרה על
האדם העוסק והוגה בה כראוי.

כי ראשית דרכה בקדש הוא הגבה למעלה מעלה, משורש
הקדושה ואור העליון של המצות כולן יחד כנזכר לעיל,
וזה שאמרו בפרשת התורה - ומגדלתו[253] ומרוממתו על כל
המעשים. היינו על כל מעשי המצות כולן, וכן אמרו
בירושלמי פרק א' דפאה - כל מצותיה של תורה אינן שוות
לדבר אחד מן התורה.

וגם כי קדושת ואור המצווה אשר תשכין אורה על אותו
הדבר, והחפץ אשר בו ועל ידי תעשה מצוה, אינו שורה
עליהם רק לפי שעתו בעת שהמצווה נעשית בהם, אבל
אחר שנעשה בהן מצותן הקדושה, והאור מתעלה ומסתלק
מהם תיכף ונשאר כבראשונה.

אבל התורה הקדושה, כל מקום שתזריח ותופיע אורה
וקדושתה פעם אחד, קדושת עולם תהיה לו ונשאר תמיד
בקדושתו, כמו ששנינו בברייתא[254] - שתשמישי מצוה
נזרקין לאחר שנעשה מצותן, ותשמישי קדושה נגנזין. ולכן

---

[253] משנה אבות ו א
[254] מגילה כו ב

מנו שם תשמישי תפילין ומזוזות בכלל תשמישי קדושה,
מחמת פרשיות התורה שהיו מונחים בתוכם פעם אחד.

ולית לך מידי בדבריהם ז"ל דלא רמיזא בקרא, ויש לכוון
הכתוב - כי[255] נר מצוה ותורה אור. גם על זה העניין הנזכר
על פי פירושם ז"ל הנזכר לעיל בסוטה שם - מה[256] נר אינו
מאיר אלא לפי שעה, ומה אור מאיר לעולם. והם ז"ל עשו
ההפרש ביניהם לעניין ההגנה וההצלה להאדם, ואפשר
לפרשו גם כן שירמוז הכתוב גם לעניין ההפרש וההבדל
בין התורה הקדושה והמצות, המבואר בברייתא דמגילה
הנזכר לעיל.

ולא עוד, אלא שגם אותה הקדושה וחיותן ואורן של המצות
שמקדשים ומחיים להאדם המקיימם, הוא נלקח ונשפע רק
מקדושתה ואורה של התורה הקדושה, כי המצווה לית לה
מגרמה שום חיות וקדושה, ואור כלל רק מצד קדושת
אותיות התורה הכתובות בעניין אותה המצווה, ויש לכוון
גם זה העניין בכתוב - כי נר מצוה ותורה אור, כעניין הנר
שאין לה בעצמה שום אור כלל, רק מהאור המאיר בה.

ודאי שגם העסק בתורה לבד, בלי קיום המצות כלל ח"ו,
גם כן אין כלום, כמו שאמרו רז"ל - כל[257] האומר אין לו
אלא תורה אף תורה אין לו. ובפרק ב' דברכות - מרגלא[258]
בפומיה דרבא תכלית חכמה תשובה ומעשים טובים שלא
יהא אדם קורא ושונה ובועט באביו וברבו כו', ללומדיהם
לא נאמר אלא לעושיהם.

ובשמות רבה פרק מ' [א] - כל מי שהוא יידע תורה ואינו
עושה מוטב לו שלא יצא לעולם אלא נהפכה השליא על
פניו. וכן הוא בויקרא רבה פרק ל"ה, ובתנחומא פרשת
עקב.

ובזוהר שמות ה' ריש ע"ב - דאמר רבי יהודה כל מאן
דאשתדל באורייתא בהאי עלמא, ומסגל עובדין טבין ירית

---

[255] משלי ו כג

[256] סוטה כא א

[257] יבמות קט ב

[258] ברכות יז א

עלמא שלימא וכל מאן דאשתדל באורייתא בהאי עלמא, ולא עבדין עובדין טבין לא ירית לא האי ולא האי כו', אמר רבי יוסי לא תנן אלא מאן דלית ליה עובדין טבין כלל.

עד שאמרו בפרק קמא - כל[259] העוסק בתורה לבד דומה כמי שאין לו אלו"ה. כי בלתי קיום המצות ח"ו אין דבר במה להתאחז ולהתקשר בו אור התורה לשרות עליו ולהתקיים בו, כדמיון האור בלא פתילה, אמנם עצמות האור מקבלת המצווה מאותיות התורה הכתובות בעניינה.

וזה שאמרו בפרשת התורה - גדולה[260] תורה שהיא נותנת חיים לעושיה. ולא אמר ללומדיה, או לעוסקיה, אלא **לעושיה**, ור"ל שהתורה היא הנותנת חיי עד, וקדושה גם לעושי המצות הכתובות בתוכה. ולכן אמרו בתנחומא בחקתי [ה] - שאף על פי הוא צדיק ואינו עוסק בתורה, אין בידו כלום ח"ו.

והטעם בזה גם כן כמו שמבואר לעיל, שהמצות במקור שרשן קשורות ותלויות בסידור פרקי המרכבה העולמות וכחות העליונים, ומקור שרש העליון של התורה הקדושה היא מאד נעלה מעל כל העולמות והכחות כולם, והיא המתפשטת בפנימיות כולם, ומקבלים ממנה עצם חיותם ושפעת קדושתם, לכן היא הנותנת ומשפעת החיות והקדושה והאור להמצות כולן.

פרק לא

ומזה הטעם גם כן, עסק התורה היא מכפרת על כל העונות של הנפש החוטאת, כמאמר ז"ל - מאי[261] דכתיב - זאת[262] התורה לעולה למנחה ולחטאת כו'. ומסיק שכל העוסק בתורה אין צריך לא עולה ולא מנחה ולא חטאת ולא אשם. וכן הוא בתנחומא פרשת צו, ובשמות רבה פרק ל"ח [ד] -

259 עבודה זרה יז ב
260 משנה אבות ו ז
261 מנחות קי א
262 ויקרא ז לז

קְחוּ[263] עמכם דברים ושובו אל הוי"ה. לפי שישראל אומרים כו', עניים אנו ואין לנו להביא קורבנות, אמר לו הקדוש ברוך הוא דברים אני מבקש כו', ואני מוחל לכם על כל עונותיכם, ואין דברים אלא דברי תורה כו'. ובתנחומא ויקהל בעניין הארון אמרו שהוא נושא עונותיהם של ישראל, שהתורה שבו נושא עונותיהם של ישראל.

ובתני דבי אליהו סדר אליהו רבה פרק ה' - אדם שעבר עבירות הרבה, וקנסו עליו מיתה כו', וחזר ועשה תשובה, וקורא תורה נביאים וכתובים, ושנה משנה, מדרש הלכות והגדות, ושימש חכמים, אפילו נגזרה עליו מאה גזירות, הקדוש ברוך הוא מעבירן ממנו כו'.

ובזוהר שלח קנ"ט א' - רבי יצחק פתח כו', כמה אית להו לבני נשא לאסתכלא בפולחנא דקדוש ברוך הוא, כמה אית להו לאסתכלא במלי דאורייתא, דכל מאן דאשתדל באורייתא כאלו מקריב כל קורבנין דעלמא לקמיה קדוש ברוך הוא, ולא עוד אלא דקדושו ברוך הוא מכפר ליה על כל חובוי, ומתקנין ליה כמה כורסין לעלמא דאתי.

וגם על אותן העונות חמורות שאין הקורבנות מכפרים, עסק התורה מכפרת. כמו שאמרו רז"ל בבני עלי - בזבח[264] ובמנחה הוא דאינו מתכפר אבל מתכפר הוא בדברי תורה.

וכן אמרו - גדול[265] תלמוד תורה יותר מהקרבת תמידין.

ובזוהר צו ל"ה א' - תא חזי כו', ועל דא מאן דלעי באורייתא לא אצטריך לא לקרבנין, ולא לעלוון דהא אורייתא, עדיף מכלא וקשורא דמהימנותא דכלא. ועל דא כתיב - דרכיה[266] דרכי נועם וכו'. וכתיב - שלום[267] רב לאוהבי תורתך ואין למו מכשול.

ובפרשת קדושים פ' ע"ב - בזבח ובמנחה כו', אבל מתכפר

<hr>

263 הושע יד ג
264 ראש השנה יח א
265 מגילה ג ב
266 משלי ג יז
267 תהלים קיט קסה

הוא בדברי תורה אמאי בגין דדברי תורה סלקין על כל
קרבנין דעלמא, כמה דאוקמוה דכתיב - זאת[268] התורה
לעולה למנחה ולחטאת כו'. שקיל אורייתא לקביל כל
קרבנין דעלמא, אמר ליה הכי הוא ודאי דכל מאן דאשתדל
באורייתא, אף על גב דאתגזר עליה עונשא מלעילא, ניחא
ליה מכל קרבנין ועלוון וההוא עונשא אתקרע, ותא חזי לא
אתדכי בני נשא לעלמין אלא במלין דאורייתא כו',
ואורייתא קדושה אתקרי, דכתיב - כי[269] קדוש אני הוי"ה.
ודא אורייתא דהיא שמא קדישא עלאה, ועל דא מאן
דאשתדל בה אתדכי ולבתר אתקדש כו', תאנא קדושה
דאורייתא קדושה דסליקת על כל קדושין כו', עיין שם.
ובמדרש נעלם וירא ק' ע"א - אמרו בטלו הקורבנות לא
בטלה התורה, האי דלא איעסק בקרבנות ליעסק בתורה,
ויתהני ליה יתיר דאמר רבי יצחק כו', אמר ליה יעסקו
בתורה ואני מוחל להם בשבילה יותר מכל הקורבנות
שבעולם, שנאמר - זאת[270] התורה לעולה למנחה כו'. זאת
התורה בשביל עולה בשביל מנחה כו', אמר רבי כרוספדאי
האי מאן דמדכר בפומיה בבית כנסת, ובית המדרש, ענינא
דקרבנייה כו', ברית כרותה הוא דאינון מלאכיא דמדכרן
חוביה לאבאשא ליה, דלא יכלין למעבד ליה אלא טיבו.
ואמרו עוד בפרק ב' דברכות, ובתני דבי אליהו סדר אליהו
רבה פרק כ"ה - למה[271] נסמכו אהלים לנחלים, דכתיב -
כנחלים[272] נטיו וכו', כאהלים נטע הוי"ה כו'. לומר לך מה
נחלים מעלין את האדם מטומאה לטהרה, אף אהלים
מעלים את האדם מכף חובה לכף זכות. ובפרק י"ח שם -
שפכי[273] כמים לבך כו'. מה מים הללו מקוה טהרה, הן
לישראל ולכל אשר נברא בעולם כו', כך דברי תורה מקוה

---

[268] ויקרא ז לז

[269] ויקרא יט ב

[270] ויקרא ז לז

[271] ברכות טז א

[272] במדבר כד ו

[273] איכה ב יט

טהרה הן לישראל בכל מקומות מושבותיהם, בא וראה כמה גדולה כחה של תורה שמטהרת את פושעי ישראל בזמן שעושין תשובה, אפילו מעבודת כוכבים שבידם, שנאמר - וזרקתי[274] עליכם מים טהורים וטהרתם כו', עיין שם.

כי עיקר התשובה שלימה האמיתית שהיא מאהבה, הוא רק על ידי עסק התורה כראוי, כמו שמבואר במעלות התורה - אוהב[275] את המקום. וכמו שמתפללים - השיבנו אבינו לתורתך כו', והחזירנו בתשובה שלימה לפניך.

ובזוהר ויקרא כ"א א' - כד בר נש אתרחיק מאורייתא רחיק הוא מקדוש ברוך הוא, ומאן דקריב לאורייתא קריב ליה קדוש ברוך הוא בהדיה, כי - על[276] כל פשעים תכסה אהבת התורה. כמו שמבואר בתני דבי אליהו סדר אליהו רבה פרק ג' על זה הפסוק. וכן אמרו - המאור[277] שבה מחזירו למוטב. ובפרק החליל - אם[278] פגע בך מנוול זה משכהו לבית המדרש אם אבן הוא נימוח וכו'. וכעין זה אמרו בתנחומא פרשת האזינו, עיין שם. ובבראשית רבה פרק כ"ב - אם בא יצרך להשחיקך שמחהו בדברי תורה. ובמדרש תהלים סוף מזמור ל"ד [ב] - אם עמד עליך יצר הרע האכילהו לחמה של תורה כו'.

ובזוהר וישב ק"צ ע"א - אמר רבי יוסי כד חמי בר נש דהרהורין בישין אתיין לגביה, יתעסק באורייתא וכדין יתעברון מניה. אמר רבי אלעזר כד ההוא סטרא בישא אתי למפתי ליה, לבר נש, יהא משיך ליה לגבי אורייתא ויתפרש מניה.

וזה שמבואר בפרשת התורה - ונעשה[279] כמעין המתגבר והולך. ויש מקום לפרשו גם על זה העניין הנזכר לעיל,

---

[274] יחזקאל לו כה

[275] פרקי אבות ו א

[276] על י משלי י יב

[277] פתיחה איכה רבה [ב]

[278] סוכה נב ב

[279] פרקי אבות ו א

שכמו המעין הנובע, אף שלפעמים נרפש ונשחת בהרבה רפש וטיט, עם כל זה הוא נובע ובוקע ומתגבר והולך מעט מעט, עד שברבות הימים יתגבר ויתגלה לגמרי ויתפשט כמאז. כן העוסק בתורה אף אם נתלכלך תחלה בעוונות וחטאים עצומים, ונטבע מאד ברפש וטיט מצולות הרע ח"ו, עם כל זה על ידי עסק התורה נכון לבו בטוח שודאי המאור שבה יחזירו למוטב, והטוב מתגבר והולך על הרע שבו מעט מעט, עד שלסוף בהכרח יתגבר הטוב ויתפשט בכולו לגמרי, והוא מתקדש מטומאתו ופרחה טהרה בכולו. וכן אמר שם ומכשרתו להיות צדיק חסיד כו', לשון הכשר והגעלה וליבון מפיגול גיעולי הרע שהיה בו תחלה, וכמו שכתוב - הלא[280] כה דברי כאש כו'. שהיא מלבנתו ומכשרתו כו', וכן אמרו בתנחומא ויקהל - שהתורה מטהרת לבן וכליותן של תלמידי חכמים.

פרק לב

והכל מטעם הנזכר לעיל, ששורשה העליון של התורה הקדושה היא מעל כל העולמות כולם.

והעניין הוא כמו שמבואר לעיל בשער א' פרק כ', טעם מאמרם ז"ל - שכל[281] העונה אמן יהא שלמא רבא בכל כחו, מוחלין לו על כל עונותיו [**היב"ש** - צ"ל קורעין לו גזר דינו], עיין שם. כן העניין שעל ידי עסק התורה כראוי, הוא מעורר שרשה העליון, להאציל ולהשפיע שפעת אור עליון וקדושה על העולמות כולם, ורשפיה רשפי אש שלהבת נורא, לגרש ולכלות כל הטומאות והזוהמות שגרם במעשיו בכל העולמות, להתקדש ולהאיר עוד בקדושה העליונה, להתקשר יחד אחד בחבירו, וכל הפגמים מתמלאים וכל הקלקולים נתקנים, וכל ההריסות מתבנים, והשמחה וחדותא יתירתא, ואור העליון מתרבה בכל העולמות.

וגם כי ידוע שכל דבר אינו נתקן אלא בשרשו העליון, וכל

[280] ירמיהו כג כט
[281] שבת קיט ב

אחד מישראל שורש העליון של נשמתו, הוא מאות אחת
מהתורה הקדושה, לכן כל פגמי הנפש החוטאת נתקנים
ונמתקים בשרשם בתורה הקדושה, על ידי העסק בה
כראוי.

וכמו שאמר הכתוב - תורת[282] הוי"ה תמימה משיבת נפש.
שאף אם כבר נכרתה הנפש משורשה ח"ו, ותרו פלאים
בעמקי מצולות הרע ח"ו, התורה הקדושה שעוסק בא, היא
מקימה ומוציאה ממסגרים, ומשיבה אותה להתקשר
כבתחילה, וביתרון אור התורה הקדושה, וזה שמבואר
בפרק קמא דתענית - תניא[283] רבי בנאה אומר כל העוסק
בתורה לשמה, תורתו נעשית לו סם חיים, שנאמר - עץ[284]
חיים היא כו'. ואומר - כי[285] מוצאי מצא חיים כו'. ואמרו[286]
במכילתא מה תלמוד לומר - כי[287] אני הוי"ה רופאך. אמר
לו הקדוש ברוך הוא למשה אמור להם לישראל תורה
שנתתי לכם רפואה היא לכם חיים היא לכם, שנאמר - כי[288]
חיים הם למוצאיהם.

ולכן תקנו הראשונים ז"ל נוסח הוידוי על פי סדר הכ"ב
אותיות, כדי לעורר שרש העליון של נפשו, אשר היא
מקושרת ונאחזת בתוך הקדושה, לטהרה ולקדשה.

וכל עוד שהאדם קשור ודבוק בתורתו יתברך, ובאהבתה[289]
ישגה תמיד. אף היא תאיר אליו ומשמרתו בכל דרכיו
ועניניו, שלא ייפול ברשת היצר ח"ו, כמו שמבואר
בשמות רבה פרק ל"ו, עיין שם.

ובמדרש תהלים במזמור תמניא אפי - בלבי[290] צפנתי
אמרתך למען לא אחטא לך. אין יצר הרע שולט על התורה,

---

[282] תהלים יט ח

[283] תענית ז א

[284] משלי ג יח

[285] משלי ח לה

[286] מדרש המכילתא, בשלח א

[287] שמות טו כו

[288] משלי ד כב

[289] משלי ה יט

[290] תהלים קיט יא

ומי שהתורה בליבו אין יצר הרע שולט בו, ולא נוגע בו. ובתני דבי אליהו סדר אליהו זוטא ריש פרק ט"ז, ובאבות דרבי נתן - אמר רבי שמעון בר יוחאי כל הנותן דברי תורה על לבו מעבירין ממנו עשרה דברים קשים - הרהורי עבירה, הרהורי חרב, הרהורי שטות, הרהורי יצר הרע, הרהורי זנות, הרהורי אישה רעה, הרהורי עבודת כוכבים, הרהורי עול בשר ודם, הרהורי דברים בטלים.@

ומלבשתו[291] ענוה ויראת הוי"ה על פניו וכל מידה נכונה, ואינו מתיירא מפיתוי יצרו בענייני הנאות העולם ותענוגותיו, כי יצרו מסור בידו לכל אשר יחפוץ יענו, ובעצתה תנחהו ותעמידהו בקרן אורה ועל כל דרכיו נגה אור התורה עד שגם כל עניני זה העולם הם אצלו בעניין טוב במידה ובמשקל כראוי, כמאמרם ז"ל - ושמתם[292] סם תם נמשלה תורה כסם חיים, משל לאדם שהכה את בנו מכה גדולה, והניח לו רטיה על מכתו, ואמר לו בני כל זמן שרטיה זו על מכתך, אכול מה שהנאתך ושתה מה שהנאתך, ואין אתה מתיירא, ואם אתה מעבירה הרי היא מעלה נומי, כך אמר הקדוש ברוך הוא, בני בראתי יצר הרע בראתי לו תורה תבלין[ג], אם אתם עוסקין בתורה, אין אתם נמסרים בידו, שנאמר - הלא[293] אם תטיב שאת. ואם אין אתם עוסקין בתורה, אתם נמסרים בידו שנאמר - לפתח חטאת רובץ[ד].

הגההה[ג]. ויש לומר על דרך דרש הכתוב - והלוחות[294] מעשה אלהים המה והמכתב מכתב אלהים הוא חרות וכו'. ודרשו **א"ת** וכו', והעניין כעין שכתב החסיד הלוצאטו זצוק"ל בספרו **מסילת ישרים** במאמרם ז"ל הנזכר לעיל - בראתי יצר הרע בראתי לו תורה תבלין, שכמו בעניין רפואת הגוף שהרופא נותן להחולה תבלין ממוזג

---

[291] פרקי אבות ו א
[292] קידושין ל ב
[293] בראשית ד ז
[294] שמות לב טז

מכמה מיני סמנים ועשבים, והכל במידה ומשקל
בדקדוק עצום כפי הנצרך לעניין החולי הידועה
להרופא, האם יעלה על דעת החולה שהוא יעשה
לו לרפאות חוליו תבלין אחר, ממוזג מסמנים
ועשבים אחרים כפי שתעלה בידו מי פתי ולא יבין,
הלא הרופא הוא היודע עניין חוליו ויודע טבעי
הסמנים והעשבים, הוא היודע איזה סמנים
ועשבים הנצרכים לטבע חוליו, ושיעור מידתם
ומשקלם.

כך אומר הוא יתברך שמו, אל תדמו בנפשכם
להימלט מפיתוי היצר, וענייניו בתחבולות ועניינים
אשר תבחרו לעצמכם, כפי דמיונכם, הלא אנכי
שבראתי היצר הרע ויודע עניינו, ואנכי בראתי נגד
זה תורה תבלין וסמא דחיי, לרפאות חלאת ענייניו
ותדעו שלבד העסק בתלמוד תורה, אין שום
תחבולה אחרת לזה.

זה שכתוב - והלחות[295] מעשה אלהי"ם המה. הם
לחות הלב החוומד. כעניין - כתבם[296] על לוח לבך.
הוא יתברך שמו עשאם, והוא היודע עניין יצרך
הנטוע בלבך, והמכתב - מכתב אלהי"ם הוא. שנגד
זה הוא הנותן לך עניין עסק התורה לכתבם
ולחוקקם על לחות לבך להימלט על ידה מעניני
היצר, ולזאת תדע שאין לך בן חורין מעניני היצר,
אלא מי שעוסק בתלמוד תורה, ולא שום תחבולה
אחרת זולתה.

וכמו שפירשו ז"ל - בהתהלכך[297] תנחה אותך בעולם הזה.
ובמשלי רבתא [ו] - אשרי אדם שקנה לו תורה, למה שהיא
משמרה אותו מדרך רעה, דכתיב - בהתהלכך[298] כו'. וכן
הוא בויקרא רבה פרק ל"ה, כי היא מיישרת ומכוונת את

---

[295] שמות לב טז
[296] משלי ג ג
[297] פרקי אבות ו ט
[298] משלי ו כד

לבו עד אשר יהא לבבו שלם עם אלהי"ו, ונאמנה את אל רוחו לעבדו יתברך בכל לבבו בשני יצריו, כמו שמבואר בפרק קמא דחגיגה[299] - דברי[300] חכמים כדרבונות. למה נמשלו דברי תורה לדרבן, מה דרבן זה מכוין את הפרה לתלמיה, להביא חיים לעולם, אף דברי תורה מכוונין לב לומדיהן מדרכי מיתה לדרכי חיים, וכן אמרו בבמדבר רבה פרק י"ד, ובתנחומא פרשת בהעלותך, ובריש פרשת וילך שם.

כי אין תרופה ותקנה אחרת בעולם כלל להינצל מרשת יצרו, אשר פורש לרגליו תמיד ללכדו ולהפילו, עד שאול תחתית, להמיתו מיתת עולם ח"ו, אלא על ידי העסק בתורה הקדושה, אשר אז נקרא **איש חי** שהוא דבוק על ידה בחלקו בחיי עולם האמיתים, כמו שכתוב - כי[301] היא חייך כו'.

ואמרו רז"ל - מאי[302] דכתיב[303] - ותעשה אדם כדגי הים כו'. מה דגים שבים כיון שפורשים מן המים מיד מתים, אף בני אדם כיון שפורשים מן התורה מיד מתים. וכן השיבו רבי עקיבה לפפוס - ומה[304] במקום חיותינו כך כו'. וברעיא מהימנא סוף פרשת שמיני - מה נוני ימא חיותן במיא, אוף תלמידי חכמים מארי, מתניא חיותייהו באורייתא ואי אתפרשן מנה מיד מתים, ובתנחומא פרשת עקב [ח, ה] - כי חיים הם למוצאיהם. כל מי שמוצא דברי תורה חיים, הוא מוצא כו', לכן נאמר - כי[305] חיים הם למוצאיהם.

ובזוהר לך לך נ"ב א' - זכאה חולקיהון דישראל דאורייתא אוליף להו אורחוי דקדוש ברוך הוא כו', ודאי כתיב - תורת ה' תמימה וגו', זכאה חולקיה מאן דאשתדל באורייתא, ולא

---

[299] חגיגה ג ב

[300] קהלת יב יא

[301] דברים ל כ

[302] עבודה זרה ג ב

[303] חבקוק א יד

[304] ברכות סא ב

[305] משלי ד כב

יתפרש מנה דכל מאן דיתפרש מאורייתא אפילו שעתא חדא, כמה דאתפרש מחיי דעלמא, דכתיב - כי היא חייך וגו', וכתיב - אורך ימים ושנות חיים ושלום יוסיפו לך.

ובר's פרשת בהעלותך - זכאה חולקיהון דישראל דקדוש ברוך הוא אתרעי בהו ויהב להון אורייתא דקשוט, אילנא דחיי דביה אחיד בר נש, וירית חיין להאי עלמא וחיין לעלמא דאתי, דכל מאן דאשתדל באורייתא ואחיד בה, אית ליה חיין ואחיד בחיין, וכל מאן דשביק מלי דאורייתא ואתפרש מאורייתא כאלו מתפרש מחיין, בגין דהיא חיין וכל מלוי חיין, הדא הוא דכתיב - כי חיים הם וגו', וכתיב - רפאות תהי לשרך וגו'.

פרק לג

ולזאת נצטוינו באזהרה נוראה מפיו יתברך - לא[306] ימוש ספר התורה הזה מפיך והגית בו יומם ולילה. וכמו שמבואר בהקדמת הזוהר - תא חזי כמה הוא חילא תקיפא דאורייתא, וכמה הוא עלאה על כולא כו', ובגין כך בעי ליה לבר נש לאשתדלא באורייתא יממא וליליא, ולא יתעדי מנה, הדא הוא דכתיב - והגית בו יומם ולילה. ואי אתעדי או אתפרש מנה כאלו אתפרש מאילנא דחיי.

ובתני דבי אליהו סדר אליהו זוטא פרק י"ג אמר - וישתדל אדם בעצמו בדברי תורה שדברי תורה הן משולים בלחם ובמים כו', ללמדך שכשם שאי אפשר לו לאדם לעמוד בלא לחם ובלא מים כו', אי אפשר לו לאדם לעמוד בלא תורה, שנאמר - לא ימוש ספר התורה הזה מפיך וגו'. וכן אמרו בתנחומא פרשת תבא [כח ג] בפסוק והיה אם שמוע. ובפרשת האזינו, ובמדרש תהלים מזמור א'.

ואמר הכתוב - עץ[307] חיים היא למחזיקים בה וגו'. כי צריך האדם לקבוע בליבו וידמה בדעתו, כי אלו היה טובע בנחל שוטף, ורואה לפניו בנהר אילן חזק, ודאי יאמץ כח

---

306 יהושע א ח
307 משלי ג יח

להתאחז ולהתדבק עצמו בו בכל כחו, ולא ירפה ידיו הימנו אפילו רגע אחד, אחר שרק בזה תלוי עתה כל חיותו, מי פתי ולא יבין שאם יתעצל ח"ו אף רגע אחד, וירפה ידיו מהתאחז בו יטבע תיכף.

כן התורה הקדושה נקראת עץ חיים, **אילנא דחיי**, שרק אותו העת שהאדם אחוז באהבתה ועוסק ומהגה בקביעות, אז הוא חי החיים האמיתיים העליונים, קשור ודבוק כביכול בחי העולמים יתברך שמו, דהקדוש ברוך הוא ואורייתא חד, ואם ח"ו יזניח תלמודו, ופורש מקביעות העסק בה לעסוק בהבלי העולם והנאותיו, הוא נפסק ונכרת מהחיים העליונים וטובע עצמו במים הזדונים רחמנא לצלן. ובזוהר ויצא קנ"ב א' - זכאין אינון ישראל, ברוך הוא יהב לון אורייתא דקשוט לאשתדלא בה יממא וליליה, דהא כל מאן דאשתדל באורייתא, אית ליה חירו מכלא חירו מן מותא דלא יכלא לשלטאה עליה כו', בגין דכל מאן דאשתדל באורייתא ואתאחיד בה אתאחיד באילנא דחיי, ואי ארפי גרמיה מאילנא דחיי, הא אילנא דמותא שריא עלוי ואתאחיד ביה, הדא הוא דכתיב - התרפית[308] כו', עיין שם.

וכמה צריך האדם לתקוע ולקבוע זה העניין הנורא במחשבות לבו בל תמוט, שכל האדם וחייו הוא רק אותו העת שהוא דבוק בתורה הקדושה, וכשמסלק ופורש עצמו הימנו לעסוק בינויו של זה העולם החשוך, היינו הך מסור ביד יצרו, ולמה לו חיים, כי כבר נטבע במים הזדונים רחמנא לצלן, ונשקע בעמקי מצולות הרע ונחשב כמת ממש גם בעודו בזה העולם, הולך מדחי אל דחי, צלמות ולא סדרים ולא ידע כי בנפשו הוא, ולזאת התורה עצמה אמריה תאמר - וחוטאי[309] חומס נפשו. וכמו שכתוב - השמר[310] לך ושמור נפשך מאד פן תשכח את הדברים כו',

308 משלי כד י
309 משלי ח לו
310 דברים ד ט

וכמאמרם ז"ל על זה - משלי[311] לאדם שמסר צפור דרור
לעבדו אמר לו כמדומה אתה שאם אתה מאבדה, איסר אני
נוטל ממך נשמתך אני נוטל ממך. וכידוע מאמרם ז"ל על
זה בדברים רבה ריש פרק ד' [ד] - שאמר הקדוש ברוך
הוא לאדם נרי בידך, ונרך בידי, אם שמרת את נרי, אני
משמר את נרך, ואם לא שמרת את נרי כו', עיין שם, וכן
הוא בתנחומא פרשת תשא, ובמדרש תהלים מזמור ז', עיין
שם.

פרק לד

ומעת חורבן בית קדשנו, וגלו הבנים מעל שלחן אביהם,
שכינת כבודו יתברך אזלא ומתרכא כביכול ולא תרגיע,
ואין שיור רק התורה הזאת כשישראל, עם הקודש
מצפצפים ומהגיים בה כראוי, הן המה לה למקדש מעט,
להכין אותה ולסעדה ושורה עמהם ופורשת כנפיה עליהם
כביכול, ובין כך איֽת נייחא מעט כו', כמאמרם ז"ל בפרק
קמא דברכות - מיום[312] שחרב בית המקדש אין לו להקדוש
ברוך הוא בעולמו אלא ארבע אמות של הלכה בלבד.
ואמרו שם עוד - מנין[313] שאפילו אחד שיושב ועוסק בתורה
ששכינה שרויה עמו, שנאמר - בכל[314] המקום אשר אזכיר
וכו'. ובמשלי בתרא סוף פרק ח' - כי[315] מוצאי מצא חיים.
אמר הקדוש ברוך הוא כל מי שהוא מצוי בדברי תורה, אף
אני מצוי לו בכל מקום, לכך נאמר - כי מוצאי מצא חיים.
ובזוהר בלק ר"ב א' - פתח ואמר, כי[316] תצור אל עיר כו',
לא תשחית את עצה. דא תלמיד חכם דאיהו אילנא דחיי,
כי ממנו תאכל וכי ההוא מחבלא אכיל מניה, לא אלא כי
ממנו תאכל ההוא טינרא תקיפא ההיא דכל רוחין תקיפין

---

311 מנחות צט ב

312 ברכות ח א

313 פרקי אבות ג ו

314 שמות כ כ

315 משלי ח לה

316 דברים כ יט

קדישין נפקין, מנה דלית הנאה ותיאובתא לרוח קודשא בהאי עלמא, אלא אורייתא דהוא זכאה כביכול איהו מפרנס לה, ויהיב לה מזונא בהאי עלמא, יתיר מכל קרבנין דעלמא כו', ומיומא דאתחריב בית מקדשא ובטלו קרבנין, לית ליה לקדוש ברוך הוא אלא אינון מלין דאורייתא, ואורייתא דאתחדשת בפומיה, בגין כך כי ממנו תאכל ולית מזונא בהאי עלמא, אלא ממנו ואינון דכוותיא כו', כי[317] האדם עץ השדה דא אקרי אדם דאשתמודע עילא ותתא, עץ השדה אילנא רברבא ותקיף דההיא שדה, אשר ברכו ה' דסמיך עליה, אילן דאשתמודע לההוא שדה תדיר.

וזהו גם כן המכוון הפנימי במאמרם ז"ל בפרק קמא דתענית - מאי[318] דכתיב כי האדם עץ השדה כו', כי ממנו תאכל כו', אם תלמיד חכם הגון הוא, ממנו תאכל כו', ואם לאו כו'.

ובזוהר וישלח קע"ד ב' - והיך יתתקף בר נש ביה בקדוש ברוך, הוא יתקיף באורייתא, דכל מאן דאתתקף באורייתא אתתקף באילנא דחיי, וכביכול יהיב תוקפא לכנסת ישראל לאתתקפא, ואי הוא יתרפי, מה כתיב - התרפית, אי איהו אתרפי מן אורייתא ביום צרה צר כחכה ביומא דייתי ליה עקו, כביכול דחיק לה לשכינתא דאיהי חילא דעלמא.

ובעסק התורה הוא עושה כביכול דירה לו יתברך בתחתונים, לשכון כבוד בארץ יתברך שמו, כמאמרם ז"ל בשמות רבה פרק ל"ג [ז] - עד שלא ניתנה תורה לישראל, ומשה[319] עלה אל האלהי"ם. משניתנה תורה אמר הקדוש ברוך הוא - ועשו[320] לי מקדש ושכנתי בתוכם.

ודי בדברינו אלה למשכיל, אשר מתוכם יראה ויבין דרכו בקדש, ויאחז צדיק דרכו לעמוד על משמרת העסק בתורה הקדושה, כל הימים אשר הוא חי, ולהיות מאוס ברע, ובחור בטוב לו, ולכל הבריות והעולמות כולם, לעשות

317 דברים כ יט
318 תענית ז א
319 שמות יט ג
320 שמות כה ח

נחת רוח ליוצרו, ובוראו יתברך.

ויהי רצון מלפניו יתברך שמו, שיפתח לבנו בתורתו, וישם
בלבנו אהבתו ויראתו, ויושלם כוונתו בבריאת עולמו,
שיתוקן עולם במלכות שדי, וידע כל פעול כו', ויקבלו
כולם עול מלכותו יתברך, כפי הרצון העליון יתברך, ויהיה
הוי"ה אחד ושמו אחד. אמן כן יהי רצון

תם ונשלם

ברוך נותן ליעף כח, ברוך[321] אתה הוי"ה למדני חקיך.

גל[322] עיני ואביטה נפלאות מתורתך.

---

[321] תהלים קיט יב
[322] תהלים קיט יח